中国古代术数典籍丛刊

奇门精粹

——奇门遁甲典籍大全

郑同/点校

華齡出版社

责任编辑：李成志
责任印制：李未圻

图书在版编目（CIP）数据

奇门精粹/郑同点校．—北京：华龄出版社，2020.4 重印
（中国古代术数典籍丛刊/谢路军主编）
ISBN 978-7-80178-659-3
Ⅰ.奇… Ⅱ.郑… Ⅲ.①奇门遁甲②八卦 Ⅳ.①B992.2
中国版本图书馆 CIP 数据核字（2009）第 046237 号

书　　名： 奇门精粹——奇门遁甲典籍大全
作　　者： 郑同　点校

出 版 人： 胡福君
出版发行： 华龄出版社
地　　址： 北京市东城区安定门外大街甲 57 号　**邮　　编：** 100011
电　　话： (010) 58122246　**传　　真：** (010) 84049572
网　　址： http://www.hualingpress.com

印　　刷： 九洲财鑫印刷有限公司
版　　次： 2009 年 5 月第 1 版　2020 年 4 月第 10 次印刷
开　　本： 787×1092　1/16　**印　　张：** 27.75
字　　数： 552 千字　**印　　数：** 24501～27500
定　　价： 68.00 元

目录

奇门精粹卷一[①]

遁甲演义（一）

遁甲源流

昔黄帝始创奇门四千三百二十局。法乃岁按八卦分八节，节有三气，岁大率二十四气也。气有天地人三候，岁大率七十二候也；候有五日，岁大率三百六十日也。日有十二时，岁大率四千三百二十时也。一时一局，故奇门四千三百二十局也。

风后制奇门为一千八十局者，以冬至阳生，起坎、艮、震、巽四卦，统气一十二，候计三十六，分局五百四十，为阳遁；以夏至阴生，起离、坤、兑、乾四卦，统气一十二，候计三十六，分局五百四十，为阴遁；合阴阳二遁，为一千八十定局也。此盖撮四候而共看六十时定局，四个一千八十定局，则依旧为四千三百二十局矣。周太公谙兵法，善布奇门。以八卦分八节，节分三气，气分三候。岁计七十二候。立七十二活局，每局六十时，七十二局计四千三百二十时也。

汉张子房删捷冬至十二气，分三十六候，撮四候为阳遁九局；夏至十二气，分三十六候，撮四候为阴遁九局，此活图更捷也。夫一十八局，七十二局，皆不越一千八十局矣。作硬局，则皆一千八十局；作活局，则有七十二局，一十八局。然一十八局虽简，以奇门星仪符使之行，悉定布于局中，其为课四千三百二十，举目在前。其所未为者只加临一事耳。如欲加临，但依局所定正转两盘，其课遂成。是风后之法乃万世不易也。

年家奇门

上元一宫起甲子。中元四宫起甲子。下元七宫起甲子。俱逆飞六仪，顺布三奇，随三元内各年支干，审在某甲旬内，则以其甲头为直符，符上之门为直使，将甲头直

① 编者注：卷一至卷四为《文渊阁四库全书》所收《遁甲演义》一书，明程道生撰。

符之星，逐年干转，直使随年支逆飞，审其方向，得奇门到者，吉。

自嘉靖四十三年，甲子起杜门；十年一移，万历甲午年移休。三元年遁，上元六十年以阴遁一局加之，中元六十年以阴遁四局加之，下元六十年以阴遁七局加之。

月家奇门

三元分局：甲己遇四孟为上元，在一宫起甲子。甲己遇四仲为中元，在七宫起甲子。甲己遇四季为下元，在四宫起甲子。俱逆布六仪，顺布三奇；每一元管五年。凡推月奇门，先审其年在何一元内，依前布门飞奇，次就其年遁，月建系某甲头直符，逐地下月干转符上之门为直使，随月支飞泊，看方向得奇门到，大利。

自嘉靖四十二年十一月甲子起，休门在坎，三个月一移，至万历四十一年十一月甲子起，休门在坎。三元月遁，以五虎遁月建对之，六十年遁乙丙丁奇并同八门方位。

日家奇门

分阴阳二遁。按节推排，三日一局，顺行六甲，周而复始。休开生景，吉；得生、旺、合三奇，加临更利。起诀：甲戌壬子居坎，丁辛乙卯坤裁，庚甲戊马震宫游，丁癸辛鸡巽在，庚丙鼠归乾六，己癸卯走西街，丙壬赤马艮安排，乙巳鸡飞离界。其法自坎宫起甲子，每三日一换，顺飞八方，不入中五，看其日到何宫，便起休门，一顺轮去。三吉门到，方便出入，行事吉。如甲子、乙丑、丙寅在坎，丁卯、戊辰、己巳在坤之类，余仿此推。甲子、乙丑、丙寅，休门在坎。丁卯、戊辰、己巳，在坤。庚午、辛未、壬申，在震。癸酉、甲戌、乙亥，在巽。丙子、丁丑、戊寅，在乾。己卯、庚辰、辛巳，在兑。壬午、癸未、甲申，在艮。乙酉、丙戌、丁亥，在离。戊子、己丑、庚寅，在坎。辛卯、壬辰、癸巳，在坤。甲午、乙未、丙申，在震。丁酉、戊戌、己亥，在巽。庚子、辛丑、壬寅，在乾。癸卯、甲辰、乙巳，在兑。丙午、丁未、戊申，在艮。己酉、庚戌、辛亥，在离。壬子、癸丑、甲寅，在坎。乙卯、丙辰、丁巳，在坤。戊午、己未、庚申，在震。辛酉、壬戌、癸亥，在巽。甲子、乙丑、丙寅，又复自坎宫起，每三日一移。

年吉不如月吉，月吉不如日吉，日吉不如时吉，与日吉相合者，更吉。

时家奇门

假如阳遁一局，甲子在坎，天蓬为直符，休门为直使，管十时，至癸酉止。甲戌在坤，天芮为直符，死门为直使，管十时，至癸未止。甲申在震，天冲为直符，伤门为直使，管十时，至癸巳止。甲午在巽，天辅为直符，杜门为直使，管十时，至癸卯止。甲辰在五，天禽为直符，死门为直使，管十时，至癸丑至。甲寅在乾，天心为直符，开门为直使，管十时，至癸亥止。此阳一局五日六十时足，余类此推。乙奇离，丙奇艮，丁奇兑，乃阳遁，仪顺而奇逆也。甲辰五，乃寄在坤二宫。若阴遁九局，甲子在离，天英为直符，景门为直使，管十时一换。甲戌在艮，天任为直符，生门为直使，管十时。甲申在兑，天柱为直符，惊门为直使，管十时，甲午在乾，天心为直符，开门为直使，管十时。甲辰在五，天禽为直符，死门为直使，管十时。甲寅在巽，天辅为直符，杜门为直使，管十时。此阴九局五日六十时足，余类此推。丁奇震，丙奇坤，乙奇坎，乃阴遁，奇顺而仪逆也。

烟波钓叟赋

轩辕黄帝战蚩尤，涿鹿经年苦未休。偶梦天神授符诀，登坛致祭谨虔修。
神龙负图出洛水，彩凤衔书碧云里。因命风后演成文，遁甲奇门从此始。
一千八十当时制，太公删成七十二。逮于汉代张子房，一十八局为精艺。
先须掌上排九宫，纵横十五在其中。次将八卦论八节，一气统三为正宗。
阴阳二遁分顺逆，一气三元人莫测。五日都来换一元，接气超神为准的。
认取九宫分九星，八门又逐九星行。九星逢甲为直符，八门直使自分明。
符上之门为直使，十时一位堪凭据。直符常遣加时干，直使逆顺遁宫去。
六甲元号六仪名，三奇即是乙丙丁。阳遁顺仪奇逆布，阴遁逆仪奇顺行。
吉门偶尔合三奇，直此须云百事宜。更合从傍加检点，余宫不可有微疵。
三奇得使诚堪使，六甲遇之非小补。乙逢犬马丙鼠猴，六丁玉女骑龙虎。
又有三奇游六仪，号为玉女守门扉。若作阴私和合事，请君但向此中推。
天三门兮地四户，问君此法如何处？大冲小吉与从魁，此是天门私出路。
地户除危定与开，举事皆从此中去。六合太阴太常君，三辰元是地私门。
更得奇门相照耀，出行百事总欣欣。太冲天马最为贵，卒然有难宜逃避。
但当乘取天马行，剑戟如山不足畏。就中伏吟为最凶，天逢加著地天蓬。
天蓬若到天英上，须知即是反吟宫。八门反复皆如此，生在生门死在死。
纵有吉宿得奇门，万事皆凶不堪使。六仪击刑何太凶，甲子直符愁向东。
戌刑在未申刑虎；寅巳辰辰午刑午。三奇入墓好思推，甲日那堪相见未。
丙奇属火火墓戌；此时诸事不须为。更兼六乙来临二，月奇临六亦同论。
又有时干入墓宫，课中时下忌相逢。戊戌壬辰兼丙戌，癸未丁丑亦同凶。
五不遇时龙不精，号为日月损光明。时干来克日干上，甲子须知时忌庚。
奇与门兮共太阴，三般难得总加临。若还得二亦为吉，举措行藏必遂心。
更得直符直使利，兵家用事最为贵。常从此地击其冲，百战百胜君须记。
天乙之神所在宫，大将宜居击对冲。假令直符居离九，天英坐取击天蓬。

甲乙丙丁戊阳时，神居天上要君知。坐击须凭天上奇，阴时地下亦如之。
若见三奇在五阳，偏宜为客自高强。忽然逢著五阴位；又宜为主好裁详。
直符前三六合位，太阴之神在前二。后一宫中为九天，后二之神为九地。
九天之上好扬兵，九地潜藏可立营。伏兵但向太阴位，若逢六合利逃刑。
天地人分三遁名，天遁日精华盖临。地遁月精紫云详，人遁当知是太阴。
生门六丙合六丁，此为天遁自分明。开门六乙合六已，地遁如斯而已矣。
休门六丁共太阴，欲求人遁无过此。要知三遁何所宜，藏形遁迹斯为美。
庚为太白丙荧惑，庚丙相加谁会得？六庚加丙白入荧，六丙加庚荧入白。
白入荧兮贼即来，荧入白兮贼须灭。丙为勃兮庚为格，格则不通勃乱逆。
天丙加地庚为勃，天庚加地癸为格。丙加天乙为勃符，天乙加丙为飞勃。
庚加日干为伏干，日干加庚飞干格。加一宫兮战在野，同一宫兮战于国。
庚加直符天乙伏，直符加庚天乙飞。庚加癸兮为大格，加已为刑最不宜。
加壬之时为上格，又兼岁月日时移。更有一般奇格者，六庚谨勿加三奇。
此时若也行兵去，匹马只轮无反期。六癸加丁蛇跃跻，六丁加癸雀入江。
六乙加辛龙逃走，六辛加乙虎猖狂。请观四者是凶神，百事逢之莫措手。
丙加甲兮鸟跌穴，甲加丙兮龙回首。只此二者是吉神，为事如意十八九。
八门若遇开休生，诸事逢之总称情。伤宜捕猎终须获，杜好邀遮及隐形，
景上投书并破阵，惊能擒讼有声名。若问死门何所主，只宜吊死与行刑。
蓬任冲辅禽阳星，英芮柱心阴宿名。辅禽心星为上吉，冲任小吉未全亨。
大凶逢芮不堪遇，小凶英柱不精明。大凶无气变为吉，小凶无气一同之。
吉宿更能逢旺相，万举万全必成功。若遇休囚并废没，劝君不必进前程。
要识九星配五行，各随八卦考羲经。坎蓬星水离英火，中宫坤艮土为营。
乾兑为金震巽木，旺相休囚看重轻。与我同行即为相，我生之月诚为旺。
废于父母休于财，囚于鬼兮真不妄。假令水宿号天蓬，相在初冬与仲冬。
旺于正二休四五，其余仿此自研穷。急则从神缓从门，三五反复天道亨。
十干加伏若加错，入库休囚吉事危。十精为使用为贵，起宫天乙用无遗。
天目为客地为主，六甲推兮无差理。劝君莫失此玄机，洞彻九宫扶明主。
宫制其门不为迫，门制其官是迫雄。天网四张无路走，一二网低有路宗。
三至四宫行入墓，八九高强任西东。节气推移时候定，阴阳顺逆要精通。
三元积数成六纪，天地未成有一理。请观歌里精微诀，非是贤人莫传与。

八门九星逐时移宫诀

假如阳遁一局，甲子时照上格内，蓬星在一宫，休门亦在一宫，则将下圆图内轮子移，蓬星、休门俱对一坎宫，则生门丙，奇下有丙在艮，奇门全具。乙奇在离，无门。丁奇在兑，无门。如乙丑时看上格子内，蓬星在九，休门在二宫，则移下圆图内轮子，上蓬星对九宫，休门对二坤宫，则见休门丙奇在二坤宫，奇门全。乙奇在坎，无门。丁奇在震，无门。如丙寅时，上格子内蓬星在八宫，休门在三宫，则移下轮子，上蓬星对八宫，休门对三宫，则休门丙奇在震宫，奇门全。乙奇在二宫，丁奇在六宫，俱无门。下至癸酉时，俱以甲子旬头为直符，休门为直使，依前法移宫。又如甲戌时至癸未时十时，芮星直符，死门为直使。若甲申时至癸巳时，俱以冲星为直符，伤门为直使。俱依上法逐时移之，余仿此。

阳顺局起例

甲子戊一
甲戌己二
甲申庚三
甲午辛四
甲辰壬五
甲寅癸六
星奇丁七
月奇丙八
日奇乙九

诗曰
冬至惊蛰一七四
小寒二八五相随
大寒春分三九六
芒种六三九是仪
谷雨小满二五八
立春八五二相宜
清明立夏四一七
雨水九六三为奇

阴逆局起例

甲子戊九
甲戌己八
甲申庚七
甲午辛六
甲辰壬五
甲寅癸四
星奇丁三
月奇丙二

诗曰
夏至白露九二六
小暑八五二之间
大暑秋分七一四
立秋二五八循环
霜降小雪五八二
大雪四七一相关
处暑排来一四七
立冬寒露六九三

黄帝阴符经

阴阳逆顺妙难穷，二至还归一九宫。若能了达阴阳理，天地都来一掌中。
三才变化作三元，八卦分为八遁门。星符每逐时干转，直使常随天乙奔。
六仪六甲本同名，三奇即是乙丙丁。三奇倘合开休生，便是吉门利出行。
万事从之无不利，能知玄妙得其灵。直符前三六合位，前二太阴君须记。
直符后一名九天，后二宫神名九地。地为伏匿天扬兵，六合太阴可藏避。
急从神兮缓从门，三五反复天道利。已上若得三奇妙；不如更得三奇使。
得使犹来未为精，五不遇时损其明。损明须知时克日，吟格相加尤不吉。
掩捕逃亡须格时，占稽行人信宜失。斗中三奇游六仪，天乙会合主阴私。
讨捕须明时下克，行人信息遇三奇。三奇上见游六仪，六仪更见五阳时。
兼向八门寻吉位，万事开三万事宜。五阳在前五阴后，主客须知有盛衰。
阴后五子还须记，六仪加著更无利。六仪忽然加三宫，更为刑击先须忌。
六仪击刑三奇墓，此时举动百事误。太白入荧贼即来，火入金乡贼即去。
丙为勃兮庚为格，格则不通勃乱逆。庚加日干为伏干，日干加庚飞干格。
庚加直符天乙伏，直符加庚天乙飞。加己为刑道上格，加癸路中大格宜。
加壬之时为小格，更嫌岁月日时移。当此之时皆不吉，遣将行师勿用之。
丙加甲兮鸟跌穴，甲加丙兮龙返首。辛加乙兮虎猖狂，乙加辛兮龙逃走。
丁加癸兮雀入江，癸加丁兮蛇跃跻。符加丙丁为相佐，使加六丁为守户。
生丙合戊为天遁，地遁乙合开加己。休承丁合太阴人，天网四张时加癸。
蓬加英兮为返吟，伏吟之时蓬加蓬。吉宿见之事更吉，凶宿逢之事愈凶。
天辅冲任禽心吉，天蓬天英芮柱凶。阴宿禽心柱英芮，阳宿冲辅及蓬任。
天网四张无走路，阴阳逆顺妙无穷。节气推移时候应，二至还归一九宫。
三元超遁用六甲，八卦周流遍九宫。

奇门原始

是书谓之造宅三白之法，出自都天《撼龙经》八十一论。太乙紫微九总八卦者，天地之骨髓，星斗之枢机。八卦互变而及于无穷，五行推移而应乎无尽，以九星为之九总，以八门为之八卦，上可以补天地不全之化，下可以助君王不及之功，扶危助吉，发瑞生祥，既同游十二分之经图，又殊配二十八宿之格局。此书者，正天地之纪纲，明阴阳之经纬，幽探颐隐，显达通玄。试其八卦，门庭配列，九州蹊向，推迁六甲，驱使六仪，天乙直符俾之运局，太乙直使使之指挥。奇以六仪，偶以八节，上下招摇，内外表应。三盘运局，八卦皆通。值其吉，则万事堪为；值其凶，则一分莫举。

其一曰都天九卦，其二曰入地三元，其三曰行军三奇，其四曰造宅三白，其五曰遁形太白之书，其六曰八山撼龙之诀，其七曰转山移水九字玄经，其八曰建国安邦万年金镜，其九曰玄宫。获福救贫，生仙产圣，变祸福如反掌，使贫富如等闲。倘三叠之遇奇门，若蛟龙之得云雨；见六合之逢格局，如狼虎之产羽翼。忌取休囚，防其刑击。如得奇星来到，必须吉位门开。位位皆宜，门门俱吉；只要合得其所，仍须各论其时。干神不囚，支神不克。神藏煞没，方知万事皆和；反吟伏吟，定是千殃数集。奇逢旺相，是为富贵之媒；门逢开休，方协英雄之应。遇青龙返首，值甲乙之妙详；若白虎猖狂，见庚辛之凶祸。若见螣蛇跃跻，知壬癸之峥嵘；倘逢朱雀投江，管丙丁之妖怪。飞鸟跌穴，便云百事皆祥；贵人登坛，管取九宫皆庆。通玄机而天地皆转，得妙用则触事亨通。若为文武官僚，修造职位皆增；或与良民庶士，迁茔扶危作福。建州府而民安物泰，兴县镇而富足租平，立宅室而福集人依，作庙宇而鬼安神妥。桥梁、船驿、井灶、路途以至其余行事，务在选择周全。或有太岁将军，尽在拱手；任是九良煞曜，莫敢当头不问，诸家运气，不超不开。犯著空亡禁杀，但求此局，却要有奇，可保千年，皆招百福。最堪动土破山，埋宗葬祖，务有奇星到坐，门户得开。有龙山者，必求反首青龙。有白虎者，忌其猖狂白虎。有玄武者，远其跃跻螣蛇。有朱雀者，怕其投江朱雀。如斯迎避，用意配求，万无一失之虞，动有十全之吉。

分其头绪，布其提纲，具列千端，备述其蕴。非但谋猷之逢吉，实乃天地之献祥。助国安邦，济民利物，得之者，宜什袭于玉匮金縢，真所谓至圣皇家之宝也。

遁甲神机赋

两仪主使，三才攸分；步咒摄乎鬼神，存局通乎妙旨。前修删简灵文，裁整诸经要理。夫甲加丙兮龙回首，丙加甲兮鸟跌穴。回首则悦怿易遂，跌穴则显灼易成。身残毁兮乙遇辛而龙逃走，才虚耗兮辛遇乙而虎猖狂。癸见丁兮螣蛇跃跻，丁见癸兮朱雀投江。生丙临戊，天遁用兵，开乙临己，地遁安坟，休丁遇太阴，人遁安营。伏干格庚临日干，飞干格日干临庚，庚临直符。伏干格之名直符临庚，飞宫格之说大格庚临，六癸刑格庚临六己，按格所向既凶，百事营为不喜。时干克日干，乃五不遇而灾生；丙奇临时干，名为勃逆而祸起。三奇得使；众善皆臻。六仪击刑，百凶俱集。太白入荧贼即来，火入金乡贼将去。地罗遮障不占前，天网四张无走路。直符宫同天乙位而取，如逢急难宜从直符方而行。二至顺逆，妙理玄微。阳符左为前数，阴符右为前寻。阳遁从冬至前一十二气，直符后一为九天，后二为九地，前三为六合，前二为太阴。阴遁从夏至一十二气，直符前一为九天，前二为九地，前五为六合，前七为太阴。太阴潜形而隐遁，六合遁身而谋议。九天之上扬威武，九地之下匿兵马。天地备兮难量，神机妙兮莫测，学者欲临事有谋，存心斯赋无惑。

超神接气置闰诀

歌曰：接气超神为准的。超者，超过也。神者，日辰也。接者，承接也。气者，诸节也。节未至而日辰符头先到，则以符头为主，而超用未来之节气，此之谓超。又有节已至而日辰符头未到，则以后日辰符头为主，而待日辰至方承接之，盖其气未来而奇星常用于前，此之谓折补前局周完，方接所到之节，为接气也。

假如丙午年四月十三日，壬申交立夏节，然四月初五日是甲子，已在立夏前九日矣。则合超越，先于甲子下用立夏上局奇，己巳后用中局，此乃先得奇后得节。凡作用取效甚速。

又如十一月初二日，庚寅大雪节，自前己卯至庚寅已超十二日矣，是过旬也。余无再超之理，至此合用闰。闰者何也？自甲午至戊申计十五日，重复大雪节前局奇，十六日甲辰交冬至节，方用冬至下局，是谓之接也。自此以后用接闰之法。又超接诀曰：但逢节气相交日，四仲符头恰相宜。一任推排无差忒，便为正局上元期。正局既明无混渎，渐渐移来换超局。超至旬余是闰期，三候才终当接续。闰奇若不居芒种，便是阴终大雪时。十五日完斯已矣，还将超接正同推。超越经旬，或九朝，或过十一日，无饶闰奇。额在斯三日，更不加前与后稍。凡闰奇三候，一终即为接气，接气积久，乃换正奇，正奇暂移，乃换超局，超局越过九日，或十日或十一日，又当置闰以归每节气所余五时二刻也。置闰定在芒种、大雪之后，设遇小满、小雪二气之交，虽超九日、十日，不可置闰。盖奇以冬、夏二至阳极阴终置闰者，以毕各节气积余之气也。

盖“超神接气”四字，乃遁甲中之关键，苟不能明先后历数，但知超接之说，不知接用拆补之妙，则天道废弛，人事乖违，而祸福不验矣。甚至不知超接正闰之法，据见成硬局以择日时，上局反作下局，颠倒错乱，无有效验，遂忽之以为不足信，可痛哉！况拆补之局永为下之残局，必待符头先到日，方为某节某气上局，岂不是子午卯酉为上局耶？上局永无拆补借用之理。

闰诀曰：闰奇闰奇有妙诀，神仙不肯分明说。甲己二日号符头，子午卯酉为上列。寅申巳亥配中元，辰戌丑未下元。节节过符符过节，闰积原来为准则。节前得符谓之超，节后得符谓之接。有时超过一旬余，便当置闰真妙绝。要知置闰在何时，端在芒种与大雪。超神接气若能明，便是天边云外客。

超接引例

假如淳祐六年丙午四月十三日壬申立夏，而本月初五日是甲子，即以立夏节用立夏前九日矣，则合前初五日起超在先借用立夏上局奇。自初十日己巳为立夏中局奇，至十六日甲戌用立夏下局奇，此乃先得奇后交节为超，谓之超神速者也。又如淳祐七年丁未二月二十三日虽交清明，至二十五日是己酉始用清明上局奇。此乃先交节后得奇为接，谓之接气迟者也。

又如其年六月二十八日己酉立秋，正值节与日辰同到，其日即立秋上局，谓之正授奇。凡换奇皆子时换也。又须知闰奇之法，方能超接得真也。积日以成闰月，积时以成闰奇。正超闰接有法，分金定刻难明，局以五日一换，遇一节气通换六局。凡一月节气必三十日五时二刻零，以三十日分六局，以余五时二刻。置闰超神不过十日，遇芒种大雪超过九日，即置闰也。假如丙戌年五月初一日己卯至初九日己某刻芒种奇，超九日则当置闰。即用初一日己卯作芒种，上超局初六日甲申作芒种，中超局十一日己丑作芒种，下超局毕于此，重用一局作三奇。闰法以十六日甲午作芒种闰奇，此超神置闰之法也。二十四日已交夏至，是为置闰，借夏至七日，其五月小，尽至六月初二己酉方作夏至上局，初七日甲寅作夏至中局，十二日己未作夏至下局，以为接炁也。

又引证

假如万历二十四年丙申正月初九日丑时立春，初九丙子日戊子时还是先年大寒，下局自丑时至亥十一时，初十丁丑日十二时，十一戊寅日十二时，共三十五个时，俱借立春下局，阳二遁坤二起甲子，此为残局也。盖丙子丁丑戊寅三日，乃甲戌旬五日管下，故为下局耳。十二己卯日符头才到，甲子时起至癸未日亥时止，共计五日，方用立春上局。阳遁八宫，艮上超甲子，十七甲申日换局，甲子时至戊子日亥时，计五日，俱以立春中局，阳五遁中宫起甲子，二十二日己丑日甲子时至辛卯日卯时止，计二十八时，俱补足前立春下局所少之数，此乃补局也。二十四日辛卯日辰时雨水至二十六癸巳日亥时，计三十二时，俱借雨水下局。阳三遁震宫起甲子，盖辛卯、壬辰、癸巳三日，乃己丑旬管下，故为下局耳。二十七甲午日符头方到，自子时起至二月初一戊戌日亥时，计六十时，始作雨水上局。阳九遁离宫起甲子，二月初二己亥日子时起至初六癸卯日亥时，计六十时，雨水中局，阳六遁乾宫起甲子。初七甲辰日十二时，初八乙巳日十二时，初九丙午日巳时，上共三十时，俱补足前雨水下局所少之数。前正月辛卯日辰时起，至癸巳日亥时止，共三十二时，尚少二十八时，不满一局也，今以此三十时补之，计六十二时，乃五日零二时，为下局，正是补局之法也。初九日丙午日午时，惊蛰节自午时起，至戊申日亥时止，共计三十时，俱惊蛰下局。阳四巽宫起甲子，此为残局。盖丙午丁未戊申三日亦是甲辰旬，管下，故为下局耳。十二己酉日符头始到，子时至癸丑日亥时，共五日，作惊蛰上局。阳一遁坎宫起甲子，十七甲寅日子时起至戊午日亥时止，共五日，作惊蛰中局。阳七遁兑宫起甲子，二十二己未日十二时、二十三庚申日十二时至二十四辛酉日申时止，共算三十三时，俱补足前惊蛰所少下局之数，前惊蛰三十时曰残局。今三十三时曰补局，共五日零三时，完一局也。宁可多二三时，不可少六、十时，所零之时留在后面作闰。

假如万历二十七年己亥五月十七甲子日子时小暑节，此乃符节两到，名正授奇，余仿此。八月初三己卯日乃符头到，初四庚辰日丑时秋分，乃符先到而节后到，当用超法。又如万历二十六年戊戌正月初八甲午日符头已到，十五日戌时雨水，乃符先到而节后到，当用超法。自正月初八甲午日超起，节节气气超去超，至十月二十七己卯日超用大雪，直至十一月初九日，乃大雪节已过十一日，合当置闰也。十三甲午日叠作大雪节，此名闰奇。仿此自十一月十三接起，节节气气俱要接去直接去，至万历二十七年己亥五月十七甲子日子时正交小暑节，此名正授奇也。仿此正奇用，至八月初三己卯日符头已到，初四秋分乃符先到而节气后到，又当超用，自初四日秋分超起，节节气气超，至于万历二十九年辛丑四月二十七甲午日超用芒种，五月初七甲辰日丑时交芒种节，已超过十日，势无再超之理，当此处置闰。五月十二己酉日叠起又作芒种节上局，阳六遁乾宫起甲子，此即谓闰奇。故书云：二至之前有闰奇者，此也。

遁甲错误须检点

歌曰：更合从旁加检点，余宫不可有微疵。假如得开、休、生三门，又合乙、丙、丁三奇，亦未便为全吉。犹忌余宫犯格。先贤隐其天机妙处，未言其故，所以奇门不吉，百十余格不犯。此则干彼，非精究难知。如余宫有犯，若得直符直使时干相左，则又何妨？盖符使干佐，乃三奇八门一时之主宰也。或用乙奇余宫，切忌逃走猖狂。庚加乙兮等格，不吉也。其余投江跃跻，不足忌矣。

夫用遁之法，不推本命行年，未见精妙。必人生年命乘本局吉星奇门生旺之方，始得神将护持，无不利也。若命入囚死刑克之宫，而又加以恶星，虽所谋事合生开吉门，终不为美。故遣将先择其年命利者为主，否则当候直符移易可也。法以生命随局顺逆为主，行年随命数至泊宫为是。男顺寅，女逆申，皆起五虎遁，其泊宫生克刑害，须以纳音而论。岁月用支，盖方隅生成之神命年，用音者为八方有五命之茔也。缘五日为一局，一局六十时，而一时之中。善恶不一，若不参之以年命，乌足以尽其美哉？

如三奇得使者？乙奇加天盘甲戌甲午是，但乙奇加甲午辛上，乃青龙逃走。丙奇得使，加甲申庚上火入金乡，名曰荧入太白。丁奇得使，加甲寅癸上．乃朱雀投江，俱不可用。如遇本旬直符临其上，则可用也。

奇门精粹卷二

遁甲演义（二）

奇门吉格

天　遁

歌曰：生门六丙合六丁，此为天遁自分明。经曰：上盘六丙，中盘生门，下盘六丁。生门合六丙，月奇下临天上六丁。此时得月华之所蔽，亦不可犯奇。墓门迫其气升，内应其心，外主其身，下注其心，名曰玄珠。能听而修者，升天。有事呼玉女神名丁卯而出，其神随护。咒曰：丁卯玉女护我跻我，毋令伤我。视我者瞽，听我者反受其殃。咒毕行去，慎勿反顾。其方可以称王侯之权，利朝君王，醮谢苍穹，礼神求福，极利征战，使敌自伏。上书献策，求官进职，修身隐迹，剪恶除凶，市贾出行，百事俱吉，婚嫁入宅，往来此方，大吉。假如阳遁四局，乙庚之日，乙酉时，天心为直符，加时干六乙，开门为直使，加时干七宫，即生门与月奇。六丙临六丁于一宫，是为天遁。阴遁六局，戊癸之日，庚申时，天蓬为直符，加时干六庚，休门为直使，加时干四宫，即生门与月奇，六丙临六丁于九宫，是谓天遁。

地　遁

歌曰：开门六乙合六己，地遁如斯而已矣。经曰：上盘六乙，中盘开门，下盘六己。开门与六乙日奇临地下六己。此时得日精所蔽，其气黄，内应其脾，外应其形，任呼任用，又名黄婆金公。能修之者，南宫列仙。有事呼本旬玉女，依前法咒之，大护其验。盖己为地户，得日精盖之。其方可以藏休兵锐，立寨安营，建府，造置仓库，筑垣墙，安坟开圹，修道求仙，逃亡绝迹，出阵攻城，全师捷胜，百事大吉。

假如阳遁一局，丙辛之日，辛卯时，天冲为直符，加时干六辛，伤门为直使，加临一宫，即日奇临六巳于二宫，是为地遁。

假如阴遁九局，夏至甲己日丙寅时，以甲子天英为直符，加坤丙，以景加七，其时开门合六巳，下临八宫，此名地遁。

人遁

歌曰：休门六丁共太阴，欲求人遁无过此。经曰：上盘六丁，中盘休门，下盘太阴。休门与六丁星奇合下临太阴之位。得星精所蔽，其气青黑。内应肾，外主耳目，名曰还阳丹，修之者，在世长年。有事出门，呼本旬玉女如前咒之，其方可以择贤人，求猛将，隐形保身，通灵入梦，受道成功，说敌和仇，藏伏献策，谋结婚姻，添进人口，和合交易，利市十倍。天则随其所求，地则随其所视，人则随其所令，保持全胜之玄机也。

假如阳遁七局，乙庚日，丙子时，天任为直符，加时干六丙于五宫，生门为直使，加临一宫，即休门与六丁星奇下临直符前二六宫，太阴中也。

假如阳遁上元一局，甲己日，丙寅时，此时天上直符。临八宫，即后一九天临一宫，后二九地临六宫，前二太阴临四宫，前三六合临九宫。

假如阴遁上元九局，甲己之日，丙寅时，此时天上直符临二宫，即前一九天临七宫，前二九地临六宫，后二太阴临四宫，后三六合临三宫。或欲出行者，于所向之方呼其星辰之名而行六十步方左转，入太阴中。

假如阳一局，甲己日，丙寅时，六丙在八宫，以天上六甲天蓬直符加八宫，欲出东北方，呼其星辰之字子禽，行六十步，入太阴中，此时前二太阴临四宫，前三六合临九宫，左回入东南及正南，皆太阴中也。

凡出入用事，皆向六甲所在之方呼其神名，五行相制，行六十步左转入太阴中。甲子旬首神名王文卿，若登坛拜将，钦授兵符，运筹、发令、储粮，皆向其方呼其神名，五行相制，行六十步，转入太阴中，则发握如神。甲戌旬首神名徐何，若开渠、治路、决河、呼之而行如前。甲午旬首神名灵光，安营、置阵、巡狩、战斗者呼之。甲申旬首神名盖薪，入草畋猎者呼之。甲辰旬首神名含章，求官、拜将、临民赴任者呼之。甲寅旬首神名监兵，扬兵振武，行军者呼之。六甲内管五行而动静无方，其五行而含胜有相生相克。左手相天，右手法地，其神体好静，故书五行相制，运化之道，无不兼该。见贵求官，左手书天字；商贾兴贩，亲友嫁娶，书和字；入山捕猎，书狮字；部工居众，书强字；过河治水，书土字、戊字；游山入道书龙字。以上三遁最宜隐遁，人莫能窥。天遁下盘合六丁，乃三奇之最灵，又为六甲之阴，谓奇门相合，有如华盖之覆体也。地遁下盘临六己，为六合之私门，又谓地户之阴，谓奇门相临，有如紫云之遮体也。人遁下盘临太阴，蒙昧之象，盖阴晦不能睹万物，谓奇门阴宫相合，如有阴云之遮蔽也。右三遁之时，凡用事、兴兵、施为、出入、修营宫室，万事吉利。

飞鸟跌穴

歌曰：丙加甲兮鸟跌穴。进飞得地，云龙聚会，君臣燕喜，举动皆宜。此时从生击死，一敌万人，百战百胜，不论阴阳二遁，此时出兵、行营、远游，百事俱吉。君子利，小人凶，所谓天盘丙奇加地盘本时，甲旬头也。假如大寒中元，阳遁九局，甲己日，辛未时，此时六丙在七宫，以直符天英加时干六辛于三宫得六丙下临六甲，于九宫戊上，此名为飞鸟跌穴。假如大寒上局，阳三遁，震宫起甲子，甲己日丁卯时天冲直符，加丁时干离上，即六丙下临六甲于三宫，此名“飞鸟跌穴”。

青龙回首

歌曰：甲加丙兮龙回首。不问阴阳二遁，得此局更合奇门，上吉；虽无吉门，亦可用事。凡利见大人、举兵、利客、扬威万里，从生击死，一敌万人，百事皆吉。假如阳遁一局，甲己日，丙寅时，直符甲子戊与开门相合，加于八宫地丙之上，此为“青龙返首”也。

玉女守门

歌曰：又有三奇游六仪，号为“玉女守门扉”，若作阴私和合事，请君但向此中推。三奇游六仪者，乃天上乙丙丁游于甲子戊、甲戌己、甲申庚、甲午辛，甲辰壬、甲寅癸之六仪也。玉女守门者，谓丁为玉女，而会天乙直使之门也。如阳遁一局，甲己日，庚午时，丁奇在兑而庚午时亦在兑，休门直使加地丁七宫是也。故甲子用庚午，甲戌用己卯，甲申用戊子，甲午用丁酉，甲辰用丙午，甲寅用乙卯。

三奇得使

歌曰：三奇得使诚堪使，六甲遇之非小补。乙马逢犬丙鼠猴，六丁玉女骑龙虎。甲戌甲午乙为使，甲子甲申丙为使，甲辰甲寅丁为使，其法甲木畏庚金，是以三奇所使除去巳酉丑，而甲午甲戌拱乙未，且乙木生午墓戌，故乙为使也。火库于戌而亥宫甲木生丙火，是以甲子甲申拱戌亥而丙为使也。丁卯为甲子之阴，甲寅甲辰拱之，故丁为使也。乙为使者，乙奇加甲戌甲午；丙为使者，丙奇加甲子甲申也；丁为使者，丁奇加甲辰甲寅也。此时最吉。假令阳遁九局，甲己日庚午时，此时六乙日奇下临三宫甲午，是为乙奇得使。假令阴遁三局，丙辛日壬辰时，此时乙奇在杜门，下临九宫甲午辛，亦为乙奇得使。假令阳遁九局，乙庚日，戊寅时，此时丁奇下临四宫甲辰，是为丁奇得使。但乙奇加甲午辛乃青龙逃走，丙奇加甲申庚上乃荧入太白，丁奇加甲寅癸乃朱雀投江，凡此三者，尚有微疵不吉。如遇本旬直符同临其上方，可用之而吉也。

神　遁

歌曰：天上六丙合九天，再合生门神遁然。丙奇与生门下临九天之位，得神灵所蔽。其方可以祭神灵、用圣术、画地、立筹、步凤、置造坛场、刻鬼神、摄魔昧，自有威伏。更利攻虚、阴谋、密计、玄妙、开基、修建庙宇、塑画、褙表神像，以应神候。

鬼遁

歌曰：天上六乙合九地，临于杜门鬼遁取。丁奇与休门相合，下临九地之位。又曰：乙奇与开门相合，下临九地之位，得鬼神隐伏之蔽。其方可以探机，偷营、劫寨、设伏、攻虚、密伺动静、诡诈文书、超亡、荐孤拔寡，以候鬼应。

风遁

歌曰：天上六乙合三门，下临巽宫风遁矣。又曰：丙奇与开门相合，下临巽宫，不犯墓迫，得灵奇顺风爽帆之蔽。又曰：三吉门临地盘乙奇。又曰：开休生三门与六丁星奇相合，下临地下六己。又曰：辛仪与奇门下临六乙。其方可以默吸风云，喷噀旂旐，令众士沉吟听音。又丙奇开门相合，下临坤宫，更宜祷祭风伯雨师，敌垒战立旌旗，以候风应。

云遁

歌曰：天上六乙合六辛，临三吉门云遁取。又曰：凡乙奇与开门合，下临坤宫，不犯墓迫，得云之蔽。又曰：乙奇与开门合，下临六辛。其方可以默吸风云，喷噀甲胄，音遥普遍。或记射雕为名，令士卒仰望，并及利求雨泽，助农稼，建立营，造军器，以候云应。

龙遁

歌曰：日奇合休于坎宫，此为龙遁云从起。又曰：伏吟乙奇与休门相合，下临六癸或在坎，得龙之蔽。其方可以祭龙神、祈雨泽、水战演敌、计量江面、把守河渡、教习水战、密运机谋、移舟转向、下船开江、造置水柜、祭祷鬼神、填堤塞河、修桥穿井，以应龙候。

虎遁

歌曰：天上六乙合六辛，临休到艮虎遁门。又曰：乙奇与生门临六辛，得虎之蔽。一云辛仪合生临艮。其方可以招安、设伏、邀击。计度要害、据险守御、建立山寨、措置关隘、防险修凿，以候虎应。

天三门地四户

烟波叟曰：天三门兮地四户，问君此法从何处？太冲小吉与从魁，此是天门私出路。地户除危定与开，举事皆从此中去。入式歌云：天乙会合女阴私。所谓天乙会合女阴私之事，要在三奇临六仪与三奇吉门，合太冲、从魁、小吉、天三门。加除定危，开地四户，是谓福食远行，出入皆吉。歌云：本月将名加时支。十二月将顺遍数，太冲、小吉、与从魁三方。游祸天门，便以月将加时支顺数也。假如正月雨水后用午时出行，则以月将登明加于时支午宫，登明在午上，神后在未，大吉在申，功曹在酉，太冲在戌。戌方为天门，天罡在亥，太乙在子，胜光在丑，小吉在寅，寅方为天门。传送在卯，从魁在辰，辰方为天门。余仿此。

以授时历看，审订太阳过宫，方可选用。如去年十二月大寒节，某日时刻日缠玄枵之次，太阳在子，以神后出将，加用时。世俗但知登明为正月将，却不知待雨水节后，某日时刻日躔娵訾之次，太阳方过亥宫，以登明天月将方可用。登明天月将加用时，以次轮去。如遇从魁、小吉，太冲，即是天三门也。如得本日贵人到乾亥，就是贵人登天门。天罡辰，太乙巳，胜光午，小吉未，传送申，从魁酉，河魁戌，登明亥，神后子，大吉丑，功曹寅，太冲卯，正月亥。二月戌，三月酉，四月申，五月未，六月午，七月巳，八月辰，九月卯，十月寅，十一月丑，十二月子。歌云：用时支上加月建，建除满平一顺流。定执破危相接去，成收开闭掌中周。除定危开为地户，此方有难来修避。以月建加用时顺数，如寅上起建，卯为除，午为定，酉为危，子为开，三奇临之，大吉。正月寅上起建，二月卯上起建，余仿此。

如九月某日用巳时，则以戌建，加于时支巳宫，除在午，午为地户。满在未，平在申，定在酉，酉为地户。执在戌，破在亥，危在子，子为地户。成在丑，收在寅，开在卯，卯为地户。子午卯酉四方俱吉。

地私门

六合太阴太常君，三辰元是地私门，更得奇门相照耀，出行百事总欣欣。以天月将加所用正时，看贵人所泊何宫，即于贵人上起，贵人、螣蛇、朱雀、六合、勾陈、青龙、天空、白虎、太常、玄武、太阴、天后，顺逆而行。阳贵人出，于先天之坤子上起，甲干顺布，乙癸在丑，庚与乙合，戊与癸合，取干德合者为贵人，故庚戊二干，阳贵人在丑是也。己干在未，甲与己合，故甲干阳贵人在未。阴贵人出，于后天之坤申上起，甲干逆行，乙癸在未，庚戊得合，故庚戊阴贵人在未，己干在丑。甲与己合，故甲干阴贵人在丑。自亥至辰，阴阳贵顺行。自巳至戌，阴阳贵逆行。若得六合、太阴、太常三神与奇门同临其方者，百事大吉。阳时宜击，阴是地宜陕，阳先举，阴从应。凡欲击者，为破而击之。陕者，密而去之。其败军宜向六合下走而出也。

假如以六合、太阴、太常为三辰，依图推，看在何方日支。自子至巳为阳，用阳贵人。自午至亥为阴，用阴贵人。假如丁亥日，亥为阳日，丙丁猪鸡位，则亥猪为阳日，贵人须用贵人加亥上顺数去，却是六合、太阴、太常，何处即是地私门？此只论日，不论时，然须得奇门方可用。又一起例，审太阳过宫，以月将加用时，寻本日贵人起星，求地私门。假如正月亥将，若甲日用辰时，即以亥加辰，顺数去，寻本日阳贵，未到子。阳贵顺行，则螣蛇在丑，朱雀在寅，六合在卯，为私门。勾陈在辰，青龙在巳，天空在午，白虎在未，太常在申，为私门。玄武在酉，太阴在戌，为私门。

天后在亥。如用阴贵亦以亥加辰阴贵丑到午，阴贵逆行，则螣蛇在巳，朱雀在辰，六合在卯，为私门。勾陈在寅，青龙在丑，天空在子，白虎在亥，太常在戌，为私门。玄武在酉，太阴在申，为私门。天后在未，余仿此。阳贵诗曰：庚戊见牛甲在羊，乙猴己鼠丙鸡方，丁猪癸蛇壬是兔，六辛逢虎贵为阳。阴贵诗曰：甲贵阴牛庚戊羊，乙阴在鼠己猴乡，丙猪丁鸡辛遇马，壬蛇癸兔属阴方。

阴阳贵人诀[①]

图贵暮贵旦

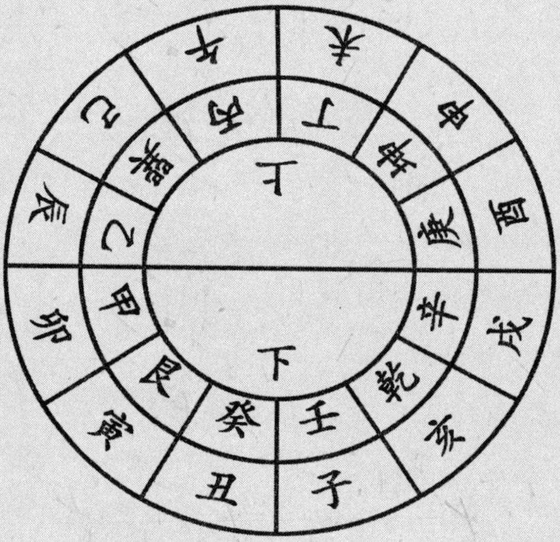

旦贵用上一字，即上图之乙巽丙丁坤庚六时。夜贵用下一字，即上图之辛乾壬癸艮甲六时。贵人所到之宫，自亥至辰为阳支，宜顺行。自巳至戌为阴支，宜逆行。二图当相合推用，但分之以知甲在卯宫，用暮贵；巽在巳宫用旦贵。余仿此。

假如正月雨水后，太阳躔娵訾之次，月将在亥，则以亥加所用时之上下，以分旦暮，定其阴阳。又视贵人所到之宫，详其阳支宜顺，阴支宜逆，以求三辰所在之方也。假如甲日用卯时，属下一字，用暮贵，定为阳贵，则以亥加卯宫顺行。阳贵人未在亥，亥为阳支，加贵人顺行，六合在寅，太常在未，太阴在酉也。假如甲日用午时，属上一字，用旦贵，定为阴贵，则以亥加午宫顺行，阴贵丑在申，申为阴支。加贵人逆行，太阴在戌，太常在子，六合在巳也。假如甲日用子时，属下一字，用暮贵，又定为阳贵人，则以亥加子顺行，阳贵人在甲申，为阴支。加贵人逆行，太阴在戌，太常在子，六合在巳也。余仿此。

---

① 此明白显易，故附录。

地私门阳贵人顺行图

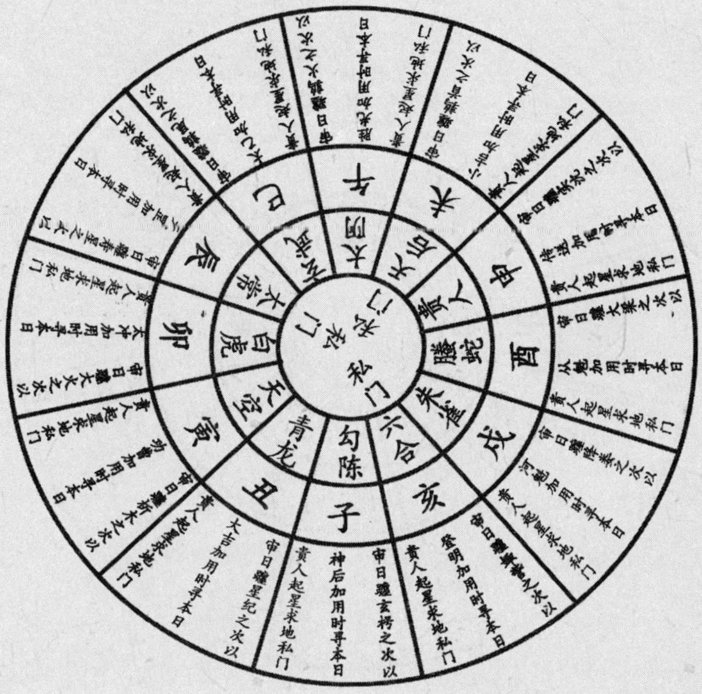

地私门阴贵人逆行图

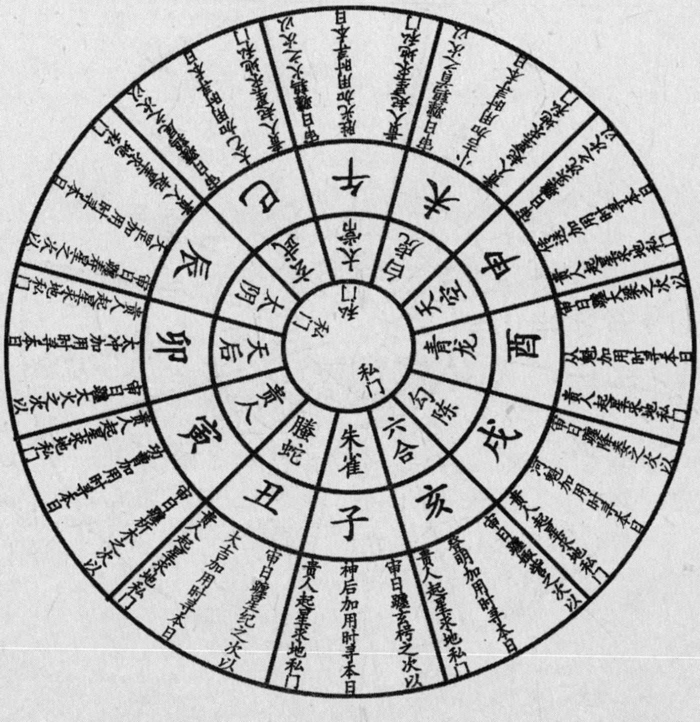

天三门之图

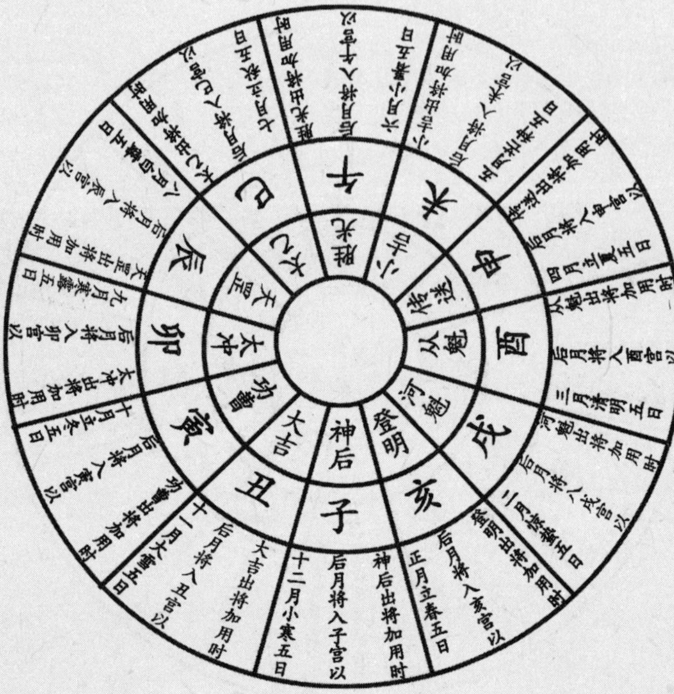
子
丑
寅
卯
辰
巳
午
未
申
酉
戌
亥
神后
大吉
功曹
太冲
天罡
太乙
胜光
小吉
传送
从魁
河魁
登明
十二月小寒五日
后月将入子宫以
神后出将加用时
正月立春五日
后月将入亥宫以
神后出将加用时

地四户之图

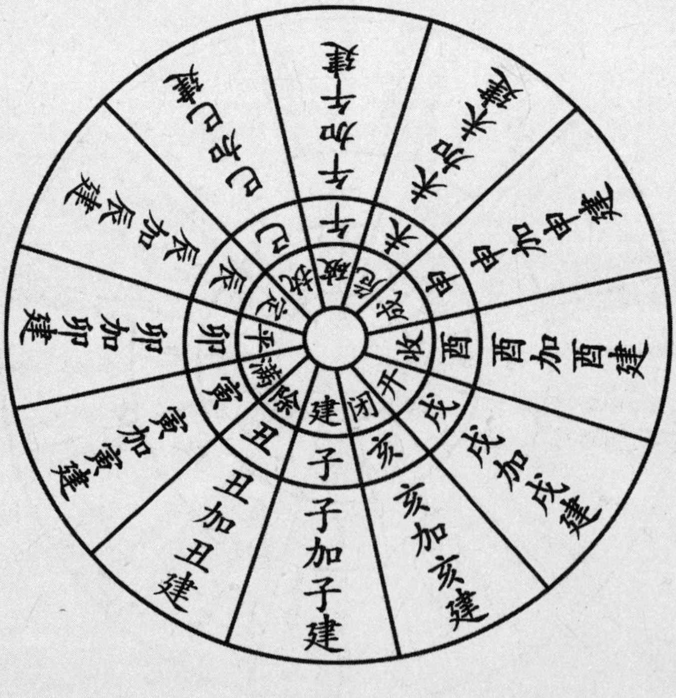
子
丑
寅
卯
辰
巳
午
未
申
酉
戌
亥
建
除
满
平
定
执
破
危
成
收
开
闭
子加子建
丑加丑建
寅加寅建
卯加卯建
辰加辰建
巳加巳建
午加午建
未加未建
申加申建
酉加酉建
戌加戌建
亥加亥建

太冲天马

歌曰：太冲天马最为贵，卒然有难宜逃避。但当乘取天马行，剑戟如山不足畏。歌云：将支加在用时支，顺轮十二逢卯止。卯止宫为天马方，此方避难真亨利。以天月将加所用正时，顺流去，遇卯字佳处，即是太冲天马方也。凡有紧急事，从天马而出，可避祸也。先用月将加于本时，顺数至卯，即太冲太冲即天马方也. 其月将过宫之法，即太阳也. 假如正月雨水前后，用子时月将数至卯，在辰上逢卯字到辰，其辰上天马方也。登明在亥，以亥加子宫，则子在于丑矣。

天月将：正月亥，二月戌，三月酉，四月申，五月未，六月午，七月巳，八月辰，九月卯，十月寅，十一月丑，十二月子。地月将：正月寅，二月卯，三月辰，四月巳，五月午，六月未，七月申，八月酉，九月戌，十月亥，十一月子，十二月丑。

以授时历看审订太阳过宫方可选用大冲天马方

	子时	丑时	寅时	卯时	辰时	巳时	午时	未时	申时	酉时	戌时	亥时
正月登明将太冲天马方	辰	巳	午	未	申	酉	戌	亥	子	丑	寅	卯
二月河魁将太冲天马方	巳	午	未	申	酉	戌	亥	子	丑	寅	卯	辰
二月从魁将太冲天马方	午	未	申	酉	戌	亥	子	丑	寅	卯	辰	巳
四月传送将太冲天马方	未	申	酉	戌	亥	子	丑	寅	卯	辰	巳	午
五月小吉将太冲天马方	申	酉	戌	亥	子	丑	寅	卯	夲	巳	午	未
六月胜光将太冲天马方	酉	戌	亥	子	丑	寅	卯	辰	巳	午	未	申
七月太乙将太冲天马方	戌	亥	子	丑	寅	卯	辰	巳	午	未	申	酉
八月天罡将太冲天马方	亥	子	丑	寅	卯	辰	巳	午	未	申	酉	戌
九月天冲将太冲天马方	子	丑	寅	卯	辰	巳	午	未	申	酉	戌	亥
十月功曹将太冲天马方	丑	寅	卯	辰	巳	午	未	申	酉	戌	亥	子
十一月大吉将太冲天马方	寅	卯	辰	巳	午	未	申	酉	戌	亥	子	丑
十二月神后将太冲天马方	卯	辰	巳	午	未	申	酉	戌	亥	子	丑	寅

三诈五假

歌曰：奇与门兮共太阴，三般难得总加临。若还得二亦为吉，举措行藏必遂心。阳遁直符前二宫为太阴，阴遁直符后二宫为太阴。谓奇门与太阴三者不能皆得，若得二者，亦吉遇之，可伏兵也。古经云：凡欲经求万事，宜休、开、生下合乙丙丁即吉，又取阴门相助，谓之“三诈”。凡太阴、六合、九地、宫助、奇门全备，用之有十分之利。若三门合三奇无诈宫，谓之有奇无阴，得七分之利。若三门合太阴无三奇，谓之有阴无奇，犯者不利。若三门合三奇，下临太阴，宫名曰“真诈”。若三门合三奇，下临九地，宫名曰“重诈”。若三门合三奇，下临六合，宫名曰“休诈”。真诈，宜施恩、隐遁、求仙。重诈，宜进人口、取财、拜官授爵。休诈，宜合药、治邪、祈禳之事。若杜门合丁己癸，下临九地，名曰“地假”，宜潜伏。此三时加杜门者可以藏形隐神。若杜门合丁己癸，下临六合，宫利逃亡。若景门合乙丙丁，临九天，名曰“天假”，乙为威德，丙为威武，丁谓太阴，三奇之灵。宜陈利，便进谒干求。若伤门合丁己癸，下临九地，名曰“神假”，利埋葬。若惊门合六合，下临九天宫，名曰“人假”，利捕逃亡。若杜门合丁己癸，下临太阴，宫利遣人、间谍、探事。若死门合丁己癸，临九地，名曰“鬼假”，利超亡、荐度。

亭亭白奸

歌曰：更得直符直使利，兵家用事最为贵。常从此地击其冲，百战百胜君须记。王璋曰：亭亭者，天之贵神也。背之击其冲为胜。推法：以天月将加所用正时，神后所临之宫，即亭亭居其上也。如正月雨水后，太阳某日过亥，乃登明。将将者，太阳也。午时用事，即以天月将亥加午子到未宫，即是亭亭在未上是也。宜背之，背者坐其上也。白奸者，天之奸神也，合于巳亥，格于寅申。一云“背亭亭击白奸”。以天月将加所用时，寅午戌三宫。见寅申巳亥，即孟神白奸居孟神之位。白奸常居寅申巳亥之位是也。如正月午时用事，以亥加午，亥即白奸在午，宜击之。又如正月卯时用事，以亥加卯，数至辰上，得子亭亭在辰也。数至午上得寅，白奸在寅是也。“背亭亭”者，大将背抵亭亭之位而击，向白奸之方是也。

白奸方	日	亭亭方		亭亭	白奸
巳	子	巳	正	卯	亥
申	丑	午	二	辰	寅
亥	寅	未	三	巳	巳
寅	卯	申	四	午	申
巳	辰	酉	五	未	亥
甲	巳	戌	六	申	寅
亥	午	亥	七	酉	巳
寅	未	子	八	戌	申
巳	申	丑	九	亥	亥
申	酉	寅	十	子	寅
亥	戌	卯	十一	丑	巳
寅	亥	辰	十二	寅	申

三胜宫五不击

歌曰：天乙之神所在宫，大将宜居击对冲。假令直符居离九，天英坐起击天蓬。汤谓曰：第一胜，天乙宫。天上直符乘为天乙宫，上将居之，用兵而击其冲，百胜。按万一诀云：若在阳遁，即用天上直符所居宫上，将居之，用兵而击其冲，百胜后。第二胜，九天宫。阳遁天上直符一为九天，阴遁直符前一为九天，我军立九天之上而击其冲，则敌人不敢当我之锋。第三胜，生门宫。谓生门合三奇之吉宫。上将引兵从生门击死门，百战百胜。上将引兵背生门击死门。又曰：背亭亭向天门，一胜。背月建，二胜。背生击死，三胜。大同小异也。

假令大寒上元阳三局，甲己日，丁卯时，天上直符乘六丁，临九宫，正南为天乙宫，为第一胜也。九天四宫东南，第二胜也。生门与丁奇合临七宫正西，第三胜也。假令阴八局，甲己之日，戊辰时，地下直符在八宫东北天乙宫，为第一胜。九天在三宫东，为第二胜。生门临四宫东南，为第三胜。汤谓曰：五不可击，第一不击天乙宫，第二不击九天宫，第三不击生门宫，第四不击九地宫，第五不击直使宫。已上皆不可击。假令阳八局，丙辛日，辛卯时，天乙在坤二宫，西南生门在三宫正东，九地在四宫东南，直使在八宫东北，已上并不可击，我军居之必雄胜。假令阴七局，甲己之日，丙寅时，天上直符临九宫，阴遁前一，九天在二宫，西南，生门在一宫正北，九地在七宫西方，直使在五宫寄坤二宫西南，已上不可击，我军居之必雄胜。注云：上将居之，引兵而击其冲，百战百胜也。

三奇凶格

青龙逃走

歌曰：六乙加辛龙逃走，金为太白乃白虎。木为青龙，金克木，龙虎相战，凶。王璋曰：此时不宜举兵。主客俱伤百事凶。《奇门大全》云：六乙加辛，此时举兵动众，主失财、遗亡、破败。又曰：乙加庚亦是。假如立秋上元阴遁二局，丙辛日，已亥时，六乙在三宫，以直符天任加时干六己于一宫，即六乙下临六辛于八宫，此时青龙走也。

白虎猖狂

歌曰：六辛加乙虎猖狂。赤松子云：刀逢暗磨，疑如之何，彼欲见害，无阴可和。六辛加六乙，白虎也。悲哀若与干钱财，自己须防灾。华盖属金为白虎，故辛加乙为白虎猖狂。王璋曰：天上六辛加地下六乙，此时不宜举事，主客两伤，婚姻、修造大凶。假如小暑中，阴遁二局，甲己之日，壬申时，此时天芮直符加天盘六辛，下临于三宫，原乙在三宫，是为白虎猖狂也。

朱雀入江

歌曰：六丁加癸雀入江。丁属火为朱雀，癸属水，故丁加癸，朱雀入江。《奇门大全》云：丁加癸，主文书牵连，或失脱文书，占家宅有惊恐怪梦，用兵防奸。王璋曰：天上六丁加地下六癸，名曰“朱雀入江”。使人百事皆凶。六丁加六癸，朱雀入水流。口舌犹未罢，官事使人愁。又曰：或有诉讼，自陷刑狱。或闻火起，不必往救。假如夏至中元阴遁三局，甲己日，壬申时，此时六丁在六宫，以直符天冲加时干六壬于八宫，即六丁下临六癸于七宫，是为朱雀投江也。

螣蛇夭跻

歌曰：六癸加丁蛇夭跻。六癸加六丁，夭跻迷路程。忧惶难进步，端坐却不宁。谓癸属水，为北方玄武龟蛇，丁属火，故癸加丁为螣蛇夭跻。王璋曰：天上六癸加地下六丁，名螣蛇夭跻，此时百事不利。假如冬至下元阳遁四局，丙辛日戊子时，此时六癸在九宫，以直符天心加时干六戊于四宫，即得天英为六癸，下临六丁于一宫，是为“螣蛇夭跻”也。虽有奇门临，亦主虚惊不宁。

大 隔

歌曰：庚加癸兮为大格。六庚如加癸，图谋未可通。求人终不见，端坐即还宫。汤谓曰：六庚加癸，名曰大格时也。谓天上六庚临地下六癸，此时不可用，百事凶。遗亡亦不可得，求人即不在反招其咎。大格不宜远行，车破马死，造作人财破散也。假如秋分下元阴遁四局，甲己日，丙寅时，此时六庚在二宫，以直符天辅加时干六丙于六宫，即得天芮六庚，下临六癸于八宫，此名大格也。

小隔并岁隔月隔日隔时隔

歌曰：加壬之时为小格，又兼岁月日时移。六庚加六壬谓之“小格”，一云“伏格”。当此之时，并不宜出师。论岁格，《三元经》云：六庚加当年太岁之干，名曰岁格。此时用事凶。《奇门大全》云：六庚加今岁干，如甲子年庚加甲子也，大凶。六庚加年、月、日时干动，有凶隔。闻客先败，占家宅。年为父母，月为兄弟，日为己身，时为妻男。假令辛丑辛立春中元阳遁五局，岁干在辛，以甲己之日癸酉时，六庚在七宫，以直符天禽加六癸于一宫，即见天柱六庚，下临六辛岁干于八宫，此名为岁格也。论月格，《三元经》曰：六庚加月朔格，为凶时也。假如立春上元阳遁八局，月朔干在甲己日，丁卯时，此时六庚在一宫，以直符天任加六丁于五宫，即得天蓬为六庚。下临月朔干六己于九宫，此名月朔格也。论日格，《三元经》曰：六庚加当日日干为日干格，此时用事大凶。假如小暑下元阴遁五局，日干在甲己日，丙寅时，以天禽为直符加时干六丙于七宫，即六庚在七宫下临六己于四宫，此名“日干格”。论时格，《三元经》曰：六庚加本时干者，为时格，亦名“伏吟格”。假如小寒上元阳遁二局，丙辛日，己丑时，六庚在四宫，以直符天辅加时干六己于三宫，此为时格也。凡六庚为直符，其十时皆为时干格也。

刑 隔

歌曰：加己为刑最不宜。六庚加六己，赤地须千里。远行车马堕，军兵半路止。汤谓曰：六庚加六己为刑格。谓天上六庚加地下六己，此时出军，车破马死，中道而止，士卒逃亡，慎勿追之，反招凶咎。《奇门大全》云：六庚加六己，求谋，主失名，破财，疾病。假如大寒上元阳遁三局，甲己日，丙寅时，此时六庚在五宫寄二宫，以直符天冲加时干六丙于一宫，即得天禽为六庚，下临六己于四宫，此名“刑格”也。巽巳同宫，巳刑申也。

勃 隔

歌曰：丙为勃兮庚为格，格则不通勃乱逆。天丙加地庚为勃，天庚加地癸为格。天上六丙加年、月、日时之干，直符类同。凡举百事，主纲纪紊乱。经曰：丙丁直为勃，火星焚大屋。移室且安然，独自闻愁哭。庚加年、月、日时干，假尔为客，不宜争，统兵领众避此时，惟宜固守不移。行以上勃格，如不得已，运筹布局反闭而去，变凶为吉也。凡遇六丙六庚之时，为直符加时干，则十时皆勃格也。

荧入白

歌曰：六丙加庚荧入白，荧入白兮贼须灭。天盘丙加地盘庚，是火入金乡，此时闻贼当退。假如小满上元用阳遁五局，丙辛之日，戊戌时，此时六戊在五宫，以天任直符加时干六戊于五宫，得六丙下临六庚于七宫，即荧惑入太白也。《奇门大全》云：丙加下庚也，此时战宜回避，不宜冲击，占贼来，信必虚诈。赤松子云：荧惑入太白，上下相击剥，内往外灭，以谗贼陷。诗曰：二星相入凶气横，任得奇门慎勿行。此星若也行兵去，金火之辰是恶神。又曰：六丙来加六庚上，真贼逃避不为灾。假如阴六局甲己日丙寅时，六丙在八宫，以直符天心加时干，即六丙下临六庚于四宫，此为荧惑入太白，占贼不来，天英、天景门到七六宫，亦是火到金乡也。

白入荧

歌曰：六庚加丙白入荧，白入荧兮贼即来。天盘庚加地盘丙，乃金入火乡而受克，凶，对敌宜防贼。假如清明上元用阳遁四局，甲己之日，壬申时，此时六壬在八宫，以天辅直符加时干六壬于八宫，得天心为六庚加临六丙于二宫，即太白入荧惑也。汤谓曰：庚为太白，丙为荧惑，若此时对敌，宜防贼来，上盘六庚加下盘六丙是也。诗曰：天上六盘加六丙，太白入荧贼欲来。假如夏至中元阴遁三局，乙庚日，戊寅时，六庚在一宫，以天芮直符加时干于三宫，即六庚下临六丙于二宫，即太白入荧惑。又天心天柱到离宫，亦是金入火乡也。

伏干格

歌曰：庚加日干为伏干。天乙伏干格，《三元经》曰：六庚为太白，加日干即为伏干格。此时主客斗伤，皆不利。诗曰：日干若遇六庚临，以此名为伏干侵。若是战斗须不利，大都为主必遭擒。假如小满上元阳五局，甲申日，壬申时，六壬在九宫，即天柱为六庚下临九宫，见今甲申，是为天柱六庚所加也。此为天乙伏干格。

飞干格

歌曰：日干加庚飞干格。诗曰：日干及临庚，飞干格偏明。争战还不利，为客最平平。《三元经》曰：今日之干加六庚，飞干格。此时战斗，主客两伤。假如小满上元阳遁五局，甲己日，庚午时，此时甲子在五宫寄二宫，以直符天禽加时干六庚于七宫，即得日干六甲下临六庚于七宫，此名飞干格也。

伏宫格

歌曰：庚加直符天乙伏。庚加直符宫，伏宫格为宗。交锋多不利，为客少成功。

《三元经》曰：六庚加直符名为天乙伏宫格，此时客主皆不利。斗战交兵气自衰，占见人不在，占来人不来。《奇门大全》曰：六庚加天乙直符，此时主客皆不利。假如立春下元阳遁二局，甲己日，壬申时，此时六壬在六宫，以天上天芮为直符，加地下六壬于六宫，即得天辅为六庚，下临直符天芮于二，此名天乙伏宫格也。

飞宫格

歌曰：直符加庚天乙飞。飞宫是何星？直符加六庚。两敌不堪争，为主似不赢。《三元经》曰：直符加六庚，名天乙飞宫格。此时主客不利。《奇门大全》云：此时固守，出则大将遭擒。假如春分中元阳遁九局，甲己之日日中庚午时，此时六庚在二宫，天英为直符，以天上直符加时干六庚于二宫，即得天英为直符，下临二宫见六庚，此名天乙飞宫格也。

六庚加宫六庚同宫格

歌曰：加一宫兮战在野，同一宫兮战于国。庚加日干，日干加庚，俱不利。如庚加一宫或天盘庚或地盘庚，同一宫，皆主战不利。天乙格谓六庚临天乙所居地宫也，战于野，凶也。天乙太白格谓天乙直符与六庚同宫，而行战于国，凶也。加时与太白格，利野斗。若直使加六庚，宜固守、伏藏。凡遇诸格之时，用兵，主客俱不利。占人在否，格则不在；占人来否，格则不来。

三奇受制

王璋曰：乙奇临乾，惊门，庚辛，囚死，乃木入金乡也。丙奇临坎，休门，壬癸，囚死，乃火入水乡也。此谓三奇受制，万事不可举也。

五不遇

歌曰：五不遇时龙不精，号为日月损光明。时干来克日干上，甲日须知时忌庚。葛洪曰：五不遇时者，谓刚柔日相克，而损其明，纵有奇门不可行，百事凶。甲日庚午时，乙日辛巳时，丙日壬辰时，丁日癸卯时，戊日甲寅时，己日乙丑时，庚日丙子时，辛日丁酉时，壬日戊申时，癸日己未时，乃时干克日干，阳克阳干，阴克阴干，名为主本不和，极凶。

三奇入墓

歌曰：三奇入墓好思推，甲日那堪见未宫。丙奇属火火墓戌，此时诸事不须为。更兼六乙来临，未星奇临八，亦同论。此乃乙丙丁奇临六宫在戌，谓之入墓。不但奇临之，遇丙日见戌时亦是。王璋曰：三奇墓者，谓六乙日奇下临二宫，六丙月奇到六宫，六丁星奇下临八宫，是谓“三奇入墓”也。假如阴遁四局，丙辛日，庚寅时，六丙月奇下临六宫，是谓月奇入墓。

凡遇三奇入墓，纵有奇门，不可举兵，百事皆凶也。经云：三奇入墓何时辰，丙奇乾上乙临坤。或遇丙奇居戌上，还加丁向丑中存。歌曰：又有时干入墓宫，课中时下忌相逢。戊戌壬辰兼丙戌，癸未丁丑己同凶。

葛洪曰：三奇者，谓丙戌时，时为月奇入墓之时。又曰：凡遇乙庚日，丁丑时，为丁奇入墓。黄昏是丙戌时，故为月奇入墓之时。是为三奇入墓。

丙戌时，丙属阳火，火墓在戌。壬辰时，壬属阳水，水墓在辰。丁丑时，丁属阴火，火墓在丑。癸未时，癸属阴水，水墓在未。戊戌时，戊属阳土，土墓在戌。己丑时，己属阴土，土墓在丑。故戊己中央之土，赖母而生。盖以戊同丙火生于寅己同丁火生于酉，前六时干辰入墓，亦不可用。

六仪击刑

歌曰：六仪击刑何太凶，甲子直符愁向东。戌刑在未申刑虎，寅巳辰辰午刑午。六甲地支相刑与自刑也，如甲子见卯，甲戌见未，甲申见寅，甲寅见巳，为相刑。甲辰见甲辰，甲午见甲午，为自刑。

葛洪曰：六仪击刑者，谓六甲直符加所刑之地也。甲子直符加卯，卯刑子也。甲戌直符加未，戌刑未也。甲申直符加寅，申刑寅也。甲午直符加午，午自刑也。甲辰直符加辰，辰自刑也。甲寅直符加巳，寅刑巳也。

王璋曰：甲子直符加三宫，甲戌直符加二宫，甲申直符加八宫，甲午直符加九宫，甲辰直符临四宫，甲寅直符临四宫，已上皆为六仪击刑。

郭璞论三合之刑：金刚火强，各刑本方。水流趋东，木落返本。甲寅甲午甲戌火局，刑巳午未南方。己酉丑金局，刑申酉戌西方。甲申甲子甲辰水局，刑寅卯辰东方。亥卯未木局，刑亥子丑北方。

假令冬至上元阳遁一局，甲己之日，夜半甲子为直符至日出卯时，是六仪击刑也。至庚午时，以甲子直符，加六庚于三宫，即六仪击刑时也。其时极凶，不可用事。

伏吟格

歌曰：就中伏吟为最凶，天蓬加著地天蓬。九星伏吟，上盘天蓬加地盘天蓬，乃九星，仍在本宫不动，谓之伏吟，主孝服，损人口。汤谓云：甲子来加甲子，为伏吟，不宜用兵，惟宜收敛货财。凡六甲之时，门符皆是伏吟。假令冬至上元阳遁一局，甲己之日，夜半生甲子时，天蓬直符加临一宫，时干在一宫，此名门符，皆伏吟也。

反吟格

歌曰：天蓬若到天英上，须知即是反吟宫。九星反吟者，天盘一宫上蓬星加地盘九宫英星上，为反吟，余八同宫，此直符反吟。谓上盘甲子加下盘甲午，上盘甲戌加下盘甲辰，遇奇门盖之，不至凶害，不然灾祸立至。汤谓曰：子来加午为反吟，此时不利举兵动众，惟宜散恤仓库之事。凡星符对冲，皆反吟。假令冬至上元阳遁一局，甲己日，乙丑时，六乙在九宫，以天上天蓬直符加临时干在九宫，即是直符反吟。反吟伏吟，门若遇此，虽得奇，不可用。

门迫宫迫

歌曰：宫制其门不为迫，门制其宫是迫雄。《三元经》曰：吉门被迫，则吉事不成。凶门被迫，则凶事尤甚。宫制其门，是凶迫门制其，宫为吉迫。门生宫为和，宫生门为义。假令开门临三宫，休门临九宫，生门临一宫，景门临七宫，为吉门被迫，则事不成，不吉也。假令伤门、杜门临二宫八宫，死门临一宫，惊门临三、四宫，为凶门被迫，则为凶尤甚。

天网四张格[1]

歌曰：天网四张无路走，一二网低有路踪。三至四宫行人墓，八九高强任西东。天网者，天上六癸所加之下是也。凡六癸之时，亦是，如在一、二、三、四宫，为尺寸低。在五、六、七、八宫，为尺寸高。遇之不可出，出必伤。若被客围，却从卯、未、酉三宫看何门奇，可破出无妨。假令大暑下用阴遁四局，乙庚日，己卯时，此时天上六癸在八宫，以天冲直符加三宫，得天任为六癸下临八宫，天盘癸加地盘癸，即天网高八尺矣。阳遁此例也。《奇门大全》云：天网四张，动众出兵忌逢。若急事避难，作法一人独出，追兵至此，即自反伤。如天上六癸直符加地上一二三四宫，为尺寸低。若临六七八九宫，为尺寸高。此时万事不宜。虽合奇门吉宿，亦不宜用。如破阵欲取道出行，宜两臂横负一刀，则呼天辅之名匍匐而出，则天网自败，自无所伤矣。若临六七八九宫，其尺寸过人，尤不可用。将兵须当隐伏，若敌人来攻，当自溃败。天网四张不可当，此时用事有灾殃。若是有人强出者，立便身躯见血光。

伏错休囚

歌曰：十干加伏若加错，入库休囚吉事危。时加六戊，乘龙万里，莫敢呵止。六戊为天门，又为天武，宜以远行万里，百事吉。戊为天门，凶恶不起，当从天上六戊出，故曰"乘龙万里"。凶恶不敢害，鸡不鸣，犬不吠，将兵客胜，闻忧无，闻喜有。利以远行，市贾小人，惊走亡命。假如立春中元阳遁五局，甲己日，戊辰时，此时六戊在五宫寄坤二，以直符加时干，即六戊临二宫，出西南，吉。时加六己，如神所使不知，六己出，被凶咎，故己为六合，此时宜深谋秘密之事，当从天上六己出，不宜市贾，显扬之事隐匿，如神所使。不知六己者，谓为显赫，必逢殃咎。又为地户，独出独入无有见者，将兵闻喜无，闻忧有，利以出官、嫁娶，小人不利，亡命惊走。若

[1] 地网即壬临时干不赘。

占人，有逃亡、阴私之事。时加六庚，抱木而行，强有出者，必见斗争。谓庚为天狱，此时凶强，有出者，必遇刑罪，故曰能知六庚，不被五木。不知六庚，误使入狱，或被凌辱。将兵主胜，不利客，利屯营、固守，闻忧有，闻喜无。市贾道死，物伤，无利。入官、嫁娶，凶，六庚之时，惟宜固守。能知六庚之时，谓此已下至六癸时不宜出动。时加六辛，行遇死人，强有出者，罪罚缠身。此时行兵，出入并凶，强有出入，斧钻在前，行为受累，故曰能知六辛，所往行来。不知六，吉反凶也。

奇门精粹卷三

遁甲演义（三）

九星所属

大益枢京天辅武曲纪星
执庆刚昱天禽廉贞网星
总网星连住总承符元天心文曲纽星
凝革好化天冲破军关星
英明集革天任星
阴袭大衍天蓬隐光右弼星
阳璞孚庆天芮洞明左辅星
照中勋今天英贪狼太星
通玄须变天柱禄贞星星

《三元经》曰：辅禽心星为上吉，冲任次吉理须明。大凶天蓬与天芮，小凶天柱及天英。更论五行旺相气，吉凶轻重自然分。大凶旺相凶却小，小凶旺相号中平。吉星旺相吉无比，若还无气也中平。凡吉宿亦要遇旺相，若遇休囚废没，亦不可用。经曰：若上吉、次吉、星无旺气，则中平，秉旺相气则大吉，秉死休囚废，则为凶。以意审用之九星休旺者，谓九星各旺于同类。月相于我生，月休于生我，月囚于官鬼，月死于妻财，月日时同。

五行旺相休囚

木：旺东、相北、休南、囚西。　火：旺南、相东、休西、囚北。

金：旺西、相南、休北、囚东。　水：旺北、相西、休东、囚南。

土：旺于四维，辰戌丑未，无所不用也。

九星旺相休囚

九星旺相休囚	旺	相	废	休	囚
天蓬水星	亥子月	寅卯月	申酉月	巳午月	辰戌丑未月
天任芮禽土	辰戌丑未月	申酉月	巳午月	亥子月	寅卯月
天冲辅木星	寅卯月	巳午月	亥子月	辰戌丑未月	申酉月
天英火星	巳午月	辰戌丑未月	寅卯月	申酉月	亥子月
天柱心金星	申酉月	亥子月	辰戌丑未月	寅卯月	巳午月

天蓬，字子禽。宜安抚边境，修筑城池，春夏将兵大胜，秋冬凶，亡其士卒，利主不利客，嫁娶两凶，移徙失火，斗争见血光，入宫、火、盗贼、修营宫室、商贾，皆凶。讼庭争竞遇天蓬，胜揵威灵万里同。春夏用之皆大吉，秋冬用此最为凶。嫁娶远行应小利，葬埋修造亦闲空。须得生门同丙乙，同之万事得昌荣。

天芮，字子成。宜崇尚道德，交结朋侪，受业师长，吉。不可用兵。嫁娶、争讼、移徙、筑室，秋冬吉，春夏凶。受道交结宜芮星，行方直此最难明。出行用事宜先退，修造安坟发祸刑。盗贼忧惶惊小口，更宜因事横官非。纵得奇门从此宿，求其吉事也虚名。

天冲，字子翘。宜出报仇，春夏兵将胜，秋冬无功。不宜嫁娶、移徙、入官、筑室、祠祀、市贾。嫁娶安营产女惊，出行移徙遇遭迍。修造埋葬皆不利，万般作事且逡巡。

天辅，字子卿。宜蕴身守道，设教修理，将兵春夏胜，得托地千里。嫁娶多子孙，利移徙、入市、入官、修营，春夏有喜。天辅之星远行良，葬埋起造福添长。上官移徙皆吉利，喜溢人财万事昌。

天禽，字子公。宜祭祀求福，断绝群凶，将兵四时吉，百福助之，不战用谋，敌人畏服。赏功、封爵、移徙、入官、祠祀、商贾、嫁娶，吉。天禽远行偏宜利，坐贾行商皆称意。投谒贵人两益怀，更兼造葬皆丰遂。

天心，字子襄。宜疗病合药，将兵秋冬胜，得地千里，春夏不利嫁娶。入官、筑室、祠祀、商贾，秋冬吉，春夏凶。利见君子，不利小人。求仙合药见天心，商途旅福又还新。又将迁葬皆宜利，万事逢之福禄深。

天柱，字子中。宜迍兵自固，隐迹，将兵车伤，卒死。不宜移徙、入官、市贾。宜嫁娶、修造、祭祀。天柱藏形谨守直，不须远出及营为。万种所谋皆利益，远行从去见灾危。

天任，字子韦。宜请谒、通财，将兵四时吉，万神助之，敌人自降。嫁娶多子孙，入官吉，移徙、筑室凶。天任吉宿事皆通，祭祀求官嫁娶同。断灭群凶移徙事，商贾造葬喜重重。

天英，字子威。宜出入远行，饮晏作乐利。不宜嫁娶、出兵、移徙、入官、筑室、祠祀、商贾。天英之星嫁娶凶，远行移徙不宜逢。上官文武皆宜去，商贾求财总是空。

天辅之时

《三元经》曰：天辅之时，有罪无疑，斧锧在前，天犹赦之。此时有罪，皆能自释。甲己之日己巳时，乙庚之日甲申时，丙辛之日甲午时，丁壬之日甲辰时，戊癸之日甲寅时，是天辅之时也。

遁甲利客

经曰：天盘星克地盘星，在四时旺相日时，有本方五色云气在其方来助，则客胜也。地盘星克天盘星，在四时旺相日时，有各方五色云气在其方来助，则主胜也。

天蓬加九宫，利为客。若在秋冬之月，壬癸亥子日临战，有黑色云气从北方来助战，客大胜。

天柱、天心加三宫四宫，利以为客。若在秋月及季夏之月，庚申辛酉日，临战，有白气云色从西方来助战，大胜。

天任、天禽、天芮加一宫，利以为客。若在四季月戊己辰戌丑未日，有黄云气从东北来助战，客大胜。

天英加七宫，利以为客，若在春夏，月丙丁巳午日，有赤云气从南方来助战者，客胜。

遁甲利主

天英加一宫，利以为主。加秋冬月壬癸亥子日，有黑云从正北来助战者，主大胜。天任、天禽、天芮临三宫、四宫，利以为主。如冬夏之月，甲乙寅卯日，青云从东南正东来助战，主大胜。

天蓬加八宫，利以为主。如在四季月，戊巳辰戌丑未日，有黄云从东北西南来助战者，主胜。

天辅、天冲加六宫、七宫，利以为主。如在季夏及秋，月庚申辛酉日，有白云气自正西及西北来助战者，主胜。

天柱、天心加九宫，利以为主。如在春夏月，丙丁巳午日，有赤云气从正南来助战，主大胜。

九星子时克应

天蓬值子，多不利人宅、安坟、上官、下穴，主有口舌争讼。作用之时，有鸡鸣、犬吠、宿鸟闹林，或鸟北方争斗而飞。造葬后，主有缺唇人至，六十日，应鸡生肉卵，有官讼至，主退财。

天芮值子时，秋冬用之吉，春夏凶，不可用。作用之时，主有走禽惊西南火光，二人相逐为应。造葬后，主有猫儿颠犬伤人，公事发，六十日内有女人自缢事。秋冬作用，当进羽音人田地及妻女。

天冲值子时，主有大风雨至，仙禽噪、钟鸣为应。造葬后六十日，有生气物入屋，周年田蚕倍收，更防新妇产死，吉，因口舌得财。

天辅值子时，若反吟，主天中有物，衣明，西方有人穿红白衣，人前来，大叫为应。造葬后六十日，进商音人物产，野猿猴入屋，甑鸣时，主加官进禄，生贵子，若门奇并到，有十二年大旺。

天禽值子时，主有怀孕女人来，及紫衣至为应。造葬后六十日，鸡上篱，犬衔花，儒人送物至为应。主因武得官，进田土财物，廿年后财谷大旺，人丁千口。

天心值子时，主有人争斗，鼓声从西北为应。造葬后百日内，赤面人作牙，进商音人古器及画轴，家内生白鸡，十二年内田蚕大旺，后因赌博见讼，破财。

天柱值子时，作用主有大风四起，火从东至，缺唇人为应。造葬后六十日内，主有蛇犬伤人，遇刀刃杀人，血光破财。

天任值子时，作用时，主有风雨至，水畔鸡鸣，东南方有持刀人遇为应。造葬后百日内，主新妇自离，三牙须人及木姓人上门，由赖退田产出人，男盗女娼。

天英值子时，作用时有锣声自西北至，及三五人把火伐木为应，造葬后，主有缺舌人，破家业，三年内血光、自刎，小儿因汤火死。

九星丑时克应

天蓬值丑时，主树倒伤人，有雷电作，及风雨为应。造葬后七日内，鸡生鹅子卵，犬上主屋，主丧小口，三年后白头翁作牙，进商音人田契，大旺财谷，十年后即退败。

天芮值丑时，作用时有金鼓声向西北至，造葬后七日，有乌龟自林中出，六十日被盗贼，退财，口舌官事至。

天冲值丑时，作用时主云雾以合，小儿成群来，及妇人为应。造葬后乌猫生白子，拾得古镜发财，周年得僧道田契，生贵子。

天辅值丑时，作用时主东方有犬吠，有人持刀杀人斗叫。造葬后，有白兔、野鸡入室，六十日内僧道送物，及东南方羽音人送文契至，远行信归。周年添进人口，大旺血财，加官进禄。

天禽值丑时，有孝妇人持锡器来，小儿拍掌笑，吹笛打鼓叫闹为应。造葬后，赌博获财，或拾窖发财，三年后因获盗贼致富。

天心值丑时，作用时北方有匠人携斧至，树木上生金花为应。造葬后六十日，进羽音人金银器，三年被火，一贫彻骨，出入弄蛇戏犬。

天任值丑时，作用时有青衫妇人携酒至，四方有鼓声为应。造葬后半年后，进无名财物，周年有鹦鹉入屋，主口舌得财，三年后猫犬相咬，主请举。

天英值丑时，东北方有师巫人至，及锣声为应。造葬后一月内，主火烧屋，一年内大作人言，百怪俱见，死亡大败。

九星寅时克应

天蓬值寅，作用时有青衣童子持花来，北方有和尚裹衣头巾至，女人着衫裙至。造葬后有贼劫家财，六十日内有蛇入屋咬人。因马牛死，伤人，及鬼打屋，三年后进田地，大旺财谷。

天芮值寅，作用时有瘦妇怀孕至，更有蓑衣人至。葬日有奇门旺相，六十日有水牛入屋，大进血财，加官进禄，子孙大吉。

天冲值寅，作用时有贵人乘轿至，及童执金银器至。造葬后二十日进角音人契字、六畜，及琉璃入屋，六十日鸡母啼家，主死，因口舌争讼得财大发财谷，主生乙巳丁，人发福。

天辅值寅时，当见公吏人手执铁器，及艺人携物至为应。葬造后六十日内，白鼻猫儿咬鸡时，有贼送财宝至，赤面人作牙，进羽音人田契，十二年大发，生贵子。

天禽值寅时，作用时金鸡乱鸣，玉犬吠，有人带深笠至。造葬后六十日，进羽音契字，发人丁，田旺木。

天心值寅，作用时有白鹭鸟及水禽至，金鼓四鸣，女人穿青衣携篮至。造葬后，遗火烧小口，六十日内由赖公事至，百日内人进金银，因拾得吉窖，进商音羽音人物产，三年内因妻得财，生贵子。

无柱值寅时，作用时有牛马喧叫，有僧道人持盖，大雷雨至，喜鹊喧噪。葬造后六十日内，有贼牵连公事，因公事说讼破财，女人堕胎产死。

无任值寅，作用时女人成队把火前行，童子拍手大笑，西北有人轿马至。葬造后六十日内，甑鸣妇死，百日内进六畜，女人财宝自至，田蚕大旺，缺唇人争讼，婚事败。

无英值寅，东方有军马至，及捕鱼猎网人至。葬造后女人因行路拾得财宝，六十日内进寡妇人田产契书，百日雷打屋，即败。

九星卯时克应

天蓬值卯，黄云四起，妇人把铁器前来，大蛇横过。葬造后十日内，角音人相请，半月内有徵音人送财物，六十日内，女人因贼牵执大破财，百日拾得窖财大发。天芮、天冲值卯时，有女人穿红送物，及贵人骑马至，两犬相咬，水牛作声。葬造后六十日，进东方绝户产业，因汤火伤小儿，进血财，及羽音人物，二年内妇人堕胎产死。

天辅值卯，作用时女人挑伞至，及师巫吹角声。葬造后六十日大发，添人丁，有生气入屋，旺财谷，因女人公事得财帛，及田地契字。

天禽值卯，大风东起，小禽四叫，怀孕妇人至。葬造后半年猫儿自来园内，得窖大发。

天心值卯，作用时有跛脚妇人相打，及犬吠鼓声，北方有人轿至。葬造七日内进横财，三年后，有牛自来，大旺六畜，有人请，因军得财。

天柱值卯，有瘦妇持刃至，及僧道持盖至，及女人相骂。葬造后六十日内，火笑，鸡母啼昼鸣，犬上屋，周年疫病死绝。

天任值卯，有老人持杖至，及喜鹊喧噪为应。葬造后七日内，有人进古器物，六十日内值，外因女人获财宝，进牛羊六畜，因赌博得财，加官进职。

天英值卯时，作事时有女人持灯来应，或执木棍来应，若见雷鸣应，六十日内进女人财宝，因而大发。

九星辰时克应

天蓬、天芮值辰，东北方树倒打人，鼓声四起，女人着红至。葬造后，乌鸦四鸣绕屋，有劫贼至，破财，六十日有风脚人上门，由赖后家生贵子，大发财谷。

天冲值辰，主鲤鱼上树，白虎出山，僧道成群至。葬造后拾得黄金白银物大发横财，七十日内来，因家主见伤折之灾，一女一男进。

天辅值辰，白羊与黄犬相撞，卖油人与卖菜、米人相撞，白衣小儿哭，怀孕妇人至。葬造后大发财谷，一年内双生贵子。

天禽值辰，有师巫术人相争，大叫，及东方鸦噪。葬造后六十日内，有僧道人及绝户送物产至。

天心值辰，有云从西北起，青衣人携鱼至，女人僧道同行。葬造后六十日，井中气如云出，三日内家生贵子，请举及第，大富贵。

天柱值辰，有人扛树过，及男人持鼓过，黄衣老人持锄至。葬造后六十日，乌猫生龙子，鸡生双子，进北方人财物，寡妇送契至，红面人佐牙，进羽音人田产。

天英值辰，西北方大雨至，鸡飞上树，女人着红衣携篮至。葬造后七日内，有生气入屋，六十日内进横财，大发。

九星巳时克应

天蓬、天芮值巳，有驼背老人披蓑衣至，女携酒及师巫人至。葬造后一百日，因火大获横财，至周年，因武获职，加官进禄。

天冲值巳，有牛相打，羊争行，女人相骂，西南方有鼓声喧闹。葬造后六十日内，蛇咬鸡，牛入室，有女人送契至，一百日大生花子，人旺田财。

天辅值巳，有人相打，女人抱布来，风四起，小童叹叫。葬造后六十日内，进东方人财物，有魁运，禾大发。

天禽值巳，有白颈鸭成队飞鸣，及师巫人相打，贵人骑马过。葬造后七十日，有妇人来，合生贵子，成家立产，三年田产大旺。

天心值巳，有女人着青抱小儿至，紫衣人骑马至，乌龟上树。葬造后半月内，得四方人财物，跛人作牙，进商音产契，六畜兴旺，三年内，女人成家，寡母坐堂。

天柱植巳，有黑牛过，钟声鸣，猪上山，后二十日内，进商音人财物，六十日内，家内女人下水，有生炁物入屋，周年内，猫捕得白鼠，大发，大贵之兆。

天任、天英值巳，有两犬争一物，野人负薪过，吏人持盖至。葬造后六十日内，获异路人财，南方人送鲤鱼，生贵子，异路显达，进田财。

九星午时克应

天蓬值午，作用时有人持刀上山，妇人持青衣童子至，发叫叹声，后四十日内，家主亡，六十日内，犬来作人语，入屋为怪，赤面风脚人上门，由赖行凶破财，三年内得古窖大发。

天芮值午，主天中，有人缺唇，白衣人至，有衽妇过，六十日内有猫鬼咬人，因买卖发横财，周年内得妻家财产，大发。

天冲值午，东方人家火起，穿白衣，前来大唤，山禽噪闹，六十日内拾得古器，鬼运钱，禾发。

天辅值午，有僧道持盖，女人穿红至，有石火光，后六十日内，有贵人至，送异物，六十日内，进西方人金银，周年内，得寡妇人绝户物。

天禽值午，有白衣女人来，狗衔花，山鸡斗叫，风雨从东来，六十日内有犬自外来，或野犬入屋，主进东北方人财，更赌博，公事得财，一年乌鸡生白雏，生气自来为应，田蚕大旺。

天心值午，主大风雨骤至，蛇横路，女人着红裙携酒至，后六十日，蚕鸣，有跛足人送生气物，五年内进金银，田蚕大旺。

天柱植午，西方有人骑马至，就有大雪，鸦飞鸣起，后五日内孕妇先病，行丧哭泣，六十日内，水边得古器，水边神为福，退小口。

天任值午，西北方黄色飞禽来，师巫与君子人至，后四十日，进外宝贵人财物，紫衣入屋，生贵子。

天英值午，南方有婚姻事过，捕猎人执弓箭至，后六十日内，被木伤死及自缢，公事败。

九星未时克应

天蓬值未，童子牵二牛至，及惊，鹅群至，北方有女人着红衣至，后六十日内，军贼入屋，劫掠财物，败。

天芮值未，有捕猎人至，及白衣道人携茶过，后七日有乌鸦绕屋噪，与赤面人三牙须人大斗闹，周年内，动瘟，见火烧屋，蛇伤败。

天冲值未，有鼓响，小儿着孝衣至，牛马或群过西北方，或闹，或争，后六十日内，有白羊入屋，六畜大旺。

天辅值未，群犬争吠，丐者携蓑衣至，及僧道成群过，或西北方有人争屋，后一百日内，有文书契字，进商音人财物金银。

天禽值未，有老人及跛足担花过，或青衣携酒至。葬造后六十六日内，进羽音人铁器，六畜大旺。

天柱植未，有瘦妇与僧道同行，东北方有人携盖骑马至。葬造后一百日内，因媳妇见狐狸，败。

天任值未，主有白鸡飞来，飞禽自西南方至，北方大斗闹，鼓声喧天，风雨大至。葬造后七日内，女人送白色物至，六十日内，家生异白炁物，得六畜，大旺。

天英值未，有孕妇过，及西北上鼓色为应。葬造后六十日内，家主落水死，周年瘟疫败。

九星申时克应

天蓬值申，有取水人伞笠至，西方有小儿打水，鼓叫啖。葬造后二十日内，鸡窠内蛇伤人，新妇自缢淫欲，公事败。

天芮值申，主东方凉伞青盖及僧道胡须人至，及牛斗伤人，犬咬人，葬造后一百日，当进羽音人产物，周年内有水牛入屋，鹏鸟入家时，主大病。

天冲值申，南方白衣人骑马过，吏卒人持刀相杀。葬造后一百二十日内，女人作牙，进绝户田产。

天辅值申，有青肿患脚人携酒至，三教色衣人至，西北金鼓声。葬造后半年内，因妇人财大发，蛇从井中出，平白人送牛羊至。

天禽值申，主天中飞鸟大叫，师巫将符来。葬造后百日内，女人自到，拾得珠翠归，周年新妇昌盛，生贵子，大旺田蚕。

天心值申，僧道前来，金鼓四鸣，百鸟交噪，红裙女人送酒至。葬造后，寡妇坐堂，拾得古窖，大发。

天柱值申，主水鹰鸦掠禽坠地，及青衣人携篮至。葬造后，因失火丧家。

天任值申，土人风雨至，三牙须人打鼓至，僧道着黄衣为应。葬造后七日，内甑鸣，女人被火汤烧，败。

天英值申，有怀孕妇人大哭，西方上有金鼓声，及僧道持盖，葬造后大凶。

九星酉时克应

天蓬、天芮值酉，主西方有赤马至，及轮舆，群鸦四噪。葬造后百日内，家生贵子，僧道作牙，进商音人田地，大发，三年内鸡生双子，猫养白儿，请举。

天冲、天辅值酉，远方人送书至，东方狐狸咬叫，妇人把火来。葬造后周年，生贵子，得横财，大发。

天禽值酉，西方火起，人家相打，大叫，鼓声绕噪。葬造后周年，生贵子，得横财，大发。

天任、天心值酉，主僧道尼姑把火西南来，北方钟鼓声。葬造后七十日内，进商音骡马官员财喜，及艺术人送远信至，大利。

天英值酉，西方有人相争，鸟雀喧噪，白衣女人怀孕至。葬造未六十日，小口宅，母折足，破财，一百日，因口舌得财。

九星戌时克应

天蓬值戌，主有老人持杖来西上，雷雨至，三牙须人担箩来。葬造后有白犬至，六十日内，因拾得军器，得横财，大发。

天冲、天辅值戌，西上三五人把火光寻失物，师巫与三牙须人至。葬造后六十日，鸡上树啼，远方有信，获羽音人财，周年小口被牛踏损。

天禽值戌，东北方有钟声音及铙钹声，有青衣童子携篮至，后六十日，白龟至，大发，就得寡母田契，有人请举。

天心值戌，主南方大叫，贼惊，小儿骑牛至。百日内，家生贵子，金鸡鸣，玉犬吠，三年请举。

天柱、天英值戌，有女人把白布至，西有鼓声，北上树倒打人，大叫，六十日，蛇虫入宅咬人，连人瘟疫死，大败。

九星亥时克应

天蓬值亥，小儿成群，女人着孝服至。葬造后因捉贼得财谷，三年出人入道法，卖符咒水起家。

天冲、天辅值亥，有足跛青衣人至，东北上人家火光。葬造后百日内，猫儿捕白鼠为应，进商音人田契，大发财，得妻财。

天禽值亥，西北上有妇人笑声，大风从西起，树倒拆屋，大叫起。葬造后六十日内，进铁匠人财物，商音人作牙，进僧道产。

天心值亥，作用时有金鸡鸣，夜玉犬吠，老人带皮帽，手执铁器至。葬造后七日内，有不识姓名人上门，借宿，遗下财物去。

天柱、天任值亥，主西方有玉磬声，山下人把火叫喧。葬造后，因救火得财，大发。

天英值亥，女人把火来。造葬后百日内，有癞疾人上门，由赖身死破财。

天乙直符吉凶神说

歌曰：直符前三六合位，太阴之神在前二，后一宫中为九天，后二之神为九地。太阴布星起例，随本时直符宫。直符，螣蛇，太阴，六合，白虎，玄武，九地，九天。阳遁直符宫所到之宫，加活局，直符顺布宫星。阴遁直符宫，所到之宫加活局，直符逆布星宫。

直符，天乙之神，事急，宜从此方而出，以击对冲，此急则从神之谓也。

九天，威捍之神，可以扬兵布阵、纳喊摇旗。孙子曰：善战者，动于九天之上。

九地，坚牢之神，可以屯兵固守、保障城池。曰：善守者，藏于九地之下。

玄武，小盗之神，可以堤防奸细、窥觇军情，若得奇门会合之方，不可以此为忌。

白虎，凶恶之神，可以防备贼兵偷营劫寨。若得奇门会合之方，不可以此为忌。

太阴，阴佑之神，可以履符禁敌，闭城藏兵，人有急难，可从此方避之，免其祸患。

六合，护卫之神，可以埋伏抵搪，堤防不测，人有急事，宜于此方避之，免其害。

螣蛇，虚诈之神，出此方者，多主精神恍惚，梦寐乖张，若得奇门会合之方，则不忌。

王璋曰：九天之上六甲子。谓六甲直符当六甲之时，士众当背直符所临之宫，而击其冲，无不胜。经曰：扬兵于九天之上。所以甲为九天之上者，谓《易》称乾纳甲壬，乾为天，天道上升，以甲数至壬，其数九，故六甲为九天之上。所以六皆称甲子者，六甲之始，支干之长，举上以明下，故六甲皆称甲子。

九地之下六癸酉，谓六癸之位皆称九地之下凡逃亡绝迹，当以天上六癸所临之方下出人。《易》称坤纳乙癸，又坤为地，地道下降，从乙数至癸亦为九，故六甲为九地之下。所以六癸皆称癸酉，是甲子之终。

六合之中六己巳，谓六己之位，皆为六合之中。凡为阴秘之事，从天上六己所临之方而出人，莫见之。经曰：六合为私门，独出独入，无有见者。所以六己为六合中者，从甲数至己，其数六，为甲己合，故六合之中，六己巳者，亦举甲子一旬之义，故俱称六己巳也。

本理曰：九天、九地秘通神，太阴、六合定乾坤。能知此诀备于我，肯把三门别立根。出向奇门分造化，人于心上起经纶。守攻城郭凭于此，道不虚行只在人。

歌曰：九天之上好扬兵，九地潜藏可立营。伏兵但向太阴位，若逢六合利逃刑。本义云：九天者，刚健之至极也。九地者，幽隐之至深也。动于九天，故言攻之至极。藏于九地，故言守之至深。九天乃天之杀伐之气，遁在此方，亦可以藉此炁扬兵耀武。九地乃地之蒙晦之气，遁在此方，亦可以藉此炁遮藏形迹，太阴之下，可以伏兵。六合之下可以逃亡。冬至后阳遁，逆天上直符所临之宫，后一为九天，后二为九地，前二为太阴，前三为六合。夏至后阴遁，顺天上直符所临之宫，前一为九天，前二为九地，后二为太阴，后三为六合。

又凡出行呼十干神名，甲为天福神，名王文卿。乙为天德神，名龙文卿。丙为天威，名唐文卿。丁为玉女，名季由往。戊为天武，名司马羊。己为明堂，名纪游卿。庚为天刑，名邹元阳。辛为天庭，名高子张。壬为天牢，名王禄卿。癸为天狱，名受子光。伍子胥曰：若欲伏匿者，乘青龙，六甲也。历蓬星，六乙也。过明堂，六丙也。出天门，六戊也。入地户，六己也。过太阴，六丁也。取草折半障人中，入天藏六癸也。

假令六甲日，甲子时初起，甲子历丑、过寅、出辰、入巳，还取草折半障人中，置卯地而入酉地，去人无见者，过太阴时。咒曰：天翻地覆，九道皆塞，有来追我，至此而极。强见我者，死。追我者，亡。吾奉九天玄女道母元君律令，径入天藏，慎勿反顾。庚为天狱，辛为天庭，壬为天牢，宜避之。余有详解，人遁内。

三奇喜怒

乙奇者，日奇也。到震，为白兔游宫。造作、谒见、出行吉。到巽，谓玉兔乘风，百事吉。到离，谓白兔当阳，宜作显扬、煅药、炼丹，百事宜良。到坤，谓玉兔暗目。又名入墓，上官、远行、市贾、迁移、修作用之，立见灾殃。到兑，名受制，事多不利。到乾，名玉兔入林。上官、远行、修筑，并吉。到坎，名玉兔饮泉。到艮，名玉兔步青，宜利。

丙奇者，月奇也。到震，谓月入雷门。架柱、修门、修营，永逢吉庆。到巽，名火行。风起，龙神助威，发生之道，事皆宜利。到离，为帝旺之乡。但除子、午二值符时，不可急用外，其他寅申辰戌用之，俱良。到坤，谓子居母腹，吉。到兑，谓凤凰拆翅。到乾，谓光明不全，又名入墓，凶不可用。到艮，名凤入丹山。艮为鬼道，丙火烁然，凶必然矣。

丁奇者，星奇也。三奇之中，此星最灵。六丁，本火之精化而成金，到震最明。若修营此方，可用竹级七个，燃火前引人夫行四步，外灭火，则兴工必有祥应。到巽，为少女，名玉女，留神大风成象是也。到离，乘旺而太炎，能销烁万物，燥暴不常。到坤，坤为地户，谓玉女游地户，吉。到兑，火死金旺之乡，能凶能吉。到乾，名火照天门，又名玉女游天门，其妙异常之比。到艮，名玉女游鬼门，凶。到坎，名朱雀投江，又丁入壬癸乡，威德收藏，可慎静，勿显扬。

冬至阳遁时奇起例

假如万历二十五年四月十二壬申日，丙午时用事，初四，甲子符头已到初七，丁卯戌时，小满乃符先到，而节后到，用超法。甲子至戊辰，五日小满，上局五中起甲子。己巳至癸酉，五日小满，中局二坤起甲子。甲戌至戊寅，五日小满下局，八艮起甲子。今壬申日午时正是小满，中局，阳遁二坤宫起甲子，逆布三奇，顺布六仪。甲子坤，乙坎蓬乙奇，丙离英丙奇，丁艮任丁奇，逢戊还元。甲子戊在坤，甲戌己在震，甲申庚在巽，甲午辛中寄坤，甲辰壬在乾，甲寅癸在兑。原用丙午时甲辰旬管下，甲辰同壬在乾，即以乾下心星为直符，丙午时干泊离，乃移天盘心星加地盘离上，蓬、乙、奇到坤，任、丁、奇到兑，英、丙、奇到艮。丙午时，甲辰旬即以心星为直符，加离顺数，甲辰原在乾，即以开门为直使，顺点去甲辰、乾、乙、巳、兑、丙午时艮开门，加艮是也。丙午时，丙奇到艮，曰凤入丹山，开门相生，丁奇到兑，火旺金死，景门加兑宫迫，不吉。乙奇到坤，入墓，杜门加坤门，迫，不吉。

夏至阴遁时奇起例

假如万历二十五年五月十一辛丑日，丙申时用事，初四，甲午符头已到初八，戊戌日辰时夏至，乃符先到而节后到，用超法。甲午至戊戌，五日夏至，上局九宫起甲子。己亥至癸卯五日夏至，中局三宫起甲子。甲辰至戊申，五日夏至，下局六宫起甲子。今辛丑日，申时正是夏至，中局阴遁三震宫起甲子，顺布三奇，逆布六仪。甲子震，乙巽辅乙奇，丙中禽丙奇，丁乾心丁奇，逢戊还元。甲子戊在震，甲戌己在坤，甲申庚在坎，甲午辛在离，甲辰壬在艮，甲寅癸在兑。原用丙甲时，甲午旬管下，甲午同辛在离，以离下英星为直符，丙申时干泊中寄坤，乃移天盘英星加地盘坤上，禽、丙、奇到兑，火入金乡，不吉。心、丁、奇到坎，火入水地，不吉。辅、乙、奇到离，玉兔当阳，吉。甲午旬、丙申时即以英星为直符，加坤逆数，甲午原在离宫，即以景门为直使，逆点去甲、午、离、乙、未、艮、丙、申、兑、景门加兑是也。辛丑日，丙申时，离、兑、坎三宫得奇不得门，艮、震、巽三宫得门不得奇。此时不宜用事。凡有急事欲行，即于天门地户、天马、等吉方而出。所谓急则从神也。又依张良运算，玉女反闭局行之，必有天神护佑。事缓，则从奇门吉方而行为上。

推九星分野吉凶

天有八门，地有八方，加以九星，察其气运，随星消息，应以八方。非惟可以戡乱除暴，扶助邦国，又必先知岁丙丰俭灾祥，而可预为备荒之计耳。尝以本年立春过宫之日，布局、使符、用星，就九宫分野以辨吉凶。盖太乙、奇门、六壬皆同此应，故为之三式。然入门各有不同，要其极至，则无二理也。太乙书曰：太乙在阳宫，辽东不用兵。正以坎艮震巽为阳宫，辽东艮地也。太乙在阴宫，蜀汉可以全身。正以离坤兑乾为阴宫，蜀与汉正坤在西南，及西方之地也。占用九星，遁临八方，以决善恶，随其善恶所到之方，定人民灾祥，岁时丰俭，人事得失，旱潦兵火，无不应焉。若天乙临方，当出大魁也。

乾宫西北，属周秦之分，在天文至胃初度隶焉。

坎位北方，应冀州晋魏之分，在天文觜至井十二度隶焉。

艮宫东北，应兖州韩郑之分，在天文角亢之南轸宿之北隶焉。

震位东方，属齐国之分，在天文氐四至尾初度隶焉。

巽居东南，应荆州之分，在天文井鬼之翌轸之初隶焉。

离居南位，应扬州吴越之分，在天文南斗牛女隶焉。

坤居西南，应益州之分，在天文觜参初度隶焉。

兑位正西，应梁州卫国之分，在天文牛西室三度隶焉。

中宫应蔡宋之分，在天文氐心西隶焉。寄遁坤宫北辰斗柄之间。

奇遁布局法

夫遁甲之法，三重象三才。上层象天，列九星；中层象人，开八门；下层象地，列八卦九宫。天蓬及休门与坎一宫相对，三才定位也。

乙、丙、丁，三奇也，乙为日奇，丙为月奇，丁为星奇。戊、己、庚、辛、壬、癸，六仪也。一局六十时，六甲周流，而甲子常同六戊，甲戌常同六己，甲申常同六庚，甲午常同六辛，甲辰常同六壬，甲寅常同六癸。甲虽不用，而六甲为天乙之贵神，常隐于六仪之下，为直符，其发用实在此，故谓之遁。此大衍虚一，太玄虚三之义也。

蓬、任、冲、辅、禽、英、芮、柱、心，九星也，号为直符。休、生、伤、杜、景、死、惊、开，八门也，递为直使。二十四气直于八卦，坎则冬至、小寒、大寒，艮则立春、雨水、惊蛰，震则春分、清明、谷雨，巽则立夏、小满、芒种，离则夏至、小暑、大暑，坤则立秋、处暑、白露，兑则秋分、寒露、霜降，乾则立冬、小雪、大雪，四时分、至、及四立为八节，得八卦旺气，故为初、中、末三气从之，以分天、地、人，元又间六宫而行，各为中、下、元也。

冬至后十二气，为阳遁，皆顺行。夏至后十二气，为阴遁，皆逆行。二遁各占四卦，为节气之中，各六。诸气一周八卦，岁事备矣。此以月取之也。五日为一候，故遁法遇甲己易一局，盖自甲子至戊辰，五日六十时足，为上局。己巳至癸酉，又五日六十时足，为中局。甲戌至戊寅，又五日六十时足，为下局。三局，三才之道也。余如之己由是，甲，加四仲皆为中，加四季皆为下。三局四之，而六十甲子备矣。上局则起上元，中局则起中元，下局则起下元，不易之法也。故凡日虽以气候相推，至三元先后不同，三元始终，日有多少，在经有超辰接气，拆局补局之法。超接不及，而闰生焉。因日定局，因局起元，终不可易。此以日取之也。凡选时先分二遁，次定三局，方起三元，盖先看其日在何节气内，合为某遁，次看其日在何甲己内，合为某局，于是本局起遁。

冬至后为阳遁，顺布六仪，逆布三奇。夏至后为阴遁逆布六仪，顺布三奇。其法自甲至癸十干，常以序行，如局逆顺。前人俱先布三奇，后布六仪，今皆反之。因指六甲为六仪而布局，及布三奇，并以丁、丙、乙为序，皆捷法也。布五宫则寄坤土，此土长生于申之说也。此寄宫终非正位，故遇直符、直使在五，则皆注避五于本时之下，恐人误用之也。九宫已布，方点出其时、旬头之甲在何宫，以其星为直符，以其门为直使，然后以加临法用之。寻本时支落处，加以直使，寻本时干落处，加以直符，加临己，乃视其时。课大纲作方命位，得合、开、休、生二门，并天上三奇，主大吉，方可用事。纵遇太岁金神等煞，亦无害。凡遇寄宫终非正位，虽得奇，亦不宜用事。诸事乘三吉而避五凶，直前无惧。但于符应不可不详究也。

玉女反闭诀

阴阳二遁，有闭塞，八方皆无门可出，即依玉女反闭局而出。此缓则从门，急则从神之谓也。凡入阵、掩捕、出入、远行、见贵、上官赴任，即出天门入地户，乘玉女而行去，人皆不见。用事之人，右手持刀，闭气作法，画地布局，室内六尺为式，在庭六步为式，门外六丈为式，在野二百四寻为止，画匝四围，并以六为数，先定六数。讫，先左手持六筹，各长一尺二寸，右手执刀，向旺方呼浊气一口，次吹旺气，默饮讫，叩齿十二通了，祷祝心下事，然后却回身，皆旺气启请祝曰：维年月日时，某敢昭告于天父地母、六甲、六丁、玉女、六戊藏形之神，某好乐长生之术，行不择日，出不问时，今欲为某事，虔告天地神祇，丁甲大神，谨按天门，拜请六丁、玉女真君、画地局、出天门、入地户、闭金关，乘玉辂，玉女、青龙、白虎、朱雀、玄武、勾陈、螣蛇、六合、六甲、神王神将，乘我而行，行到某所，左右巡防，随行随止，随卧随起，辟除盗贼，鬼魅消亡；君子见我，喜乐非常；小人见我，欢跃惶惶；男女见我；供侍酒浆，百恶鬼贼，见我者亡。今日禹步，上应天罡，玉女侍傍；下辟不祥，万精厌伏，所向无殃，所理病瘥。所供者达，所击者破，所求者得，所愿者成。帝王、大臣、二千石长吏，见我者，爱如赤子。今日请召玉女真君护我进，急急如九天玄女，道母元君律令。咒曰：吾左魁右魓，右魁左魓，上魁下魓，下魁上魓。吾藏身三五之中，魑魅之内，魁魈之里颠倒三五，低昂步罡，为我生形，吾载日载月，足履北斗，三台七星覆我，五星照我，二十八宿罗列卫我，璇玑玉衡卫我身形，衣斗履斗与斗同仪。今我步罡三五合成，步旋蹑衡趋祥紫微，三五腾声，乘罡御斗，乘正天威，万世常存，日月同曜。邪道五害，皆伏魁罡之下，无动无作，急急如律令。咒毕，左手执筹，右手执刀，自鬼门起左画一圈，布四方八千十二神位。甲日便从甲地入局，乙日便从乙地入局，丙日便从丙地入局，丁日便从丁地入局，庚日便从庚地入局，辛日便从辛地入局，壬日便从壬地入局，癸日便从癸地入局，一说，戊日只从乾入局，己日只从巽入局，手持六筹，祷祝四方。

谨请东方功曹，大冲天罡、青帝甲乙大神降于局所，侍卫我身。

谨请南方太乙，胜光小吉赤帝、丙丁大神降于局所，侍卫我身。

谨请西方傅送，从魁河魁白帝、庚辛大神降于局所，侍卫我身。

谨请北方登明、神后大吉黑帝、壬癸大神降于局所，侍卫我身。

右谨四方神讫，便从所求日辰上安置筹法。

假令子日，子上安第一筹，丑上第二筹，寅上第三筹，卯上第四筹，辰上第五筹，巳上第六筹。

术曰：

鼠行失穴入狗市[①]，大呼东方青龙下。

牛入兔园食甘草[②]，大呼南方朱雀下。

猛虎逡巡入巳位[③]，大呼西方勾陈下。

兔入牛栏伏不起[④]，大呼西方白虎下。

龙入马厩因留止[⑤]，大呼北方玄武下。

蛇行宛转来申里[⑥]，大呼东方六合下。

若午日，即从午上命上第一筹。

---

① 便移子上第一筹安戌上。

② 便移丑上第二筹安卯上。

③ 便移寅上第三筹安巳上。

④ 便移卯上第四筹安丑上。

⑤ 便移辰上第五筹安午上。

⑥ 便移巳上第六筹安申上。

马入龙泉饮甘水，便移午上筹安辰上。

羊羔易位入酉乡，便移未上筹安酉上。

猿猴踊跃向猪中，便移申上筹安亥上。

鸡飞扑落来羊位，便移酉上筹安未上。

狗入鼠穴捕其子，便移戌上筹安子上。

猪入虎穴自投死，便移亥上筹安寅上。

喝筹讫，但两支夹一千。先成者，天门。后成者，为地户。如子日，先取丑上一筹，掩闭天门。次取申上一筹，横闭地户。向庚上玉女方而去一百二十步外，不可回顾，如事三呼本日玉女，并念玉女咒，或再念三奇咒而去，大吉。若值何奇念何奇咒，方如遇四仲，地户不成，将初筹、第一筹安冲辰命之成地户之门，亦依此法作用，退身少许而行。

十二日图式

子日	丙天门	乙地户	庚玉女	丑上取筹闭天门	申上取筹闭地户
丑日	丙天门	乙地户	辛玉女	丑上取筹闭天门	申上取筹闭地户
寅日	丙天门	庚地户	乾玉女	丑上取筹闭天门	辰上取筹闭地户
卯日	庚天门	丁地户	壬玉女	辰上取筹闭天门	亥上取筹闭地户
辰日	庚天门	丁地户	癸玉女	辰上取等闭天门	亥上取等闭地户
巳日	庚天门	壬地户	艮玉女	辰上取筹闭天门	未上取筹闭地户
午日	壬天门	辛地户	甲玉女	未上取筹闭天门	寅上取筹闭地户
未日	壬天门	辛地户	乙玉女	未上取筹闭天门	寅上取筹闭地户
申日	壬天门	辛地户	巽玉女	未上取筹闭天门	戌上取筹闭地户
酉日	甲天门	癸地户	丙玉女	戌上取筹闭天门	巳上取筹闭地户
戌日	甲天门	癸地户	丁玉女	戌上取筹闭天门	巳上取筹闭地户
亥日	甲天门	丙地户	坤玉女	戌上取筹闭天门	巳上取筹闭地户

吉事，出地入天门，乘玉女而去，勿返顾。凶事，出天门入地户，乘玉女而去，勿返顾。

如子日，庚玉女，酉华盖，子青龙，乙地户，丙天门，六丁玉女，天之贵神，不比青龙、明堂、太阴等星，依法用之神验。

经曰：缓则从门，急则从神。

玉女咒曰：

仁高护我，丁丑保我，仁和度我．丁酉保生，仁恭保魄，丁巳养神，太阴华盖，地户天门，吾行禹步，玄女真人，默然坐卧，隐化藏形．急急如律令。当行玉女反闭之法，以全亿万军人。

九宫八卦三台之图式

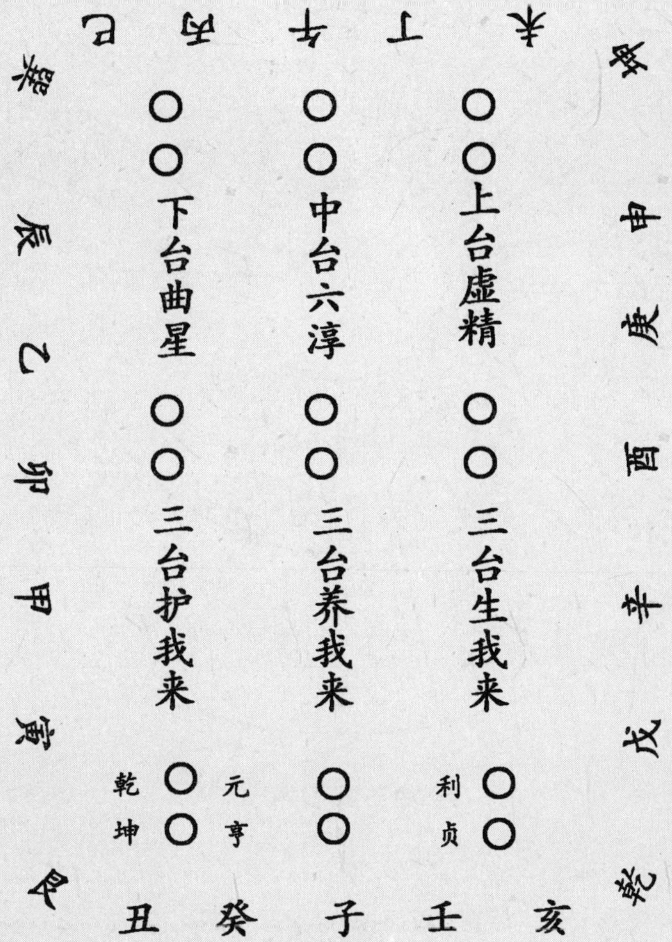

布定运筹天门地户玉女图

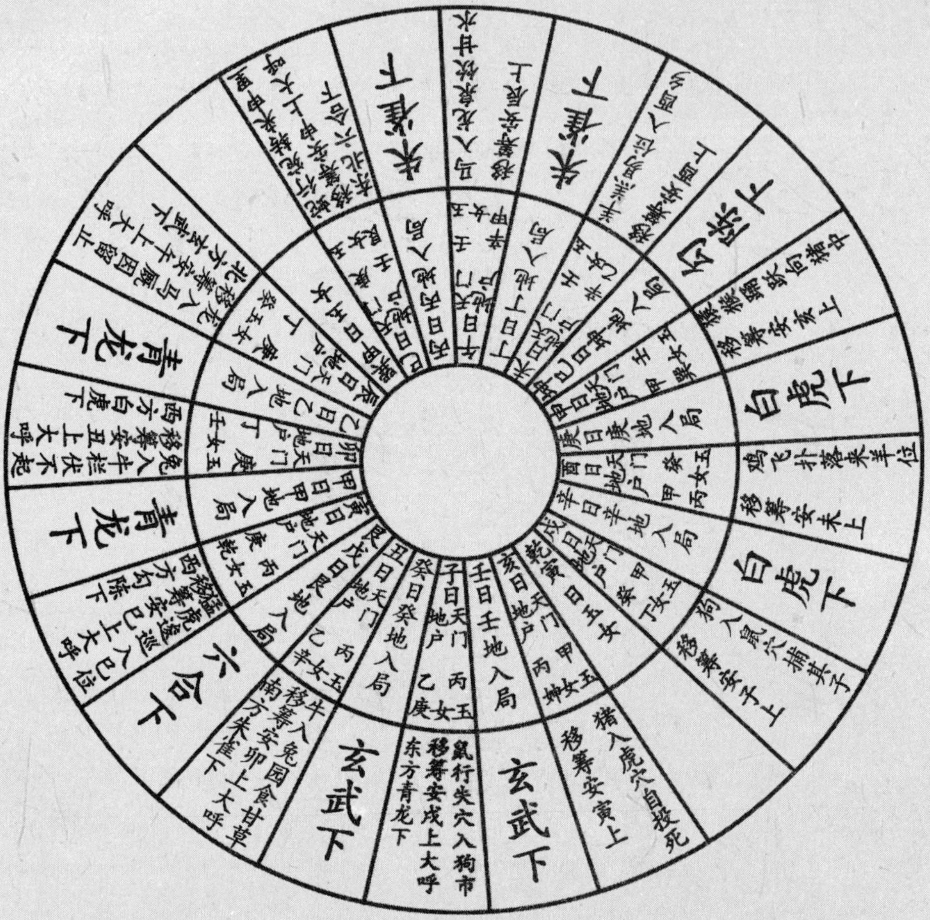

起初布阵安筹咒

咒曰：乾尊曜灵，坤顺内营。二仪交泰，要合利贞。配成天地，永宁肃清。应感玄黄。上衣下裳，震离坎兑，翊赞扶将。乾坤艮巽，虎伏龙翔。今日行筹，玉女侍傍。有急相佐，常辅扶匡。追我者死，捕我者亡。牵牛织女，化成河江。急急如律令。

凡欲远行、见贵、上官赴任，即出地户，左行入天门，咒。

咒曰：天门天门，今日惟良。玉女侍我，左右游傍，行来出入，不逢祸殃。君子一见，喜气倍常。所求如意，万事吉昌。急急如律令。

凡欲出阵、掩捕时，即出天门，右行入地户，乘玉女去，咒。

咒曰：诺诺哱，行无择日，随斗所指，与神俱出，天番地覆，九道皆塞，中心所欲，令我自得。有来追我，使汝迷惑，以东为西，以南为北。急急如律令。咒讫，闭金关，即取余剩二筹闭之。如子先取丑上一筹闭天门，次取申上一筹闭地户，余仿此。

乘玉女，即三呼所在玉女，咒如子日，三呼庚上玉女。余仿此。

咒曰：某上玉女，某上玉女，速来护我，保我持我。某到某方，杳杳冥冥，莫睹其形。人莫闻其声，鬼莫视其精。爱我者，福。恶我者，殃。百邪鬼贼，当我者灭，阻我者亡。千万人中，见我者喜。急急如律令。

咒讫，再作九迹禹步，每移一步，持咒一句。

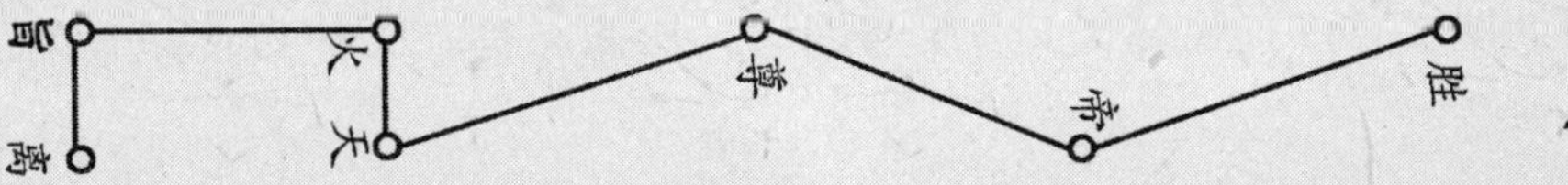

禹罡式

已上禹罡，每以左足先步。凡出行、军伍等事，如事缓先遁。奇吉门吉凶何如?然后出步此罡，举咒。如值乙奇，就默念乙奇咒。出一百二十步之外，不可回头。如事急，望玉女方而去，呼其名，念其咒。

蹑罡，口念咒曰：禹步相催登阳明，白气混沌灌我形。天回地转步七星，蹑罡履斗齐九灵。我步我长生，恶逆摧伏蛇妖惊。我步我长生，众灾消灭我独存。急急如律令。

右禹罡咒讫。

咒曰：六甲九章，天圆地方。四时五行，青赤白黄。太乙为师，日月为光。禹步治道，蚩尤避兵。青龙夹毂，白虎扶衡，荧惑前引，辟除不祥。北斗诛罚，除去凶殃。五神导我，周游八方。当我者死，逆我者亡。左社右稷，冠贼伏匿。见者有喜，留者有福。万神护我，永除盗贼。急急如律令。咒讫，即叩齿七遍，上应北斗天罡，即次右手持刀画地。

四纵五横于地

禹罡式

四纵五横法

咒曰：律令律令，四纵五横，万鬼潜形。吾去千里者回，万里者归。呵吾者死，恶吾者自受其殃。急急如律令。

又咒曰：律令律令，四纵五横。猛火烈兵，游行天下，搜捉邪精。一切妖魔外道，并向吾天罡敕下灭。急急如律令。更步三台星，自上台虚精为初步，次中台六淳，下台曲星。一步一咒，三台生我来，三台养我来，三台护我来。

三奇咒

乙奇咒曰：天地威神，诛灭鬼贼，六乙相扶，天道赞德，吾令所行，无攻不克。急急如玄女律令。

丙奇咒曰：吾德天助，前后遮罗。青龙白虎，左右驱魔。朱雀导前，使吾会他，天威助我，六丙除疴。急急如玄女律令。

丁奇咒曰：天帝弟子，部领天兵。赏善罚恶，出幽入冥。来护我者，玉女六丁。有犯我者，自灭其形。急急如玄女律令。

式符奇丙　式符奇丁　式符奇乙

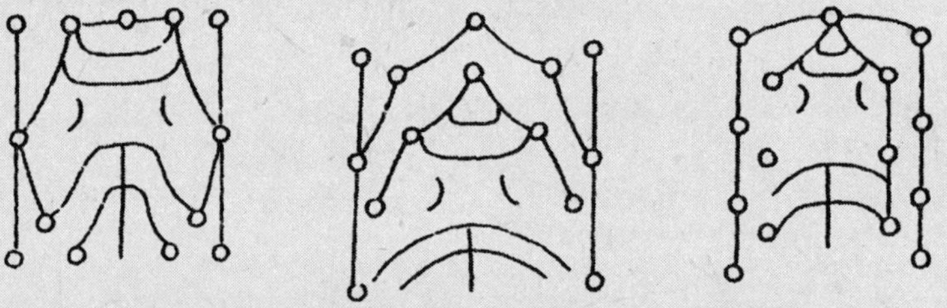

丙丙丙丙　丁丁丁丁　乙乙乙乙

咒咒咒咒　咒咒咒咒　咒咒咒咒

印印印印　印印印印　印印印印

右已上三道符，用雷霹枣木方圆各一寸二分，官雕此符为佳。如不然，但以黄素纸书之亦可。

又传三奇咒并附录

乙奇咒曰：白虎蹲踞，青龙踊跃。前遮后卫，遵克存纳。仁德洋洋，太虚寥廓。天乙追摄，万祥俱作。急急如律令。

丙奇咒曰：天罡扬威，玄武后随。玉彩摇曳，荧惑流辉。神光照耀，太白成瑞。六丙来迎，百福攸归。急急如律令。

丁奇咒曰：玉女灵神，太阴渊默。华盖静覆，我形不忒。我气浩然，悠然寰域。六丁前导，善福来格。急急如律令。

诀曰：以上运筹，若不请神、喝筹，则神无验矣。此法实用兵之龟鉴，乃为将之权衡。以此破阵，而前无完阵。以此攻城，而无坚城。以致万邦咸怀，宜王者之有锡命。四方无虞，见天下之莫予争。后有不务智谋，第恐勇力，妄受斧钺之任，偷处爪牙之职，及其戎虏梗邀，奸雄乱国，在心无已成之筹，临事有不决之惑，岂知总戎之道哉！

奇门精粹卷四

遁甲演义（四）

阴阳二遁十八局图列后

	天	天	天	天	天	天	
	心	禽	辅	冲	芮	蓬	
顺	六甲	五甲	四甲	三甲	二甲	一甲	直
	六寅	五辰	四午	三申	二戌	一子	
布	九乙	九乙	九乙	九乙	九乙	九乙	符
	七卯	六巳	五未	四酉	三亥	二丑	
六	八丙	八丙	八丙	八丙	八丙	八丙	加
	八辰	七午	六申	五戌	四子	三寅	
仪	七丁	七丁	七丁	七丁	七丁	七丁	时
	九巳	八未	七酉	六亥	五丑	四卯	
	一戊	一戊	一戊	一戊	一戊	一戊	干
	一午	九申	八戌	七子	六寅	五辰	
	二己	二己	二己	二己	二己	二己	
	二未	一酉	九亥	八丑	七卯	六巳	
	三庚	三庚	三庚	三庚	三庚	三庚	直
逆	三申	二戌	一子	九寅	八辰	七午	
	四辛	四辛	四辛	四辛	四辛	四辛	使
	四酉	三亥	二丑	四卯	四巳	八未	
布	五壬	五壬	五壬	五壬	五壬	五壬	加
	五戌	四子	三寅	二辰	一午	九申	
三	六癸	六癸	六癸	六癸	六癸	六癸	时
奇	六亥	五丑	四卯	三巳	二未	一酉	
	开	死	杜	伤	死	休	宫

阳遁一局图

冬至上

惊蛰上

清明中

立夏中

甲己日甲子时定局

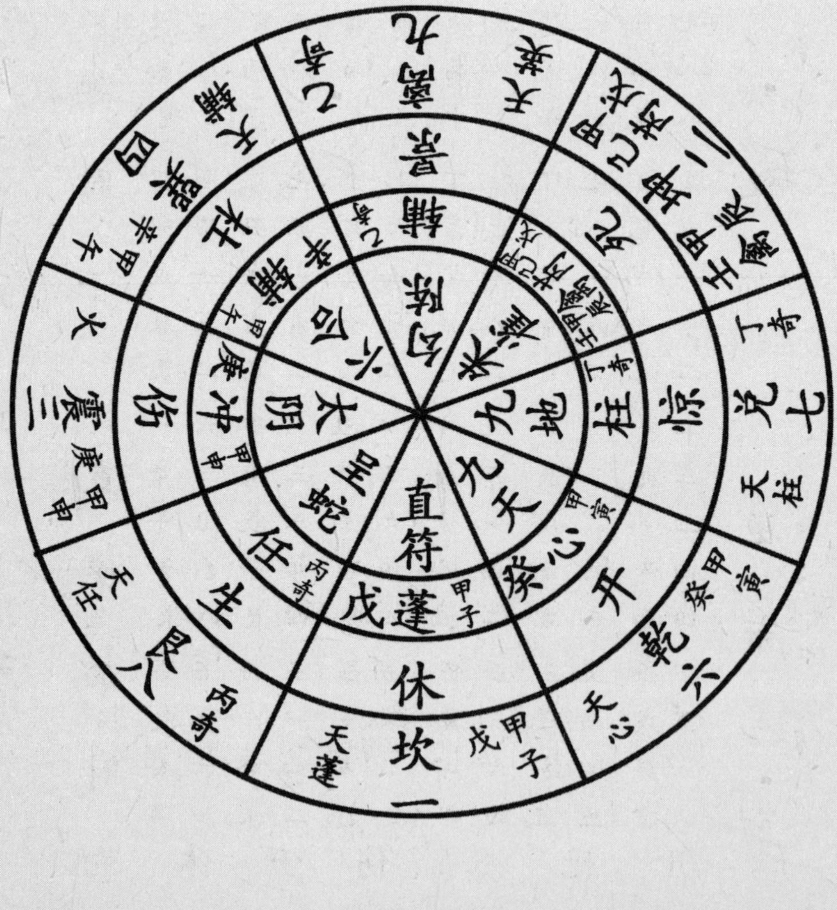

直符加时干 直使加时宫

天芮	天冲	天辅	天禽	天心	天柱
二 甲	三 甲	四 甲	五 甲	六 甲	七 甲
二 子	三 戌	四 申	五 午	六 辰	七 寅
一 乙	一 乙	一 乙	一 乙	一 乙	一 乙
三 丑	四 亥	五 酉	六 未	七 巳	八 卯
九 丙	九 丙	九 丙	九 丙	九 丙	九 丙
四 寅	五 子	六 戌	七 申	八 午	九 辰
八 丁	八 丁	八 丁	八 丁	八 丁	八 丁
五 卯	六 丑	七 亥	八 酉	九 未	一 巳
二 戊	二 戊	二 戊	二 戊	二 戊	二 戊
六 辰	七 寅	八 子	九 戌	一 申	二 午
三 己	三 己	三 己	三 己	三 己	三 己
七 巳	八 卯	九 丑	一 亥	二 酉	三 未
四 庚	四 庚	四 庚	四 庚	四 庚	四 庚
八 午	九 辰	一 寅	二 子	三 戌	四 申
五 辛	五 辛	五 辛	五 辛	五 辛	五 辛
九 未	一 巳	二 卯	二 丑	四 亥	五 酉
六 壬	六 壬	六 壬	六 壬	六 壬	六 壬
一 申	二 午	三 辰	四 寅	五 子	六 戌
七 癸	七 癸	七 癸	七 癸	七 癸	七 癸
二 酉	三 未	四 巳	五 卯	六 丑	七 亥
死	伤	柱	死	开	惊

顺布六仪 逆布三奇

阳遁二局图

小寒上

立春下

谷雨中

小满中

甲己日甲子时定局

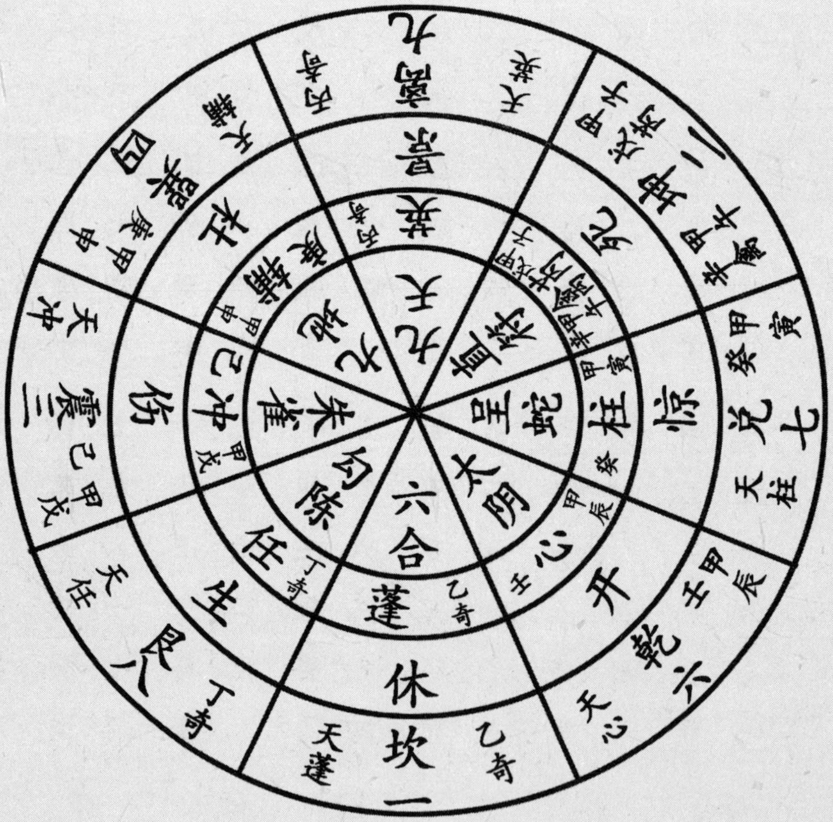

直符加时干

直使加时宫

顺布六仪

逆布三奇

天冲	天辅	天禽	天心	天柱	天任
三甲	四甲	五甲	六甲	七甲	八甲
三子	四戌	五申	六午	七辰	八寅
二乙	二乙	二乙	二乙	二乙	二乙
四丑	五亥	六酉	七未	八巳	九卯
一丙	一丙	一丙	一丙	一丙	一丙
五寅	六子	七戌	八申	九午	一辰
九丁	九丁	九丁	九丁	九丁	九丁
六卯	七丑	八亥	九酉	一未	二巳
三戊	三戊	三戊	三戊	三戊	三戊
七辰	八寅	九子	一戌	二申	三午
四己	四己	四己	四己	四己	四己
八巳	九卯	一丑	二亥	三酉	四未
五庚	五庚	五庚	五庚	五庚	五庚
九午	一辰	二寅	三子	四戌	五申
六辛	六辛	六辛	六辛	六辛	六辛
一未	二巳	三卯	四丑	五亥	六酉
七壬	七壬	七壬	七壬	七壬	七壬
二申	七午	四辰	五寅	六子	七戌
八癸	八癸	八癸	八癸	八癸	八癸
三酉	八未	五巳	六卯	七丑	八亥
伤	杜	死	开	惊	生

阳遁三局图

大寒上　春分上　雨水下　芒种中

甲己日甲子时定局

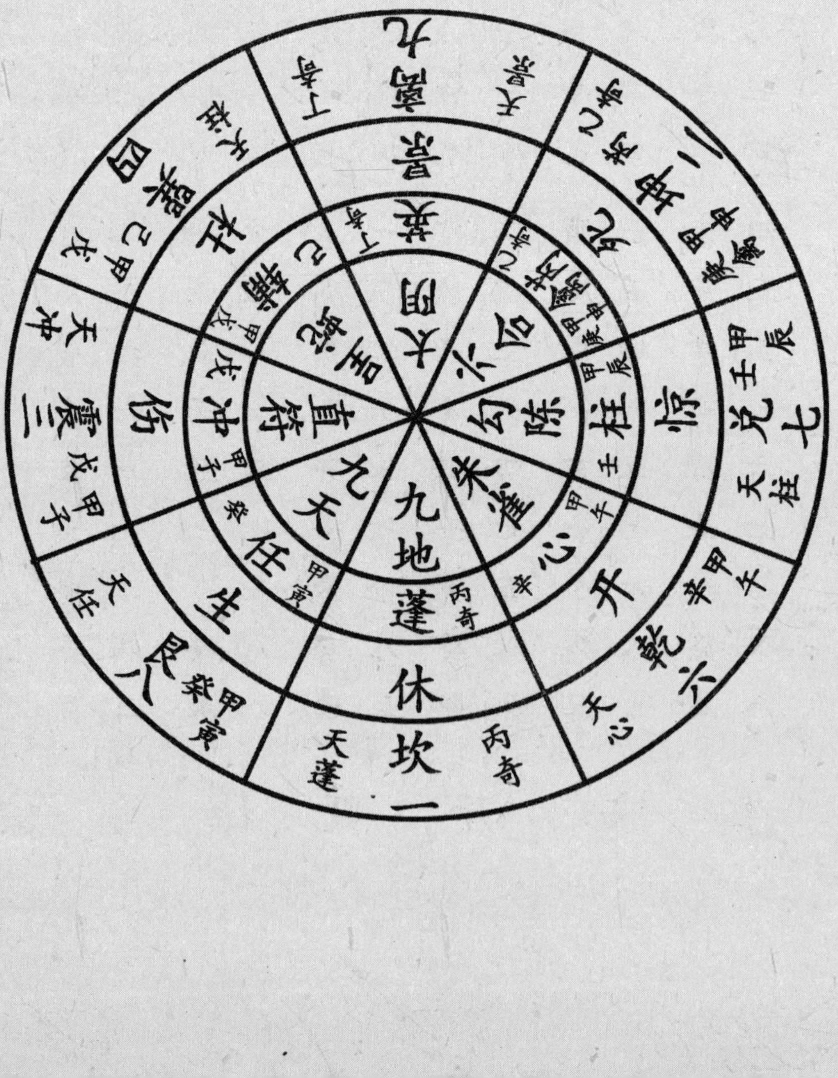

直符加时子 直使加时宫

天辅	天禽	天心	天柱	天任	天英
四甲	五甲	六甲	七甲	八甲	九甲
四子	五戌	六申	七午	八辰	九寅
三乙	三乙	六乙	三乙	三乙	三乙
五丑	六亥	七酉	八未	九巳	一卯
二丙	二丙	二丙	二丙	二丙	二丙
六寅	七子	八戌	九申	一午	二辰
一丁	一丁	一丁	一丁	一丁	一丁
七卯	八丑	九亥	一酉	二未	三巳
四戊	四戊	四戊	四戊	四戊	四戊
八辰	九寅	一子	二戌	三申	四午
五己	五己	五己	五己	五己	五己
九巳	一卯	二丑	三亥	四酉	五未
六庚	六庚	六庚	六庚	六庚	六庚
一午	二辰	三寅	四子	五戌	六申
七辛	七辛	七辛	七辛	七辛	七辛
二未	三巳	四卯	五丑	六亥	七酉
八壬	八壬	八壬	八壬	八壬	八壬
三申	四午	五辰	六寅	七子	八戌
九癸	九癸	九癸	九癸	九癸	九癸
四酉	五未	六巳	七卯	八丑	九亥
杜	死	开	惊	生	景

顺布六仪 逆布三奇

阳遁四局图

冬至下　惊蛰下　清明上　立夏上

甲己日甲子时定局

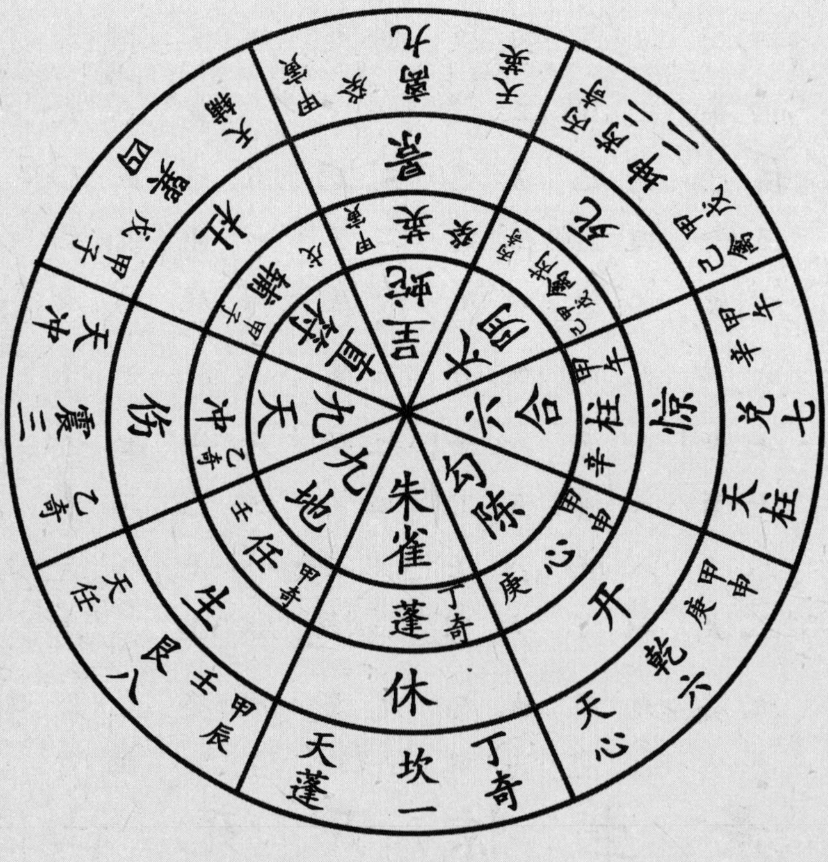

直符加时干　直使加时宫

顺布六仪　逆布三奇

天蓬		天英		天任		天柱		天心		天禽	
一	甲	九	甲	八	甲	七	甲	六	甲	五	甲
一	寅	九	辰	八	午	七	申	六	戌	五	子
四	乙	四	乙	四	乙	四	乙	四	乙	四	乙
二	卯	一	巳	九	未	八	酉	七	亥	六	丑
三	丙	三	丙	三	丙	三	丙	三	丙	三	丙
三	辰	二	午	一	申	九	戌	八	子	七	寅
二	丁	二	丁	二	丁	二	丁	二	丁	二	丁
四	巳	三	未	二	酉	一	亥	九	丑	八	卯
五	戊	五	戊	五	戊	五	戊	五	戊	五	戊
五	午	四	申	三	戌	二	子	一	寅	五	辰
六	己	六	己	六	己	六	己	六	己	六	己
六	未	五	酉	四	亥	三	丑	二	卯	一	巳
七	庚	七	庚	四	庚	七	庚	七	庚	七	庚
七	申	六	戌	五	子	四	寅	三	辰	七	午
八	辛	八	辛	八	辛	八	辛	八	辛	八	辛
八	酉	七	亥	六	丑	五	卯	四	巳	三	未
九	壬	九	壬	九	壬	九	壬	九	壬	九	壬
九	戌	八	子	七	寅	六	辰	五	午	四	申
一	癸	八	癸	一	癸	一	癸	一	癸	一	癸
一	亥	九	丑	八	卯	七	巳	六	未	五	酉
休		景		生		惊		开		死	

阳遁五局图

小寒下
立春中
谷雨上
小满上

甲己日甲子时定局

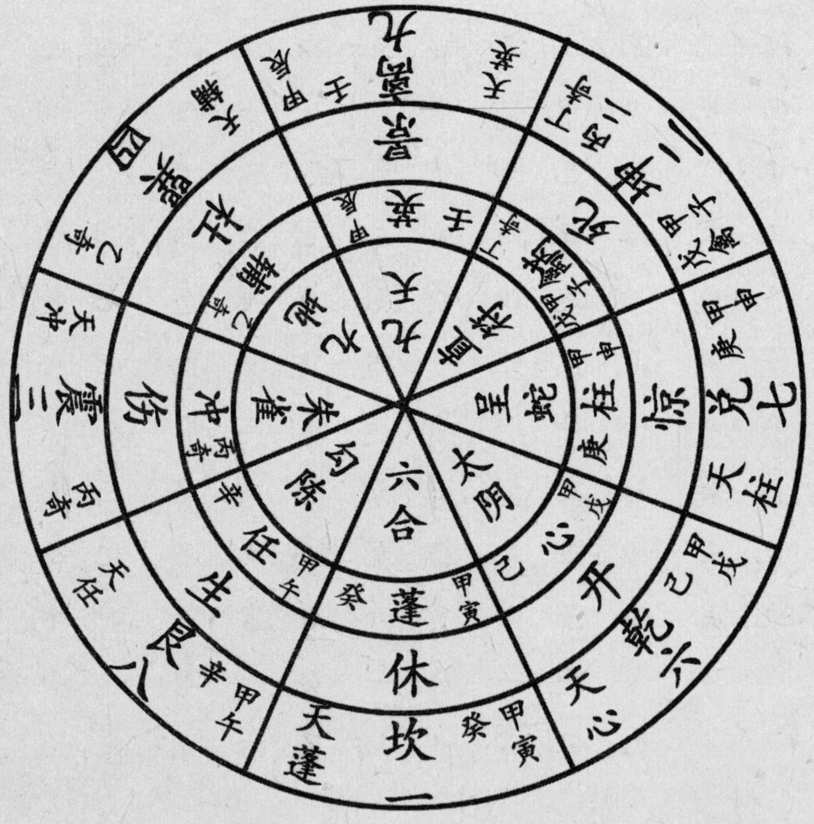

直符加时干　直使加时宫

顺布六仪　逆布三奇

天心		天柱		天任		天英		天蓬		天芮	
甲	六	甲	七	甲	八	甲	九	甲	一	甲	二
子	六	戌	七	申	八	午	九	辰	一	寅	二
乙	五	乙	五	乙	五	乙	五	乙	五	乙	五
丑	七	亥	八	酉	九	未	一	巳	二	卯	三
丙	四	丙	四	丙	四	丙	四	丙	四	丙	四
寅	八	子	九	戌	一	申	二	午	三	辰	四
丁	三	丁	三	丁	三	丁	三	丁	三	丁	三
卯	九	丑	一	亥	二	酉	三	未	四	巳	五
戊	六	戊	六	戊	六	戊	六	戊	六	戊	六
辰	一	寅	二	子	三	戌	四	申	五	午	六
己	七	己	七	己	七	己	七	己	七	己	七
巳	二	卯	三	丑	四	亥	五	酉	六	未	七
庚	八	庚	八	庚	八	庚	八	庚	八	庚	八
午	三	辰	四	寅	五	子	六	戌	七	申	八
辛	九	辛	九	辛	九	辛	九	辛	九	辛	九
未	四	巳	五	卯	六	丑	七	亥	八	酉	九
壬	一	壬	一	壬	一	壬	一	壬	一	壬	一
申	五	午	六	辰	七	寅	八	子	九	戌	一
癸	二	癸	二	癸	二	癸	二	癸	二	癸	二
酉	六	未	七	巳	八	卯	九	丑	一	亥	二
开		惊		生		景		休		死	

阳遁六局图

大寒下　雨水中　春分下　芒种上

甲己日甲子时定局

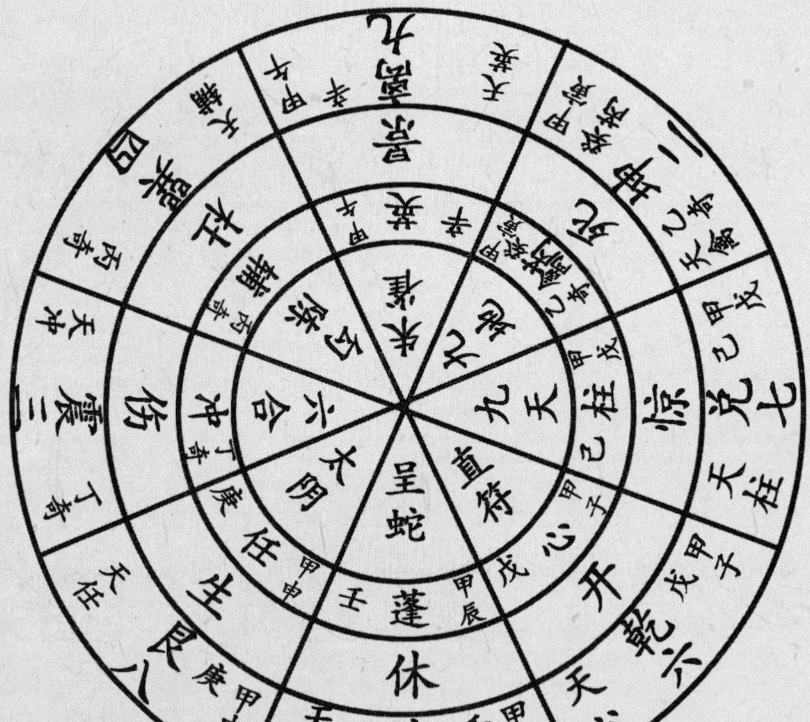

直符加时干 直使加时宫

顺布六仪 逆布三奇

	天冲		天芮		天蓬		天英		天任		天柱
二	甲	二	甲	一	甲	九	甲	八	甲	七	甲
三	寅	二	辰	一	午	九	申	八	戌	七	子
六	乙	六	乙	六	乙	六	乙	六	乙	六	乙
四	卯	三	巳	二	未	一	酉	九	亥	八	丑
五	丙	五	丙	五	丙	五	丙	五	丙	五	丙
五	辰	四	午	三	申	二	戌	一	子	九	寅
四	丁	四	丁	四	丁	四	丁	四	丁	四	丁
六	巳	五	未	四	酉	三	亥	二	丑	一	卯
七	戊	七	戊	七	戊	七	戊	七	戊	七	戊
七	午	六	申	五	戌	四	子	三	寅	二	辰
八	己	八	己	八	己	八	己	八	己	八	己
八	未	七	酉	六	亥	五	丑	四	卯	三	巳
九	庚	九	庚	九	庚	九	庚	九	庚	九	庚
九	申	八	戌	七	子	六	寅	五	辰	四	午
一	辛	一	辛	一	辛	一	辛	一	辛	一	辛
一	酉	和	亥	八	丑	七	卯	六	巳	五	未
二	壬	二	壬	二	壬	二	壬	二	壬	二	壬
二	戌	一	子	九	寅	八	辰	七	午	六	申
三	癸	三	癸	三	癸	三	癸	三	癸	三	癸
三	亥	二	丑	一	卯	九	巳	八	未	七	酉
	伤		死		休		景		生		惊

宫

阳遁七局图

冬至中
惊蛰中
清明下
立夏下

甲己日甲子时定局

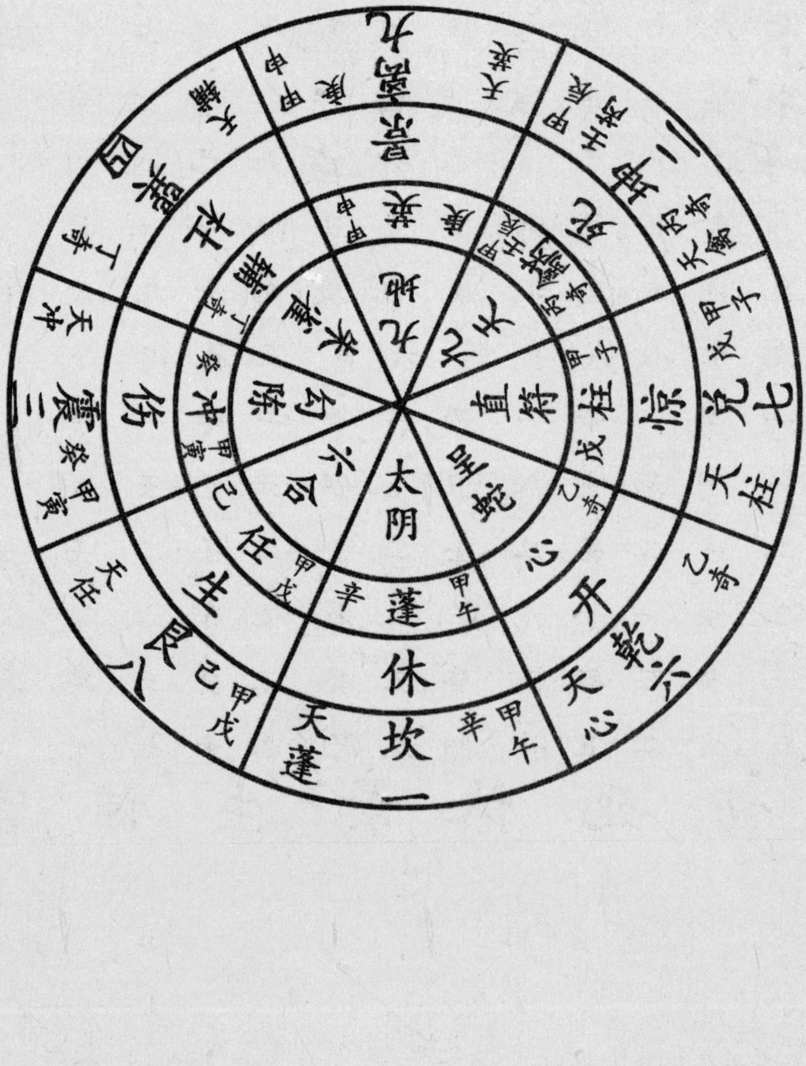

直符加时干　直使加时宫

顺布六仪　逆布三奇

天任		天英		天蓬		天芮		天冲		天辅	
甲子	八八	甲戌	九九	甲申	一一	甲午	二二	甲辰	三三	甲寅	四四
乙丑	七九	乙亥	七一	乙酉	七二	乙未	七三	乙巳	七四	乙卯	七五
丙寅	六一	丙子	六二	丙戌	六三	丙申	六四	丙午	六五	丙辰	六六
丁卯	五二	丁丑	五三	丁亥	五四	丁酉	五五	丁未	五六	丁巳	五七
戊辰	八三	戊寅	八四	戊子	八五	戊戌	八六	戊申	八七	戊午	八八
己巳	九四	己卯	九五	己丑	九六	己亥	九七	己酉	九八	己未	九九
庚午	一五	庚辰	一六	庚寅	一七	庚子	一八	庚戌	一九	庚申	一一
辛未	二六	辛巳	二七	辛卯	二八	辛丑	二九	辛亥	二一	辛酉	二二
壬申	三七	壬午	三八	壬辰	三九	壬寅	三一	壬子	三二	壬戌	三三
癸酉	四八	癸未	四九	癸巳	四一	癸卯	四二	癸丑	四三	癸亥	四四
生		景		休		死		伤		杜	

阳遁八局图

小寒中
立春上
谷雨下
小满下

甲己日甲子时定局

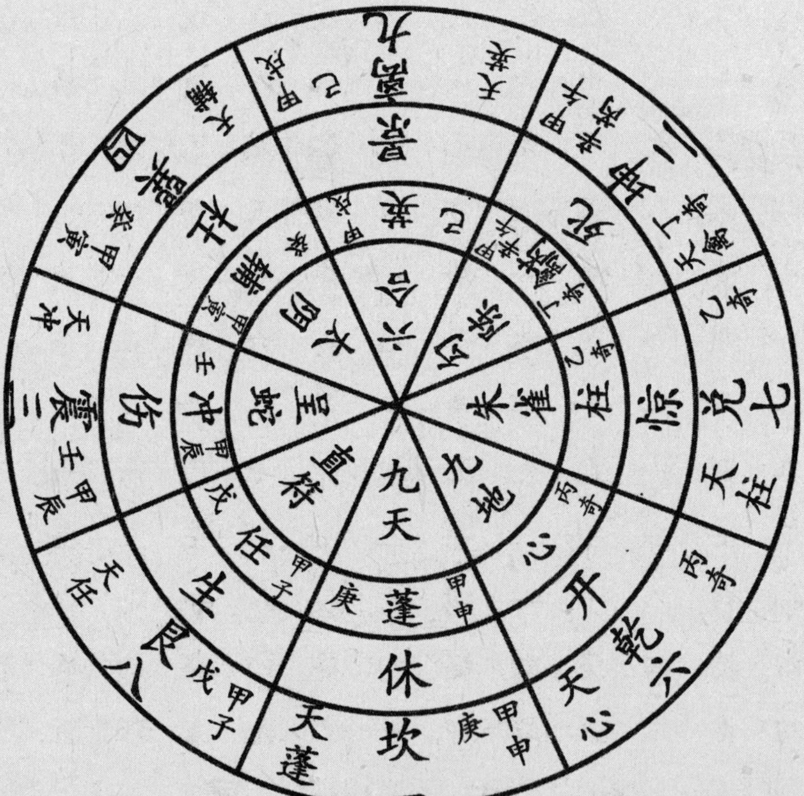

直符加时干　直使加时宫

天英	天蓬	天芮	天冲	天辅	天禽
甲九	甲一	甲二	甲三	甲四	甲五
子九	戌一	申二	午三	辰四	寅五
乙八	乙八	乙八	乙八	乙八	乙八
丑一	亥二	酉三	未四	巳五	卯六
丙七	丙七	丙七	丙七	丙七	丙七
寅二	子三	戌四	申五	午六	辰七
丁六	丁六	丁六	丁六	丁六	丁六
卯三	丑四	亥五	酉六	未七	巳八
戊九	戊九	戊九	戊九	戊九	戊九
辰四	寅五	子六	戌七	申八	午九
己一	己一	己一	己一	己一	己一
巳五	卯六	丑七	亥八	酉九	未一
庚二	庚二	庚二	庚二	庚二	庚二
午六	辰七	寅八	子九	戌一	申二
辛三	辛三	辛三	辛三	辛三	辛三
未七	巳八	卯九	丑一	亥二	酉三
壬四	壬四	壬四	壬四	壬四	壬四
申八	午九	辰一	寅二	子三	戌四
癸五	癸五	癸五	癸五	癸五	癸五
酉九	未一	巳二	卯三	丑四	亥五
景	休	死	伤	杜	死

顺布六仪　逆布三奇

阳遁九局图

大寒中　雨水上　春分中　芒种下

甲己日甲子时定局

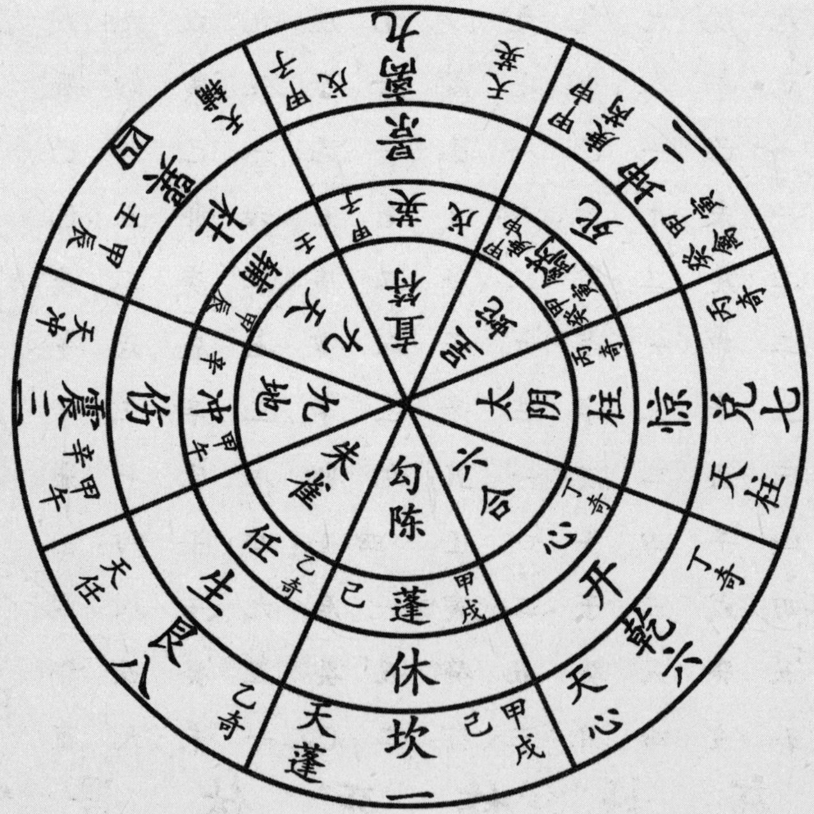

直符加时干　直使加时宫

逆布六仪　顺布三奇

天英		天任		天柱		天心		天禽		天辅	
甲	九	甲	八	甲	八	甲	六	甲	五	甲	四
子	九	戌	八	申	七	午	六	辰	五	寅	四
乙	一	乙	一	乙	一	乙	一	乙	一	乙	一
丑	八	亥	七	酉	六	未	五	巳	四	卯	三
丙	二	丙	二	丙	二	丙	二	丙	二	丙	二
寅	七	子	六	戌	五	申	四	午	三	辰	二
丁	三	丁	三	丁	三	丁	三	丁	三	丁	三
卯	六	丑	五	亥	四	酉	三	未	二	巳	一
戊	九	戊	九	戊	九	戊	九	戊	九	戊	九
辰	五	寅	四	子	三	戌	二	申	一	午	九
己	八	己	八	己	八	己	八	己	八	己	八
巳	四	卯	三	丑	二	亥	一	酉	九	未	八
庚	七	庚	七	庚	七	庚	七	庚	七	庚	七
午	三	辰	一	寅	一	子	九	戌	八	申	七
辛	六	辛	六	辛	六	辛	六	辛	六	辛	六
未	一	巳	一	卯	九	丑	八	亥	七	酉	六
壬	五	壬	五	壬	五	壬	五	壬	五	壬	五
申	一	午	九	辰	八	寅	七	子	六	戌	五
癸	四	癸	四	癸	四	癸	四	癸	四	癸	四
宫 景		生		惊		开		死		杜	

阴遁九局图

夏至上

白露上

寒露中

立冬中

甲己日甲子时定局

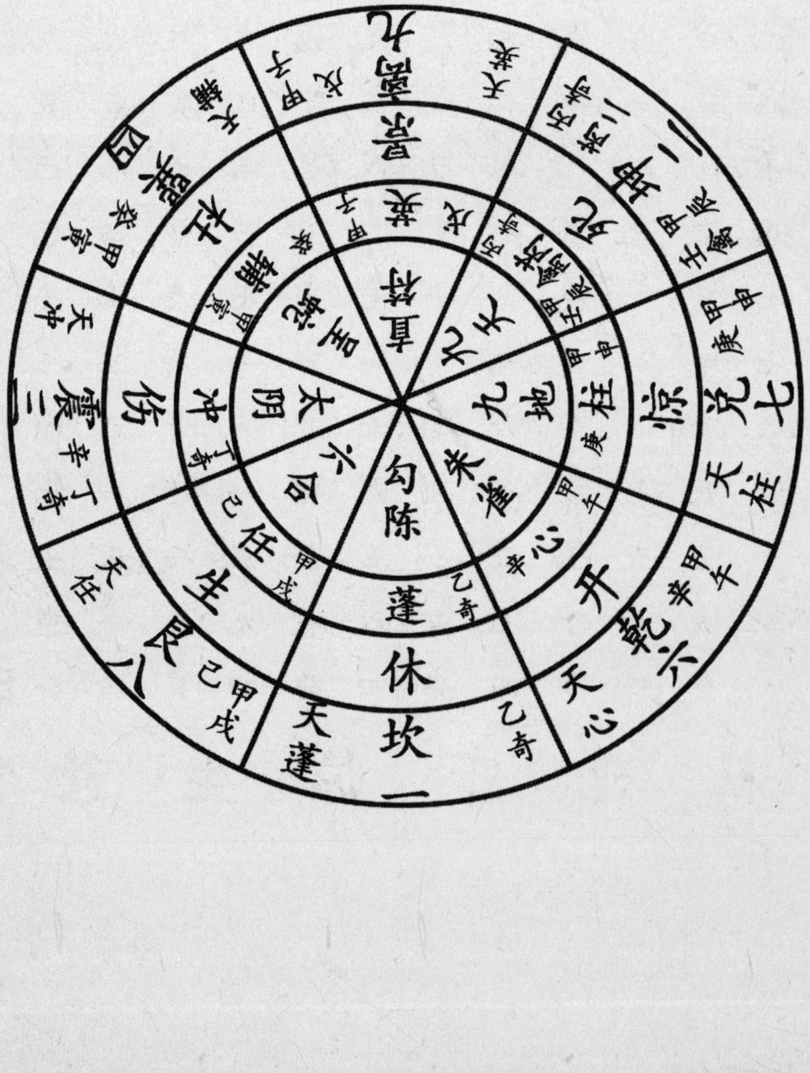

直符加时干直使加时宫

天任		天柱		天心		天禽		天辅		天冲	
甲子	八八	甲戌	七七	甲申	六六	甲午	五五	甲辰	四四	甲寅	三三
乙丑	九七	乙亥	九六	乙酉	九五	乙未	九四	乙巳	九三	乙卯	九二
丙寅	一六	丙子	一五	丙戌	一四	丙申	一三	丙午	一二	丙辰	一一
丁卯	二五	丁丑	二四	丁亥	二三	丁酉	二二	丁未	二一	丁巳	二九
戊辰	八四	戊寅	八三	戊子	八二	戊戌	八一	戊申	八九	戊午	八八
己巳	七三	己卯	七二	己丑	七一	己亥	七九	己酉	七八	己未	七七
庚午	六二	庚辰	六二	庚寅	六九	庚子	六八	庚戌	六七	庚申	六六
辛未	五一	辛巳	五九	辛卯	五八	辛丑	五七	辛亥	五六	辛酉	五五
壬申	四九	壬午	四八	壬辰	四七	壬寅	四六	壬子	四五	壬戌	四四
癸酉	三八	癸未	三七	癸巳	三六	癸卯	三五	癸丑	三四	癸亥	三三
生		惊		开		死		杜		伤	

逆布六仪 顺布三奇

阴遁八局图

小暑上　立秋下　霜降中　小雪中

甲己日甲子时定局

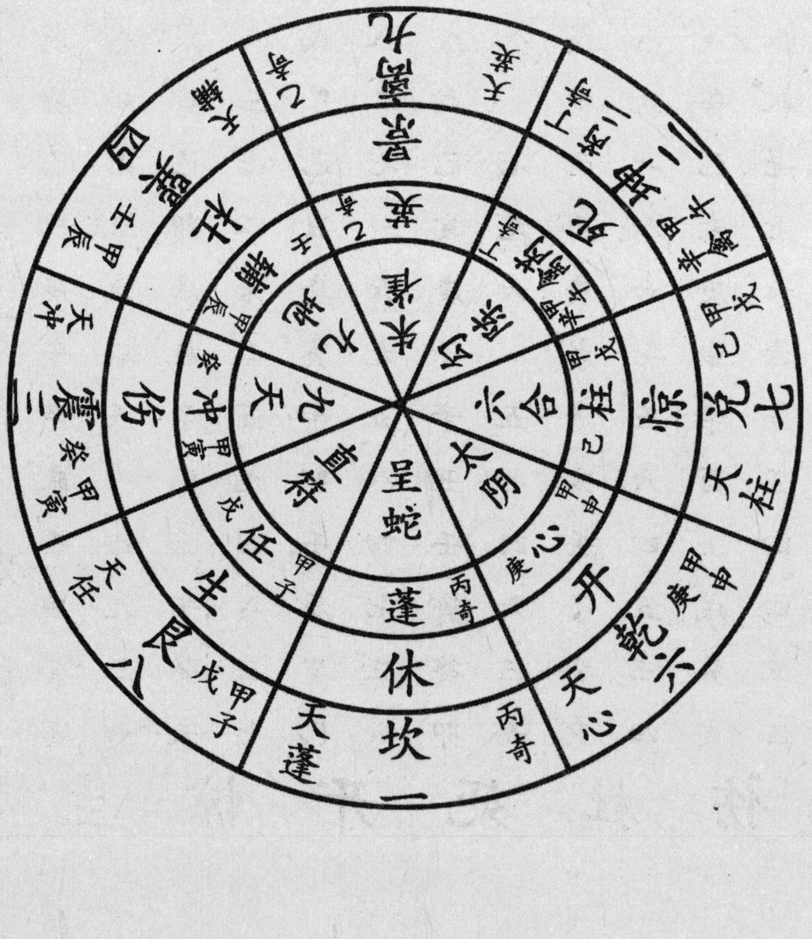

直符加时干 直使加时宫

逆布六仪 顺布三奇

天柱	天心	天禽	天辅	天冲	天芮
甲子 七七	甲戌 六六	甲申 五五	甲午 四四	甲辰 三三	甲寅 二二
乙丑 八六	乙亥 八五	乙酉 八四	乙未 八三	乙巳 八二	乙卯 八一
丙寅 九五	丙子 九四	丙戌 九三	丙申 九二	丙午 九一	丙辰 九九
丁卯 一四	丁丑 一三	丁亥 一二	丁酉 一一	丁未 一九	丁巳 一八
戊辰 七三	戊寅 七二	戊子 七一	戊戌 七九	戊申 七八	戊午 七七
己巳 六二	己卯 六一	己丑 六九	己亥 六八	己酉 六七	己未 六六
庚午 五一	庚辰 五九	庚寅 五八	庚子 五七	庚戌 五六	庚申 五五
辛未 四九	辛巳 四八	辛卯 四七	辛丑 四六	辛亥 四五	辛酉 四四
壬申 三八	壬午 三七	壬辰 三六	壬寅 三五	壬子 三四	壬戌 三三
癸酉 二七	癸未 二六	癸巳 二五	癸卯 二四	癸丑 二三	癸亥 二二
惊	开	死	杜	伤	死

阴遁七局图

大暑上　处暑下　秋分上　大雪中

甲己日甲子时定局

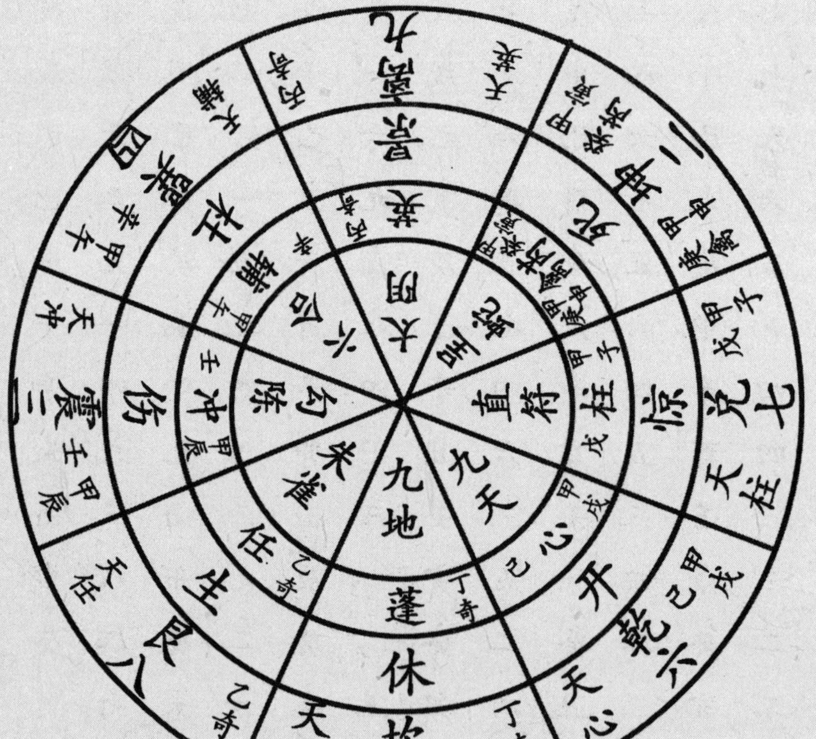

直符加时干　直使加时宫

天心		天禽		天辅		天冲		天芮		天蓬	
甲	六	甲	五	甲	四	甲	三	甲	二	甲	一
子	六	戌	五	申	四	午	三	辰	二	寅	一
乙	七	乙	七	乙	七	乙	七	乙	七	乙	七
丑	五	亥	四	酉	三	未	二	巳	一	卯	九
丙	八	丙	八	丙	八	丙	八	丙	八	丙	八
寅	四	子	三	戌	二	申	一	午	九	辰	八
丁	九	丁	九	丁	九	丁	九	丁	九	丁	九
卯	三	丑	二	亥	一	酉	九	未	八	巳	七
戊	六	戊	六	戊	六	戊	六	戊	六	戊	六
辰	二	寅	一	子	九	戌	八	申	七	午	六
己	五	己	五	己	五	己	五	己	五	己	五
巳	一	卯	九	丑	八	亥	七	酉	六	未	五
庚	四	庚	四	庚	四	庚	四	庚	四	庚	四
午	九	辰	八	寅	七	子	六	戌	五	申	四
辛	三	辛	三	辛	三	辛	三	辛	三	辛	三
未	八	巳	七	卯	六	丑	五	亥	四	酉	三
壬	二	壬	二	壬	二	壬	二	壬	二	壬	二
申	七	午	六	辰	五	寅	四	子	三	戌	二
癸	一	癸	一	癸	一	癸	一	癸	一	癸	一
酉	六	未	五	巳	四	卯	三	丑	二	亥	一
开		死		杜		伤		死		休	

逆布六仪　顺布三奇

阴遁六局图

夏至下　白露下　寒露上　立冬上

甲己日甲子时定局

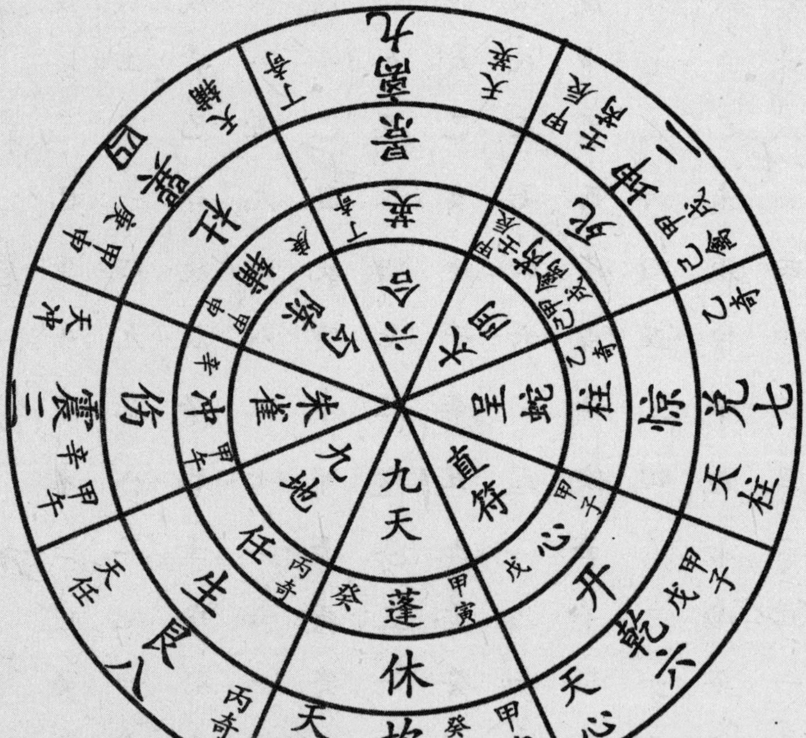

直符加时干　直使加时宫

天禽		天辅		天冲		天芮		天蓬		天英	
甲	五	甲	四	甲	三	甲	二	甲	一	甲	九
子	五	戌	四	申	三	午	二	辰	一	寅	九
乙	六	乙	六	乙	未	乙	六	乙	六	乙	六
丑	四	亥	三	酉	二	未	一	巳	九	卯	八
丙	七	丙	七	丙	七	丙	七	丙	七	丙	七
寅	三	子	二	戌	一	申	九	午	八	辰	七
丁	八	丁	八	丁	八	丁	八	丁	八	丁	八
卯	二	丑	一	亥	九	酉	八	未	七	巳	六
戊	五	戊	五	戊	五	戊	五	戊	五	戊	五
辰	一	寅	九	子	八	戌	七	申	六	午	五
己	四	己	四	己	四	己	四	己	四	己	四
巳	九	卯	八	丑	七	亥	六	酉	五	未	四
庚	三	庚	三	庚	三	庚	三	庚	三	庚	三
午	八	辰	七	寅	六	子	五	戌	三	申	三
辛	二	辛	二	辛	二	辛	二	辛	二	辛	二
未	七	巳	六	卯	五	丑	四	亥	三	酉	二
壬	一	壬	一	壬	一	壬	一	壬	一	壬	一
申	六	午	五	辰	四	寅	三	子	二	戌	一
癸	九	癸	九	癸	九	癸	九	癸	九	癸	九
酉	五	未	四	巳	三	卯	二	丑	一	亥	九
死		杜		伤		死		休		景	

逆布六仪　顺布三奇

阴遁五局图

小暑下

立秋中

霜降上

小雪上

甲己日甲子时定局

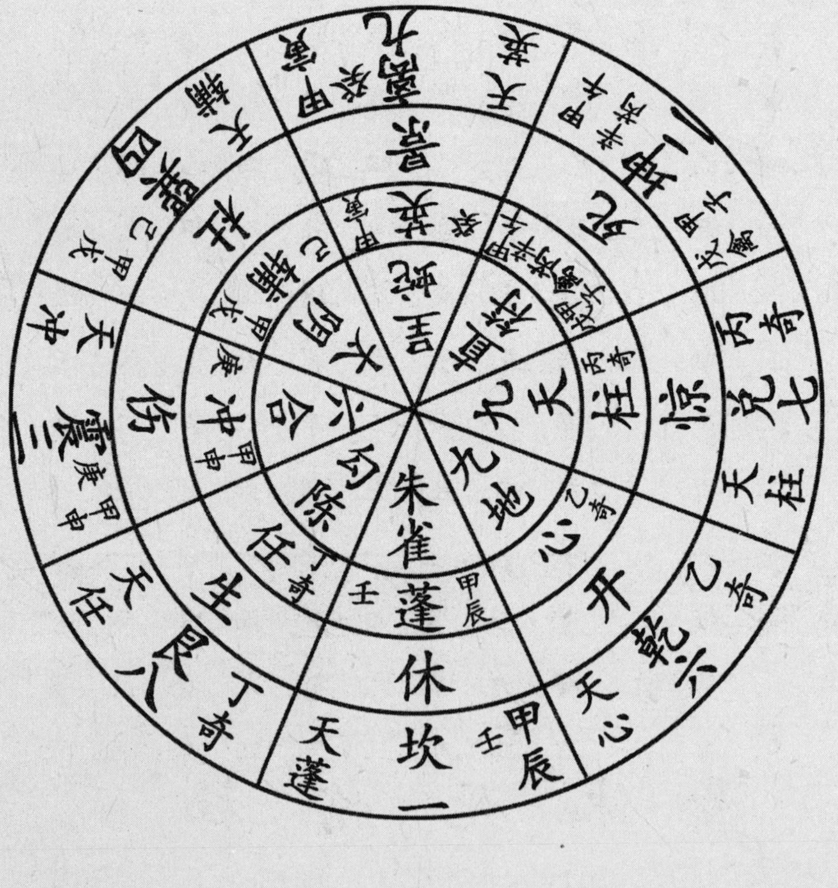

直符加时干　直使加时宫

逆布六仪　顺布三奇

天辅	天冲	天芮	天蓬	天英	天任
甲子 四四	甲戌 三三	甲申 二二	甲午 一一	甲辰 九九	甲寅 八八
乙丑 五三	乙亥 五二	乙酉 五一	乙未 五九	乙巳 五八	乙卯 五七
丙寅 六二	丙子 六一	丙戌 六九	丙申 六八	丙午 六七	丙辰 六六
丁卯 七一	丁丑 七九	丁亥 七八	丁酉 七七	丁未 七六	丁巳 七五
戊辰 四九	戊寅 四八	戊子 四七	戊戌 四六	戊申 四五	戊午 四四
己巳 三八	己卯 三七	己丑 三六	己亥 三五	己酉 三四	己未 三三
庚午 二七	庚辰 二六	庚寅 二五	庚子 二四	庚戌 二三	庚申 二二
辛未 一六	辛巳 一五	辛卯 一四	辛丑 一三	辛亥 一二	辛酉 一一
壬申 九五	壬午 九四	壬辰 九三	壬寅 九二	壬子 九一	壬戌 九九
癸酉 八四	癸未 八三	癸巳 八二	癸卯 八一	癸丑 八九	癸亥 八九
杜	伤	死	休	景	生

宫

阴遁四局图

大暑下
处暑中
秋分下
大雪上

甲己日甲子时定局

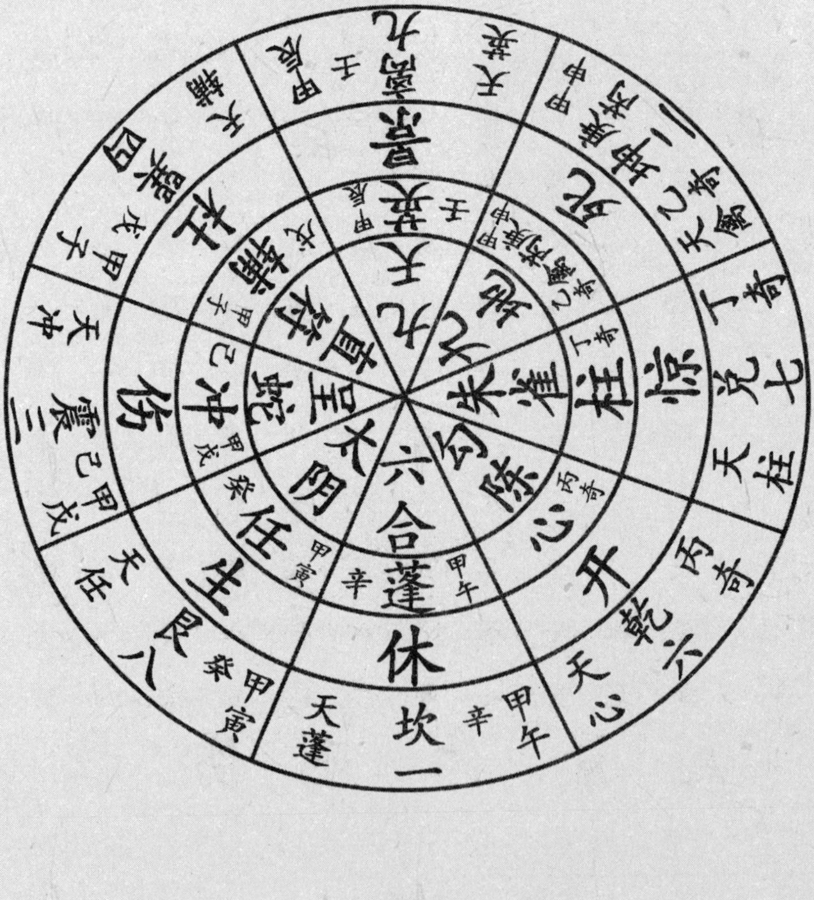

直符加时干　直使加时宫

天冲		天芮		天蓬		天英		天任		天柱	
甲	三	甲	二	甲	一	甲	九	甲	八	甲	七
子	三	戌	二	申	一	午	九	辰	八	寅	七
乙	四	乙	四	乙	四	乙	四	乙	四	乙	四
丑	二	亥	一	酉	九	未	八	巳	七	卯	六
丙	五	丙	五	丙	五	丙	五	丙	五	丙	五
寅	一	子	九	戌	八	申	七	午	六	辰	五
丁	六	丁	六	丁	六	丁	六	丁	六	丁	六
卯	九	丑	八	亥	七	酉	六	未	五	巳	四
戊	三	戊	三	戊	三	戊	三	戊	三	戊	三
辰	八	寅	七	子	六	戌	五	申	四	午	三
己	二	己	二	己	二	己	二	己	二	己	二
巳	七	卯	六	丑	五	亥	四	酉	三	未	二
庚	一	庚	一	庚	一	庚	一	庚	一	庚	一
午	六	辰	五	寅	四	子	三	戌	二	申	一
辛	九	辛	九	辛	九	辛	九	辛	九	辛	九
未	五	巳	四	卯	三	丑	二	亥	一	酉	九
壬	八	壬	八	壬	八	壬	八	壬	八	壬	八
申	四	午	三	辰	二	寅	一	子	九	戌	八
癸	七	癸	七	癸	七	癸	七	癸	七	癸	七
酉	三	未	二	巳	一	卯	九	丑	八	亥	七
伤		死		休		景		生		惊	

逆布六仪　顺布三奇

阴遁三局图

夏至中　白露中　寒露下　立冬下

甲己甲日子时定局

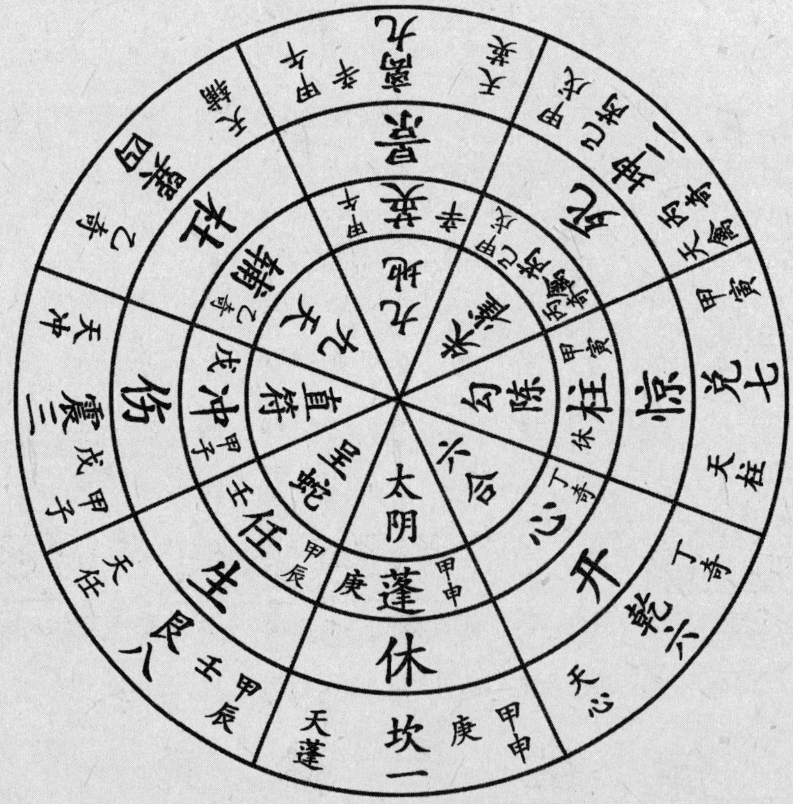

直符加时干　直使加时宫

天芮	天蓬	天英	天任	天柱	天心
甲 二	甲 一	甲 九	甲 八	甲 七	甲 六
子 二	戌 一	申 九	午 八	辰 七	寅 六
乙 三	乙 三	乙 三	乙 三	乙 三	乙 三
丑 一	亥 九	酉 八	未 七	巳 六	卯 五
丙 四	丙 四	丙 四	丙 四	丙 四	丙 四
寅 九	子 八	戌 七	申 六	午 五	辰 四
丁 五	丁 五	丁 五	丁 五	丁 五	丁 五
卯 八	丑 七	亥 六	酉 五	未 四	巳 三
戊 二	戊 二	戊 二	戊 二	戊 二	戊 二
辰 七	寅 六	子 五	戌 四	申 三	午 二
己 一	己 一	己 一	己 一	己 一	己 一
巳 六	卯 五	丑 四	亥 三	酉 二	未 一
庚 九	庚 九	庚 九	庚 九	庚 九	庚 九
午 五	辰 四	寅 三	子 二	戌 一	申 九
辛 八	辛 八	辛 八	辛 八	辛 八	辛 八
未 四	巳 三	卯 二	丑 一	亥 九	酉 八
壬 七	壬 七	壬 七	壬 七	壬 七	壬 七
申 三	午 二	辰 一	寅 九	子 八	戌 七
癸 六	癸 六	癸 六	癸 六	癸 六	癸 六
酉 二	未 一	巳 九	卯 八	丑 七	亥 六
死	休	景	生	惊	开

逆布六仪　顺布三奇

阴遁二局图

小暑中

立秋上

霜降下

小雪下

甲己甲子时定局

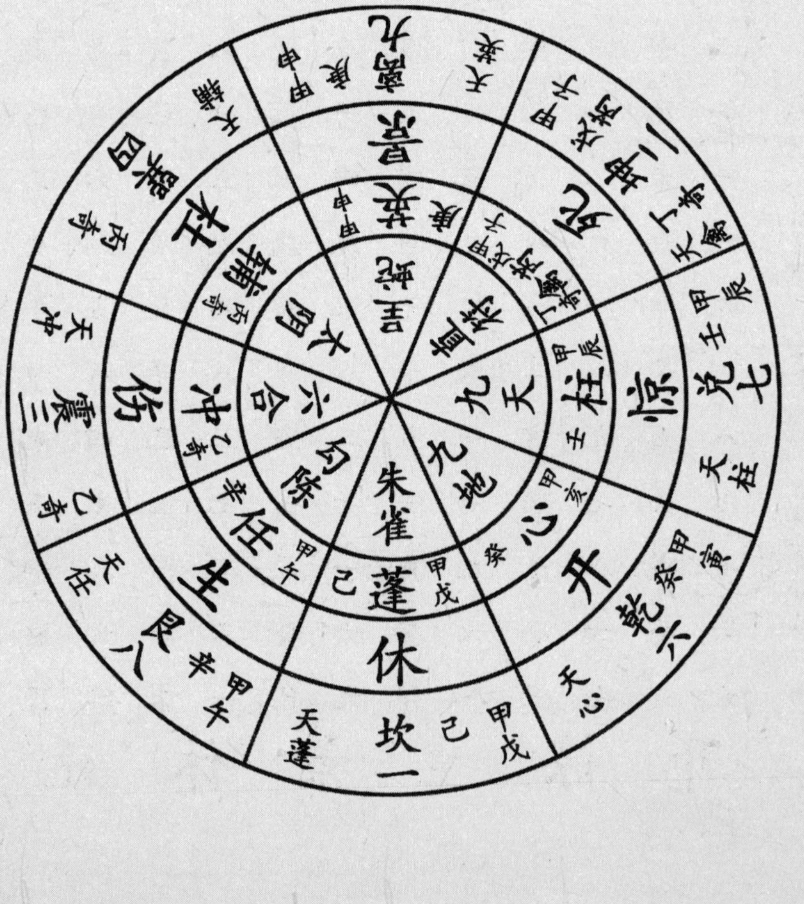

直符加时干

直使加时宫

逆布六仪

顺布三奇

天蓬		天英		天任		天柱		天心		天禽	
甲	一	甲	九	甲	八	甲	七	甲	六	甲	五
子	一	戌	九	申	八	午	七	辰	六	寅	五
乙	二	戌	乙	乙	二	乙	二	乙	二	乙	二
丑	九	亥	八	酉	七	未	六	巳	五	卯	四
丙	三	丙	三	丙	三	丙	三	丙	三	丙	三
寅	八	子	七	戌	六	申	五	午	四	辰	三
丁	四	丁	四	丁	四	丁	四	丁	四	丁	四
卯	七	丑	六	亥	五	酉	四	未	三	巳	二
戊	一	戊	一	戊	一	戊	一	戊	一	戊	一
辰	六	寅	五	子	四	戌	三	申	二	午	一
巳	九	巳	九	巳	九	巳	九	巳	九	巳	九
巳	五	卯	四	丑	三	亥	二	酉	一	未	九
庚	八	庚	八	庚	八	庚	八	庚	八	庚	八
午	四	辰	三	寅	二	子	一	戌	九	申	八
辛	七	辛	七	辛	七	辛	七	辛	七	辛	七
未	三	巳	二	卯	一	丑	九	亥	八	酉	七
壬	六	壬	六	壬	六	壬	六	壬	六	壬	六
申	二	午	一	辰	九	寅	八	子	七	戌	六
癸	五	癸	五	癸	五	癸	五	癸	五	癸	五
酉	一	未	九	巳	八	卯	七	丑	六	亥	五
休		景		生		惊		开		死	

阴遁一局图

大暑中
处暑上
秋分中
大雪下

甲己日甲子时定局

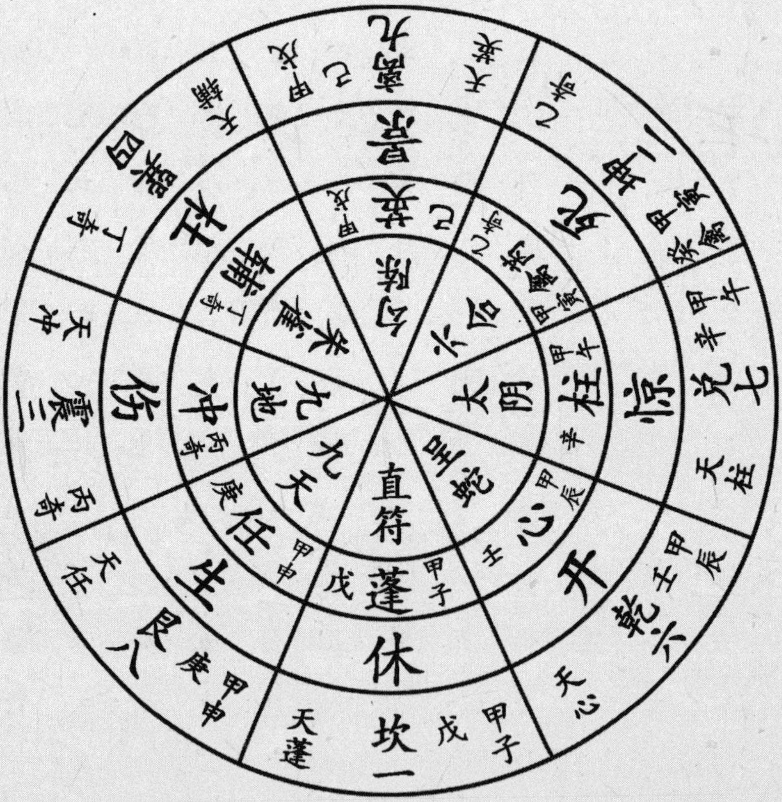

真人闭六戊法

夫六戊之法，谓世人欲求仙，入山林，渡江海，安立军营，排兵布阵，置顿仓舍，或受法行箓，驱神使将，镇邪避病，逃罪隐匿，避难潜身，远行止宿，堤防盗贼，必先用真人闭戊局，则诸恶不能侵，龙虎来相助，鬼神尽钦伏矣。

若有急事，心迷不及布局行者，则禹步斗罡，心眼存想，青龙、蓬星入太阴，以旬符印面，呼玉女相护，出天门，入地户，天藏癸上隐去，无人见矣。或军数众多，广野营寨安宿之时，防避敌人惊劫，便禹步吸王方气喷手心，扪摩眼如数，讫，便从中望北山林崖岸一遭，至戌上住，心眼均讫，定六戊，位已定，则用旬符指六戊位，以心用符，却搬土从子上均布，散寅、辰午、甲、戌位，各接连门，报符念六戊咒。咒讫，收符安囊下，然后高枕无忧而卧。敌人不能害。纵有惊劫，贼兵自惊。恐他迷路而回，更专记天晓时，急存心目，开天门，散土界，然后方令军行。若忘，不开天门及不散土界，则队伍迷乱，反被他兵围劫。

其布六戊之法，或用杜荆杖，或用敕过刀剑相地，以六为方数，临时随意作大小。先禹步，吸王方气喷刀剑上，且随方布定十二支，却以刀从亥上起手画地，如日之转画，至戌上留空乾位作门，再禹步，从乾位空处入城中。

祝曰：维某年月日时，弟子某敢昭告于天地、父母、六丁、六甲、六旬十二时辰，青龙、蓬星、明堂、太阴、天上玉女、六戊藏形之神，某好乐长生之术，行不择日，出不问时，今欲游行为某事，欲利自身，谨按黄帝、风后遁甲式，专请玉女、六戊，画地敷局，出天门、入地户、闭金关、乘玉女，青龙、朱雀、勾陈、螣蛇、白虎、玄武、六合太阴，六丁、六甲、六戊、六旬十二时辰，咸卫我而出行，到某处所在，左右巡防，随行随止，随卧随起，辟除盗贼，口舌消亡，君子见我喜乐倍常，小人见我欢跃徨徨，男女见我迎奉酒浆，百鬼恶贼当我者亡。今日禹步，上应天罡，玉女侍傍，下辟不祥，万精压伏，所向无殃，治病立瘥，凡百吉昌。所攻者达，所击者破，所求者得，所愿者成。帝王、大臣、二千石长吏见我者，爱如赤子，万姓三军见我者，敬如父母，今按天文召请玉女六戊大神，随行引进，送达还宫，日后倘某复有召请，神当复出。急急如九天玄女元君律令敕。

又咒曰：泰山之阳，恒山之阴，盗贼不起，虎狼不侵，天帝有敕，司命先行，城郭不完，闭以金关，千凶万恶，莫之敢干。急急如九天玄女元君律令敕。

咒毕，以刀杖掘取中央土一斗，或取艮上鬼门上土一斗，或六斗，吸王方气，喷在土上，均作六分土，复取六戊符，置六戊之方。然后取六分土置六戊之位。六戊之上必于本旬戊上起。置土一分，即戊辰之类。其余五分，逆布六阳位，各置土一分。常以此布。逆布者，谓布戊寅、戊子、戊戌、戊申、戊午是也。假令甲子旬，日戊在辰；甲戌旬、日戊在寅；甲申旬，日戊在子；甲午旬，日戊在戌；甲辰旬，日戊在申；甲寅旬，日戊在午。

假令甲子旬于辰上先布土一分，次布寅上、布子、布戌、布申、布午，皆布土，讫，却将子位上土，微微布散，作界接连寅上，念曰：鼠窟土高，均接虎穴；又将寅上土微微布散，作界连接辰上，念曰：虎穴土广，均接龙堤；又将辰上土微微布散，作界连接午上，念曰：龙堤土厚，均接马岭；又将午上土微微布散，作界连接申上，念曰：马岭土坚，均接猴山；又将申上土微微布散，作界连接戌上，念曰：猴山土硬，均接狗城。布土讫，便以刀杖画一遍，所留空乾位地，上令其与前画相连，闭塞天门上。却以刀画天地，印封讫，置其刀于取土之处，逐堆以剑孔下，六戊神符，仍以土封固，乃禹步立中，吸王方气喷手，结天地印。咒曰：六戊之法，天神佑之，敢有不从，山岳俱摧。急急如律令敕。咒讫，就于局内任便宿卧，勿复出。如到晓欲出，即吸王气，尽力拨开乾门，去其印斗，散其界土，振衣而出，吉。如不散土，即其神不敢去。已上仍如运筹之法，堆土即运筹也。认定天门、地户之方，识其玉女守门之处，仍出天门，入地户，乘玉女而去，六十步，切勿回顾，自然迪吉。

夫大暑，六戊隐形并直事。六戊符印，俱选六甲、六丁、吉日良时，以雷击枣木，或年久枫木，或香檀木雕刻成像，仍设坛祭拜。先祭戊辰，次及戊寅，顺而祭之，然后行用，方有神验。如欲试之，即牵带犊母牛一头，于中将小犊牛放于圈外，终不能入，必待去土一堆，其牛即从散土之处而入，则见神灵矣。

六戊斗式

甲申旬

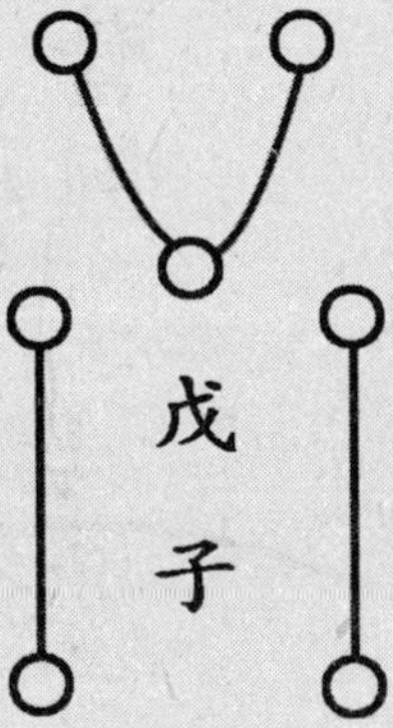

甲戌旬

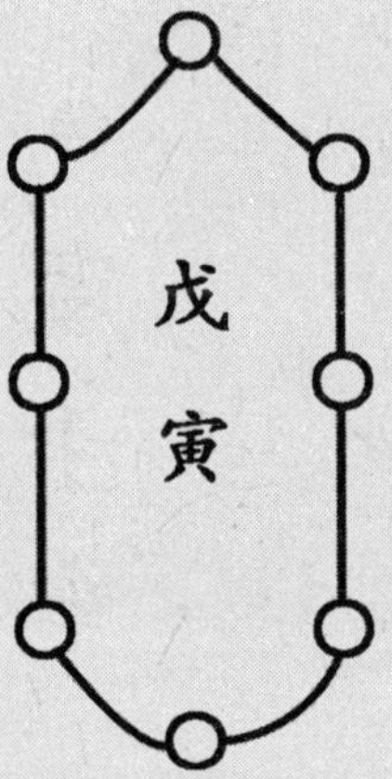

甲子旬

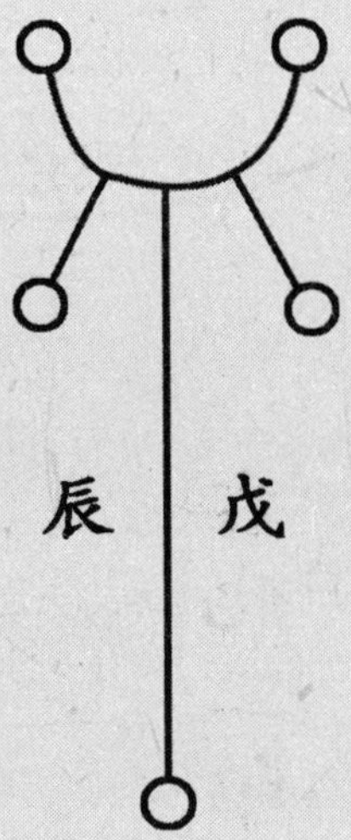

甲寅旬

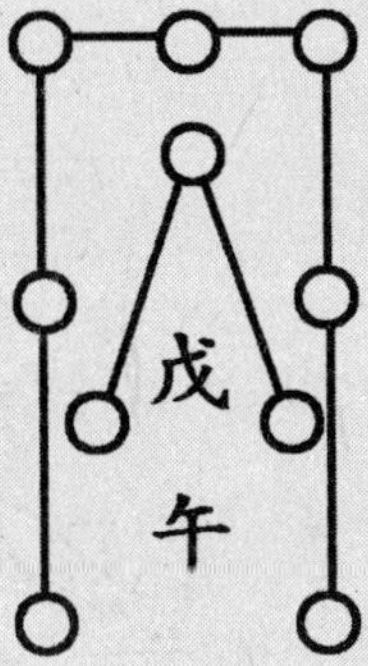

甲辰旬

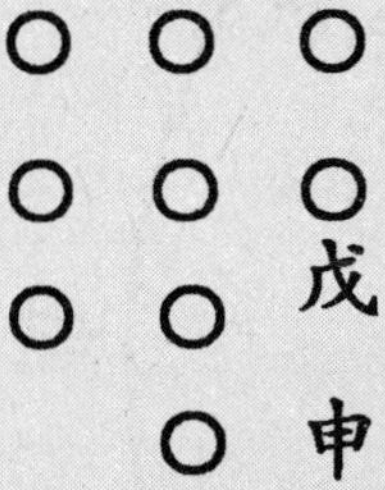

甲午旬

六戊局式

甲子旬营例

落营

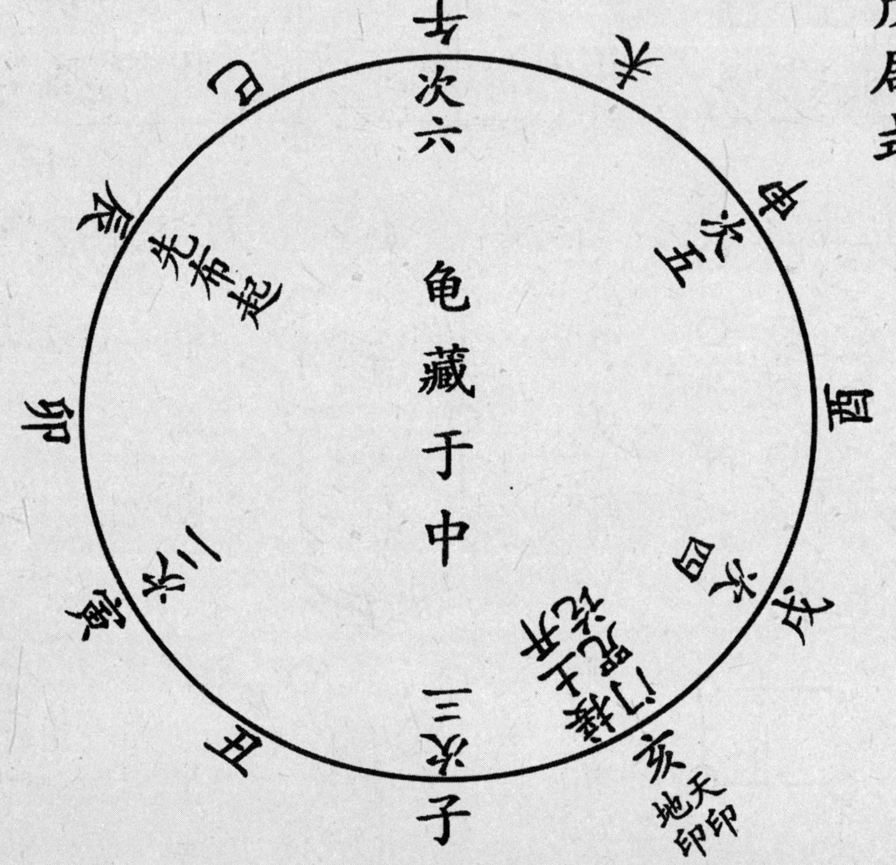

天印

地印

右此二印以刀画乾地封局使用及上坛作威折罡用之

闭六戊图局

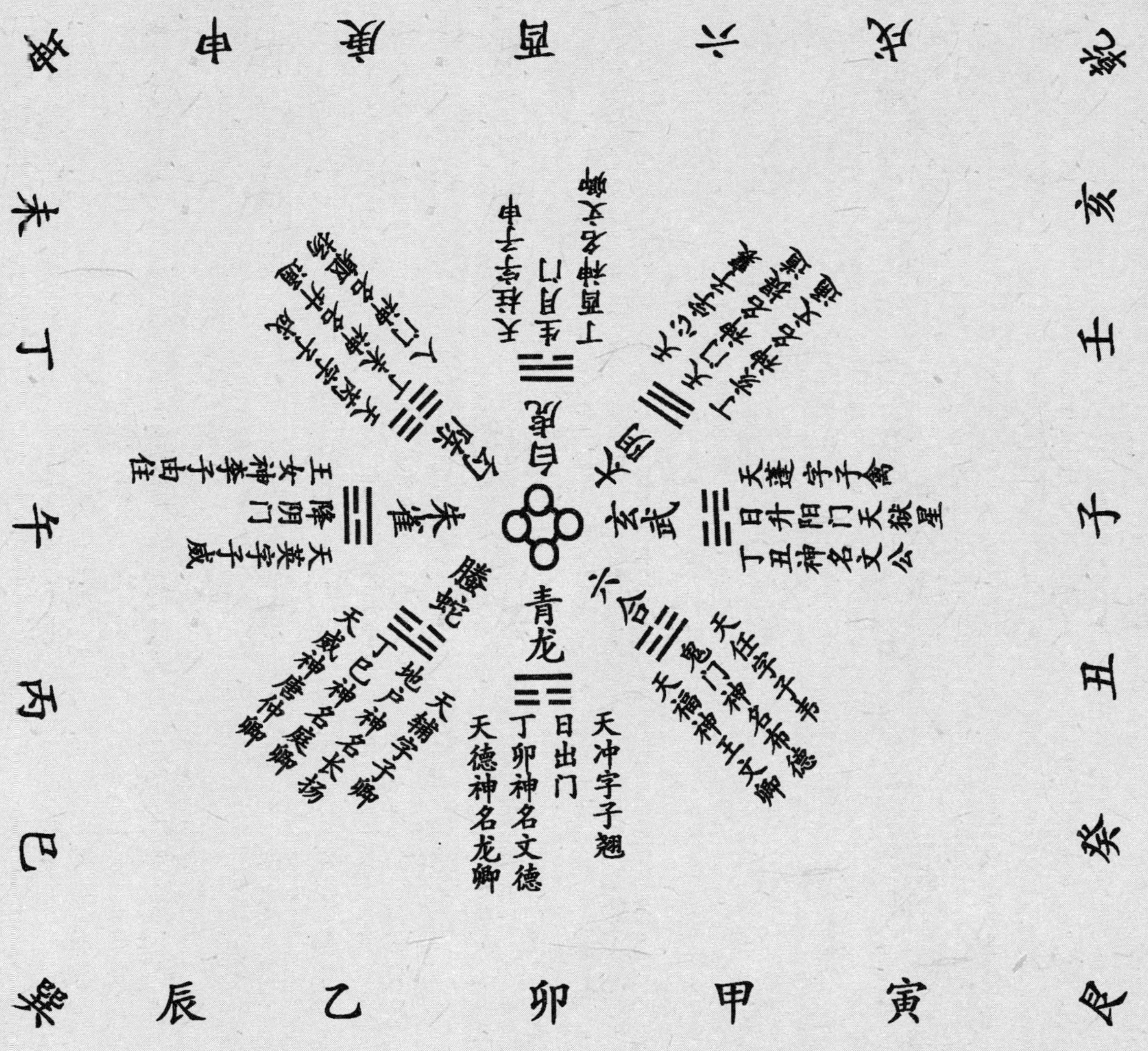
乾 亥 壬 子 丑 癸 艮 寅 甲 卯 乙 辰 巽 巳 丙 午 丁 未 坤 申 庚 酉 辛 戌
玄武
天蓬字子禽
日升阳门天狱星
丁丑神名文公
六合
天任字子韦
鬼门神名布德
天福神王文卿
青龙
天冲字子翘
日出门
丁卯神名文德
腾蛇
朱雀
天英字子威
降阴门
白虎
天柱字子申
生月门
勾陈
太阴
天心字子襄
天门神名提道
丁亥神名文通

九天玄女闭六戊灵符，百恶潜避。先置营，以朱书神符置六戊上。

六戊符式

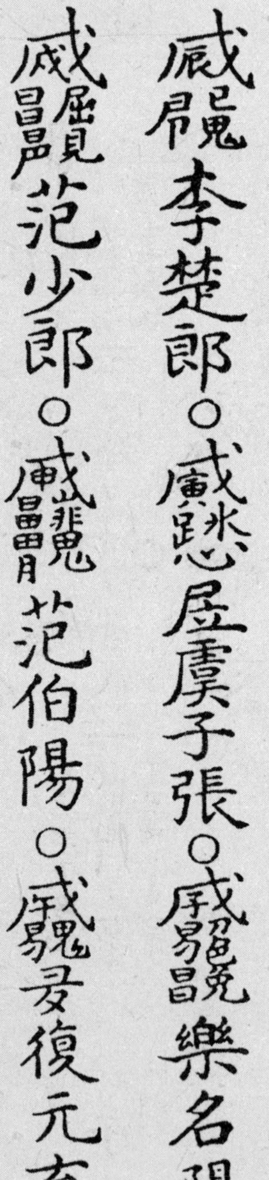

博弈胜负局　李靖孤虚立成图

《金匮》云：得与无视孤虚，谓摴蒲。博弈以正时六甲旬，孤上坐者胜，虚上坐者负。又参以三奇八门斗罡，以拘指他人必胜。

甲寅旬	甲辰旬	甲午旬	甲申旬	甲戌旬	甲子旬
虚孤	虚孤	虚孤	虚孤	虚孤	虚孤
在在	在在	在在	在在	在在	在在
午子	申寅	戌辰	子午	寅申	辰戌
未丑	酉卯	亥巳	丑未	卯酉	巳亥

伍子胥曰：凡远行诸事，不得往天庭、天狱、天牢。三神大凶，常乘青龙，历蓬星。

凡出行，百恶不敢起，大吉。

六甲出行诀

青龙革盖及蓬星，步去地户太阴灵。天门天狱天牢固，阴阳孤宿合天庭。占得星辰真有准，凡事依之验如神。甲子旬，子上起青龙。甲戌旬，戌上起青龙。甲申旬，申上起青龙。甲午旬，午上起青龙。甲辰旬，辰上起青龙。甲寅旬，寅上起青龙。并顺行十二支。

真人步斗法

《步斗经》曰：夫步可以通神，当以夜半居星下白场画地。作九斗，星间相去三尺，天蓬从天罡起，随作次第，布人居魁前，逆布之，正立天英，而歌斗咒，诵至天英，便先举左足，并呼星名，以次依经步之左右，更遍履之如后。此法为之，百日则与神人通矣。秘之勿泄，泄非人者，殃随九祖。盗视者无验也。乃诵曰：

斗要妙兮十二神，承光明兮威武陈。气仿佛兮如浮云，七变动兮上应天。知变化兮有吉凶。入斗宿兮过天关，合律吕兮治甲荣，履天英兮度天任，清冷渊兮可陵沉。枝天柱兮拥天心，从此度兮登天禽。倚天辅兮望天冲，入天芮兮出天蓬。斗道诵兮刚柔际，天福禄兮流后世，出冥明兮千万岁。急急如律令。

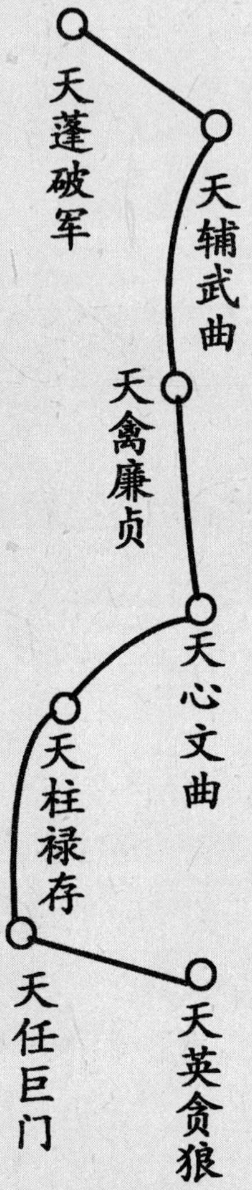

出天门入地户过太阴居青龙法

《三元经》曰：初出天门[1]入地户[2]过太阴[3]居青龙[4]所居之下，百战百胜。假令冬至上元，甲子日，甲子时，初起兵出天门辰下，入地户巳下，过太阴卯下，居青龙甲下，百战百胜。又法：出天门者，天上六戊在一宫；入地户，天上六乙在九宫；过太阴在七宫，居天上青龙在一宫。余仿此。

---

① 六戊也。
② 六己也。
③ 六丁也。
④ 六甲也。

斗罡古本云：月月常加戌，时时见破军。

假如闰月，将何以为用，此反错今星台，详诀于后：

书云：用时加月将顺数，要寻辰见辰，罡指处天、地、鬼、人门，所为当合指，只在此时行，虽不泥方向，兼金值万金。其法以天月将加所用正时王月，将者即太阳是也。每以官历上看太阳某月某日已过某宫为准。假如己亥年九月十七日，卯时太阳人卯，连有三十日，俱以太冲卯为天月将是也。如九月初七癸未日己时用事，即以卯加巳时上，顺去至午得辰，即天罡在午，指正南离上大吉。如欲进表、献策、取斗所指戌亥之位，戌乾亥为天门，方上出之，获吉也。又如入病人之家，必取斗罡，夫斗罡又必指丑寅之位，丑艮寅乃鬼门之方，去之乃吉。凡出行、征讨，一切谋为之事，俱从斗罡所指之方而出，大利。已上出斗罡所指吉方，俱以左手持印，取斗罡炁一口吹之印上，出之，感应如神。

六甲阴符法

经曰：为上将御敌者，须作六甲阴符法，令敌人自诛。故曰：宁与人千金，不教人六甲之阴。天地之间，此道最禁。藏之金匮，贯之于心，不传非人，慎勿轻泄，盗视者盲，盗读者哑。若作六甲阴符，必须斋戒，若污犯则无验矣。六甲之阴者，甲子旬，阴在丁卯，其神兔头人身，神名孔林族；甲戌旬，阴在丁丑，其神牛头人身，神名梁丘；甲申旬，阴在丁亥，其神猪头人身，神名陆城；甲午旬，阴在丁酉，其神鸡头人身，名费阳；甲辰旬，阴在丁未，其神羊头人身，名王屈奇；甲寅旬，阴在丁巳，其神蛇头人身，名许咸池。凡作符法，常以月蚀之时，伐杜荆及梧桐等木阴枝，或柏心亦可，悉长九寸、广二寸、厚三分，用雌黄色图画之，作像，并画其神名着像下。

凡画符，以锦绛为囊盛之，大将自随身。用兵时，便出六甲旬六甲之符于囊外以指，敌人自散，不敢交兵也。凡取木时必先斋戒，取酒一升，鹿脯三斤，盐一盏，祝卒祭之。白茆为蓆，北向再拜。祝曰：杜荆之先，百鬼之神，曾孙某甲欲与俱游六甲之阴，百鬼之神，与子俱游变化。某身以子所指，莫不服者。谨奉清酌、美脯、子盐，愿歆享之。咒讫，再拜。凡三咒，毕，乃伐取木，勿令秽污，亦勿令人近秽物及鸡犬见之并女人见之。

先受持之法，斋戒五日，沐浴兰汤，食香洁净饭，无食五辛之物。及画符毕，以六甲之日，夜半醮之于方坛之上。为坛方一丈二尺，外埒方十二丈，开十二辰门。以竹为纂，长三尺或九尺，随地方列之在四向。六阴之符置坛上，依位放以色缯彩各三尺五寸，上安酒三杯，脯三斤，盐一盏，白茆为席，北向拜跪，呼其四方堂之长六甲六阴神名及门户神名者。

假令甲子日，阴在丁卯，正东再拜，呼其神而咒之，以绛帛为囊，盛阴符常随身，则百鬼不能侵，以阴符指敌则敌人自灭。如仓卒无坛者，但于庭中或野外画地为之亦可。

禁敌法

凡能履阴阳符者，令敌人兵不起。为术之法：甲乙日平旦南向，丙丁日食时西向，戊己日日中北向，庚辛日日映东向，壬癸日日入南向，已上各日依所向，取方寸桃枝，书敌师姓名，着左履下，求者必得。履敌人之名，兵不起者，谓书敌人寇贼姓名着左履下，讫，咒曰：某甲不善大逆，轻毁天地日月，伐名木杜树，使神不得血食，神但持之，吾自与神诛击，阴阳神理，共来剪灭。先于符下画作人之像，从月建上来，呼其神名，而随六甲之神所在灭之，则敌人死，仇自消亡矣。

六甲所在神身

甲子旬，其神在头，甲戌旬，其神左足，甲申旬，其神右足，甲午旬，其神体腹，甲辰旬，其神左手，甲寅旬，其神右手。

凡行军遇恶风，倒拆旗杆者，取四旁上土，作泥人长三尺，手持桃木弓、苇矢箭。又执刀披发，向风三叩齿。

咒曰：天有四狗，以守四境。吾有四狗，以守四隅，以城为山，以地为河，寇贼不得过。来者不得进，出者不得逸，去者不得退。急急如律令。咒毕，弃之而去，逆风之道，即灾消除矣。如不能咒，弃之而去。

六丁符式

术符上每加本形体，手各持简，身穿朝衣，佩带各本相。足遇旬中所用日期，宜用本旬符照镇。以净室一间，果仪六碟，面星奇召六丁，书符。

奇门精粹卷五[①]

奇门遁甲大全（一）

烟波钓叟歌句解上

阴阳逆顺妙难穷，

夫阴阳者，太极静而生阴，动而生阳。《易》曰：无极之前，阴含阳也；有象之后，阳含阴也。所以孟子曰："天时不如地利，地利不如人和。"天时谓时日、支干、孤虚、王相之属也。甲子旬，戌亥为孤，辰巳为虚，是以空亡为孤也，对宫为虚也。王相如东方木旺于卯之类。春属木，甲乙木生，丙丁火相。金到这里衰，所以孤。孤者，无辅助之意。今说四废。然水为母，木为子，子实则母虚，水到此，所以虚。此兵家用时日，有天德、月德、方位法也。唐李靖用兵，精风角孤虚是也。其用非一。兵家八门遁甲，逐时分休、生、伤、杜、景、死、惊、开方向。立太乙局，逐日分主客胜负，又出城布阵，逐时占斗柄。所指之方乃向天罡，而背鹤神也。又如六壬遁甲，以支加支，范蠡占岁、占兵，皆其属也。如周武王犯岁星以伐商，魏太祖以甲子日破慕容之类是也。战阵之法，背孤击虚则吉。此则好谋而图成，则有周悉万全之计。天地终始，一十二万九千六百年为一元之数。分为十二宫，每宫有一万八百年为一会之数。天开于子，地辟于丑，人生于寅，闭物于戌。天数到戌，则不复有人；天数到亥，则周十二会，以为大数，而天地混矣。终则复始，循环无穷。天地再造，故先有阴，而后有阳也。逆顺者，吕望曰："冬至已后，阳爻升进，用阳遁顺行其生气；夏至已后，阴爻起发，用阴遁逆行其杀气。"元妙微深，难穷其理也。

二至还乡一九宫。

二至者，冬至、夏至是也。一者坎宫，九者离宫也。冬至一阳生于子，故冬至节居一宫也；夏至一阴生于午，故夏至节居九宫也。《天文志》云：天形南高北下，日出高故见，入下故不见。大若张盖，四边垂下，半覆地上，半在地下，日月旁行绕之。日近而见为昼，日远而不见为夜。冬日行地中深，故夜长而昼短；夏日行地中浅，故

---

① 编者注：卷五至卷十四为《古今图书集成》所收《奇门遁甲》一书。

夜短而昼长。六阴极盛，一阳来复，谓之冬至；六阳剥尽，一阴始生，谓之夏至。

阴阳动静图

二至还乡图

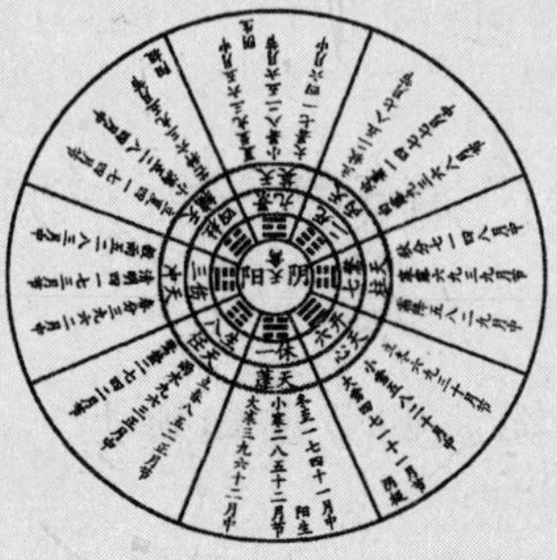

邵子曰

冬至子之半，
天心无改移。
一阳初动处，
万物未生时。
元酒味初淡，
大音声正希。
此言如不信，
更请问庖牺。

阳遁歌

冬至惊蛰一七四，小寒二八五同推。春分大寒三九六，芒种六三九是真。

谷雨小满五二八，立春八五二相随。立夏清明四一七，九六三从雨水期。

阴遁歌

夏至白露九三六，小暑八二五重逢。秋分大暑七一四，立秋二五八流通。

霜降小雪五八二，大雪四七一相同。处暑排来一四七，立冬寒露六九三。

冬至			夏至		
阳	上候	一　局图	阴	上候	九　局图
遁	中候	七　局图	遁	中候	三　局图
式	下候	四　局图	式	下候	六　局图

若能了达阴阳理，天地都来一掌中。

理者，朱文公曰："未有天地之先，先有此理。"能明遁法，一理、二气、三才、四象、五行、六甲、七曜、八门、九星，皆在于掌握之中起也。

轩辕黄帝战蚩尤，

黄帝姓公孙，又曰姬姓，讳轩辕。有熊国君，少典子也。母见电光绕枢星，感而生帝于轩辕之丘，因名轩辕。阴阳激曜曰电。枢星，北斗第一星也。帝生而神灵，弱而能言，幼而徇齐，长而敦敏，成而聪明。是时神农氏世衰，诸侯相侵伐。炎帝榆罔弗能征。于是轩辕习用干戈，以征不享，诸侯咸来宾从。炎帝榆罔侵陵，诸侯益叛之。

轩辕修德治兵，与炎帝榆罔，战于阪泉之野，克之。

涿鹿经今苦未休。

涿鹿乃郡名，属北平，今涿州也。蚩尤姜姓，炎帝之裔也。好兵喜乱，作刀戟大弩，以暴虐天下。蚩尤铜铁额，其颡坚如铜铁也。谙阴阳，能起昏雾迷军士。雾，乃阴阳蒙冒之气。轩辕作指南车，上有楼，四角刻木为龙，又刻仙人于上，车虽回转，手常指南。用子午盘针，以定四方，与蚩尤战于涿鹿。遂擒蚩尤，戮于中冀，曰绝辔之野。于是诸侯咸归轩辕，遂推代神农氏为天子，是为黄帝。

偶梦天神授符诀，登坛致祭谨虔修。

黄帝梦大风，吹天下之尘垢皆去。又梦人执千钧之弩，驱羊万群。帝寤而叹曰："风为号令，执政者也。土去而后在也。天下岂有风姓后名者哉？夫千钧之弩，异力也。马牛数万群，牧民为善者也。天下岂有姓力名牧者哉！"《龙甲书》云："黄帝致祭于天，有感。夜三更时分，忽见轩辕丘上，神光缭绕，天鼓大震。当召纪官，同往视之。乃彩凤自天降，衔玉匣一端，长九寸按九宫，阔八寸按八卦。黄帝启匣视之，中有天篆文册，龙甲神章，一十八籍，命容神明正其字。乃知是除奸绝邪，灭叛安邦之书，帝遂喜。得天时以立丘山为土德王，命羲和占日，尚仪占月，车区占风，大探深五行之情，占斗纲所建。于是始作甲子，容成造历，隶首算数，苍颉制字，伶伦制律，吕车区占星气，容成兼而总之。

神龙负图出洛水，彩凤衔书碧云里。

彩凤衔书，即上文龙甲神章也。龙负图者，乃伏羲时龙马负图。龙马者，天地之精，其为形也。马身龙鳞，故谓之龙。马高八尺五寸，长颈，骼上有翼，蹈水不没，圣人在位，负图出于孟河也。洛水者，乃洛书出于神。禹治水时，神龟负文呈瑞而于背，九数。《春秋纬》乃云："河以通乾出天苞，洛以流坤吐地符。河龙图发，洛龟书感。河图有九篇，洛书有六篇。"轩辕之时，未有此事。今云神龙负图出洛水者，总河图洛书而言也。洛虽未出书，而风后演教，与之暗合也。解下文。

黄帝龙图[①]之命，[②] 遣风后演之而为遁甲，造式三层，以法三才。上层象天而置九星，中层象人以开八门，下层象地以分八卦，以镇八方。随冬夏二至，立阴阳二遁，一顺一逆，以布三奇六仪。风后因伏羲先天之卦。乾起于南，以序而生三子；坤起于北，以序而生三女。《系辞》曰："天尊地卑，乾坤定矣。"盖乾南坤北，天地自然之定位。故乾父居南，阳气以生以降而生物。故乾一索而生长男震，在东北；再索而生中男坎，居正西；三索而生少男艮，居西北。阳老归息于中宫也。坤母居北，阴气以升

① 龙甲河图。
② 天命也。

而生物。故坤一索而生长女巽，在西南；再索而生中女离，居正东；三索而生少女兑，居东南。阴老而归息于中宫也。天数以阳出阴入。出者，自数多而出于数少也。入者，自数少而入于数多也。盖天开于子，为天地之原。夫万物从微至著，始发于子上，为一。以生序行于西南巽上，而为二。行于正东离上，而为三。行至东南兑上，而为四。既而息于中宫，而为五。此阴数，自少顺行至多，而为入也。夫阴极则阳生，既而生自于中宫。逆西北艮上而为六，逆行正西坎上而为七，逆行东北震上而为八，逆行正南乾上而为九。天数以九八七六为顺，地数以一二三四为逆。今阳顺则阴逆，阳而成九宫，正合后天洛书之数也。

夫万法莫不出于河图。河图之数，天一生水，地六成之，居北；地二生火，天七成之，居南；天三生木，地八成之，居东；地四生金，天九成之，居西；天五生土，地十成之，居中。生数不可移，成数可移。天一之水，天三之木，天五之土，皆阳动所生，不待作为。故天一即居正北，合洛书之坎一。天三即居正东，合洛书之震三。天五即居中央，合洛书之中五也。地二之火，地四之金，乃阴静之生也。阴者，女人之象，不能自立，必从夫而立焉。地二必偶天一而成三。火有形而无质，其气虚，必加数补之。三三而得九，处于南方，而合离九之数也。故地四必偶天三而成七，金有形有质矣，不须重之，即七数居西方，而合洛书兑七之数焉。生数不可移，但可以配偶而各居于本方也。成数可移，天道左旋，折河图南方成数天七，补东南隅之空，加七七四十九数，以除五九四十五，止为四数，合洛书之巽四，故居东南焉。以河图北方之成数地六，补西北隅之空，加六六三十六数，合洛书之乾六，故居西北焉。以河图东方之成数地八，补东北维之空，加上八八六十四数，除六十不论，止用四数，加一倍，再加四算，乃二四数得八，合洛书艮八之数，故艮居东北也。以河图西方之成数天九，补西南维之空，加算九九八十一数，除八十不论，止用一数，加一倍，算得二数，合洛书坤二之数，故坤居西南也。然而东西方之成数，用加一倍算，南北不用加倍者，亦以东西之气，与南北之气不同。盖南极、北极为天地之枢纽。天与七政，昼夜行而不息。此针之所以指南，有以见东西之气常动而实，南北之气少动而虚也。盖指南北之气抵极旋轴，不若东西气之升降轮转。南北之数不用加倍者，盖南北之有极也。关子明曰“河图、洛书相为表里，八卦、九章相为经纬”是也。又谓“河图合洛书，先天合后天”者，此也。

河图

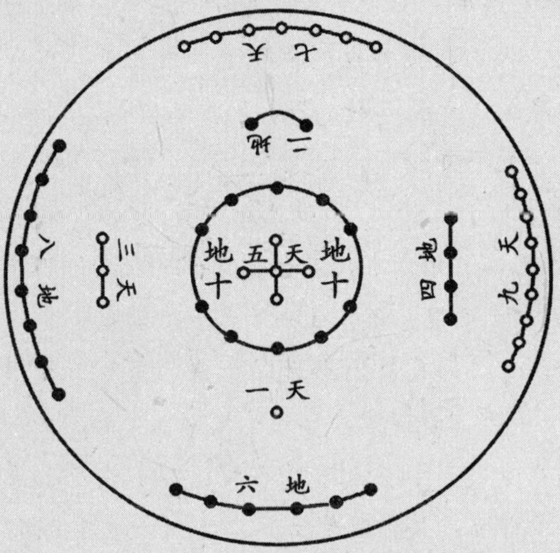

洛书

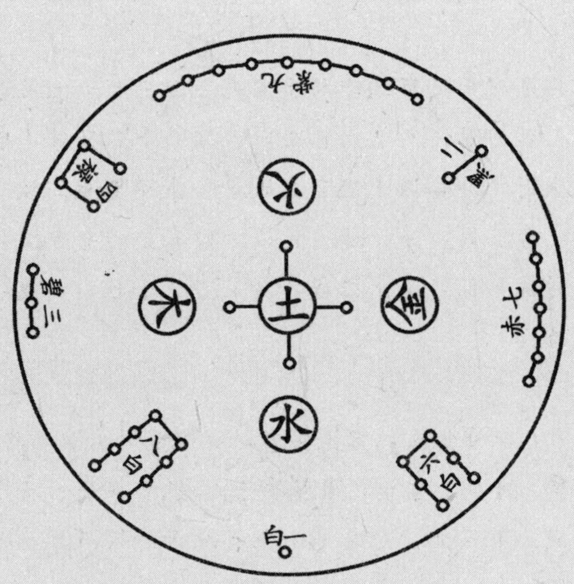

龙马出于孟河，高八尺五寸，长颈，骼上有翼，旁有垂尾。圣人在位，天不爱道，地不爱宝，龙马出焉。

尧沉璧于洛，元龟负书出焉，背上赤文朱字。

天锡禹书，神龟负文而出，列于背，有数，皆九。

因命风后演成文，遁甲奇门从此始。

帝得风后于海隅，登以为相；得力牧于大泽，进以为将。风后作《兵法》十三篇，《孤虚法》十二卷，始立遁甲一千八十局。遁者，隐也。幽隐之道。甲者，仪也。递为直符，谓六甲六仪也。天乙之贵神也。常隐于六戊之下，盖取用兵机微之理，通于神明之德。故以遁甲为名也。奇者，乙、丙、丁为三奇也。门者，休、生、伤、杜、景、死、惊、开之八门。详见下文。

一千八十当时制。

刘朴庵："太元作用，三元六甲，名台吉奇。"书云："四千三百二十条，神仙节冗归简。"盖节四千三百二十之繁，而归于一千八十之简也。

论古法，黄帝始创奇门，有四千三百二十条，乃一节管三元；① 每元管六十局。② 三元计一百八十局。③ 一岁二十四节，计四千三百二十局。夫一岁二十四节，一节管三元，乃十五日，一百八十时，十节一千八百时，二十节乃三千六百时，其四节又该七百二十时，是一岁二十四节，共得四千三百二十时。故有四千三百二十局也。风后又制奇门，为一千八十局，乃一节三元，为四十五局。风后约冗归于简也。夫一节管三元，一元十五局，管一百八十时，三元四十五局，此一节四十五局，二十节得九百局，其四节又得一百八十局，是共该一千八十局，一千八十个时也。由是观之，是风后又总黄帝四局，一局也。

四个一千八十，共是四千三百二十局也。夫一岁三百六十日，每日一十二时，一百日该一千二百时，三百日则该三千六百个时，其六十日又该七百二十个时。以七百二十，总前三千六百个时，共得四千三百二十时。此硬例也。风后奇门，以八卦管八节，一节管三气，一气管三候，分天地人元，一候五日，七十二候共三百六十日。乃撮四候，而共看六十时成一局，七十二候，共三百六十日，共成一十八局，共一千八十时，故立一千八十局。

太公删成七十二。

至周时，有吕尚者，东海上人，穷困年老，渔钓至周。西伯将猎，卜之，曰："非龙、非彲、非熊、非罴、非虎、非貔，所获霸王之辅。"果遇吕尚于渭水之阳。太公谙兵法，善布奇门，删成一节三元，乃是一个节气分天地人三元，节三候也。如冬至上元阳一局，冬至中元阳七局，冬至下元是阳四局。余仿此。此一节分三元，二十四节分得七十二元，故立七十二活局，立太公为军师，助周伐纣也。

---

① 上元中元下元各五日，三元共十五日，一百八十时也。

② 乃一元五日，足六十时，乃六十局奇也

③ 乃一节管三元，一元管五日，三元共十五日，五日六十时，十五日一百八十时，故有一百八十局也。

逮于汉代张子房，一十八局为精艺。

张良字子房。彼有黄石公，知秦亡，汉之将兴。故以书授子房于邳圯，扶高祖得天下，封子房为留侯。子房删捷，冬至十二节为阳九局，夏至十二节为阴九局，一岁计之一十八局。此活局，又捷径也。夫十八局，七十二局，皆不能越一千八十局矣。作硬局，则该一千八十局；作活局，则有七十二局。然一十八局之图，虽简而时则仍有一千八十也。是乃风后之法则，万世不易也。先论风后，一节管三元，四十五局难看。解释：予尝考之，四千三百二十者，乃一节管三元，六十时，三元乃三百八十时，此硬数也。风后一千八十局，一节三元四十五，乃折算之，一元六十三元，该一百八十也。此一元四之一，该十五，四个十五乃六十也。三元该四十五也。乃是算数之说，夫一元该六十时。今止云十五时为局，则是撤去四十五时，焉有此理，其实乃是合取四节之元，而看十八局之一局也。如冬至上，惊蛰上，清明中，立夏中，此四候共看阳遁一局也。

先须掌上排九宫，

坎一、坤二、震三、巽四、中五、乾六、兑七、艮八、离九，乃九宫也。天有九星以镇九宫，地有九宫以应九州，其式托以灵龟洛书之数，戴九履一，左三右七，二四为肩，六八为足，五十中宫者，土火之子，金之母，所寄理于西南坤位也。坎一白水居正北，坤二黑土居西南，震三碧木居正东，巽四绿木居东南，中五黄土居中宫，乾六白金居西北，兑七赤金居正西，艮八白土居东北，离九紫火居正南。

起例诗曰：坎居一位是蓬休，内死坤宫第二流。
更有冲伤并辅杜，震三巽四总为头。
禽星死五开心六，惊柱常从七兑游。
更有生任居艮八，九寻英景问离求。

纵横十五在其中。

洛书之数，东三、南九、北一、西七、中五。

东直三宫，巽四、震三、艮八，共得十五数。

南北中三宫，离九、中五、坎一，共得十五数。

西直三宫，坤二、兑七、乾六，共得十五数。

南横三宫，巽四、离九、坤二，共得十五数。

东西中三宫，震三、中五、兑七，共得十五数。

北横三宫，艮八、坎一、乾六，共得十五数。

东北中西南三宫，艮八、中五、坤二，共得十五数。

东南中西北纵三宫，巽四、中五、乾六，共得十五数。

直过合十五，纵过合十五，横过合十五，对过合十五，乃天地万世不易之数。

灵龟背数图

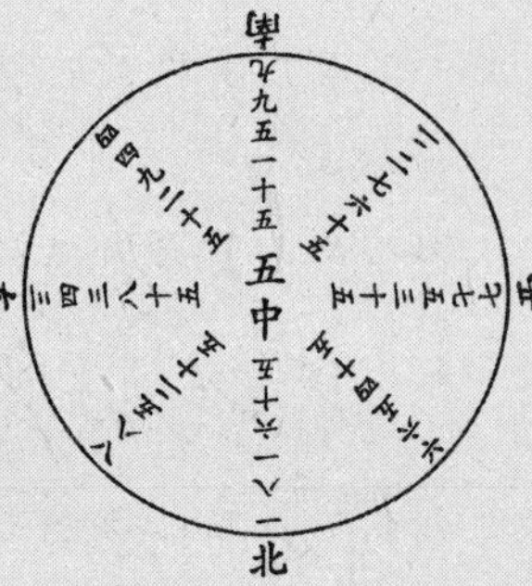

朱子龟背图说
崑崙大无外旁礴
下深广阴阳无停
机寒暑互来往皇
义古圣神妙契一
俯仰不待窥马图
人文已宣头浑然
一理贯昭晰非象
罔珍重无极翁为
我重指掌

八卦八节之图

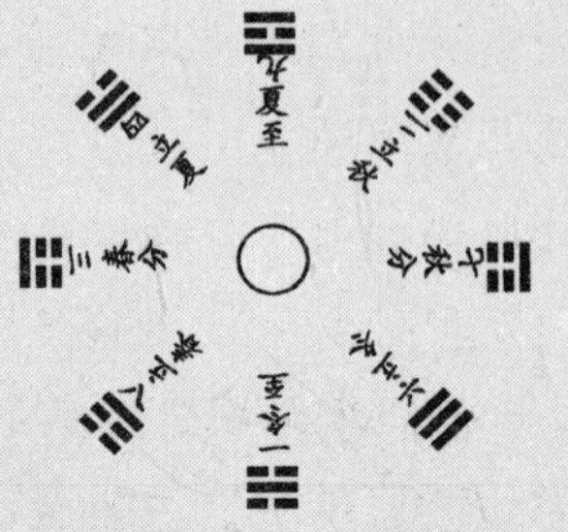

立春艮上青山色
春分震位好详推
立夏巽宫寻本位
夏至离火焰当时
立秋坤上丛头数
秋分兑位定无移
立冬但向乾宫取
冬至坎宫还顺飞

朱子曰

吾观阴阳化，
升降八纮中。
前瞻既无始，
后际那有终。
至理谅斯存，
万世与今同。
谁云混沌死，
幻语惊盲聋。

次将八卦论八节，

天有八风，以直八卦。地有八方，以应八节。节有三气，气有三候。如是八节，以因之成二十四气。更乘之，七十二候备焉。

冬至一宫坎卦	立春八宫艮卦
春分三宫震卦	立夏四宫巽卦
夏至九宫离卦	立秋二宫坤卦
秋分七宫兑卦	立冬六宫乾卦

十一月建子，乃冬至气，阴极阳生也。子为天正，周以为岁首也，配地雷复卦。十二月建丑为地正，商以为岁首也，配地泽临卦。正月建寅为人正，夏以为岁首也，配地天泰卦，乃三阳开泰也。自汉武帝以来，并用夏正建寅之月为岁首也。八节：立春、惊蛰、清明、立夏、芒种、小暑、立秋、白露、寒露、立冬、大雪、小寒也。

一气统三为正合。

气者中气，雨水、春分、谷雨、小满、夏至、大暑、处暑、秋分、霜降、小雪、冬至、大寒也。《经》云："冬至小寒及大寒，天地人元一二三。立春雨水并惊蛰，依艮顺增八九一。春分清明并谷雨，但起震宫三四五。立夏小满芒种气，四五六兮列成列。夏至小暑及大暑，九八七兮还退数。立秋处暑并白露，从二却行于一九。秋分寒露及霜降，七六五兮依此向。立冬小雪并大雪，六五四兮依此诀。"

统三者，一节分三元，即三候。又曰：三者三甲也。上局仲甲，谓甲己之日，夜半子时，乃甲子时。丙辛之日，日中甲午时是也。此时关格刑德在门，用兵先举者败，不可出入，利以逃亡，主客并凶。

中局孟甲，谓戊癸之日，平旦甲寅时，乙庚之日，晡时甲申是也。此时阳气在内，阴气在外，利藏兵固守，不可出师，利主不利客。

下局季甲，谓丁壬之日，食时甲辰、甲己之日。黄昏甲戌，此时阳气在外，阴气在内，利出兵动众，百事吉，利客不利主。

又云：六甲之日，夜半子二甲皆合，谓今日是甲直符，与时皆是甲，故名三甲合也。

阴阳二遁分顺逆，一气三元人莫测。

冬至后用阳遁，顺飞于坎一宫起，如冬至上元阳一局顺遁，甲子戊起一宫，甲戌己二宫，甲申庚三宫，甲午辛四宫，甲辰壬五宫，甲寅癸六宫，丁奇七宫，丙奇八宫，乙奇九宫，乃仪顺奇逆也。夏至后用阴遁，逆飞于离九宫起，如夏至上元，阴九局逆遁，甲子戊起于九宫，甲戌己八宫，甲申庚七宫，甲午辛六宫，甲辰壬五宫，甲寅癸四宫，丁奇三宫，丙奇二宫，乙奇一宫，乃逆仪顺奇也。九星为直符，八门为直使，有顺阳使逆行阴，经术不显，隐伏之事也。

一节分三元，子、午、卯、酉为上元，寅、申、巳、亥为中元，辰、戌、丑、未为下元。若不明三元，用奇不准，主有不测也。

起例诗曰：甲己庚辛壬癸顺，阳仪丁丙乙逆行。

休门随君顺数去，甲子起时当仔细。

阴转六仪当逆推，乙丙丁奇顺而随。

门随始时同逆起，休门排位顺风吹。

五日都来换一元，

甲子至戊辰五日，为上元。己巳至癸酉五日，为中元。甲戌至戊寅五日，为下元。己卯至癸未五日，为上元。甲申至戊子五日，为中元。己丑至癸巳五日，为下元。甲午至戊戌五日，为上元。己亥至癸卯五日，为中元。甲辰至戊申五日，为下元。己酉至癸丑五日，为上元。甲寅至戊午五日，为中元。己未至癸亥五日，为下元。

接气超神为准的。

超者，越过也。神者，进神也。甲子、己卯、甲午、己酉乃进神，为符头。接，迎接也。气者，节气也。超神者，谓节气未到，而甲子、己卯之符头先到，为之超。接气者，谓甲子、己卯之符头未到，而节气先至，为之接。

引证：如淳祐六年丙午，前四月十三日壬申，交立夏节，而本月初五日是甲子已到，即以立夏节用，立夏前九月矣，则合前初五日起超在先，借用立夏上局奇，自初十日己巳，为立夏中局奇，自甲戌五日，用立夏下局奇。乃先得奇，后交节，为速，谓之超神，速者也。

又如淳祐七年丁未二月二十三日，虽交清明节上局奇，然二十五日方是己酉，方用清明上局奇，此乃先交节而后得奇，为接，故谓接气迟。至二十四日戊申，仍用春分下局。此是已交本节，而奇星尚用前节也。

又如其年六月二十八日己酉，交立秋节，正直节与日辰同到，其日即是立秋上局，谓之正授奇。凡换奇，皆甲子时换也。

须知闰奇之法，方能超接得真也。

积日以成闰月，积时以成闰奇。超接正授闰有法，分金定刻难明局。以五日一换，遇一节气，通换六局。凡一月节气，必三十日零五时二刻，以三十日分六局，以余五时二刻置闰，超神不过十日。遇芒种、大雪，超过九日，即置闰也。假如丙戌年五月初一日己卯，至初九日丁亥巳刻，过九日于置闰，即用初一日己卯作芒种上超局，初六日甲申作芒种中局，十一日己丑作芒种下局。毕于此重用一局，作三奇闰法，以十六日甲午作芒种闰奇，此超神置闰之法也。二十四巳交夏至，是谓置闰，借夏至七日，其五月小尽，至六月初二日己酉，方作夏至。上局初七日甲寅作夏至中局，十二日己未作夏至下局，以为接气奇也。闰奇之法，每遇芒种、大雪二节内，如是超过九日，即合置闰以归，每节气所余五时二刻也。盖奇以冬、夏二至，分顺逆。故于二至之前，置闰以均其气，无不应也。但近世俗师不知超接正闰之法，止接成局，以择奇门日时，盖缘上局，反作下局，颠倒错乱，俱无应验。一旦以为不足信，则是起例不明，置闰无法，非局之不验真，择焉不精故也。

认取九宫为九星，

天蓬贪狼主坎一宫属水。

天内巨门主坤二宫属土。

天冲禄存主震三宫属木。

天辅文曲主巽四宫属木。

天禽廉贞主五中宫属土。

天心武曲主乾六宫属金。

天柱破军主兑七宫属金。

天任佐辅主艮八宫属土。

天英右弼主离九宫属火。

八门又逐九宫行。

九宫配八门永定例：

坎宫蓬星休门，艮宫任星生门。震宫冲星伤门，巽宫辅星杜门。

坤宫内星死门，附中宫禽星坤。离宫英星景门，兑宫柱星惊门，乾宫心星开门。九宫逢甲为直符，八门直使自分明。

如阳遁一局，甲子时起坎一宫，即以坎官天蓬为直符，休门为直使。甲戌时起坤二宫，即以天内为直符，死门为直使。甲申时起震三宫，即以天冲为直符，伤门为直使。甲午时起巽四宫，即以天辅为直符，杜门为直使。甲辰时起中五宫，即以天禽为直符，配以死门为直使。甲寅时起乾六宫，即以天心为直符，开门为直使。余例仿此。

符上之门为直使，十时一位堪凭据。

遁取时旬甲头为直符，如阳遁一局，甲子在坎宫，天蓬为甲子时直符，则休门即为直使，管至癸酉十时住。甲戌在坤宫，天内为本时直符，则死门即为直使，管至癸未十时住。又换甲申符头在震，天冲为本时直符，则伤门即为直使，管至癸巳十时住。又易甲午在巽，天辅为直符，则杜门为直使，管至癸卯十时住。又换甲辰在中宫，天禽为直符，则死门为直使，管至癸丑十时住。又易甲寅在乾宫，天心为直符，则开门为直使，管至癸亥十时住。阳一局六十时足，而又他局。余局仿此。阴遁同例，以逆推。

直符常遣加时干，

九星，蓬、任、冲、辅、英、内、柱、心、禽也。为直符常随时干。

假如冬至上元，阳遁一局，图内乙庚日、丙子时，其图地甲申泊三宫，天冲管事，乙庚日申时乃甲申时也，就是冲三直符，故此直符，常遣加时干也。

《奇仪总要歌》云："星符每逐时干转，直使常随天乙奔。"同此意也。永定阳遁顺仪逆奇，阴遁逆仪顺奇，皆主论也。

直使逆顺遁宫去。

八门：休、生、伤、杜、景、死、惊、开，为直使也。原天盘上休在坎，生在艮，伤在震，乃三宫之定位也。假如冬至上元阳一局，图内乙庚日申时，就以伤门为直使，乃时干甲申居三宫也。阳遁顺飞，阴遁逆飞，故云"直使逆顺遁宫去"。

六甲元号六仪名，

《符应经》云："六甲者，天之贵神也。常隐于六仪之下。六仪者，戊、己、庚、辛、壬、癸也。"甲子同六戊，甲戌同六己，甲申同六庚，甲午同六辛，甲辰同六壬，甲寅同六癸。

三奇即是乙丙丁。

三奇者，按《经》云："日乃木之华，阳之精所成，乙木为日奇也。"本理按：《经》云："正月日出于乙，故以乙为日奇。"丁火，南方离明之象，老人星，凡形见于丁位，故以丁为星奇。月照交到丙而下明，故以丙为月奇也。六乙属太阳，六丙属太阴，六丁属星曜，乃三光也。

遁甲之法，以甲乃太乙人君之象，为十干之首，常隐六仪之下，故谓之遁甲。所畏者，庚金能克甲木，庚为七煞之仇也。乙乃甲之妹，甲以乙妹妻庚，乙庚合而能救甲，故乙为一奇。丙乃甲之子，丙火能克庚金而救甲，故丙为二奇。丁乃甲之女，丁火亦能克庚金而救甲，故丁为三奇。

《经》云"天上三奇乙丙丁"者，出于贵人之干，德游行十二支辰。以阳贵人顺行，先天坤卦起子，则乙德在丑，丙德在寅，丁德在卯。三干之德相联，而无间断，以阴贵人逆行。后天坤卦起甲，则乙德在未，丙德在午，丁德在巳，三干之德相联，亦无间断。余六仪贵人所涉，或间天空，或间罗网，皆不相联。盖三奇能制凶煞者，以其出于贵人之干，德为吉也。贵取坤卦者，以"黄中通理"也。

甲位既尊，戊位同甲，乙、丙、丁三干无间，而为三奇，取其德明，故以日、月、星为号，以其德能照临者也。故甲、乙、丙、丁、戊五阳时，善神治事为吉也。

阳遁顺仪奇逆布，阴遁逆仪奇顺行。

冬至后十二节，惟用阳遁顺布六仪，逆布三奇，星符亦随时干行。

假如冬至阳一局，图内坎上起甲子戊，坤上甲戌己，震上甲申庚，巽上甲午辛，五中宫甲辰壬，乾上甲寅癸，兑上丁奇，艮上丙奇，离上乙奇，乃仪顺去奇逆行也。夏至后十二节，惟用阴遁逆布，六仪顺布，三奇星符亦随时干行。假如夏至阴九局，图内离九宫起甲子戊，艮上甲戌己，兑上甲申庚，乾上甲午辛，五中宫甲辰壬，巽上甲寅癸，震上丁奇，坤上丙奇，坎上乙奇，乃仪逆奇顺行也。

吉门偶尔合三奇，值此虽云百事宜。

开、休、生，即北方之三白，为最吉，乃三吉门，合乙、丙、丁三奇。其中合得一位，共临之方，乃三奇之妙。此时宜出兵征讨，发号施令，修造、埋葬、婚娶、安社稷、化人民，百事大吉之兆。《五总龟》云："大抵要得开、休、生三门，则用事为吉，更有三奇临之，可用无疑。如得门不得奇，亦可用。得奇不得门，终非吉。奇门俱不得，即凶。当以其大小轻重程等而用之。"

更合从傍加检点，余宫不可有微疵。

如得开、休、生三吉门，又合上下盘三奇是也。此时此宫有奇门，虽吉，然须检点，三盘上所加，余七宫，凶星所在，未可以此即为全吉。

如合天、地、人三遁，鸟跌穴，龙反首，知三、天辅，玉女守门，三奇所及，游六仪、义和，制伏欢、怡等，故为吉也。

如合火入金，金入火，虎猖狂，龙逃走，雀入江，蛇夭矫，避五，击刑，制损明，入墓，反伏吟，格勃飞，天乙，天网，门迫之类，则为凶也。

三奇得使诚堪使，

葛洪曰："若得三奇得使，尤宜其良。"谓在六甲之上，自得所使之奇。甲戌、甲午乙为使，甲子、甲申丙为使，甲辰、甲寅丁为使。

假如阳遁三局，乙庚之日丁亥时，此时六乙日奇，下临九宫甲午，是为乙行得使。

假如阴遁三局，丙辛日壬辰时，此时六乙日奇，下临九宫甲午，是为乙奇得使。又如阳遁五局，丙辛之日己亥时，此时丁奇下临四宫，合甲辰为丁奇得使也。

三奇得使，其法以天上甲子起，中间一官而行，则乙奇到甲戌，丙奇到甲子，丁奇到甲寅。地下甲子起戌，地者，妇人之道，不能自立，必假夫而立。故甲戌假对官坤辰上起甲，则乙奇在甲午，丙奇在甲申，丁奇在甲戌，取对冲，故奇甲辰也。

三奇得使图

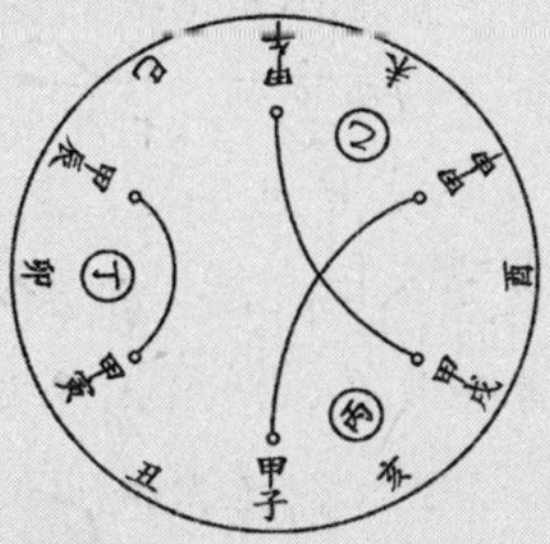

乙奇加甲戌甲午丙奇加甲子甲申丁奇加甲辰甲寅是谓三奇得使最为吉也

又例：甲为君位，三奇乃宰辅，避旺地，只居生库官，为自得所使也。自午起甲，顺行，则乙奇到未，术库官也。自戌起甲，顺行，则乙奇到亥，长生官也。自子起甲，顺行，则丙奇到寅，火生官也。自申起甲，顺行，则丙奇到戌，乃火库也。丁奇亦属火，又属金。丙既居生库官，则丁火金之临官官也。

六甲遇之非小补。

《经》曰："时加六甲，一开一合，上下交接。"又曰："能知三甲，一开一合；不知三甲，六甲尽合。"六甲者，甲子、甲戌、甲申、甲午、甲辰、甲寅也。阳星加时为开。阳星：天蓬、天任、天冲、天辅、天禽。阴星加时为合。阴星：天英、天内、天柱、天心。六甲之时，合时百事凶，开时宜战斗，往来百事吉。又曰："甲为青龙，利以远行。将兵客胜，闻忧无，闻喜有。宜谒尊上，见贵人有喜。移徙、嫁娶百事吉。不可行遣怒及鞭杖事。"假如阳遁九局，甲己之日，黄昏得天任阳星，加时为开，百事吉。若无奇门，合得此局，亦得次吉，乃小补云。

乙马逢犬丙鼠猴，六丁玉女骑龙虎。

乙奇加甲午为马，加甲戌逢犬也。丙奇加甲子为鼠，加甲申为猴。丁奇加甲辰为龙，加甲寅为虎。谓三奇得使，最为吉也。

《经》曰："时加六乙，往来恍惚，与神俱出。"谓六乙为日奇，宜从天上六乙出。既随日奇，恍惚如神，人无见者，将兵客胜，闻忧无，闻喜有。行逢饮馔，移徙入官，市贾嫁娶吉，不可行遣怒、鞭杖、嗔责事。

假令冬至上元阳一局，甲己之日，天蓬为直符，至乙丑时，六丁在九宫，以直符加时干。此时天上六乙下临一宫，出北方吉。

“时加六丙，莫兵莫往。”此时候主厌伏兵灾。将兵闻忧无，闻喜有。入官得仙，市贾有利。丙为日奇，又为天威，丙火以销金，精兵不起。若攻伐者，从天上六丙出，既挟月奇，又乘天威，丙火相随，故曰“厌伏兵灾”。假令冬至下元阳四局，甲己之日，平旦平寅，此时六丙下临六宫，宜出西北方吉。

六丁为三奇之灵，凡出入用兵，战斗皆吉。故曰：“能知六丁，出幽入冥，至老不刑。刀虽临颈，犹安不惊。”六丁者，六甲之阴神，丁卯之神，字文伯。丁丑之神，字文孙。丁亥之神，字文公。丁酉之神，字文通。丁未之神，字文卿。丁巳之神，字巨卿。凡斗争出入行来，六丁之神常呼其名，所谓三奇之灵。六丁者，丁卯为甲子之阴，故也。丁奇入官，会甲辰、甲寅，乃六丁骑龙虎也。天盘六丁，加地盘甲寅、甲辰是也。

又曰：时加六丁，出幽入冥，又六丁为太阴，可以藏形，人皆不见，敌人不敢侵将兵，主胜，闻忧喜各半，可以请谒，利嫁娶及阴私事，入官商贾吉。

假令立夏下元，阳遁二局，甲己之日，夜半甲子时，日出丁卯时。此时六丁在东北，直符天内，加时干，即六甲下临二宫，出西南方吉。

又有三奇游六仪，号为玉女守门扉。

三奇游六仪者，乃天上三奇乙丙丁，地下三奇甲戊庚，游于甲子戊，甲戌己，甲申庚，甲午辛，甲辰壬，甲寅癸，此六仪也。《三元经》曰：“三奇游六仪，利以官建宴会喜乐之事。”

玉女守门者，谓丁为玉女，而会天乙直使之门也。如阳遁一局，顺仪逆奇，地盘丁在兑，而以天乙直使休门，加之甲子时休门起坎，乙丑时休门到坤，丙寅时休门到震，丁卯时休门到巽，戊辰时休门到中，己巳时休门到乾，庚午时休门到兑，地盘丁奇兑上。故甲子旬庚午时，为玉女守门也。

又接前数，辛未时休门到艮，壬申休门到离，癸酉休门到坎，直使十时一易，甲戌时以死门到坤，为直使，乙亥时死门在震，丙子时死门在巽，丁丑时死门在中官，戊寅时死门在乾，己卯时死门到兑，地盘丁奇兑上。故甲戌旬己卯时，为玉女守门也。

甲申时以伤门直使震官，乙酉时伤门到巽，丙戌时伤门到中，丁亥时伤门到乾，戊子时伤门直使到兑，地盘丁奇兑上。故甲申旬戊子时，为玉女守门也。

又累累数至甲午时，以杜门直使在巽，乙未时杜门到五，丙申时杜门到乾，丁酉时杜门直使到兑，地盘丁奇兑上。故甲午旬以丁酉时，为玉女守门时也。又累累数去，到甲辰时，以死门直使到中官，乙巳时死门到乾，丙午时死门直使到兑，地盘丁奇兑上。故甲辰旬丙午时，为玉女守门时也。

又累累数去到甲寅时，开门直使到乾，乙卯时开门直使到兑宫，地盘丁奇兑上。故甲寅旬乙卯时，为玉女守门时也。

甲子用庚午	甲戌用己卯	甲申用戊子
甲午用丁酉	甲辰用丙午	甲寅用乙卯

甲子用庚午者，甲子同六戊，用五子元遁，戊癸逢壬子，起壬子七数而见戊字。故甲子用七数庚午也。

甲戌用己卯者，甲戌同六己，用五子元遁，甲己还加甲，起甲子六数而见己字，故甲戌用六数己卯也。

甲申用戊子者，甲申同六庚，用五子元遁，乙庚丙作初，起丙子五数而见庚字，故甲申用五数戊子也。

甲午用丁酉者，甲午同六辛，用五子元遁，丙辛生戊子，起戊子四数而见辛字，故甲午用四数丁酉也。

甲辰用丙午者，甲辰同六壬，用五子元遁，丁壬庚子居，起庚子三数而见壬字，故甲辰用三数丙午也。

甲寅用乙卯者，甲寅同六癸，用五子元遁，戊癸逢壬子，起壬子二数而见癸字，故甲寅用二数乙卯也。

若作阴私和合事，请君但向此中推。

四户以月建加本时，却随除危定，开在何处，即是地四户。若与天三门同宫，尤吉。

天罡辰	太乙巳	胜光午	小吉未
传送申	从魁酉	河魁戌	登明亥
神后子	大吉丑	功曹寅	太冲卯

天三门之图

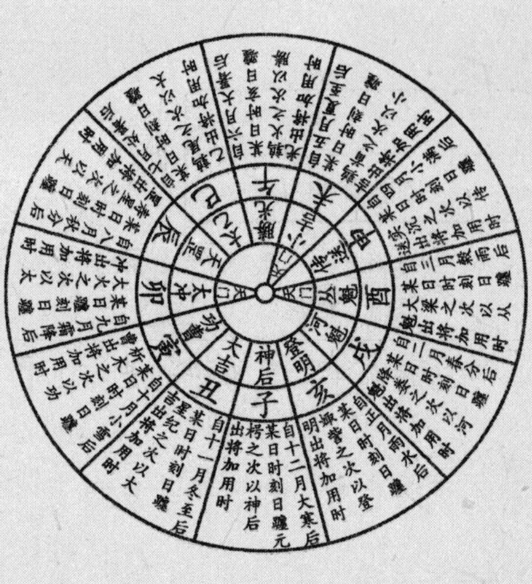

太阳过宫
正月亥 二月戌
三月酉 四月申
五月未 六月午
七月巳 八月辰
九月卯 十月寅
十一月丑 十二月子
看授时历

《入式歌》云：天乙会合女阴私。所谓天乙会合，和阴私之事。要在三奇临六仪，与三奇吉门，合太阴太冲从魁小吉，加地四户，是谓福食，远行出入皆吉。地四户者，除定危开也。

假如正月建寅，卯上除，午上定，酉上危，子上开，更得三奇临之大吉。二月则从卯上起建也，凡阴谋事，用太阴太冲小吉，从魁加地四户而去，解见下文。

天三门兮地四户，问君此法如何处。太冲小吉与从魁，此是天门私出路。地户除危定与开，举事皆从此中去。

地四户之图

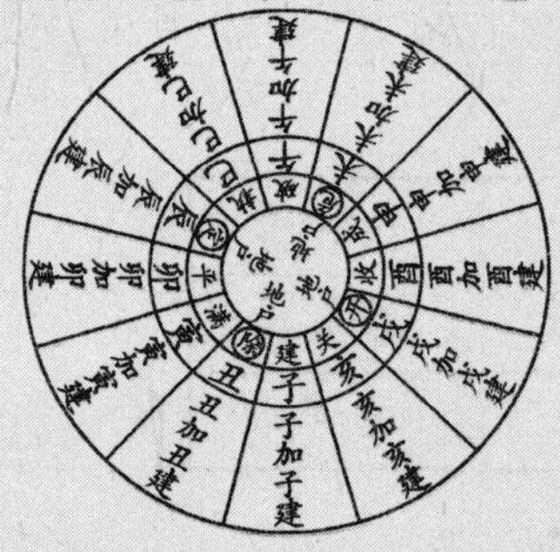

年月日时同
加寻地四户

天门有三，乃从魁、小吉、太冲三位也。起法以月将加本时，即寻从魁、小吉、太冲三位，为天三门也。起月将法，以授时历看，审订太阳过官，方可选用。如去年十二月大寒节，某日时刻日躔元枵之次，太阳在子，以神后出将加用时。世俗但知登明为正月将，却不知登明是亥，犹待雨水节后，某日时刻，日躔娵訾之次，太阳方过亥宫，以登明天月将方可用。

六合太阴太常君，三辰元是地私门，更得奇门相照耀，出门百事总欣欣。

阳时利击，阴时宜陕，阳先举，阴后交。凡欲击者，为破而击之。陕者，密而去之。其败军宜向六合下走得出也。　假如以六合、太阴、太常为三辰，依图推之，看在何方。　日支自亥至辰为阳，用阳贵人，阳贵人用上一字，自巳至戌为阴，用阴贵人，阴贵人用下一字。　　假如丁亥日，亥为阳日，丙丁猪鸡位，则亥猪为阳日贵人，须用贵人加亥上，顺数去，却看六合、太阴在何处，即是地私门。此只论日，不论时，然须得奇门，方可用。　　一例审太阳过宫，以月将加用时，顺寻本日贵人，起星求地私门。

图之行顺人贵阳门私地

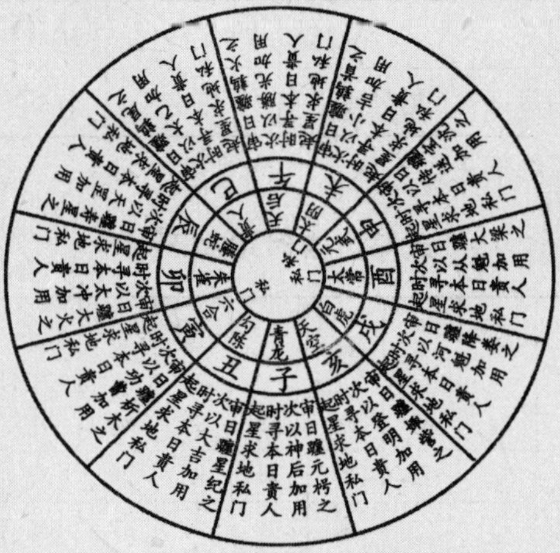

图之行逆人贵阴门私地

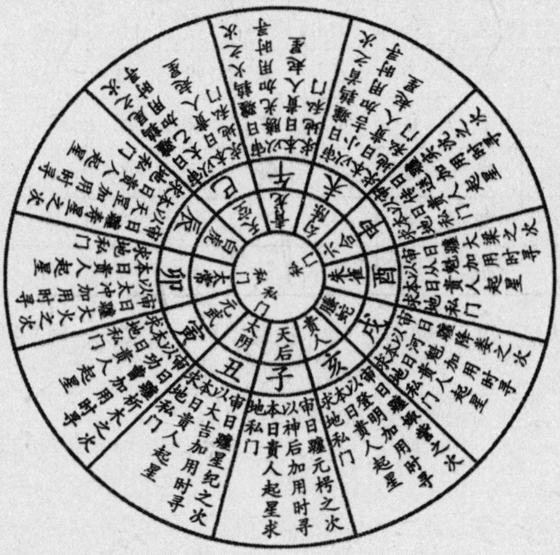

太冲天马最为贵，卒然有难难逃避。但当乘取天马行，剑戟如山不足畏。

天马即太冲也，审月审过宫，即以月将加用时，顺寻看太冲在何方，即天马方也。言遇紧急危难，仓卒之间，难得奇门，但乘取天马而去，则虽剑戟如林，亦能避其祸也。

天月将[1]

正月亥	二月戌	三月酉	四月申	五月未	六月午
七月巳	八月辰	九月卯	十月寅	十一月丑	十二月子

地月将[2]

正月寅	二月卯	三月辰	四月巳	五月午	六月未
七月申	八月酉	九月戌	十月亥	十一月子	十二月丑

天马方吉时定局于后

	以授时历看审订 太阳过宫方可选用。 太冲天马方	子 时	丑 时	寅 时	卯 时	辰 时	巳 时	午 时	未 时	申 时	酉 时	戌 时	亥 时
正月	明登将太冲天马方	辰	巳	午	未	申	酉	戌	亥	子	丑	寅	卯
二月	魁河将太冲天马方	巳	午	未	申	酉	戌	亥	子	丑	寅	卯	辰
三月	魁从将太冲天马方	午	未	申	酉	戌	亥	子	丑	寅	卯	辰	巳
四月	送传将太冲天马方	未	申	酉	戌	亥	子	丑	寅	卯	辰	巳	午
五月	吉小将太冲天马方	申	酉	戌	亥	子	丑	寅	卯	辰	巳	午	未
六月	光胜将太冲天马方	酉	戌	亥	子	丑	寅	卯	辰	巳	午	未	申
七月	乙太将太冲天马方	戌	亥	子	丑	寅	卯	辰	巳	午	未	申	酉
八月	罡天将太冲天马方	亥	子	丑	寅	卯	辰	巳	午	未	申	酉	戌
九月	冲太将太冲天马方	子	丑	寅	卯	辰	巳	午	未	申	酉	戌	亥
十月	曹功将太冲天马方	丑	寅	卯	辰	巳	午	未	申	酉	戌	亥	子
十一月	吉大将太冲天马方	寅	卯	辰	巳	午	未	申	酉	戌	亥	子	丑
十二月	后神将太冲天马方	卯	辰	巳	午	未	申	酉	戌	亥	子	丑	寅

总论太阳过宫法：天三门，地四户，地私门，太冲天马同例。

---

① 即太阳。
② 即月建。

奇门精粹卷六

奇门遁甲大全（二）

烟波钓叟歌句解下

天气将

正月雨水壬	二月春分乾	三月谷雨辛	四月小满庚
五月夏至坤	六月大暑丁	七月处暑丙	八月秋分巽
九月霜降乙	十月小雪甲	十一月冬至艮	十二月大寒癸

地气将

正月立春子	二月惊蛰亥	三月清明戌	四月立夏酉
五月芒种申	六月小暑未	七月立秋午	八月白露巳
九月寒露辰	十月立冬卯	十一月大雪寅	十二月小寒丑

天符经

正月娵訾亥	二月降娄戌	三月大梁酉	四月实沈申
五月鹑首未	六月鹑火午	七月鹑尾巳	八月寿星辰
九月大火卯	十月析木寅	十一月星纪丑	十二月元枵子

三为生气五为死，胜在三兮衰在五。能识游三避五时，造化真机须记取。

《三元经》曰：“天道不远，三五反复。知三避五，恢然独处。”三为生气，故游三也。五为害气，故避五也。三为威，五为武。盛于三，衰于五。匹马双轮，无有返期。

假令冬至上元，阳遁一局，甲己之日夜半生，甲子至平旦丙寅时得三，此时生气，宜举百事，至食时，戊辰时得五，此时害气凶，百事不宜，故避五也。阴遁仿此。

一本云：直使加震宫，三为生宜向之；直使加中宫，寄二宫为死，宜避之。

又云：重阳有重吉，谓大将在三宫，重阴有重凶，谓大将在七宫也。三乃数吉也。七乃位凶也。

就中伏吟为最凶，天蓬加着地天蓬。

九星伏吟：上盘天蓬，加地盘天蓬，乃九星仍在本宫不动，谓之伏吟。孝服，损人口。直符伏吟：上盘甲子，加地盘甲子。六仪准此。

汤谓云："甲子来加甲子为伏吟，不宜用兵，惟宜收敛货财。"凡六甲之时，门符皆是伏吟。

一本云："天盘天蓬，加地盘天蓬，为伏吟。最凶。余不与。"

假令冬至上元阳遁一局，甲己之日，夜半生，甲子时，天蓬直符加临一宫，时干在一宫，此名门符皆伏吟也。

天蓬若到天英上，须知即是反吟宫。

九星反吟者，天盘一宫上蓬星，加地盘九宫英星上，为反吟。余八宫同此。直符反吟，谓上盘甲子加下盘甲午，上盘甲戌加下盘甲辰。遇奇门盖之，不见凶害，不然灾祸立至。

汤谓曰："子来加午为反吟，此时不利举兵动众，惟宜散恤仓库之事。"凡星符对冲，皆反吟。

假令冬至上元阳遁一局，甲己日乙丑时，六乙在九宫，以天上天蓬直符，加临时干在九宫，即是直符反吟。

八门反复皆如此，生在生兮死在死。假令吉宿得奇门，万事皆凶不堪使。

生门在八宫，门不离宫，谓之伏吟。若生门移在对宫，谓之反吟。门若遇此，虽得奇不可用。

假令冬至上元阳遁一局，甲己之日，以日晡申时，休门在九宫，直死休门加之，即是直门反复也。

六仪击刑何大凶，甲子直符愁向东。戌刑在未申刑虎，寅巳辰辰午刑午。

六甲地支相刑与自刑也。如：甲子见卯，甲戌见未，甲申见寅，甲寅见巳，为相刑。甲辰见甲辰，甲午见甲午，为自刑。

葛洪曰："六仪击刑者，谓六甲直符，加所刑之地也。"甲子直符加卯，卯刑子也。甲戌直符加未，戌刑未也。甲申直符加寅，申刑寅也。甲午直符加午，午自刑也。甲辰直符加辰，辰自刑也。甲寅直符加巳，寅刑巳也。

郭璞论三合之刑："金刚火强，各刑本方。水流趋东，木落返本。"

王璋曰："甲子直符加三宫，甲戌直符加二宫，甲申直符加八宫，甲午直符加九宫，甲辰直符加四宫，甲寅直符加四宫，皆为六仪击刑。"

假令冬至上元阳遁一局，甲己之日夜半生，甲子为直符，至日出卯时，是六仪击刑也。至庚午时，以甲子直符，加六庚于三宫。即六仪击刑时也。其时极凶，不可用事。

三奇入墓好思推，甲日那堪见未宫。丙奇属火火墓戌，此时诸事不须为。更兼天乙①来临二，月奇临六亦同论。

此乃乙丙奇临，六宫在戌，谓之入墓，不但奇临之，遇丙日见戌字亦是。

王璋曰："三奇入墓者，谓六乙日奇下临六宫，六丙月奇下临六宫，六丁星奇下临八宫。乙奇下临二月，亦是。是谓三奇入墓也。"

又云：傍人入墓也。

假如阴遁四局，丙辛日平旦庚寅时，六丙月奇，下临六宫，是谓月奇入墓。凡遇三奇入墓，纵有奇门，不可举兵，百事皆凶。

《经》云："三奇入墓何时辰，丙奇乾上乙临坤。或遇乙奇居戌上，还加丁向丑中存。"丁乃阴火，死在寅，墓在丑也。王璋曰："丙丁奇入一宫，乃火入水池；乙奇入六宫，乃木入金乡。三奇受制，万事不可举也。"

本理按：五行生旺，论阳生阴死，丙火生于寅，丁火生于酉，阳顺阴逆。丁火生酉逆行，沐浴申，冠带未，临官午，帝旺巳，衰辰，病卯，死寅，墓丑，绝子，胎亥，养戌。逢禄为临官，丙禄巳，巳乃丙火之临官。丁禄在午，午乃丁火之临官。丁墓在丑，艮八宫是墓。丁奇临艮八宫，是丁奇入墓。戌非也。此乃论阴阳之正理。又如甲木生于亥，未为库，乙木生于午，沐浴巳，冠带辰，临官卯，帝旺寅，衰丑，病子，死亥，墓戌，阴库不在未，在戌也。所以削去雷取之讹也。

又有时干入墓宫，课中时下忌相逢。戊戌壬辰兼丙戌，癸未丁丑一同凶。

葛洪曰："三奇者，谓丙戌时为月奇入墓之时。"又曰："凡遇乙庚日丁丑时，为丁奇入墓，黄昏是丙戌，故为月奇入墓。"

《三奇渊源》云："六丁本火之精，化而成金，在震最明，生于丑，没于辰，前世名晓星者是也。"

又朱子断曰："启明金星在西日，出则东见，即太白是也。"故丁丑时亦为星奇入墓。

丙戌时丙属阳火，火墓在戌。
壬辰时壬属阳水，水墓在辰。
丁丑时丁属阴火，火墓在丑。
癸未时癸属阴水，水墓在未。

---

① 天盘乙奇。

戊戌时戊属阳土，土墓在戌。

己丑时己属阴土，土墓在丑。

故戊己中央之土，赖母而生，所以戊同丙火生于寅，己同丁火生于酉。已上六时，干辰入墓，亦不可用。

五不遇时龙不精，号为日月损光明。时干来克日干上，甲日须知时忌庚。

葛洪曰："五不遇时者，谓刚柔日相克，而损其明，纵有奇门，不可行，百事凶。"

甲日庚午时	乙日辛巳时	丙日壬辰时	丁日癸卯时	戊日甲寅时
己日乙丑时	庚日丙子时	辛日丁酉时	壬日戊申时	癸日己未时

此乃时干克日干，名为本主不和，极凶。旧选择书内差，载时支克日干，所以不准。今本理校正历府通书，悉皆改正刊行。

截例诗曰：时干克日有灾危，甲日从午逆数之。

若到戌亥便越过，百事不宜莫用之。

又起例曰：甲日怕庚己怕乙，乙辛庚丙最为殃。

丙壬丁怕癸时恶，辛丁壬愁戊不良。

戊畏甲兮君莫用，癸应嫌己莫相当。

五不遇时者，即时干克日干，阳干克阳干，阴干克阴干也。

奇与门兮共太阴，三般难得总加临。若还得二亦为吉，举措行藏必遂心。

阳遁直符前二宫，为太阴。阴遁直符后二宫，为太阴。谓奇门与太阴，三者不能皆同。若得二者，亦吉，遇之可伏兵也。古经云："择门，凡欲经求万事，宜休、开、生不合乙、丙、丁，即吉。"又取阴门相助，谓之三诈。凡太阴六合九地宫，助奇者，全备用之，有十分之利。若三门合三奇，无诈宫，谓之有奇无阴，得七分之利。若三门无奇，谓之有阴无奇，犯者不利。若三门合三奇，下临太阴宫，名曰真诈。若三门合三奇，下临九地宫，名曰重诈。若三门合三奇，下临六合宫，名曰休诈。

已上诈门，嫁娶、远行、商贾，大吉利也。真诈：宜施恩便，隐遁求仙。重诈：宜进人口，取财拜官授爵。休诈：宜合药治疫，祛邪祈禳之事并吉。若杜门合丁己癸，下临九地，名曰地假，宜潜伏。此三时加杜门者，可以藏形。若杜门合丁己癸，下临太阴宫，利遣人间谍、探事。若杜门合丁己癸，下临六合宫，利逃亡。若景门合乙、丙、丁，临九天，名曰天假，乙为威德，丙为威武，丁为太阴。三奇之灵，宜陈利便进谒干求。若伤门合丁己癸，下临九池，名曰神假，利葬埋。

若惊门合六合，下临九天宫，名曰人假，利捕逃亡。若太白入荧惑，已在其下，必获已上，五假各取其，宜随事用之。

更得直符直使利，兵家用事最为贵。常从此地击其冲，百战百胜君须记。

王璋曰："亭亭者，天之贵神，背而击其冲为胜。推之法，常以月将加时，神后下为亭亭所居也。"

假令五月用寅时将，小吉加寅，即神后临未，为亭亭之在未也。白奸者，天之奸神，合于亥巳格，于寅申当合之时，俱背之当格，与不格。合与不合者，背亭亭向白奸。推之法，以月将加用时，寅午戌上见孟神，即是白奸之位。常行寅申巳亥四孟位也。

假令正月将，登明加午时，则孟神临午，即白奸之在午也。

又如四月用巳时，以月将加巳，则孟神临寅，即白奸之在寅也。他仿此。

昔者曹操行兵，用此法，百战百胜。孟神者，即寅、申、巳、亥也。

天乙之神所在宫，大将宜居击对冲。假令直符居离九，天英坐取击天蓬。

汤谓曰："第一胜天乙宫，天上直符乘天乙宫，上将居之，用兵击其冲，百胜也。"按《万一诀》云："若在阳遁，即用天上直符所居宫；若在阴遁，即用地下直符所居宫。上将居之，而击其冲，胜。"

第二胜九天宫。阳遁天上直符后一为九天，阴遁地下直符前一为九天。我军立九天之上，而击其冲，则敌人不敢当我之锋。

第三胜生门宫，谓生门合三奇之吉宫。上将引兵从生门击死门，百战百胜。

又曰：背亭亭向天门一胜，背月建二胜，背生击死三胜，大同小异也。

假令大寒上元阳三局，甲己日丁卯时，天上直符乘六丁，临九宫，正南为天乙宫，为第一胜也。九天四宫东南第二胜也。生门与丁奇合七宫正西第三胜也。

假令阴八局，甲己之日平旦时，地下直符在八宫东北，天乙宫为第一胜也。九天在三宫正东，第二胜，生门临六宫西北第三胜也。

有五不可击。

汤谓曰："第一不击天乙宫，二不击九天宫，三不击生门宫，四不击九地宫，五不击直使宫。"已上皆不可击。

假令阳八局，丙辛日辛卯时，天乙在坤二宫西南，生门在三宫正东，九地在四宫东南，直使在八宫东北，已上并不可击，我军居之，必雄胜。

假令阴七局，甲己之日丙寅时，天上直符临九宫正南，九天在二宫西南，生门在一宫正北，九地在七宫正西，直使在五宫寄二宫西南，已上不可击，我军居之，必雄胜。

注云：上将居之，引兵而击其冲，百战百胜。按《万一诀》云："若在阳遁，即用天上直符所居之宫；若在阴遁，即用地下直符所至之宫，而击其冲，则百战百胜也。"

甲乙丙丁戊阳时，神居天上要君知。坐击须凭天上奇，阴时地下亦如之。

《三元经》曰："五阳时利以为客。当为客之时，利先举兵，高旗鸣鼓，耀武扬兵，以决胜。谓时下得甲、乙、丙、丁、戊五干善神治事，可以出军征伐、远行、求财、立邦国、化人民、临武事、入官、移徙、嫁娶、起造，百事皆吉。此时逃亡者，不可得。"故《经》云："直使之行，一时一易，行阳时利以为客。"故曰"得阳者飞而不止"。阳五干在子午之东部，生气也，故为利客先举。

假令甲己之日夜半生甲子时，自甲子时至戊辰时，得甲、乙、丙、丁、戊，是五阳时利，为客先举，不拘阴阳二遁，如此例也。

又云："阳时神在天，宜用天盘；若在地，宜用地盘，上奇。"

又云："五阳时在天上，即居天上直符之官，而击其冲。"

又《经》云："天盘星克地盘星，在四时旺相，日时有本色，云气在其方，来助客胜。地盘星克天盘星，在四时旺相，日时有各方本色，云气在其方，来助主胜。"

若见三奇在五阳，偏宜为客自高强。忽然逢著五阴位，又宜为主好裁详。

己、庚、辛、壬、癸、午，阴时。

汤谓曰："五阴时，利以为主之时，利后举兵，低旗衔枚，待敌而后动，以决胜。"谓时下己、庚、辛、壬、癸五干，恶神治事，不可拜官、移徙、婚姻、出行、兴造、举百事。逃亡可得。宜画策密谋，集武备、祷祀、祈福。《经》云："直使之行，一时一易，行阴利以为主。"故曰"得阴者伏而不起"。阴五干，阴在子午之西部杀气也。故利主后动。

假令甲己之日夜半生甲子，自巳至酉时，得己、庚、辛、壬、癸，是五阴时，利以为主，宜后举，不拘阴阳二遁，皆如此例。

直符前三六合位，太阴之神在前二。后一宫中为九天，后二之神为九地。

太阴起例，布星随本时，直符宫，直符、螣蛇、太阴六合白虎、元武、九地、九天。阳遁，直符官所到之官，加活局，直符顺布星。阴遁，直符宫所到之宫，加活局，直符逆布星。

阳遁直符活局图	阴遁直符活局图	
顺行 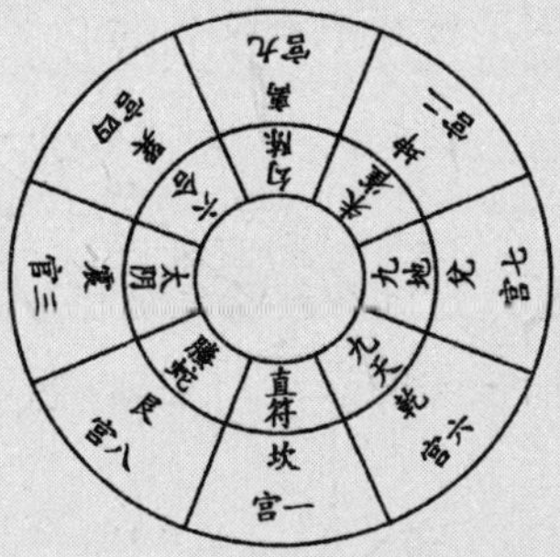	逆行 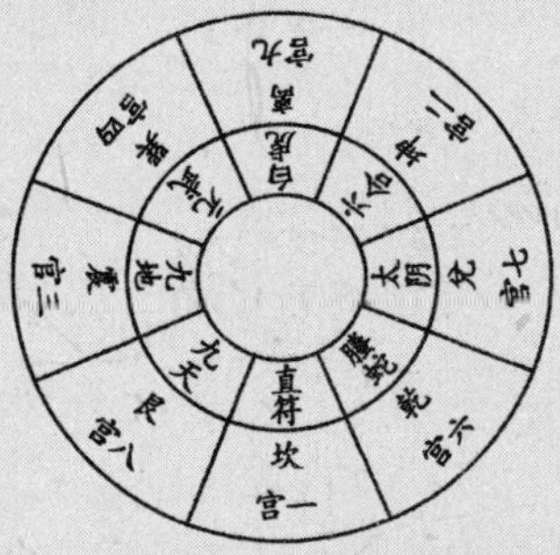	本理曰： 九天九地秘通神， 太阴六合定乾坤。 能知此诀备于我， 肯把三门别立根。 出向奇门分造化， 人于心上起经纶。 守攻城负凭于此， 道不虚行只在人。

九天之上好扬兵，九地潜藏可立营。伏兵但向太阴位，若逢六合利逃形。

本理按：《孙子本义》云：九地者，幽隐之至深也。九天者，刚健之至极也。藏于九地，言守之至深动于九天，言攻之至极也。九天乃天之杀伐之气，运在此方，亦可借此气，扬兵威武。九地乃地之蒙晦之气，运在此方，亦可以借此气，遮藏形迹。太阴之中，可以逃亡。冬至后阳遁顺天上直符所临之宫，后一为九天，后二为九地，前二太阴，前三六合；夏至后阴遁逆天上直符所临之宫，前一九天，前二九地，后二太阴，后三六合。

假令阳遁上元一局，甲己之日丙寅时，天上直符临八宫，后一九天临一宫，后二九地临六宫，前二太阴临四宫，前三六合临九宫。

假令阴遁上元九局，甲己之日丙寅时，此时天上直符临二宫，即前一九天临七宫，前二九地临六宫，后二太阴四宫，后三六合三宫。其法甲上加直符，以二、三、六、七为吉，一、四、八、九、五宫为凶。

天地人分三遁名，天遁月精华盖临。地遁日精紫云蔽，人遁当知是太阴。

上盘六丙，中盘生门，下盘六丁，谓之月华之蔽。

上盘六乙，中盘开门，下盘六己，谓之日精之蔽。

上盘六丁，中盘休门，下盘太阴，谓之星精之蔽。

生门六丙合六丁，此为天遁自分明。

《经》曰：天遁者，生门合六丙月奇，下临六丁，为天遁。此时得月华之所蔽故也。假令阳遁四局，乙庚之日，日入为乙酉时，天心为直符，加时干六乙，开门为直使，加时干七宫，即生门与丙月奇合，下临六丁于一宫，是天遁也。

假令阴遁六局，戊癸之日晡时，天蓬为直符，加时干六庚，休门为直使，加时干四宫，即生门与丙月奇合，临六丁于九宫，为天遁。

开门六乙合六己，地遁如斯而已矣。

《经》曰："地遁者，开门与六乙日奇合，临地下六己，为地遁。"此时得日精之蔽。

假如阳遁一局，丙辛之日，日出时辛卯时，天冲为直符，加时干六辛，伤门直使临一宫，日奇临六己，于二宫是地遁也。

休门六丁共太阴，欲求人遁无过此。

《经》曰：人遁者，休门与六丁星奇合，前二太阴为人遁。此时得星精之蔽。

假令阳遁七局，乙庚之日夜半丙子时，天任直符，加时干六丙，生门加一宫，即休门与六丁星奇合，前二太阴六宫，为人遁也。

要知三遁何所宜，藏形遁迹斯为美。

已上三遁，最宜隐遁，人莫能窥。盖三遁上盘，既挟日、月、星精之蔽庇佑而天遁；下盘合丁，乃三奇之灵；又为六甲之阴，谓奇门相合，有如华盖之覆体也。

地遁下盘临六己，为六合之私门，又为地户。谓奇相临，有如紫云之盖体也。

人遁下盘临太阴者，阴暗之象。孙子云"难知阴"，盖阴晦不能观万象。谓奇门阴宫相合，有如阴云之障蔽也。

右三遁之时，凡用事、兴兵、施为、出入、修营、宫室，万事吉利。

云遁者，天上六乙合地下六辛，临开、休、生三吉门，为云遁也。

风遁者，天上六乙合开、休、生三门于巽宫，为风遁也。

龙遁者，乙奇合三吉开、休、生门于坎宫，为龙遁也。一云：乙奇合休门坎。

虎遁者，天上六乙合地下六辛，临休门到艮宫，为虎遁也。

神遁者，天上六丙合九天生门也。

鬼遁者，六乙合九地于杜门也。

已上合天地人名九遁用奇者，不可不知。

庚为太白丙荧惑，庚丙相加谁会得。

庚金生于巳，得禄临官于申，旺于酉，乃西方金星，号太白星。丙火生于寅，得禄巳，旺于午，南方火德，号为荧惑星。"谁"字即指庚内而言，谓或上盘之庚，加会下盘之丙，或上盘之丙，加会下盘之庚也。

六庚加丙白入荧，

天庚加地丙，乃金入火乡，而受克，凶乃对敌，宜防贼。

赤松子曰："太白入荧，白五可破，南北恐有大祸。"

汤谓曰："此时宜防贼来。"假令清明上元，用阳遁四局，甲己之日，日晡时为壬申时，此时六壬在八宫，得天心直符，为六庚加临六丙于二宫，即太白入荧惑也。

六丙加庚荧入白。

天丙加地庚，火入金乡，此时闻贼当退避。赤松子云：荧入白，太白上下相击，内往外灭，以谗贼陷。汤谓曰：此时贼退。又曰：二星相入，凶气横任，得奇门慎勿行此星若也，移方去金火之神，是恶神上盘丙加下盘庚也。假令小满上元，用阳遁五局，丙辛之日黄昏时为戊戌时，此六戊在五宫，得天冲直符，为六丙下临六庚于七宫，即荧惑入太白也。《奇门大全》云："丙加下庚也。此时战，宜回避，不宜冲击。占贼来，信必虚诈。"

白入荧兮贼即来，

汤谓曰："庚为太白，丙为荧惑，若此时对敌，宜防贼来。"上盘六庚加下盘六丙是也。诗曰："天上六庚加六丙，太白入荧贼欲来。"天庚加地丙，乃金入火乡而受克，凶。乃对敌，宜防贼来。

赤松子曰："太白入荧，白五可破，南北亦有大祸。"

汤谓曰："此时防贼来。"假令夏至中元阴遁三局，乙庚之日平旦戊寅时，此时六庚在一官，以天内直符，加时干于三宫，即六庚下临六丙于二宫，即太白入荧惑，又天心天柱到离宫，亦是金入火乡也。

荧入白兮贼须灭。

赤松子云："荧入太白，上下相击，内往外灭，以谗贼陷。"

汤谓曰："此时贼退。"

又曰："二星相入，凶气横任，得奇门，慎勿行。此星若也移方去金火之神，是恶神，此时战斗，贼自恐必退也。"天盘六丙加地盘庚是也。

又曰："六丙及来加庚上，真贼逃避不为灾。"

假令阴遁六局，甲己之日丙寅时，六丙在八宫，以天心直符加时干，即六丙下临六庚于四宫，此为荧惑入太白，占贼不来，天英、景门到七六宫，亦是火入金乡。

丙为勃兮庚为格，格则不通勃乱逆。

天丙加地庚为勃，天庚加地癸为格。

汤谓曰："六丙所加，皆名勃。勃者，乱也。谓天上六丙临年、月、日、时之干，直符类同，六丙所加之义。凡举百事用兵遇勃，主纲纪紊乱，凶也。"《经》曰："丙丁值为勃，火星焚大屋。移室且安然，独自闻愁哭。"又云："庚加年、月、日、时干，假尔为客，不宜争，统兵领众避。此时唯用固守，不宜行。百事遇之，凶莫测。"

丙加天乙为直符，天乙加丙为飞勃。

汤谓曰："天上六丙，加地下当年、月、日、时干者，勃。勃者，乱也。天上六丙，临年、月、日、时干，直符类同，六丙所加之义也。凡举事用兵遇勃，主纲纪紊乱也。"

假令冬至中元阳遁七局，丁壬之日，日昳丁未时，此时六丙在五宫，寄在二宫，以直符天内加时干六丁于四官，即六丙临六丁于四官，此名时勃也。右凡遇六丙、六庚之为，直符加时干，则十时皆为勃格，四时审而用之。

庚加日干为伏干，

天乙伏干格。《三元经》曰："六庚为太白，加日干，即为伏干格。此是主客斗伤，皆不利。"又曰："日干若遇六庚，临此名伏干格，相侵若是斗战，须不利大都，为主必遭擒。"

假如小满上元阳遁五局，甲己之日壬申时，六壬在九官，即天柱为六庚，下临九官，见今日甲午为天柱，六庚所加也，此为天乙伏干格。

日干加庚飞干格。

日干及临庚，飞干格偏明；争战还不利，为客最平平。

《经》曰："今日之干，加六庚飞干格，此时战斗，主客两伤。"

假如小满上元阳五局，甲己日庚午时，此时甲子五官寄二官，以直符天禽，加时干六庚于七官，即得六甲，下临六庚于七官，此名飞干格也。

加一宫兮战在野，同一宫兮战于国。

庚加日干，日加庚俱不利。如庚加一官，或天盘庚，或地盘庚，同一官，皆主战不利。

天乙格，六庚加天乙，凶战于野。六庚加天乙者，谓临天乙所居之官也。

天乙太白格，谓天乙与六庚同官，战于国凶，天乙与六庚同官者，谓天乙、直符与六庚同行，加时与太白格，利野斗。若直符加六庚，宜固守伏藏。凡通诸格之时，用兵主客俱不利，占人在否，格则不在，占人来否，格则不来。

庚加直符天乙伏，

庚加直符官，伏干格为宗，交锋多不利，为客以成功。

《三元经》曰："六庚加直符，名为天乙伏官格。此时主客皆不利，战斗交兵气自衰。占见人不在，占来人不来。"

《奇门大全》曰："上庚加下直符，此时主客皆不利。六庚加天乙直符，本官为伏官，此时不利用兵，宜野迎敌。"

假令立春下元阳二局，甲己日壬申时，此时六壬在六官，以天上天内为直符，加时干六壬于六官，即得天辅为六庚，下临直符天内于二官，此名天乙伏官格也。

直符加庚天乙飞。

飞官是何星，直符加六庚；两敌不堪争，为主似还赢。

《三元经》曰："直符加六庚，名天乙飞官格。此时主客皆不利。"

《奇门大全》云："上盘直符加下庚，此时同前，遇天乙直符加六庚之上，此时固守，出则大将遭擒。"

假令春分中元阳遁九局，甲己之日，日中庚午时，此时六庚在二宫，天英为直符，以天上直符，加时干庚于二宫，即得天英为直符，下临二宫见六庚，此名天乙飞宫格。

庚加癸兮为大格，

太白庚加癸，图谋未可通；求人终不见，端坐即还营。

汤谓曰：“六庚加癸，名曰大格时也。谓天上六庚，临地下六癸，此时不可用，百事凶。遗亡亦不可得，求人即不在，反招其咎。”

大格不宜远行，车破马死，造作人财破散。

假令秋分下元阴遁四局，甲己日丙寅时，此时六庚在二宫，以直符天辅，加时干六丙于六宫，即得天内六庚，下临六癸于八宫，此名大格也。

加己为刑最不宜。

六庚加六己，赤地须千里；远行车马堕，军兵半路止。

汤谓曰：“六庚加六己为刑格，谓天上六庚，加地下六己，此时出军，车破马伤，中道而止，士卒逃亡，慎勿追之，返招凶咎。”

《奇门大全》云：“六庚加六己，求谋主失名，破财、疾病。”

假令大寒上元阳遁三局，甲己日丙寅时，此时六庚在五宫，寄二宫，以直符天冲加时干六丙于一宫，即得天禽，为六庚，下临六己于四宫，此名刑格。

加壬之时为上格，又嫌岁月日时逢。

六庚加六壬，谓之上格。一云：伏格，当此之时，并不宜行师。

《经》云：“六庚，当年太岁之干名，曰岁格，此时用事凶。”

《奇门大全》云：“六庚加今岁干，如甲子年，庚加甲子也，大凶。六庚加年、月、日、时干，动有凶格，闻客先败，占家，年为父母，月为兄弟，日为己身，时为妻。男占遗失，随其日、月应兆获。”

假令辛丑年立春中元阳遁五局，岁干在辛，以甲己之日，日入癸酉时，六庚在七宫，以直符天禽，加六癸于一宫，即见天柱六庚，下临六辛岁干于八宫，此名为岁格也。

论月格。《三元经》曰：“六庚加月朔格，为凶时也。”

假令立春上元阳遁八局，月朔干在甲己，甲己日丁卯时，此时六庚在一宫，以直符天任，加六丁于五宫，即得天蓬为六辛，下临月朔干六己于九宫，此名月朔格也。

论日格。《经》曰：“六庚加当日日干名，曰日干格，此时大凶。”

假令小暑下元阴五局，日干在甲己，己日丙寅时，以天禽为直符。加时干六丙于七宫，即六庚在三宫，下临日干己于四宫，此名日干格。

时格。《经》曰：“六庚加本时干者，为时格，亦名伏吟格。此时六庚在四宫，以直符天辅加时，不可举兵用事，大凶。”

假令小寒上元阳遁二局，丙辛日己丑时，六庚在四宫，以直符天辅，加时干六己于三宫，此为时格也。凡六庚为直符，其十时皆为时干格也。

更有一般奇格者，六庚谨勿加三奇。此时若也行兵去，匹马只轮无返期。

六庚加丙丁奇，天英景为下克上，先举者凶，无返期。六庚加乙奇，冲辅伤杜上克下，先举者胜。匹马只轮，能敌万人。

六癸加丁蛇夭矫，

六癸加六丁，天矫迷路程；忧惶难进步，端坐却不营。

六癸加六丁，六癸在天盘，六丁在地盘，为蛇首，反为雀，谓癸属水，为北方，元武龟蛇，丁属火，故癸加丁为螣蛇夭矫。

王璋曰："天上六癸，加地下六丁，名螣蛇夭矫，此时百事不利。"

假如冬至下元阳遁四局，丙辛之日半夜生戊子时，此时六癸在九宫，以直符天心，加时干六戊于四宫，即得天英为六癸，下临六丁于一宫，是为螣蛇夭矫也。虽有奇门临之，亦主虚惊不宁。

六丁加癸雀入江。

丁属火，为朱雀，癸属水，故丁加癸为朱雀入江。

《奇门大全》云："丁加癸，主文书牵连，或失脱文书，占家有惊恐，怪异梦，用兵防奸。"

王璋曰："灭上六丁，加地下六癸，名朱雀投江。此时百事皆凶。"

六丁加六癸，朱雀入水流。口舌犹未罢，官事使人愁。

又曰："或有诉讼，自陷刑狱。或闻火起，不必往救。"

假令夏至中元阴遁三局，甲己日壬申时，此时六丁在六宫，以直符天冲，加时干六壬于八宫，即六丁，下临六癸于七宫，是为朱雀投江也。

六乙加辛龙逃走，

金为太白，乃白虎，木为青龙，金克木，为龙虎相战，凶。青龙乙加辛，金木不相亲。神龙方也遁，乐云不求嗔。盖乙属木为青龙，故乙加辛为青龙逃走。

王璋曰："六乙加六辛，名青龙逃走。此时不宜举兵，主客反伤，用百事凶。"

《奇门大全》云："六乙加辛，此时举兵动众，主失财、遗亡、破败。"

又云："六乙加庚亦是。"

假如立秋上元阴遁二局，丙辛之日己亥时，六乙在二宫，以直符天任，加时干六己于一宫，即六乙，下临六辛于八宫，此是青龙逃走。

六辛加乙虎猖狂。

赤松子云："刀逢暗磨，疑如之何。彼欲见害，了阴可和。"六辛加六乙，白虎也悲哀，若与干钱财，自已须防灾。华盖属金，为白虎。故辛加乙，为白虎猖狂。

王璋曰："天上六辛，加地下六乙，名曰白虎猖狂，此时不宜举事，主客两伤。婚姻、修造，大凶。"

《奇门大全》云："举动出入战斗，必有惊诈。"

假令小暑中元阴遁二局，甲己之日壬申时，此时天内直符，加天盘六辛，下临于三宫，原乙在三宫，是为白虎猖狂也。

请观四者是凶神，百事逢之莫措手。

夫天干阴阳和则吉，不和则凶。如阳干克阴干为合，如甲克己，即甲与己合。阴干克阳干为官星，如甲受辛克，即以辛为官。阳遇阳克，阴受阴克，皆为不和。乙辛丁癸四干，皆属阴克，其祸不救，故不可用也。

丙加甲兮鸟跌穴，

天盘丙加地盘甲子，乃飞鸟跌穴大吉。

赤松子曰："进飞得地，云龙聚会，君臣燕喜，举动皆利。"

王璋曰："此时从生而击死，百战百胜定无疑。"

葛洪曰："六丙加六甲，名飞鸟跌穴。阴阳二遁，此时为百事利。出兵、行营、举造、葬埋，大吉。"

假令大寒阳遁九局，甲己之日辛未时，此时六丙在七宫，以直符天英，加时干六辛于王宫，即六丙，下临六甲于九宫，此名飞鸟跌穴。解曰：丙加六甲，在门上是也。利远行、出兵，百事吉，大人、君子利，小人凶，从生击死，一敌万人。

甲加丙兮龙返首。

天上甲子加地丙，名青龙返首。

葛洪曰："此局吉，宜举百事，虽无吉门卦局，亦可用事。"

阴阳二遁，此时可以出兵行营，举造利为，百事皆吉。若合奇，最为良也。

假令冬至上元阳一局，甲己之日丙寅时，六丙在八宫，以天上甲子天蓬直符，加时干六丙于八宫，得天蓬为六甲六丙在八宫之上。此名青龙返首。解曰：六甲加丙，在门上是也。利见大人、求名、举兵，利客，扬威万里，出入利此时，从生击死，一敌万人。

只此二者是吉神，为事如意十八九。

言前二局，飞鸟跌穴，青龙返首，之大吉也。若得奇门，行兵出战大胜，求名遂意，求财利益，造葬嫁娶，百事如意也。

六丁加六甲三奇吉，六丁加六乙天运气吉。

六甲加六乙二龙相争凶，六甲加六戊青龙受困凶，六壬加六庚群虎入穴凶。

八门若遇开休生，诸事逢之总称情。伤宜捕猎终须获，杜好邀遮及隐形。

开门，宜远征讨，见君求名，所向通达。

休门，宜和进万事，治兵习业，百事皆吉。

生门，宜见人营造，求财获宝。

伤门，宜渔猎讨捕，行逢盗贼。

杜门，宜邀遮隐伏，诛伐凶逆，凡出去迷闷。

景上投书并破阵，惊能擒讼有声名。若问死门何所主，只宜吊死与行刑。

景门，宜上书遣使，突阵破围。

死门，宜行刑诛戮，吊死送丧，行者遇病。

惊门，宜掩捕斗讼，攻击惊恐。已上八门，内有开、休、生三门吉，宜出其下。

若更合三奇吉宿，为上吉。五凶门不可出其下，宜避之。

蓬任冲辅禽阳星，英内柱心阴宿名。

昔黄帝命风后作太乙雷公式九宫法，以灵龟洛书之数，而错一位，以一居乾，以八居坎，以三居艮，以四居震，以九居巽，以二居离，以七居坤，以六居兑，以八、三、四、九为阳宫，故蓬任冲辅配此四宫，而属阳也。以二、七、六、一为阴位，故英内柱心配此四宫，而属阴也。盖以艮燥、坤湿、巽暑、乾寒、震阳、兑阴、离火、坎水而分阴阳也。

释九星所主：天蓬、天任、天冲、天辅、天禽五星属阳。天英、天内、天柱，天心四星属阴。

《太乙书》谓："太乙在阳宫，辽东不用兵。"正以坎、艮、震、巽为阳宫，辽东艮地也。"太乙在阴宫，蜀汉可全身。"离、坤、兑、乾，为阴宫，蜀与汉正中，在西南及西方之地也。

辅禽心星为上吉，冲任小吉未全亨。大凶蓬内不堪使，小凶英柱不精明。

大益枢京，天辅武曲纪星。执庆刚昱，天禽廉贞纲星。总承符允，天心文曲纽星。已上三位，乃北斗武曲、廉贞、文曲三吉星，为大吉也。

疑华好化天冲，破军关星。英明集华，天任星。已上二星，乃北斗破军英明星，为次吉宿也。

阴袭大衍，天蓬隐光右弼星。阳琮孚庆，天内洞明左辅星。乃左辅右弼星，为恶曜大凶之宿。若得奇门，亦不可用。

照冲动令，天英贪狼太星。通元须变，天柱禄存真星。乃贪狼禄存二宿，半凶之星，得奇门亦可用。宗庙、洪范、五行、水城，专言贪狼为上吉，却不知贪狼为凶星也。《地理大全》论云："狼，狼虎也，所以扫去宗庙不准。"

大凶无气变为吉，小凶无气一同之。

《三元经》云："刚下得天辅、天禽、天心星为大吉，时下得天任、天冲为次吉，得天蓬、天内为大凶，得天柱为小凶。天英亦为小凶。"更以五行旺相言之。若大凶之星，得旺相之气则小凶，若小凶星，得旺相之气则中正。

吉宿更能逢旺相，万举万全功必成。若遇休囚并废没，劝君不必进前程。

凡吉宿，亦要遇旺相，若遇休囚、废没，亦不可用。《经》曰：“若上吉次吉星，无旺相气则中平，乘旺相气则大吉，乘死休气则为凶，详审用之。”

假令冬至时得天任吉宿，又乘旺气，则上吉也。

要识九星配五行，各随八卦考羲经。坎蓬星水离英火，中宫坤艮土为营。乾兑为金震巽木，旺相休囚看重轻。

此以九星配五行，又随伏羲《周易》后天文王八卦而推之。《金函宝鉴》云：“大哉乾坤交合，体父母生成之道；阴阳品配，定男女方位之居。银河转运乾坤定，上下交合，遂生六子。乾父交于坤母，一交而得长男震，二交而得长女巽，再交而得中女离，三交而得少女兑。以震、兑为主，坎、离为用，乾、坤、艮、巽寄于四维故乾位西北坤位西南，艮司东北，巽司东南，震南兑西，离南坎北，乾刚兑柔为二金，震阳巽阴为二木，坤湿艮燥为二土，坎润下离炎上，不可二也，夫金木形也，水火气也，形有差别气无精粗，此或一或二之所以分也，凡在显者则阳包阴，在晦者则阴包阳也。”

论九星吉凶所主

天蓬宜安抚边境，修筑城池。春夏左将大胜，秋冬凶，亡其士卒，利主不利客，嫁娶凶，移徙失火，斗争见血，入官逢盗贼，修营官室、商贾皆凶。

天柱宜屯兵自固，隐迹埋形，将兵，车破马伤，士卒败亡，不宜移徙、入官市贾，宜嫁娶、修造、祭祀。

天心宜疗病合药，将兵秋冬胜，得地千里，春夏不利嫁娶、入官、筑室、祠祀、商贾。秋冬吉，春夏凶，利见君子，不利小人。

天冲宜出报仇，春夏左将胜，秋冬无功，不宜嫁娶、移徙、入官、筑室、祠祀、市贾。

天辅宜蕴身守道，设教修理，将兵春夏胜，得地千里，嫁娶多子孙，移徙、市贾、入官、修营，春夏有喜。

天任宜请谒通财，将兵四时吉，万神助之，敌人自降，嫁娶多子孙，入官吉；移徙、筑室凶。

天内宜崇尚受道，交纳朋侪，受业师长吉，不可用兵，嫁娶、争讼、移徙、筑室，秋冬吉，春夏凶。

天禽宜祭祀求福，断灭群凶，将兵四时吉，百福助之，不战用谋，敌人畏服，赏功封爵，移徙、入官、祠祀、商贾、嫁娶吉。

天英宜出入远行，饮宴作乐，利嫁娶，不宜出兵、移徙、入官、筑室、祠祀、商贾。假令冬至上元阳遁一局，甲己之日半夜生甲子起一宫，顺行至丙寅时，在三宫，时下得天冲宿值，宜出师报仇，春夏乘旺也。假如夏至阴遁，大暑中元，阴遁一局，甲己之日壬申时，以甲子时起一宫，顺布三奇，逆布六仪，则壬申时到乾得天心宿值，宜疗病合药，将兵乘金旺气胜，掠地千里，春夏不利，秋吉，宜见君子，不利小人。

图之综错玑璇运转河天

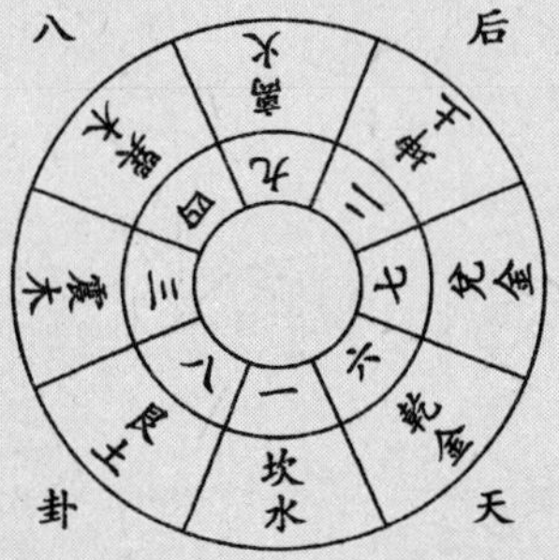

诗诀：

十道单兮四角双，

惟将五数在中央。

任他戊已存乎内，

五气行兮自发扬。

五气，乃五行也。

与我同行即为相，我生之月诚为旺。废于父母休于财，囚于鬼兮真不妄。

《三元经》曰：九星休旺者，谓九星各旺于我生之月，相为同类之月，死于生我之月，囚于官鬼之月，休于妻才之月。

九星所属：天蓬水宿，天内土宿，天冲木宿，天辅木宿，天禽土宿，天心金宿，天柱金宿，天任土宿，天英火宿。

假令水宿号天蓬，相在初冬与仲冬。旺于正二休四五，其余仿此自研穷。

天蓬水宿	相于亥子月同类也，俱属水。旺于寅卯月我生也，水生木。废于申酉月生我也，金生水。休于巳午月我克也，水克火。囚于辰、戌、丑、未月克我也。土克水。
天英火宿	相于巳，午月同类也，俱属火。旺于辰、戌、丑，未月我生也，火生土。废于寅、卯月生我也，木生火。休于申、酉月我克也，火克金。囚于亥、子月克我也。水克火。
天冲天辅木宿	相于寅、卯月同类也，水见木。旺于巳、午月我生也，木生火。废于亥、子月生我也，水生木。休于辰、戌、丑、未月我克也，木克土。囚于申、酉月克我也。金克木。
天柱天心金宿	相于申、酉月同类也，金见金。旺于亥、子月我生也，金生水。废于辰、戌、丑、未月生我也，土生金。休于寅、卯月我克也，金克木。囚于巳、午月克我也。火克金。
天内天任天禽土宿	相于辰、戌、丑、未月同类也，土见土。旺于申、酉月我生也，土生金。废于巳、午月生我也，火生土。休于亥、子月我克也，土克水。囚于寅、卯月克我也。木克土。

已上十二支所属，亥、子水，寅、卯木，巳、午火，申、酉金，辰、戌、丑、未土。此五行也。

急则从神缓从门，三五反覆天道亨。

《三元经》曰：谓有事不暇择时，并三奇吉门，当天乙所在宫，及直符之神宫而去，谓之从神，自然获吉，盖直符甲子，常从六戊，是为天门，事急，则从天上六戊下去，事缓，则可待时三奇吉门而去。

假令冬至阳遁一局，甲己之日丙寅时，此时天乙加六丙于八宫，直符在一宫，若有急事，可向东北天乙下，及正北直符六戊下去皆吉也。

又曰：神谓如甲子蓬星日，丙寅时，甲子六仪头，以甲子天蓬星，休加地盘六丙上，即从奇下出去。如事急，欲出路，或在军阵，中门又不通，只寻吉神下去。事缓，可以就吉门，奇而往也。三者，三奇也。五星吉，英、任、冲、辅、心也。或门凶无奇，又无吉星，反伏无处吉，事又急迫，须向北斗下，默念三奇咒。云言不得三吉奇门，但从三奇所临方出，百事吉。所谓吉则从神也。

阴阳二遁有闭塞，八方皆无门可出，即依玉女法，凡甲子时、甲午时，在内利主，甲申时在门两损，甲辰、甲戌，在外利客。

《符应经》："若无奇门出，紧即依张良以筹加出天门地户而出也，吉利。"

十干加伏若加错，入库休囚吉事危。

时加六戊，乘龙万里，莫敢呵止。六戊为天门，又为天武，宜以远行万里，百事吉。戊为天门，凶恶不起，当从天上六戊出，挟入天门，故曰："乘龙万里"。凶恶不敢害，鸡不鸣，犬不吠，将兵客胜，闻忧无，闻喜有，利以远行、市贾，小人惊走亡命。

假令立春中元阳五局，甲己之日戊辰时，此时六戊在五宫寄坤二，以直符加时干，即六戊临二宫出西南吉。时加六己，如神所使，不知六己出被凶咎，己为六合，此时宜为阴谋秘密之事，当从天上六己出，不宜市贾，为显扬之事，隐匿如神所使，不知六己者，谓为显赫，必逢休咎，又为地户，独出独入，无有见者，将兵闻喜无闻忧，有利以出官、嫁娶。小人利亡命惊走。若占人，有逃亡、阴私之事。

时加六庚，抱木而行；强有出者，必见斗争。谓庚为天狱，此时凶强，有出者，必遇刑罪。故曰："能知六庚，不被五木；不知六庚，误使入狱。"或被凌辱，将兵主胜，不利客，利屯营固守。闻忧有，闻喜无。市贾道死，物伤无利，入官嫁娶凶。六庚之时，惟宜固守，能知六庚之时，谓此时已下至六癸时，不宜出动。

时加六辛，行遇死人；强有出者，罪罚缠身。此时行来出入并凶。强有出入，斧钻在前，行为在累。故曰："能知六辛，所往行来；不知六辛，多被杻械。"又辛为天庭，罪网自缠，将兵主胜，不利客，可行刑，决罪人，不宜嫁娶，入官、市贾、问疾。

时加六壬，为吏所禁；强出入者，飞祸将临。此时不可远行出入，百事凶，强出必有牢狱。壬为天牢，怨仇所稽，将兵主胜，利伏藏邀遮，不宜入官、移徙、嫁娶、逃亡。病者，进退不死。

时加六癸，众人莫视；不知六癸，出门见死。此时凶，不利，出入皆凶。宜隐遁求仙，亡命绝迹。当从天上六癸下，出入不见。故曰“众人莫视”。又癸为天藏，利以伏匿、逃亡，将兵主胜。闻忧有，闻喜无。不宜出官、市贾、嫁娶、移徙、入室凶，疾病者重，遗亡不得。

三奇嫌入，墓门嫌泊；墓官三位，有消停门。克下宫为障隔，时干克日干为损明。六仪受刑，天干日支神犯上，更忌支辰及伏吟，出兵发令恐紧急，加错三奇，入墓休囚，及犯十干伏吟等项，须吉返凶也。

十精为使用为贵，起宫天乙用无遗。

葛洪曰：“逾出于五土，归于九一者，为十也。”要精于九一之谓。阳遁阳使，起一终于九；阴遁阴使，起九终于一。天乙直使起宫异，所谓值门相冲也。阴阳二遁，各有二使。

假令冬至后，阳使起休门，阴使起景门，阳使起休门。故曰：直门相冲，今知用遁，自冬至后一百八十二日六十二分半，历子午之东部，阳气用事，惟阳遁阳使。夏至后一百八十二日六十二分半，历子午之西部，阴气用事，惟阴遁阴使。

古经云：“冬至后用阴使，夏至后用阳使，经述不显，隐伏之事也。”是穷天地侔造化，以通神明，以类万物之情。三光之回旋，四季之往复，一消一息，或升或降，而运之于无形，布之于无象。有所不见，以俟后人。若能谙此理，用之为贵也。

天目为客地为主，六甲推兮无差理。观君莫失此元机，洞彻九宫扶明主。

卯为天目，酉为地耳，又有六甲旬中，天目地耳推者，出兵日也。宝日为上吉，谓干生支也。如甲午日，甲木生丙火是也。义日次吉，谓支生干也。如甲子日之类，甲木子水，水生木也。和日为次吉，谓干支比和也。如壬子日之类，壬水子水和同也。制日为中平，谓干克支也，如甲戌日之类，甲木戌土，木克土也。伐日为极凶，谓支克干也。如甲申日之类，甲木生金，金克木也。

《素经》云：“潜居抱道，以待其时。”若能通于遁法，君不圣明，不能进扶直言；其国衰败，事不能行其政；隐身闲居，躲避衰乱之亡；抱养道德，以待兴盛之时。扶佐明主，名香万古。此乃时至而成功。不遇明君，隐迹埋名，守分闲居。若是强行，必受其累，亦无功成也。

宫制其门不为迫，门制其宫是迫雄

《经》曰：“吉门被迫，则吉事不成；凶门被迫，则凶事尤甚。”

宫制其门是凶迫，门制其宫是吉迫。门生宫为和，宫生门为义。

假令开门临三宫，休门临九宫，生门临一宫，景门临七，六宫为吉，门被迫则事不成。

假令伤门、杜门临二宫，八宫死门临一宫，惊门临三四宫为凶，门被迫，则为凶尤甚。

天网四张无路走，一二网低有路踪。三至四宫行人墓，八九高强任西东。

《三元经》曰："天网四张，万物尽伤，此时不可举兵，为百事凶。"又曰："神有高下，必须知之。"谓时得六癸之神，必有高下也。又曰："但将天乙居何地，尺寸低而匍匐之。"谓得癸时神符高下。天乙在三四宫，谓之尺高，遇之不可出，出必伤。若被客围，却从卯、未、酉三宫看，合何门。奇可破，出无妨。

假令天乙在一宫，其神去地一尺，在二宫，去地二尺，皆天上六癸之下，即天乙所加之宫也。当此时必须匍匐，而以右手肩两而前行，遇过十步吉。若天网高三尺以上，可以消息避之，为天网过人。故准此。如天上六癸加一宫，即为一尺高也。五尺以上无碍矣。《万一诀》曰：天网四张时，谓时下得六癸也。癸酉、癸未、癸巳、癸卯、癸丑、癸亥，是为天网有高低者，若有急事，有此时不得不行，当以高行而出。

假令大暑下元用阴遁四局，乙庚之日，日出时为己卯，此时天上六癸在八宫，以天内直符加于二宫，得天任为六癸，下临八宫，即天网高八尺矣。阳遁此例。

《奇门大全》云："天网四张，动众出兵，忌逢。若急事避难作法，一人独出，追兵至此，即自反伤。"

天网者，天上六癸之下是也。其神有高下，在坎高一尺，在坤二尺，震三尺，巽四尺。逾此者，本高不可出也。

如天上六癸直符，加地上一、二、三、四宫，为尺寸低，人即可扬声而去。若临六、七、八、九宫，为尺寸高，天网四张，不用也。时下得此，百事凶，天网四张，此时万事不宜，须合奇门吉，宿亦不宜用。

如破阵，欲取道出，宜两臂横负刀，则呼天辅之名，匍匐而出，则天网自败，无所伤矣。临六、七、八、九宫，其尺寸过人，犹不可用。将兵虽当隐伏，若敌人来攻，当自溃败。

天网四张不可当，此时用事有灾殃。若是有人强出者，立便身躯见血光。虫禽尚自避于网，事忙匍匐出门墙。假令立分丙辛日，时用禺中另四张。禺中，即癸巳时也。

节气推移时候定，阴阳顺逆要精通。三元积数成六纪，天地未成有一理。

一年分四季、八节、二十四气、七十二候。

三元例：乃冬至小寒及大寒，天地人元，一，二、三已载前。一节统三为正宗，下纪乃天支一周十二数，六纪是地支六周得七十二数。以一卦流三节为三元，则共成二十四气。以一节十五日分三候为三元，则共成七十二候。故云"三元积数成六纪"。六纪，乃七十二候之数也。凡一月，节有三候，气有二候。如正月立春节十五日，则东风解冻，蛰虫始振，鱼涉负冰，为三候也。雨水气十五日，则獭祭鱼，候雁北，草木萌动，为三候也。

《奇门总要歌》云“三元超遁游六甲”，亦同此意。所以天地造化，乃一定之理数也。

请观歌里精微诀，非是贤人莫传与。

此歌中之语，句句如神，字字有妙，非是贤者，不可妄传，恐有小辈得诀，入诱小人，为害不浅。遁甲之文，黄帝之师风后，留传太公，至于子房。晋朝盗乱，发子房冢，于木枕中，得此秘文。上有誓诫，曰：不许传于不仁之人。若非其人，必受其殃。得其人而不传，亦受其殃。晋尚书郭璞撰《青囊经》，亦编入《遁甲星奇》一篇于内。此文乃济世之宝，藏之如珍也。弘治乙卯解至丁巳春月重解，至正德戊辰年春方注解类编成册。章贡后学池本理书。

奇门精粹卷七

奇门遁甲大全（三）

景祐遁甲符应经纂

直符加时干之所在，直事天乙之游宫是也。然后以直符加时干，谓所用之时干也。如甲子为六戊，甲戌为六己，甲申为六庚，甲午为六辛，甲辰为六壬，甲寅为六癸是也。以直事临得宫，以所用之时为头，看阴阳逆顺数之。如庚子时至庚子住，辛丑时至辛丑住，即知八门所在。三奇所临，更有天上之星加地下之宿，如此则伏刑格，反跌击墓相入之事，吉凶之方皆可见矣。

甲加丙，为青龙反首，万事吉利。丙加甲，为飞鸟跌穴，万事吉利。乙加辛，为青龙逃走，万事大凶。辛加乙，为白虎猖狂，万事皆凶。丁加癸，为朱雀投江，行兵溃散，万事皆凶。癸加丁，为螣蛇夭矫，万事凶恶。丙加庚，为荧惑入太白，万事大凶。庚加丙，为太白入荧惑，万事大恶。戊加子，为伏吟。八门，六甲不动也。子加午，为反吟，不可用，大凶。以直符加庚，为飞宫格。庚加日干，为飞干格。以直符加刑，为击刑。[①] 直符加刑上，为刑格。[②] 乙奇加坤，为入墓。[③] 三奇入墓为凶时，时干贼日亦凶。

天乙直符所临，为天网时，下得癸，不宜举事。若临一、二、三、四、五宫，为天网，低走者、不远逃者，被获。若临六、七、八、九宫，为天网，高走者、远逃者，不获。

加甲门合吉，甲加乙吉，加丙吉，加丁吉，加戊吉，加己吉，加庚吉，加辛吉，加壬吉，加癸吉。

加甲门合吉宜财。乙加甲凶，加丙吉，加丁半吉，加戊吉，加己半，加庚凶，加辛凶，加壬吉，加癸半。

---

① 如甲子为直符，加卯上是。
② 如击刑例取之。
③ 丁同。又或日加艮。

加乙门合吉，丙加甲吉，加乙吉，加丁吉，加已凶，加庚凶，加辛吉，加壬凶，加癸凶。

加丙门合争法，不合刑色。丁加甲吉，加乙吉，加丙半，加已庚凶，加辛凶，加壬吉，加癸凶。

加丁门合，宜文字，不合凶。已加甲吉，加乙半，加丙丁半，加庚凶，加辛半，加壬凶，加癸凶。

加戊已门合，宜远望，不合凶。庚加甲吉，加乙半，加丙凶，加丁已凶，加辛凶，加壬癸凶，加庚凶。

加庚门不合凶，辛加甲半，加乙凶，加丙吉，加丁凶，加已吉，加庚凶，加辛凶，加癸半。

加辛门不合凶，壬加甲吉，加乙吉，加丙凶，加丁吉，加已凶，加庚辛凶，加癸半。

加壬门合才理，不合天理，癸加甲吉，加乙丙吉，加丁凶，加已半，加庚凶，加辛凶，加壬凶，加癸门合文字制。

释求天正冬至日辰

置距所求，积年自演纪。上元甲子距今，大宋景祐元年甲戌，岁积一千一十五万四千九百五十算外。上考往古，每年减一算；下验将来，每年加一算。以岁实三百八十三万五千六十八乘之，为炁积。分满日法，一万五百余之，为积日，不满为小余。其积满纪法，六十去不尽，为大余。命起甲子，算外即所求。天正冬至日辰，若求诸气大小余者，置冬至大小余，每炁加一一十五日，小余二千二百九十四分半。小余满一万五百从大余，大余满纪去之。命甲子算外，即诸炁日辰及小余数终。

释诸求发敛加时

置其气小余，加中星辰法四百三十七分半，乃以辰法八百七十五除之，为辰数不满。以刻法一百五除之，为刻又不满。为分其辰数，命起子初，算外即得其气，发敛加时辰刻及分。

释求天正十一月经朔日辰

置天正冬至炁，积分满朔，实三十一万七十一杪，二十四去之不尽。减炁积，分满日法，一万五百余之，为积日，不满为小余。其积日满纪法，六十去之不尽，为大余。命起甲子，算外即天正十一月，经朔日辰及小余。若求诸朔日者，以朔策二十九日，小余五千五百七十一杪，二十四气累加之。杪满百，从小余；小余满一万五百余日，从日分。满纪法去之，命甲子，算外其朔日辰及余其有进退者，但命日辰为定也。

释天乙直使起宫异门

王璋曰：“天乙直使起宫异门者，谓门相冲也。”阴阳二遁各有二使，假令冬至后阳使起一宫，阴使起九宫，夏至后阴使起一宫，阳使起九宫。故曰：“起宫异门相冲”。冬至已后，阳使初起，休门直事，阴使，起景门；夏至已后，阴使起景门，阳使起休门，故曰“直门相冲”。

今之用遁者，自冬至已后一百八十二者，六十二分半，历子午之东部，阳气用事，惟用阳；使夏至过后一百八十二者，六十二分半，历子午之西部，阴气用事，惟用阴使。古经云：“冬至后用阴使，夏至后用阳使，则不显鬼神隐伏之事。”故也。

释一顺一逆时应节变

葛洪云：“冬至炁应阳使顺行，阴使逆行；夏至炁应阴使顺行，阳使逆行。”时应节变者，全用算法，各求二至加时气应，以明之毕。二十四气各求加时，炁用遁起，超神接气，得精微之要。使吉凶有凭，用之无误矣。

释二遁直符合于中宫

葛洪曰：“合于中宫者，谓阳遁阳使，冬至上元甲己之日夜半生，甲子初辰起在一宫，历五时至戊辰在中宫，阴使起九宫逆行，历五时亦至戊辰，亦在中宫。阴遁阴使，夏至上元甲己之日夜半生甲子，初起九宫，历五时，戊辰在中宫，阳使起一宫，历五时，戊辰亦在中宫，故曰合也。”

释二遁出于四六

葛洪曰：“出于四六者，谓子时至巳时，阳使出于六，阴使出于四，故曰出于四六也。”

释二遁逾于五七归于九一

葛洪曰：“逾于五七归于九一者，谓阳遁阳使起于一，终于九，归于一；阴遁阴使起于九，终于一，归于九，故曰逾于五七归于九一也。”

释阴阳二遁

汤谓曰：“阴阳二遁者，谓冬至以后，自一至五为阳遁，自五至九为阴遁；夏至以后，自九至五为阴遁，自五至一为阳遁，故五宫为阴阳共道。冬至后，五宫半南为阳道，半北为阴道。夏至后，五宫半北为阳道，半南为阴道。凡直使在五宫之时，利客不利主。

释八门所主

开门宜远行征讨，所向通达；休门宜集万事，治兵习业；生门宜见贵人，营造百事；伤门宜渔猎捕讨，行逢盗贼；杜门宜邀遮隐伏，诛伐凶逆；景门宜上书遣士，突破阵围；死门宜行刑诛戮，吊死送葬；惊门宜掩捕斗讼，攻击惊恐。

以上八门，有开、休、生三门，宜出其下。若更合三奇吉宿，最为上吉。五凶门不可出其下，须避之可也。

释九星吉凶

《三元经》曰："时下得天辅、天禽、天心为上吉，天任、天冲为次吉，天蓬、天芮为大凶，天柱、天英为次凶。更以五行旺相言之，若大凶之星得旺相，即小凶；若小凶之星得旺相，及吉门吉星，无气则中平。"以意审之，假令冬至后时下得天任吉宿，乘相气为上吉也。忽乘死囚，又为中平矣。

释九星休旺

《三元经》曰："九星休旺，谓九星各旺于我生月，相于同类月，死于生我月，囚于官鬼月，休于财月。亥子水，寅卯木，巳午火，申酉金，辰戌丑未土。金、水、木、火、土，[①] 金、木、土、水、火。[②] 克我鬼，我克财，生我者父母，我生者子孙。"

假如天蓬星是水星，旺于寅、卯月，相于亥，子月，死于申、酉月，囚于辰、戌、丑、未月，休于巳、午月是也。

释九星所主

天蓬星名子禽，常主一坎水休门。

主杀人，惟利客。又曰：春夏用之，军大胜，秋冬用之有灾凶。

天芮星名子成，常主二坤土死门。

受道结交天芮星，行兵值此结其宗。半道相逢雷雨作，出军败将百无功。

天冲星名子翘，一云翅，常主三震木伤门。

宜报仇攻击。又曰：天冲之宿星之英，用时逢此主昌荣。更得三奇合此宿，折冲

① 相生。
② 相克。

千里振天声。

天辅星名子卿，常主四巽木杜门。

天辅之时宜设礼，行军千里振天威。

天禽星名子公，常主五中央土。

上将功臣封爵禄，鞠旅陈师敌自亡。

天心星名子襄，常主六乾金开门。

上将提兵功百胜，不宜春夏恐凶临。

天柱星名子韦，又子由，常主七兑金惊门。

天柱藏形并固守，权兵挥武总无功。

天任星名子申，又子章，常主八艮土生门。

天任之时宜庆贺，主将提兵功奏凯。

天英星名子然，又子威，常主九离火景门。

天英出入事虚强，战斗之时大吉昌。

若欲远行出门者，皆从吉门向方，呼其星之名，而出行六十步，左回太阴中大吉。五阳时宜出行，若吉事从吉门，凶事从凶门，若生门宜见贵人，惊门宜掩捕是也。

释三甲合

上局仲甲，谓甲己之日夜半生甲子，丙辛之日日中甲午是也。此时关格刑德，俱在内用兵，若先举者败，不可以出入，利于逃亡，主客俱不利。

中局孟甲，谓戊癸之日平旦甲寅时，乙庚之晡时甲申是也。此时阳气在外，利藏兵固守，不可出，利主不利客。

下局季甲，谓丁壬之日入时甲辰，甲己之日黄昏甲戌是也。此时阳气在外，阴气在内，利出行动众，百事皆吉，利客不利主。

又六甲之夜半子时，三甲皆合，谓今日是直符并。时下是甲，故名之曰三甲合也。

释三奇得使

葛洪曰：若得三奇之使，尤益其良，谓在此六甲之上，自得所使之奇，甲戌、甲午，乙为使，甲子、甲申，丙为使，甲辰、甲寅，丁为使。

假令阳三局 丁亥时 大寒上 春分上 雨水下 芒种下 乙壬辛 乙奇丁庚丙 己戊癸	并用此局，乙庚之日人定为丁亥时也，此时六乙日，奇临九宫，甲午是为乙奇得使。	假令阴三局 壬辰时 夏至中 寒露下 白露中 立冬下 己癸丁 丙奇辛丙癸 乙戊壬	并用此局，丙辛之日食神是壬辰，六乙日奇，下临九宫，甲午是为乙奇得使。

假令阳五局 丙午时 小寒下 谷雨下 立春中 小满上 丁庚己 丙奇壬戊癸 乙丙辛	并用此局，丁壬之日，日中为丙午，此时六丙月奇，下临一宫，甲子是为丙奇得使。	假令阳五局 己亥时 小寒下 谷雨上 立春中 小满上 丁庚己 丁奇壬戊癸 乙丙辛	并用此局，丙辛之日，人定为己亥时，此时六丁星奇，下临四宫，甲辰是为星奇得使。

假令阴六局 丁丑时 夏至下 寒露上 白露下 立冬上 壬乙戊 丙奇丁己癸 庚辛丙	并用此局，乙庚之日鸡鸣为丁丑时，此时六丙月奇，下临一宫，甲子是为丙奇得使。

假令阴六局同。

并用此局，乙庚日禺中为辛巳时，此时六丁星奇，下临八宫，甲寅是为星奇得使。

释三奇之灵

葛洪曰："三奇之灵，宜以出行。"三奇者，六乙为日奇，六丙为月奇，六丁为星奇，与善神并开、休、生三吉门合，则为奇之灵也。三奇与三吉门，其中合共临之即是。吉道清灵，此时此方可以陈兵行营，征伐操练，扬兵耀武，发号施令，俱吉。又曰：宜求福、安社稷、化人民。

丙庚辛 乙奇戊壬乙 己未时 癸丁己	假令冬至下元阳四局，戊癸之日日中为戊午时，此时戊在四宫，以直符天英加时干六戊，即休门合六丁星奇，下临六宫，西北此方吉。

王璋曰："九天之上六甲子。

谓六甲为直符，当战斗之时，士众背直符，所临之官，而击对冲，无不胜。故《经》云"扬兵九天之上"。所以甲为九天之上者，谓阳称乾，乾主壬甲，乾为天道上升，则甲至壬为九，故六甲为九天。以六甲皆称甲子者，是六甲之始，支干之长，皆称甲子故也。

九地之下六癸酉。

谓"六癸酉"为九地之下者，《易》称坤之六乙、癸，又坤为地道下降，从乙逆数至癸，亦九，故六癸为九地之下。六癸皆称癸酉，乃是甲子之中，故凡逃亡绝迹者，宜从六癸之方，避敌亦然。出入无人见者，以癸者阴干之中，故为九地而言六癸酉也。

三奇之灵六丁卯，

谓六丁为三奇之灵，凡出入用兵，战斗皆从天上六丁所临之方而去者，百事皆吉。故《经》云："能知六丁，出幽入冥，至老不刑。刀虽临项，犹安不惊。"盖六丁者，六甲之阴神，各有名字：丁卯之神，字文伯；丁丑之神，字文翁；丁亥之神，字文公；丁酉之神，字文卿；丁未之神，字文通；丁巳之神，字庭卿。凡有用事，出入、六丁之时，宜合呼其神之字，当得庇佑。故云"三奇之灵"。六丁皆然，特举丁卯者，亦举甲子一旬，以明前甲子也。

六合之中六己巳。"

谓六己之位，皆为六合之中，凡为阴谋秘密之事，宜从天上所临六己之方而出入。故《经》云"六合为私门，出入无有见者，故以己巳为六合之中"者，谓从甲数至己，六甲与己合，故为六合。六己巳者，亦举甲子一旬之义也。

释九天九地太阴六合

张良曰："九天之上，利以扬兵；九地之下，利以伏藏；太阴六合之中，可以逃亡。冬至阳遁，天上直符，后一九天，后二九地，前二太阴，前三六合；夏至后阴遁，天上直符，前一九天，前二九地，后二太阴，后三六合。"

六○ 合 ○○ 九九 天地	假令阳遁上元一局甲己之日平旦丙寅，天上直符临八宫，即后一九天，临一宫，后二九地，临六宫，前二太阴临四宫，前三六合临九宫。	太丙 阴寅 六九 合天 ○九 ○地	假令阴遁上元九局甲己之日平旦，直符临二宫，即前一九天，临七宫前二九地，临六宫，后二太阴临四宫，后三六合临三宫。

释伏吟

汤谓曰："子来临子为伏吟，此时不宜用兵，惟宜敛财货。"凡六甲之时，直门符皆是伏吟。

假令冬至上元阳一局，甲己之日半夜生甲子，天蓬直符皆临一宫，时干在一宫，休门直事在一宫，此时门伏吟皆伏吟。

释反吟

汤谓曰："子来加午为反吟，此时不利举兵动众，惟利恤民散仓廪之事。"凡门符对冲对，皆是反吟。

壬甲乙 申子丑 辛乙己 庚壬丁 丙戊癸	假令冬至上元一局甲己之日鸡鸣为乙丑时，此时六一在九宫，以天蓬加时干，即是直符反吟。其日，日晡为壬申时，此时九宫以直事一宫，休门加之，即是直门反吟。

释遁甲利客

《经》曰：天蓬星水也加九宫火也，利于为客。若在秋冬之月，或壬癸亥子日，临战有黑云黑气从北来助战，大胜。

天心金、天柱金加三宫水、四宫木，利于为客。若在季夏并秋月，庚、辛、申、酉日临阵，有白色云气，从西北来助战，大胜。

天任土、天禽土、天芮土加一宫木，利于为客，吉。若在四季，戊、己、辰、戌、丑、未日，有黄色云气，从东北或西南来助战，大胜。

天辅木、天冲木二宫土，利于为客，吉。若在冬春之月甲、乙、寅、卯日，有青色云气，从东南来助战，大胜。

释遁甲利主

《经》曰：天英星火临一宫水，利于为主，吉。若在秋冬之月壬、癸、亥、子之日，有黑色云气从正北方来助战，大吉大胜。

天任土、天禽土、天芮土临三宫木、四宫木，利于为主，吉。如在冬春之月甲、乙、寅、卯日，有青色云气从东南来助战，大胜。

天辅木、天冲木星临六宫金、七宫金，利于为主，吉。如在季夏及秋月及庚、辛、申、酉日，有白色云气从西方来助战，大胜。

天蓬水临八宫土加二宫土，利于为主，吉。如在季月辰、戌、丑、未、戊、己日，有黄色云气从东北方或西南方来助战，大胜。

天柱金、天心金星如九宫火，利于为主，吉。如在春夏之月丙、丁、巳、午日，有赤色云气从南方来助战，大吉，大胜。

释门迫

《经》曰：宫制其门则不为迫，门制其宫则为迫。若吉门被迫则吉事不成，凶门被迫则灾尤甚。

假令开门金，临三宫木、四宫木，休门水临九宫火，生门土临一宫水，景门火临六宫金、七宫金，此为吉门被迫，则吉事不成。

假令伤门木临八宫土、二宫土，死门土临一宫水，惊门金临三宫木，此为凶门被迫，凶灾尤甚矣。

释天遁甲

天遁者，生门与六丙月奇合，临于六丁之上，为天遁。此时得月精之蔽。

乙酉时癸己丁 丙辛 丙庚 戊乙 壬生	假令阳遁四局，乙庚之日，日入为乙酉时，天心直符加时干六乙，开门直事加时七宫，即生门与六丙月奇临六丁于一宫，是为阳局之天遁也。	庚申时丙己癸 丁壬 乙戊 庚生 辛丙	假令立夏下白露下、寒露下、立冬上，并用阴遁六局，戊癸之日晡时为庚申时，天蓬为直符，加时干六庚休门，直事加四宫，即生门与六丙月奇合，临六丁于九宫，是为阴局之天遁也。

释地遁甲

地遁者，开门与六乙日奇合临于六己之上，为地遁。此时得日精之蔽。

辛卯时乙壬戊 伤己乙 丁癸 辛庚丙	假令冬至上、惊蛰上、清明中、立夏中，并用阳一局，丙辛之日，日出时为辛卯时，天冲为直符，加时干六辛伤门，直事加二宫，即门与六乙日奇合，临六己于二宫，是为阳局之地遁也。	丙寅时戊壬乙 丙庚辛 癸丁 开己乙	假令夏至上、白露上、寒露中、立冬中，并用阴遁九局，甲己之日平旦丙寅时，天英为直符，加时干六丙景门。直事加时七宫，即开门与六乙日奇合，临六己于八宫，是为阴局之地遁也。

释人遁甲

人遁者，休门与六丁星奇，合前二太阴，中为人遁，此时得星精之所蔽。

己巳时戊壬乙 丙庚 休辛丁 癸丁己	假令冬至中、惊蛰中、清明下、立夏下并用阳遁七，为乙庚之日夜半丙子时，天任为直符，加时干六己，景门直事加时四宫，即休门与六丁星奇合，后入阴中，临六宫是为阳局之人遁也。

凡得三遁之时，出奇门，百事大吉。

释三奇入墓

葛洪曰：“三奇入墓者，谓乙未时为日奇入墓，乙为日奇，乙未墓在未，故为日奇入墓之时；丙戌时为月奇入墓，丙火墓在戌，故为月奇入墓之时也。丁奇亦丙火同。”

凡遇丙辛之日，日昳是为乙未日奇入墓之时。遇乙庚之日黄昏丙戌，是月奇入墓之时也。

王璋曰："经所谓三奇入墓者，谓六乙日奇临二宫，六丙月奇临六宫，六丁星奇临六宫，谓之三奇入墓也。"

乙巳时 辛乙己 庚壬丁 丙戊癸	假令冬至上、惊蛰上、清明中、立夏中并用阳一局，丁壬之日昳时乙巳，六乙日奇临二宫，为日奇入墓也。	丁丑时 乙辛己 戊丙癸 壬庚丁	假令夏至中、白露中、寒露下、立冬下并用阴三局，乙庚之日鸡鸣丑时，六乙日奇临二宫，为日奇入墓也。

庚寅时 戊壬庚 己乙丁 癸辛丙	假令大暑下、处暑中、秋分下、大雪上并用阴四局，丙辛之日平旦庚寅，六丙月奇临六宫，是为月奇入墓也。	辛卯时 辛乙己 亥壬丁 丙戊癸	假令冬至上元阳一局，丙辛之日日出辛卯时，六丁星奇下临于六宫，是为星奇入墓也。

凡遇三奇入墓，纵得吉宿奇门，不可做事，百事皆凶。

释六仪击刑

葛洪曰：六仪击刑者，谓甲子直符时加卯，子刑卯，卯刑子也。

甲戌直符加未，戌刑未，未刑戌也。甲申直符加寅，寅刑巳，巳刑申也。甲午直符加午，午自刑也。甲辰直符加辰，辰自刑也。甲寅直符加巳，寅刑巳也。

王璋曰："甲子直符临三宫，甲戌直符临二宫，甲申直符临八宫，甲午直符临九宫，甲辰直符临四宫，甲寅直符临四宫。"

假令阳一局，甲己之日夜半甲子时，直符至日出卯时，是六仪击刑也。

假令至日昳未时，以直符甲子，加时干六辛于三宫，即是也。刑遁仿此。

释太白入荧惑

汤谓曰："庚为太白，丙为荧惑。若太白入荧惑对敌，宜防贼来。"

乙 辛 己 戊 丙 癸 壬 庚 丁	假令夏至中元阴三局，乙庚日平旦戊寅时，六庚在一宫，以直符天芮加时干于三宫，即六庚下临六丙于二宫，此太白入荧惑也。

释荧惑入太白

汤谓曰："丙为荧惑，庚为太白。若荧惑入太白斗，贼必两退还。"

庚壬 丁 壬 辛 己 乙 丙 癸 戊	假令立冬上元阴六局，甲己之日平旦寅时，六丙在八宫，以直符天心加时干，即六丙下六庚临于四宫，此名荧惑入太白也。

释青龙反首

葛洪曰："六甲加六丙，名青龙反首。凡阴阳二遁，此时可造，百事吉。若更合奇门，利攻战。出行最为良。"

辛 乙 己 庚 壬 丁 丙 戊 癸	假令冬至上元阳一局，甲己之日平旦为丙寅时，此时六甲在一宫，以甲子天蓬直符加时干六丙八宫，此名青龙反首也。

释飞鸟跌穴

葛洪曰："六丙加六甲，名飞鸟跌穴。阴阳二遁，此时利为事，出行大吉。营造起动，皆为良美。"

壬 戊丙 庚 辛 癸 丙 乙 己 丁	假令中元阳九局，甲己之日日跌为辛未时，六丙在七宫，以直符天英加时干六辛于三宫，即六丙临六甲于九宫，此时名飞鸟跌穴也。

释天乙伏宫格

《三元经》曰：“六庚加直符，名天乙伏宫格。此时主客俱不利也。”

庚 丙 戊庚 己 辛 癸 丁 乙 壬	假令下元阳二局，甲己之日日晡时为壬申时，此时六庚在四宫，以直符天芮加时干六壬于六宫，即六庚，即六痍下临六戊，直符二宫，此名天乙伏宫格。

释天乙飞宫格

《三元经》曰：“直符加六庚，名天乙飞宫格。当此之时，主客俱不利。”

壬 戊 庚英 辛 癸 丙 乙 己 丁	假令春分中元阳九局，甲己之日日中为庚午时，此时直符在九宫，以直符天英加时干，即直符下临六庚于二宫，此名天乙飞宫格。

释天乙伏干格

《三元经》曰：“六庚名太白所加为格，若加日干，则为伏干格，凡遇此格，主客战斗，俱各不利。”

己 壬 丁柱 丙 戊 庚 辛 癸 乙	假令小满上元阳五局，甲己之日日晡时为壬甲，此时六庚在七宫，以直符天禽加时干六壬于九宫，即六庚下临六甲，日干于二宫也。

释天乙飞干格

《三元经》曰：“今日之干加六庚，为飞干格。此时战斗，主客两伤。”

乙 壬 丁 丙 戊 庚 辛 癸 己	假令小满上阳五局，甲己日日中时为庚午，此时日干加在五宫配坤二宫，以直符天禽加时干六庚七宫，即日干六甲下临六庚于七宫，此名飞干格。

释岁格

《三元经》曰："六庚加今太岁干，名岁格。此时大凶。"

癸 己 辛 壬 丁 乙 戊 庚 丙 乙 壬 丁 丙 戊 庚 辛 禽癸 己	假令立春上元阳五局，岁干在辛，以甲己之日日入为癸酉时，此时六庚在七宫，以直符天禽加六癸一宫，即六甲下临六辛于八宫也。

释月格

《三元经》曰："六庚加今月朔日，为凶时。"

癸 辛 己 壬 乙 丁 戊 丙 庚	假令立春上元阳八局，月朔干在己，以甲己之日日出为丁卯时，此时以直符天任加六丁，即六庚在二宫，下临月朔六己于九宫，此名月朔格。

释日格

《三元经》曰："六庚加今日日干，名曰日格。此时大凶。"

己冲 癸 辛 庚 戊 丙 丁 壬 乙	假令小暑下元阴五局，日干在己四宫，甲己之日平旦为丙寅时，此时以天禽加时干六丙七宫，即六庚在三宫下临日干六己于四宫，此名为日格。

释时格

《三元经》曰："六庚加时干，名为时格，亦伏吟格。此时不可举事，用兵大凶也。"

庚 丙 戊 己 辛 癸 丁 乙 壬	假令小寒上元阳二局，丙辛日鸡鸣为乙丑时，此时六己在三宫，以直符天辅加时干，即六庚下临六己于三宫，此为时格。

凡六庚为直符，即十时皆格也。

释大格

汤谓曰："六庚加六癸，为大格。此时百事凶。谓天上六庚临地下六癸，此时不可举事，遗失不可求，不在。"

戊 壬 庚 己 乙 丁 芮癸 辛 丙	假令以直符天辅加时干六丙在六宫，即六庚下临六癸于八宫，此名大格。

释刑格

汤谓曰："凡六庚加六己，为刑格。谓天上六庚加地下六己，此时车破马伤，中道而止，士卒逃亡。凡所行，皆凶。"

己禽 丁 乙 戊 庚 壬 癸 丙 辛	假令大寒上元阳三局，甲己之日平旦为丙寅时，此时六庚五宫而寄理坤二宫，以直符天冲加时干六丙，即六庚下临六己于四宫，此名刑格。

释青龙逃走

王璋曰："六乙加六辛，名青龙逃走。此时不可造百事，凶。"

丙 庚 戊 乙 丁 壬 辛 己 癸	假令立秋上元阴二局，丙辛之日人定为己亥时，此时六乙在三宫，以直符天任加六己于一宫，即六乙下临六辛于八宫，名青龙逃走。

释白虎猖狂

王璋曰：“六辛加六乙，名曰白虎猖狂。此时不可举动百事，凶。”

丙 庚 戊 辛乙 丁 壬芮 辛 己 癸	假令小暑中元阴二局，甲己日壬申时，此时六辛在八宫，以直符天芮加时六壬七宫，即六辛下临六乙于三宫也。

释朱雀投江

王璋曰：“六丁加六癸，名朱雀入江。此时忌为百事。”

乙 辛 己心 戊 丙 癸 壬 庚 丁	假令夏至上元阴三局，甲己日日晡为壬申时，此时六丁在六官，直符天冲加时干六壬八官，即六丁临六癸于七宫，此名朱雀入江也。

释螣蛇夭矫

王璋曰：“六癸加六丁，名螣蛇夭矫。此时所为不利。”

戊 癸 丙 乙 己 辛 壬 丁 庚	假令冬至下元阳四局，丙辛之日夜半戊子时，此时六癸下临六丁于一宫，名螣蛇夭矫。

释时悖格

汤谓曰：“六丙所加此，名时悖。悖者，乱也。为天上六丙，临年、月、日、时干。直符类同，六庚所加之义，凡举百事用兵，遇悖，主纪纲紊乱，凶也。”

假令冬至中元阳七局，丁壬之日日昳为丁未时，六丙在五宫寄坤二宫，以直符天芮加时干，即六丙下临六丁于四宫，此名时悖也。

凡遇六丙六庚之宫，为直符加时干，即此时皆为悖凶时，宜审之也。

释遁甲五阳所利

《三元经》曰："五阳利以为客，当为之时，即先举兵，高旗鸣鼓，耀武扬兵，以决胜。"谓时下得甲、乙、丙、丁、戊五干善神治事，可以出军、征伐、远行、求利、立国、建邑、安邦、立社稷、化人民、临武事、入官、移徙、嫁娶、造举百事，吉。逃亡者不可得。《经》曰："直使之行，一时一易，行阳，利以为客。"故曰："得阳者，飞而不止。"五干在子、午之东部，生气也。故利客先举。

假令甲己之日夜半时甲子，自子至辰时，得甲、乙、丙、丁、戊是五阳时，利为客，宜先举，不拘阴阳二遁，皆如此例也。

释遁甲五阴所主

《三元经》曰："五阴时利以为主，即后举兵，低旗衔枚待敌，时至而后动，以决胜。"谓时下己、庚、辛、壬、癸五干恶神治事，不可拜官、移徙、婚姻、远行、造举百事，大凶。逃亡者可得。宜为密谋筹策，集会武略，祷祠宜福。《经》曰："直使之行，一时一易，行阴，利以为主。"故曰："得阴者，伏而不起。"五干在子、午之西部，死气也。故利主后动也。

假令甲己之日夜半时甲子，自巳至酉时，得己、庚、辛、壬、癸，是五阴时，利为主后动，不拘阴阳二遁，皆如此例也。

释之三避五

《三元经》曰："天道不遂，三、五返复之。三避五魁。"然独处三为生气，故之三也。五为害气，故避五也。三为威，五为武，盈于三，衰于五，匹马只轮，有反无顾。

假令冬至上元阳一局，甲己之日夜半为甲子时，至平旦为丙寅时，得此之三时为生气，利百事。故曰：之三至食时为戊辰时，此五时为害气，故凶。百事不可举，故避之也。

释德威之时

葛洪曰："六丙为威，六甲为德，利以为客，宜发号施令。入其国，犬不吠，马不鸣。回车止轮，折冲万里，不敢有声。兵来向者，还自灭形，贼必亡矣。天兵来助，敌人自恐。天兵扶行，敌人自惊。将兵征伐，为客大胜。若此时，不利为主，惟宜固守屯营，以待天时。"

释三奇游六仪即玉女守门时

《三元经》曰："三奇游六仪，利以宫庭燕会，喜乐之事。"六仪者，六甲也。三奇者，乙、丙、丁也。谓乙、丙、丁游六仪之上，甲子旬有庚午，甲戌旬有己卯，甲申旬有戊子，甲午旬有丁酉，甲辰旬有丙午，甲寅旬有乙卯，此时玉女守门之时也。

释天辅时

《三元经》曰："天辅之时，有罪无虞。斧锧在前，天犹赦之。"

谓甲己之日，时下得己、庚、乙、丙、辛、丁、壬、戊、癸、己时，下得甲故也。

假令甲己之日日中己巳，乙庚之日晡时甲申，丙辛之日日中甲午，丁壬之日食时，甲辰、戊癸之日平旦甲寅，是天辅时，此时有罪自释。

释天网四张

《三元经》曰："天网四张，万物皆伤。此时不可举用，万物皆凶。"又"神有高低，必须知之"，谓时下得癸之时，神有高低也。

假令天一在一官，其神去地一尺，在二官，高二尺，谓天上六癸之下，即天一所加官也。当此之时，必须匍匐而去，左右肩刃而行，十步吉。若天高二尺，以上可以消息避之，为天网过人，故准此用之。

释四时所利

《三元经》曰："春夏之节，杀气潜藏俱下，阳气在上也。若战斗对敌，利居内平野之地。冬秋杀气飞腾，居上阳气在下也。若对敌，利居外丘陵之地。盖乘其杀气也。"

释亭亭白奸

王璋曰："亭亭者，天乙贵神也。背之而击其冲，大胜。其法以月将加时神，后不是。"

假令正月登明为月将，加午即神后，临未为亭亭所在。又一法，子日在巳，丑日在午，顺行十二辰背之吉。

"白奸者，天之奸人也。合于巳、亥格，于寅、申当合之时，俱背之当格之时，背亭亭向，白奸，其法以月将加时，寅、午、戌上见神，是白奸之位，常以寅、申、巳、亥为四孟。"

假令正月登明为月将，加午即登明临子，即白奸在亥。此类推之。又法：寅、午、戌日在亥，亥、卯、未、日在辰，申、子、辰日在巳，巳、酉、丑日在申，背之吉。

奇门精粹卷八

奇门遁甲大全（四）

遁甲穿壬

详推六甲所由起，创置乃自于轩辕。得元女阴符之术，战蚩尤涿鹿之野。考星宿兮审方位，律天象兮奠山川。法混沌而立太极，

上律天宿之星象，下奠山川之方隅，以九宫合成一局。

分两仪而遁阴阳。

自冬至一阳生，为阳九局；夏至一阴生，为阴九局。

应四时而分四象，运八卦而周八方。总不外五行之理，爰发明动静之常。相摩相荡，为翕为张。布十干而奇仪听令于甲，

奇仪乃甲之使，是六甲符头，得三奇之使。

列九星而吉凶受命于符。

从符之五行，论其生克门官，俱要生符。六壬在日干，奇门在时干。

镇中宫而八门环向，无往不利；

巡奇乃随局用也，非专用坤之死门。不但用宫要相生，更要所用之宫与门奇星符相生旺相。

守一甲而三奇得使，休咎先知。

如甲午直符，下临六乙，则看本日、本时乙上直某星，以月将加时。乙上系何神将，便知未来动静。此言甲午旬中当日之乙时也。要知休咎，必本中黄。

是故用局之法，变转无穷；六甲之除，二方相蒙。直符常加甲之止，直使常加乙之宫。

甲之止，止于时干。中宫巡寄八门乃随局更使也。乙，终位也。道不空其终也，必有一门加其上也。

遇奇而符门分遁，

奇仪星符，俱阳顺阴逆，若八门则阴阳皆顺布，故曰分遁。

值戊而元首攸同。满十时而法遍，至六癸而数终。星随符而并制，

直符周遍六仪而止，吉凶悔吝，故皆以符头为主。

门异遁而同宫。

八门飞遁，生克亦随宫断，故伏吟则俱归本位。

毕五日而支干相续，尽三元而首尾交通。明拆补而归余闰，

每一节十五日二时零五刻，推拆归闰。上局闰于五日之后，中局闰于十日之后，下局闰于十五日之后。

审节中之所穷。详干支之起义，识伏遁之所从。

即春开冬阖之义。故万物化生于甲，孳息于子，茂盛于戊。

至消减而成一纪，故甲戌常随六己。

戌为灭，己为理，有条贯而成纪，则渐消灭。

坚甲于申而身形更实，故甲申常随六庚；

庚主秋金，万物至秋而实，凡事亦然。

长大于午而更体益新，

午为长大，辛为更新。

必怀妊而后振动，故甲辰常随六壬。律途穷而揆革，故甲寅常随六癸。

寅为律，癸为揆，由生物之律途引而达之，而萌芽始揆藏而发。

乙为盘屈而萌，丙为昭著而炳，丁为长养而强。东阳之极为日，

乙居东为日奇，以日之东升。

离火之精为月，

丙居南为月奇，离日而明。

积阴之著为星。

丁为太阴星奇。

分日月星而为三奇，周一局六甲为六仪。列八卦而运八节，列九星而分九宫。是故五行之德，以地承天。

天一生水，地六承之。地二生火，天七承之。天三生木，地八承之。地四生金，天九承之。天五生土，地十承之。此河图之数，五行之始，谓天行炁之象，犹妻承夫之义也。

镇于五方，

北方阴炁所积，水居北；南方阳炁盛动，火居南；东方阳炁所生，木居东；西方阴炁所禁，金居西；中央吐纳万物，故土居中。

列为五色，

青居东，象木。赤居南，象火。自居西，象金。黑居北，象水。黄居中，象土。此五行正色也。从金生水而一白居坎，水还于地而二黑居坤，以水生木而三碧居东，木坏金炁而四绿居巽，五为天地之中，故土黄无变，从而生金，则得金之正色，而邻于水，从而受丁火，则受火之赤色而归兑，纳丙火，则受阴之凝结而归艮。水居北方，与南为对。离为阴火，积阴之著，映带于水，故其色为紫。

发为五声，

宫土，商金，角木，徵火，羽水。

酿为五性，

即仁、义、礼、智、信。

通为五味，

通于口者酸、苦、辛、咸、甘。

动为六情。

喜、怒、哀、乐、爱、恶。

喜居巳酉，

西方之情，喜行宽大。金生于巳，盛于酉，故巳酉得位而知喜。

怒征亥卯，

东方之情主怒，怒行阴贼。木生于亥，旺于卯，故亥卯见而征其怒。

哀占丑戌，

方之情主哀，哀行公正。戌为穷火，丑为穷金，金刚火强，各刑其下方，穷而无归则哀。火性主无私，金性方刚，则公正，故丑戌见而知哀。

乐归辰未，

上方之情主乐，乐行奸邪。阳气所萌，辰为穷水，未为穷木，木落返本，水流趋东，穷而傍出，奸邪生焉，故辰未见而知乐。

申子主好，

北方之情主好，好行贪狼。水生于申，盛于子，触地而皆行，触物而皆润，贪而无厌。故申子见而徵其好。

寅午主恶。

南方之情主恶，恶行廉正。火生于寅，盛于午，火性炎猛，无所容受，故寅午见而知恶。

杓指四方：东动，西齐，南任，北伏。

东主震动，故曰伤。西主洁齐，故曰惊。南主孕育，故曰景。北主潜伏，故曰休。以斗杓所指而定四方正位也。

隅开四门，阖辟相倚，生死相承。

天门在戌亥之间，秋冬相交之际，由阖而开。地户在辰巳之间，春夏之交，由开而杜。人门在申未之间，秋夏之交，既成而死。鬼户在丑寅之间，春冬之交，死而复生。此八门之定位。

八门以立，九星以定，禽星居中，相时而出，上应星宿，下占地灵，参为三才，

号曰天禽。

从古英豪，必炼合禽星，始能号召符门，周游八极，若天禽无主，符门不灵。

佐以八星，逐队而轮。

趋五飞乾，正使符游八宫。

逢坎而休，

禽土入水而休美。

入坤而死。

禽见坤土而收藏。

冲震而伤，

禽土入木而震动。

顺风而藏。

禽土入巽而闭塞。

因天之心，

禽土顺天而开物。

立地之维。

禽土入兑，生金坚刚而砥触。

孕育生机，

禽入艮土，孕而生物。

映发万汇。

禽土入离，相火而英。

阳德则舒，阴刑则惨。

甲乙丙丁戊，为阳为德；己庚辛壬癸，为阴为刑。

天禽为主，变化八方。运于六甲，

星符随六甲而转。

闭于六戊。

其法取稗草七节，不拘长短，或暗室之内，或星光之下，取气吸星宿光芒。每一茎稗草行六十六步，放入怀中。其六戊反闭法，载《真人炼星篇》与《六甲六丁篇》内。

遁于六已。

凡金木水火土五遁之法，手掐地户，瞑目运地户之炁，收入尾闾。随符而遁也。外有符有咒。

测于六壬。

壬占休咎最验，故奇门用遁皆推之。

六庚为贼，六辛为刑，六癸为网。直符所加，以主制客。若加符门，以客刑主。

凡占贼之有无，视六庚所临之方，克符则有，无克则无。旺则多而衰则寡。六辛为刑狱，六癸为天网。四张值符头属主，飞符属客，审其所加而避之。

缓则择其门户，急则审符所值。

缓审门之吉凶为出入，急就直符之官，而用其生旺。

加八卦而考其时干，观变爻而趋避凶吉。卦则从门而加，

如休门居离，则为上坎下离。

爻因奇仪而易。

以奇仪所临之官，照甲己子午九歌内数目，逢六除之而测其变化。

干为主之先兆。

如甲子戊五爻变，则就本卦变爻而定我克应。

支为客之所及。

如甲子六乙之官为丑，数八除六，则就二爻而定敌克应。

倘干支而或同爻，视衰旺而知所历。

如戊五、辰五，主客同爻，则当以体用审其衰旺。

如游行之八卦，穷九变而不一。

静卦为主，一变加盘，二变奇仪，三变从支，四变日干，五变日支，六变去上下二爻，七变时干，八变时支，九变则就主客之体用推之。

窥六壬之伏匿，神将岂容恍惚。或从方位而推，

就所临之方位而推之。

或审时支而测。

是指外三传言也。其法以支上壬千临支为初传，壬遁之干为中传，甲辰之上临支为三传也。

四课兮主客攸分，

干为主，阴为客。

三传兮内外并出。

更看神煞加临，自然休咎有准。

千八十兮元女所传，七百廿兮黄帝所立。汉代子房直符随乎时干，执一局而为则。

以直符加时干，只考验于一局。

一十八局兮错综乱变，审伏符兮考验于一。

但能考验伏吟之一星一门，而八门不能尽合。

分壬遁而二之，

从天乙而加飞官，此受自黄石公者也。

用直符而代天乙，

局既错乱，则六壬贵神不能合式，以直符代之，则出于九天，潜于九地，而人自莫能御也。

皆一时使用之法，非门星之极则，佐以洛书之数，按八门而向北，直符即天乙宫。据三奇而符门分布，合六壬而来意皆同。审卦爻之克应，识支干之所从。考以主局之定格，

乃《烟波钓叟歌》并黄石公诸篇歌诀。

佐以壬课之吉凶。

以壬课诸书吉凶篇断。

每一时而宫九列，应四方八面以从容。或是壬申壬子日，对星步斗慎勿失。若是壬辰居中位，习炼天禽从此得。寅午戌日火星明，周遍八宫寻凶吉。天地大开此八门，名贤隐遁无踪迹。会得壬遁合羲文，七十二局神出没。八卦静应考图中，

静考所加，如乾父、坤母之类。

五行相属卦爻从。

动求变爻之应。

更就甲辰明感应，

即六壬也。

二十八宿逞威雄。奇门妙诀无过此，元女天机泄此中。

共一十二卷，外加奇门、阴符、元女诸书，而遁甲之用始全矣。

八卦静应章

乾位西北亥戌之间，天之象也。体属金，性刚健，为元首，为君父，为尊长，为寒冰，为龙马，为木果。初爻主在地之应，如变巽，乃木被金克，斫而成器。中爻主人物之应，如变离，乃金逢火锻。上爻主在天之应，如变兑，乃破坏之金。其时主秋冬之交，其色金，得水气而白。

坎位北，阴气积水，天一所生，地六所成。性柔顺，主中男，为雨泽，为江河溪涧，为水族鱼龙，为鹿豕，为蒺藜丛棘，为桎梏悲号。初爻主在地中之陷井，变兑乃酒器、水器破坏之物。中爻主在人，酒醴盗贼。上爻主在天雨泽，变坤乃五谷之类、土水之物。三爻变巽，乃舟楫之类。其时主冬，其色水，居润下，易黑而白。

艮位东北丑寅之间，山之象也。体属土，质凝峙，为峥嵘沉重，为山径丘陵，为狗鼠虎狼狐兔，为瓜果草食，为童男幼子。初爻主在地之应，变离为火，成土石之器，草虫之属。中爻主人物之应，变巽为锄犁之具，变坤为山田土石。其时冬春之间，其色土，藏金气而白。

震位东，阳气生，木触动，冒地而出，为长男，为雷，为竹、木，为龙蛇，为禾稼五谷。性主动，质坚刚。初爻为在地之应，变坤为枝叶，草木初萌。中爻为人物之应，

变兑为刀斧有柄之物，为英雄，勇猛搏噬。上爻为在天之应，为雷电虹霓，变离为中虚而光。其时主春，其色木，伤金气，易青而碧。

巽位东南辰巳之间，质属木，为风，为长女，为云雾，为鸡鹳，为草叶，为文明道术，为花卉桃李。其性主顺，以柔从刚。初爻为在地之应，蔬圃园林，变乾为金刀削过之木。中爻为在人之应，纨扇工巧，变艮木槌，为土上之木器。上爻为在天之应，风云散布，变坎为雨露长养之物。其时春夏之交，其色木，受辛金而绿。

离位南，阳气盛动，火之象也，其性烈丽而明，阴丽于阳，为中女，为炉灶，为鸡雉鱼鳖，为赤色果实，为花卉艳丽，为内柔而外坚。初爻主在地之应，变艮为砚石瓦器。中爻主人物之应，变坎为水火锻炼。上爻主在天之应，变震为旌，号长枪。其时主夏，其色火，映水气而紫。

坤位西南未申之间，地之象也。体属土，性凝重，顺以承天，归藏万汇。为母，为纯阴，为雾障，为圃，为牛马，为五谷蔬果。初爻为在地之应，土器瓦石，变震为锄犁陶冶之器。中爻为人物之应，变坎为水土相并之物。上爻为在天之应，障雾不明，变艮为砖瓦之类。其时夏秋之交，其色土，伤水气，易黄而黑。

兑位西，阴气所禁，体属金，刚中柔外。为少女，为口舌，为缺坏，为太阴星月，为雨泽井泉，为猿猴羊鹿，为时令果实。初爻为在地之应，金石毁折，变坎为酒器壶盏。中爻为人物之应，女妾妓巫，变震为乐器铜铁。上爻为在天之应，星月光灿，变乾乃整新贵器。其时主秋，其色金，受丁火，易白而赤。

门合八卦动应章

休主公事、秀才、僧道。生主谒贵、车马、衣锦、伤主、争斗、血光、罗网、伐木、绳索、渔猎、死亡、失脱。杜主牛马、斗打、牵连、阻塞、迷路。景主五色、文人、道士、虎狼、盗贼、风雷、公事、死主、渔猎、葬埋、绳索、争斗、孝服、哭泣。惊主马死、桥断、雷震、官事、入牢、捕捉。开主贵人、车马、珍宝。

开在乾，为贵重之器，出遇金银铜物玉环，遇一马，见诸物首。

在坎，为晦沉沦，出见水晶珠玉，或零碎合成雨露、鸦雁。

在艮，为土中金石，出见铜铁、走兽、珠石。

在巽，为可食之物，刀斧有柄之物，出遇木果、锄犁、金矢、鹰雕。

在震，为有声之物，出遇钟鼓、鹰雕、桃李杏栗。

在离，为锻金，出遇瘠马、荔榴、红果，味辛辣，见书信。

在坤，为衣裳之类，出遇冠带、金玉、重物、谷豆。

在兑，为铜铁损坏之物，出见刀斧、镜环、肺肝、剥落有壳物。

休在坎，为隐伏物，刀斧、鱼、盐、酒，雨露、卑湿、江湖、舟贼水中物。

在艮，为土石润泽，出见珠玉、豕鱼、酒瓶缸坛之类。

在震，为水木相成，酒器、江楼，出见盆桶、香芃、木耳、梅杏、菱莲。

在巽，为水中物，出遇鱼豕、酒肉、核果、海中物、水草之食。

在离，为水火交结、鼎烹、殽核、菱梅、盐酱、羹汤。

在坤，为水土相成，出见土器盛水、酒缸、米面。

在兑，为刀斧带口水金物，出见酒缸、鱼鳖、菱杏、有壳水物。

在乾，为酒筵器具、公庭讼诉，出见酒器、金钟、盛席。

生在艮，为田园、坟墓、瓦器、瓷缸、刚硬土石、虎狗、上刚下柔物。

在震，为木带土器，出见狐蛇、瓜笋、树根、猪蹄、牛足之类。

在巽，为草木风吹落地之物，出见蛇蚓、瓜果、野味、怪异。

在离，为土石器，中虚火形圆空物，火土相成物，熟食、山味。

在坤，为玉石土中硬物，出见蛇、蚓、芋笋。

在兑，为土石破缺物，出见兔、鹿、鸡、鸭、黔啄、皮壳剥落之物。

在乾，为刚硬成器之物，出见云雾、山障、晴霁、山果、虎狗。

在坎，为上尖下大、下临水岸物，出见蛇、鼠、水物、马饮、牛浴。

伤在震，为鬼神中物，竹木冲地蕃鲜，震惊不宁，出见雷震，日曝虚惊，多动少静，遇鼓食。

在巽，为工巧有声之具，出见乐器、龙蛇，食桃李山蔬。

在离，为文书、花叶有经纬之文，下尖而小，出遇驳马、赤果。

在坤，为萌芽初动，出见豆芽、蛇蚓、酸味。

在兑为金木相成有声物缺破，出遇乐器、饮金钟、伐木。

在乾，为茂林修竹，雷震雹动，出见鹰雕、老马奔途、蟹龟。

在坎，为水中木器，出见舟楫、盆桶、鱼豕、鳞甲。

在艮，为乔林木杵仰攀之物，出见乐器、声振、山蔬。

杜在巽，为山林草木园圃，出见布帛、文禽鸡雉。

在离，为飘扬丽色、坟墓、员灶，出见僧尼、秀士、灯火、食鱼蔬。

在坤，为土中生物，出见乘载之物，寡妇发秃。

在兑，为书信文书琢削物，出见绳槌、金石、权衡、工巧器具。

在乾，为钟鼓、刀剑金中木外物，出见鹅鹤从西北唳风舞。

在坎，为破缺不全物，出见舟车、弓矢，饮食。

在艮，闻山中竹木声，出见飞鸟、笔墨器具、石中声音。

在震，为有声竹木器，山蔬、禽鹤。

景在离，为炉冶、文书、刚燥中虚物，出见龟鳖、牝牛、师巫、灯笼。

在坤，为文书、碗碟、瓷器，出见土器。

在兑，为弧矢、炉冶窑灶，出见干焙煎炒。

在乾，为文书、甲胄、干燥物。晴天出见霞电虹霓。

在坎，为水火激剥、废坏食味，煮而烘炙，五谷碎而复成。

在艮，为瓦器、夜行之具，出见中空物、山禽、飞鸟。

在震，为甲胄、戈矛，出见槁木、蟹蚌之类干燥物。

在巽，为印信文书，出见炉冶、雉鸽燕雀、彩旗。

死在坤，为布帛、舆釜、瓦器、肥马、牛食、土中物。

在兑，为甑瓶、舆釜，出见屠牛鸡之类。

在乾，为方圆重器，出见屠宰、拔苗。

在坎，为布帛丝棉、秽物。

在艮，为坚刚土石、山兽、田具、牛马。

在震，为文书、田契，出见鸦鹊鹰鹞搏噬。

在巽，为文书、农具，见飞鸟翱翔。

在离，为炉灶、井陷、屠宰牛马。

惊在兑，为刀斧铜铁器，喜悦，出见有角兽，鳞介之物，能鸣。

在乾，为雨泽、星日、辛辣，出见狗马羊鹿成群奔溃。

在坎，为鱼鳖、水草，出见废井、崩池、羊鹿。

在艮，为阴私聚合，出见野兽奔逃、金石废器。

在震，为枪戟、长柄之金缺物，出见硬壳物。

在巽，为棺木、箭之镞类、乐器，出见飞鸟奔溃。

在离，为玲珑物，出见歌妓、伶人、金钗首饰。

在坤，为辛辣、宿藏之物，出主拾遗。

奇仪主应章

甲，数之始，六仪之宰，革故鼎新，重谋别用。

乙，为太阳之精，到乾，有黄衣缠钱及麻衣人应，或百日内，或一年，主进财物。

到坎，有皂衣人鼓声应，或执金银器，后七日内主进人口、财物，或色衣人来，主大发。

到艮，有双禽北来，或青衣人、水姓人送物应，或提铁器人，或渔人，或黑白禽，后一年内进财物，三年内大发。

到震，有渔猎人产妇应，或小儿三五成群，或武士持刀枪，或雷声、鼓声，三七日内进财帛，其东方有产难事，主大发。

到巽，有白衣人乘马，火惊，或小儿来，或树自枯死，或东方自缢，主大发，后一年内生贵子，进田产。

到离，有患目人及骑牛、白禽、犬、猪，或患足人来，或小儿牵牛来，黑白禽从东南飞来，三七日内进猪、犬，后一年内大发。

到坤，有孝衣人、鸡、犬、牛、马，雷震，或患双目人，或雷伤西方牛马，大发，二七日内进猪、鸡物，六十日内进契书。

到兑，有女人及持铁器人破缺损坏物应，或三五女人来，或东方人家牛马自损，三七日内进商姓人田地或生气之物。

丙，为太阴之精，利明不利暗，到乾，有黑衣人，见双飞禽，或南方人家女子产死，百日内进女子、财物。

到坎，有执杖人、白禽东方来，西方惊散，或黄白飞禽从西北来，东方人家火惊，大发，后六十日或一百二十日内进田地契书。

到艮，有小儿及持铁器人，见牛马，或青衣贵人过，或小儿啼哭声，或渔人，三七日内进金银、青色物，百日内进田契，一年内进白马。

到震，见武士、持铁人，闻雷声、鼓乐，或渔猎人，或小儿成群来，三九日内进生气物，一年内生贵子。

到巽，有色衣人、贵人应，闻锣鼓曲声，或南方有惊慌事，或火惊，主大发，七日内贵人到家，进色衣人财，进契书。

到离，黑黄二鸟应，田畔蚕丝见，七日内或六十日内进横财，一年内进田契，大发。

到坤，见皂衣人，闻东方鹊噪、鼓乐声，三七日内进女人、财物，一年内进绝户田地，大发。

到兑，有执杖人或抱小儿人，鼓声响，或艮、坤二方老人死，大发，七日内进财帛，百日进人口，一年内进田地。

丁，为玉女，得之者生，失之者死。若合壬遁发用更应丁加螣蛇，见马走丁加白虎，见孝服加太常，见术艺加太阴天后，见女人走加天空，见奴婢走加元武，见贼走加朱雀，见口舌斗争加勾陈，见兵戈动加青龙，见马奔腾加六合，见子孙远出加六庚，六辛为凶动。

到乾，执斧人、牵猪人应，三七日内进金银钱物，一百二十日或一年内进黑白生气物，大发。

到坎，见抱小儿人，西北黑风雨作，或西北方上有人自缢暴卒，大发，二七日内进黑色财物。

到艮，见小儿持青黄色器，或人持文书纸笔来，或小儿抱铁器，三七日内进青黄白色财物，一百二十日进人口契书。

到震，有人持牲酒来，南方禽应，或两女人从南来，又担酒至，七日主进黄白及牲畜物。

到巽，见小儿乘牛遇风雨，见人落水，三日内进人口，三七日内进横财。

到离，见赤衣人东方斫木，或青衣人至，或青鸟成群来，七日内有人送酒物，进人口，进财。

到坤，有黑禽飞，女人担水，或青衣人至，三七日内进水中物，此方水冲田破时发。

到兑，有人将纸笔，或张网人应，或黄鸟来，七日内进猪鸡，二七日进契书，艮、坤二方有人暴卒，火惊时发。

甲加六戊，见小童牧牛。

加六己，木见枯木、火灰。

加六庚，见刀斧铁器。

加六辛，见药杵、骡马。

加六壬，见鱼鳖相惊。

加六癸，见花果文兽。

支应章

子见坎，为鼠蝠、水中物鱼蟹。

见艮，石灰、蚕丝、道术、孕妇、文人。

见震，邪奸、木炭、梯具、文墨、豆。

见巽，哭泣、文史、燕乐、蔬圃、绳索。

见离，文墨、衣裳、图画。

见坤，惊疑、僧道、邪私、珠玉、�、大豆、丝棉、布帛。

见兑，瓶盏、浴盆、螺鳖。

见乾，首饰、珠玉、师巫、僧尼。

丑见坎，珍珠、龟鳖。

见艮，牛、犀、象、土石器、车轮、表奏。

见震，枯物花榭、桑木。

见巽，荐席、车轮、鞋履。

见离，紫色物、皂色物。

见坤，饭食、六畜。

见兑，酒器、钩巨。

见乾，马驴、珍珠、宝石、首饰。

寅见坎，猫、葫芦。

见艮，虎、猫、砧。

见震，文章、椅桌、丛木。

见巽，道人、茄果、稻席。

见离，五色火盆、神像。

见坤，风、医、僧、苗。

见兑，宝刀、剑器。

见乾，吏、火、长毛狗、四角物。

卯见坎，狐、水陆具、木勺。

见艮，竹木、米、砚、狐、貉、兔、术人。

见震，竹床、木栗。

见巽，鼓、笛、管籥、播竿、花木。

见离，笙簧、椒炉、马，驴、骡。

见坤，术人、晚稻、米、果。

见兑，盘盒、刀俎、杻械。

见乾，雷电云雾。

辰见坎，布网、蛟龙、水族、大盗。

见艮，碾碓、药饵、象。

见震，花卉、枷杻、茴香。

见巽，花卉、黄草、瓶晕、牛腥。

见离，砖瓦、骨角、茴香、龙蛇、虾蟆。

见坤，土石、米麦。

见兑，破皮、骨角、碓碾、瓷器。

见乾，布盆、甲胄盔、骡、海水。

巳见坎，蛇蚓鳝、泥物。

见艮，砖瓦、珠、玉石。

见震，乐器、花果、豆、屈曲物。

见巽，管籥、纨扇、蜂蝶、飞虫、禽。

见离，火烛、萤虫、麻雀、炉冶、炙煿。

见坤，锅、斧、口齿病、黍米、豆。

见兑，钱、铁、铛、铫、弓弩、瓷器。

见乾，犬、泥、蜥蜴、蟾蜍、角器、石臼。

午见坎，厨柜、蚕丝、病马。

见艮，獐鹿、豆、失脱上尖物。

见震，果豆、衣架、飞鸟。

见巽，鸦雀、蚕丝、衣服。

见离，绣缎、蝗、火食。

见坤，厨果、小赤豆、马咬人。

见兑，秬、茧、鸦窠。

见乾，鹿、马、狮头、兽头。

未见坎，蝗、海味。

见艮，甘美、香、麻、茶果。

见震，鹰、雁、鸠、鸦、药饵、橘柚、麻。

见巽，燕雀、钩帘。

见离遗

见坤，钩巨、麻麦、肉面、甘味。

见兑，酒器、盘盏、筵席。

见乾，印绶、祭肉、馒首、蝗。

申见坎，猿猱、蚌蛤。

见艮，磁石、碓磨。

见震，斧刀、杵臼、狮子。

见巽，丝棉、姜蒜、鸡鹅。

见离，熨斗、猿猴、文史。

见坤，绢帛、荞麦。

见兑，酒器、盘盏、筵席、刀剑、锁、镜、竹。

见乾、簪钗、画像。

酉见坎，鹁鸽、酒、醋糟、玉。

见艮、钱、铜、铅、石柱、碑碣、碓磨。

见震，鸡雉、姜蒜、麦。

见巽，乐器、古钟、鸡鸭。

见离，针、镜、肉、鸡。

见坤，刀、杖、果、麦。

见兑，金银、剑鞘、铜铁、酒、醋。

见乾，钗钏、首饰、玉石。

戌见坎，葫芦、缸瓮。

见艮，官吏、豺狼、石灰、砧堆。

见震，枷杻、果。

见巽，鞋、石、数珠、鸟窠。

见离，犬、驴、炉、窑冶。

见坤，五谷。

见兑，瓷盆、砖瓦、瓮、钟、剑、锁、錾、锄。

见乾，朝服、印绶、都官、僧道。

亥见坎，酒、盐、酱、醋、鱼、龟鳖、猪、酢。

见艮，珠玉、图书、哭泣。

见震，梳、檐、梅杏。

见巽，坑、管籥、梅花、绳索、伞盖、笠杖。

见离，心疼、笔墨、图书、灯台、帐幔。

见坤，足、稻、黑豆、猪。

见兑，锁匙、瓮缸。

见乾，幞头、伞盖、猪貐。

八门应

休门：若面君谒贵，选将兴师，安坟立券，竖造修方，上官选举，婚娶求财，出行战阵，出此门一里或百步，见僧尼道冠。十里或五里，见蛇鼠水物。三十里，见贵人、武将，或阴人身著蓝黄青碧之衣。四十里，故人亲识邀请酒肉为应，若竖柱、埋葬、斩草之时，西北有贵人来，或小儿骑马，春夏有雷声，百日内进横财，或宫羽姓人田产物业，后主子孙繁衍富贵生官。休门为建章号烋。

生门：凡事从此出者，八十步或八里，见贵人著紫皂衣。十五里，见公事官人、红巾色服、天使武将。六十里，见贵人车马，若竖柱、埋葬、斩草之时，闻鼓角歌笛声，西北一骑马人来，百日内因女人寄物不取，或西、南二方财物富贵两全，后主子孙繁衍，出明经、腰金衣紫之人。生门为仁德号成。

伤门：若采猎筌捕、讼讦、索债收财，出此门三十步或三里，见损伤之物。三十里，见斗打争讼血光之人，或凶人著皂衣。五十里，见盗贼、枷锁、囚犯免自咎，若嫁娶，主产死、移徙，见血光入官遭刑，行商被盗，上官失职，登科抹卷，求财不遂，谒见空回，若竖造、斩草、埋葬、立券，主兵刀伤人，损财失畜。官灾横祸，口舌产难，主百日内应。伤门为高阳号戕。

杜门：若掩捕逃亡，断绝奸谋，诛凶翦暴，判狱，填坑截路，避邪躲灾，出此门四百步或四里，见修筑、惊恐之事。二十里，男女身著碧皂绢褐之衣，相从而行。四十里，桥梁道路不通。六十里，见凶恶人，若竖柱、埋葬、立券、斩草、破土之时。牛羊在路旁，西南上有啾唧哭泣声，五杀小儿、长男妇，非横破财，失职降官，百日内应。杜门为耀武号拒。

景门：若上书献策干求，遣使招贤，谒贵承恩谢荐，出此门九十步。五六里，见祭赛鬼神事。九里，见遣亡失物，雨雪。二十八里，见惊忧事，或红衣人宴宾。三十里，见赤人大蛇。七十里，见水火失物事。若起造、埋葬、斩草、开门、嫁娶，主杀家长及小儿，官事逃亡败绝，商贾折本，远行、疾病、求财、争斗、出师、演武、征战俱不宜，主损兵折将。景门为赤帝号整。

死门：若采围渔猎、吊丧、行刑、决罪、起攒旧基，出此门三里或七里，见丧葬事。二里或二十里，见哭泣，疾病黄皂衣人，或杻械重囚、丧车，行师失律，交战折将，远行不归，上官失职，经商折木，嫁娶失偶，移徙伤人，竖造、埋葬、斩草、破土，有飞鸟乐部唱歌声，主百日内新妇少亡，家母死，人散财空。死门为审顺号止。

惊门：若捕盗、赌博、斗打、戏弄，出此门八十步，见惊怪事。十里，见阴人阻路，车伤马聚。三十里，见官杖，鸦鸣鹊噪，六畜抵触。四十里，见二人斗打则吉，如无自已应之，行师失律，战阵损兵，远行多病，求财有诈，移徙有怪异，嫁娶离散，上官招讼，科举空回，竖造、埋葬、斩草、破土，时有孝妇服、农夫、狂风雷电应。百日内主刑伤、非横失财、损离事。惊门为武雷号征。

开门：若谒贵面君，选将兴师，交战应举，上官赴任，出行嫁娶，求财开门，放水穿井，出此门六十步或六十里，见酒食欢悦、轿马二十里、贵人、武将、阴人乘马著紫衣。六十里，遇亲友邀请酒肉，行兵百战百胜，得地千里，竖造、埋葬、斩草、破土，主锣鼓旗枪，或妇人担伞，手执信物抱儿，后主子孙兴盛，富贵生官，百日内主进贵人、横财。开门为天启号辉。

九星应

凡天盘星受地盘克，利为主；如地盘星受天盘克，利为客。

天蓬属水，宜安抚边境，修筑城池，兴作土木，培垫堤防，屯兵固守，保障一方。秋冬亥子月日加九宫，利于客，可以捣巢破敌，掩其不备，若埋葬、立券、斩草，遇乙庚日时六乙日奇，加此星上，主雷电交横，大风一阵双鸟来，后主子孙兴旺，官禄不绝，其余须得奇门会合，方为全吉。天蓬即贪狼星。

天芮属土，宜屯兵固守，保障封疆，训练士卒，从师受道入山，兴作土木，利于悠久之事。四季申酉月日加一宫，利为客，加三四宫，利为主，若立券、埋葬、斩草、破土，遇甲己日时六丙月奇，加此星上，主二人乘马，或鹏鹤双来，后主子孙富贵，世代官禄，其余须得奇门会合方吉。天芮即巨门星。

天冲属木，宜选将出师，交战时宜鸣金击鼓，呐喊摇旗。春夏四五月日加二八宫，利为客，加六七宫，利为主，左将大胜。秋冬不得成功，止宜执仇捕捉，若嫁娶，离散；上官到任，文吏坠马；移徙，女人病死；竖造修方，三年不吉。惟离三山无祸。埋葬，主出少亡、残疾、痨瘵人。若会合奇门，则吉；不合，凶。天冲即禄存星。

天辅属木，最宜选将出师，交锋大战，捣巢破阵扫穴。春夏寅卯四五月日加二八宫，利为客；加六七宫，利为主。左右将俱大胜，得地千里。秋冬未得成功，嫁娶，多子孙；修造、埋葬，合巽离震坎四山，不出百日得横财；上官文迁武升，入官诉讼得理；有罪遇赦，斧钺在前，天犹赦之；应举高第，商贾出行得财。若得奇门会合，尤吉。天辅即文曲星。

天禽属土，最宜选将出师，交锋大战，鸣金击鼓，呐喊摇旗，四时皆吉。不战用谋，敌人自服。加一宫，利为客，加三四宫，利为主。又宜祭祀，驱疫遣祟，赏功受爵，拜将封侯，上官应举，远行，商贾，移徙，开门，求亲，谒贵，嫁娶，祀祷，入官，竖造中宫并二十四向，埋葬，立券交易，后主子孙世代登科。大吉。天禽即廉贞星。

天心属金，最宜选将出师，交锋大战，捣巢破敌，展土开边。秋冬得地千里，加三四宫，利为客，加九宫，利为主。左右皆大胜。又宜疗病合药，祈晴祷雨，逐邪驱祟，上官应举，受封袭爵，远行，商贾，开门，移徙，嫁娶，竖造、埋葬、斩草、破土，后主子孙繁衍，世登黄甲，官禄累代不绝，若合奇门，尤吉。天心即武曲星。

天柱属金，宜屯兵固守，训练士卒，坚壁筑垒养锐，待为客之时方可动也。秋冬亥子月日，加三四宫，利为客，加九宫，利为主。须合奇门方吉。妄动，主军破马伤，左右皆失利，宜藏隐蓄粮，其余纵得奇门，亦平吉也。天柱即破军星。

天任属土，宜立国邑，安社稷，化人民，纪大义，选将出师，交锋大战，四时皆吉，得地千里。春夏寅卯巳午月日加二八宫，利为客，加六七宫，利为主。若嫁娶，生贵子，上官速迁，应举中式，面君谒贵求财，一应俱吉。竖造、埋葬、斩草、破土，若与奇门会合，主子孙繁衍，世世科甲官禄，天任即左辅星。

天英属火，宜面君谒贵，上策干求，升迁应举，求财上官，嫁娶，若师用武。于四季巳午月日加六七宫，利为客，加一宫，利为主。惟竖造，主火光生产，主死，鬼神祭祀不享。诸凡合奇门者，化凶为吉，若埋葬、斩草、破土，合奇门者，主子孙超越寻常。天英即右弼星。

天干应

十甲以本日五子元遁推之。

六甲贵人为天福。阴日青衣妇女，阳日青衣男子应。三年内必得天禄。

六乙贵人为天蓬。阴日僧道九流星卜瞽目，阳日贵客高贤应。

六丙为天威。阴日贵人著青衣，骑赤马，阳日青衣、白马男子应。

六丁为玉女。阴日色衣美妇，阳日红衣美妇，坐车乘马应。二七日内，主得古器。

六戊为天武。阴日亲友歌乐宴会，阳日锣鼓旗枪应。半年内得武人财宝。

六己为明堂。阴日一男一女，白衣，阳日黄衣人应。半年内得贵人财帛。

六庚为天狱。阴日白衣孝子，阳日兵刑狱吏应。四十九日，得贵人文字。

六辛为天庭。阴日鸦鹊鸣叫，阳日白衣人应。一年内得财宝。

六壬为天牢。十里雷电雨雹。阴日皂衣人，阳日白衣女人抱瓶应。七十日内进人口。

六癸为天藏。又为天网。阴日孕妇，阳日渔父应。六十日内，得铜镜物。

地支应

子时，见女人吃食，或提担酒食、铜铁锡、瓷瓦器。

丑时，见皂衣人骑马，或贵人乘马，或公吏人。

寅时，见僧道，或公吏人担提棍杖。

卯时，见九流星卜，或皂衣人四人，手执杖。

辰时，见女子著青衣，手中必有所夸。

巳时，见渔人，或鱼鳖，或赤身赤脚人担提物。

午时，见提酒担食人，或女人合伴同行。

未时，见女人提担酒食果物。

申时，见带酒之人，或来送物，或问访，与人同行。

酉时，见女人相依说话。

戌时，见著青衣人或凶恶男女。

亥时，见青衣人，公讼人，或手持孝服之物，或寻物。

十干出门一里应

六甲，见孕妇手把青黄物。

六乙，见君子、术士、僧道、九流。

六丙，见拖牵生炁担物人。

六丁，见抱捧物人。

六戊，见挑担财物人。

六己，见叫唤口舌人。

六庚，见女人著孝衣，吉。

六辛，见小人买卖迟滞。

六壬，见空虚物。

六癸，见人持铁器出行，求财，吉。

门奇合应

乙会生门，路逢两鼠相斗，及孝衣人、百鸟、风云、微雨，车马来迎，破土埋葬，主子孙繁衍，科甲恩荣。

会休门，路逢牛马成群，或扛抬物具，埋葬、竖造，主子孙繁衍，世代官禄。

会开门，路逢执杖老人，或哭泣，红衣公吏，埋葬，竖造，主子孙富贵。

丙会生门，路逢患眼病脚人，或相斗打，埋葬、竖造，主子孙富贵。

会休门，五十里闻鼓乐声，埋葬、竖造，主子孙富贵。有乌鸟、风云、白鹤应。

会开门，路逢携杖老人，悲啼困苦，埋葬、竖造，主子孙富贵。

丁会生门，路逢鹰犬田猎，埋葬、竖造，主子孙繁盛，官禄不绝。

会休门，路逢皂衣人或女人，二十里应。埋葬、竖造，主子孙富贵。

会开门，路逢小儿执杖，戊癸时日与天英会。乌鸟、白鹤，雷鸣，主富贵。

壬奇合应

甲辰子，合贵人，出遇仆人解事，珍珠。合螣蛇、朱雀、见人溺水。合六合，见争竞。合勾陈，见淫妇。合青龙，见财。合太阴，见妻妾垂帘。合元武，见人散发。合太常，见布枷杻。合白虎，见猫。合天空，女子争竞。

甲寅戌，合螣蛇，见大讼。合朱雀，见公吏。合六合，见入狱。合勾陈，见斗讼。合青龙，见争财。合太阴，见婚嫁。合元武，遭囚。合太常，见印信。合白虎，见火。合天空，见奴婢。

甲子申，合天乙，见遗金。合朱雀，见公吏口舌。合六合，见媒妁、术士。合勾陈，见争竞失财。合青龙，见斗讼、诗客。合天后，闻生产、僧道。合元武，见盗贼。合太常，见开宴。合白虎，见穿井、斗讼。合天空，见孤寡哭泣。

甲戌午，合天乙，见执圭。合螣蛇，见妖鬼五色物。合朱雀，见官灾、飞鸟、驴。合六合，见媒妁。合勾陈，见公差。合青龙，见病人。合天后，见歌唱吟诗。合太阴，见披发。合太常，见筵会。合天空，见执笏、驴。

甲申辰，合螣蛇，见鱼龙。合朱雀，见人持服。合六合，见淫妇。合勾陈，见争讼。合青龙，见财惊。合天后，见啼哭。合太阴，见女人梳头。合元武，见争讼。合太常，见财喜或争斗。合天空，见哭泣。

甲午寅，合螣蛇，见角兽惊起。合朱雀，见文禽、官灾。合六合，见娉婷、术士。合勾陈，见酒醉、官讼。合青龙，见麻食。合天后，见女梳头、兵卒。合太阴，见阴人跣足。合元武，见披头。合太常，见恶人相争。合白虎，见病人。合天空，见哭泣、谎言、骂詈。

奇门精粹卷九

奇门遁甲大全（五）

八门吉凶诗克应断

开门欲得临照来，奴婢牛羊百日回。财宝进时地户入，兴隆宅舍有资财。
田园招得商音送，已酉丑年绝户来。印信子孙多拜受，紫衣金带拜荣回。

开门大吉，出行四十里内，见猪马，逢酒食，若治政，私人谋起。

开门宜远行，所向通达。

开门与乙奇临己，得月精所蔽，为地遁，百事吉。

开门临三四宫，金克木也，凶。

休门最好足钱财，牛马猪羊自送来。外口婚姻南上应，迁官职位坐京台。
定进羽音人产业，居家安稳永无灾。

休门宜修造、进取，并有所合。出五十里，见蛇鼠水物，吉。

休门宜和集万事。

休门与丁奇临太阴，得星精所蔽，为人遁，百事吉。

休门临九宫，水克火也，凶。

生门临著土星辰，人旺孳牲每称情。子丑年中三七日，黄衣捧笏到门庭。
蚕丝谷帛皆丰足，朱紫儿孙守帝廷。南上商音田地进，子孙禄位至公卿。

生门出行六十里，见贵人车马，吉。

生门宜见贵人，求事皆获。又宜婚姻，嫁娶上官吉。

生门宜见贵人，营造，百事吉。

生门与丙奇临戊，得日精所蔽，为天遁，百事吉。

生门临一宫，土克水也，凶。

伤门不可说，夫妇又遭迍。疮疼行不得，折捐血财身。
天灾人枉死，经年有病人。商音难得好，余事不堪闻。

伤门竖立、埋葬、上官、出行，俱不吉。只宜捕物、索债、博戏，吉。

伤门宜渔猎、捕捉盗贼，吉。

伤门临二八宫，木克土也，大凶。

杜门元属木，犯著灾损频。亥卯未年月，遭官入狱迍。

生离并死别，六畜逐时瘟。落树生脓血，祸来及子孙。

杜门出行六十里，见恶人，宜掩捕，断奸谋。如月奇临，主烽火。日奇临，主弓弩。星奇临，主两女人身著青衫。此应三奇神也。

杜门宜邀遮、伏截、诛伐凶逆。

杜门临二八宫，木克土也，大凶。

景门主血光，官符卖田庄。非横多应有，儿孙受苦殃。

外亡并恶死，六畜也遭亡。生离并死别，用者要提防。

景门小利，宜上书献策选士。如出行三十里外，见赤文大蛇。七十里，有水火失物。如起造、嫁娶，杀宅长及小口。

景门临七宫，火克金也，凶。吉门被克，吉事不成。

死门之宿是凶星，修造逢之祸必侵。犯著年年田地退，更防人口损财凶。

死门宜行刑诛戮，吊死送葬，若射猎，出此门吉。远行、起造、嫁娶，主宅母死，新媳亡，大凶。

死门临一宫，土克水也，大凶。

惊门不可论，瘟疫死人丁。辰年并酉月，非横入门庭。

惊门宜博戏、捕捉、斗讼，吉。出行四十里，损伤道路，不通四十里，见二人争打则吉，如无，主惊恐，凶。

惊门临三四宫，金克木也，大凶。

八门反吟

休门加地盘天英，生门加地盘天内。

八门伏吟

上盘天蓬，加地盘天英。

上盘天内，加地盘天任。

九星吉凶诗断

天蓬水星，字子禽，居一坎宫。

讼庭争竞遇天蓬，胜捷威名万事同。春夏用之皆大吉，秋冬用此半为凶。

嫁娶远行应少利，葬埋修造亦嫌空。须得生门同丙乙，用之万事得昌隆。

天蓬时不宜嫁娶、移徙、斗争、入室及修官室。

天内土星，字子成，居二坤宫。

授道结交宜内星，行方值此最难明。出行用事当先退，修造安坟发祸刑。

盗贼惊惶忧小口，更宜因事被官嗔。纵得奇门从此位，求其吉事也虚名。

天内时宜授道结交，不可嫁娶言讼。移徙筑室，秋冬吉，春夏凶。

天冲木星，字子翘，居三震宫。

嫁娶安营产女惊，出行移徙遇灾迍。修造葬埋皆不利，万般作事且逡巡。

天冲时不宜嫁娶、移徙、入官、筑室、祠祀、市贾。

天辅木星，字子卿，居四巽宫。

天辅之星远行良，葬埋起造福绵长。上官移徙皆吉利，喜溢人财万事昌。

天辅时宜请谒、通财，四时吉。嫁娶多子孙，入官、移徙、筑室，吉。

天禽土星，字子公，居五中宫，附二坤居。

天禽远行偏宜利，坐贾行商俱称意。投谒贵人两益怀，更兼造葬皆丰遂。

天禽时宜远行、商贾、投谒、见贵、造葬，并吉。

天心金星，字子襄，居六乾宫。

求仙合药见天心，商途旅福又还新。更将迁葬皆宜利，万事逢之福禄深。

天心时宜疗病合药，不宜嫁娶。入官、筑室、祠祀、商贾，秋冬吉，春夏凶。利见君子，不利见小人。

天柱金星，字子申，居七兑宫。

天柱藏形谨守宜，不须远出及营为。万种所谋皆不遂，远行从此见凶危。

天柱时不宜入官、市贾，惟宜修造、嫁娶、祭祀。

天任土星，字子韦，居八艮宫。

天任吉宿事皆通，祭祀求官嫁娶同。断灭群凶移徙事，商贾造葬喜重重。

天任时宜祭祀求福，断灭群凶，四时皆吉。又移徒、入官、祠祀，商贾、嫁娶，吉。

天英火星，字子威，居九离宫。

天英之星嫁娶凶，远行移徙不宜逢。上官文武皆宜去，商贾求财总是空。

天英时宜蕴身守道，设教修礼。将兵，春夏胜。嫁娶，无子孙。移徙、上官、修营，皆吉，春夏用之，有喜。

九星反吟

上盘天蓬，加地盘天英。上盘天内，加地盘天任。

九星伏吟

上盘同地盘。主孝服，损人口。

三奇六仪吉凶总断

乙、丙、丁三奇，与开、休、生三吉门，其中各一临之，方为三奇之灵。此时此方，百事皆吉。

三奇六仪，天地之机。阴阳逆顺，至理元微。

三奇者，乙日、丙月、丁星也。六仪者，戊、己、庚、辛、壬、癸也。受甲者为仪，不受甲者为奇。

时加六甲，一开一阖，上下交接。

时下得甲申，为伏吟也。加阳星为开时，百事吉。加阴星为阖时，百事凶。

时加六乙，往来恍惚，与神俱出。

时下得乙巳，为日奇。凡攻击行来者、逃亡者，宜从天上六乙出，为与日奇相随，恍惚如神，人无见者，故曰“与神俱出”。六乙为蓬星，又为天德，百事宜利求利得闻喜。有移徙、入官、市贾、嫁娶，吉。若将兵，大胜，所向获功。人君宜施恩赏，不可谴怒，行鞭朴之事。

时加六丙，万兵莫往，王侯之象。

时下得丙，为月奇也。又为威火之象。火能灿烘，伏兵不起。凡攻伐，宜从天上六丙出，与月奇相遇。又挟威火，此类王侯。又丙为明堂，此时用事，逢忧不忧，闻言则喜。入官得迁，商贾有利，将兵大胜。又丙为天威，宜上号令。

时加六丁，出入幽冥，到老不刑。

时下得丁，为星奇。又为玉女，宜安葬、藏匿之事。若随星奇挟玉女，从天上六丁而兴，入太阴而藏，则敌人自不能见也。可请谒，利娶妇、入官、商贾，百事皆吉，无凶。若用兵，主大胜。六丁为三奇之灵，行来出入，宜从天上六丁所临之方出，百事吉利。

时加六戊，乘龙万里，莫敢呵止。

戊为天武，从天上六戊而出，挟天武，入天门，百事皆吉。逃走亡命，远行万里，无所拘止。又宜发施号令，诛恶伐罪，图远谋大事也。

时加六己，如神所使，出被凶咎。

己为地户，又为六合，宜隐谋私密之事，不可表暴彰露，强为之者，必获凶咎。入官、嫁娶、远行、造作、大段用事，皆凶。只宜市贾，将兵必弱。

时加六庚，抱木而行。强有出者，必有斗争。

庚为天狱，出被凌辱，市贾无利，入官、嫁娶，百事皆凶。将兵，客死主胜。

时加六辛，行逢死人。强有所作，殃罚缠身。

辛为天庭，不宜远行、诉讼、决刑狱、嫁娶、市贾、入官，不可问疾，诸事不利。

将兵，主胜客死。

时加六壬，为吏所禁。强有出入，非祸相临。

壬为天牢，不可远行、入官、问疾病者，进退、移徙、嫁娶、逃亡，百事皆凶。此时用事，必有仇怨，为吏所呵，不可举兵，只宜严刑狱，平诉讼。

时加六癸，众人莫视。不知六癸，出门即死。

癸为天藏，宜求仙，远遁绝迹，从天上六癸而出，则众人莫见。不宜市贾、入官、迁除、嫁娶、移徙、入室，问疾病者重，又宜扬鞭朴之事。

三奇入墓

乙奇临二宫，木归未也。丙丁临六宫，火归戌也。

乙奇未时，及坤上木入墓，丙丁戌时，及乾上火入墓，纵吉宿临门，不可举百事。

六丙悖格

天上六丙，加年月日时干，并直符，皆名悖，不可用事，主紊乱。

六甲总断

甲子、甲午为仲甲，不可出入，利逃亡。

甲辰、甲戌为季甲，百事吉。

甲寅、甲申为孟甲，宜守家，不可出入，凶。

今日是甲直符，与时皆是甲，名为三甲合吉。

甲戌、甲午，乙奇临之。甲子、甲申，丙奇临之。甲辰、甲寅，丁奇临之。亦名曰“三奇得使”。

直符总断

甲加丙，名青龙反首，造举百事，皆吉。若得奇门，则出行最良。

丙加甲，名飞鸟跌穴，利为百事。

六癸亦为九地之下逃亡绝迹，从天上六癸所临之方出入，无人见者。

直符以甲子临兰宫，子刑卯也。甲戌临二宫，戌刑未也。甲申临八宫，申刑寅也。甲午临九宫，午自刑也。甲辰临三宫，辰自刑也。甲寅临四宫，寅刑巳也。六仪击刑，皆凶。

庚加丙，名太白，入火位。丙加庚，名荧惑，入太白，百事凶。

乙加辛，名青龙逃走。辛加乙，名白虎猖狂。丁加癸，名朱雀入江。

癸加丁，名螣蛇夭娇。此时忌为百事。

庚加太岁之干，名岁格。加月建之干，名月格。加本日之干，名日格。加本时之干，名时格，亦名伏吟，百事不可用。

庚加直符，名伏宫格。直符加庚，名飞宫格，百事凶。庚加日干，名伏干格。日干加庚，名飞干格，凶。

庚加癸，名大格，不可举百事。加己，名刑格。时下得癸，名天网四张，不可造百事。

直符反吟

上盘甲子，加下盘甲午。上盘甲戌，加下盘甲辰。遇奇门盖之，不至凶害，不然灾祸立至。

直符伏吟

上盘甲子，加地盘甲子。六仪准此。

三遁

天遁：上盘六内，中盘生门，下盘六丁，宜求财。

地遁：上盘六乙，中盘开门，下盘六己，宜求财。

人遁：上盘六丁，中盘休门，下盘六丙，宜求财。

天辅时

《三元经》曰：天辅之时，有罪无疑。斧钻在前，天犹救之。

甲己之日己巳时，乙庚之日甲申时，丙辛之日甲午时，丁壬之日甲辰时，戊癸之日甲寅时，是天辅之时也。凡此之时，有罪皆能释。

五不遇时

六甲地丁之时，阳星加之为开，阴星加之为阖。此时移徙、嫁娶，不可行谴怒鞭朴之事。行人不来。日中利远行。以甲日午时为庚午时，乙日为辛巳，丙日壬辰，丁日癸卯，戊日甲寅，己日乙丑，庚日丙子，辛日丁亥，壬日戊申，癸日己未，皆时干克日干，下克时兮损其明，名“五不遇时”。纵得奇门吉，不可做百事。

游三避五时

三为生气，利为百事，故曰“游三”。如甲己日用丙寅时之类。五为害气，百事皆凶，故曰“避五”。如甲己日用戊辰时之类。

时干入墓

乙未时，乙奇入墓。乙为木，木墓在未也。丙戌时，月奇入墓。丙为火，火墓在戌也。亦名三奇入墓，皆凶，不可举百事。

玉女守门时

庚午、己卯、戊子、丁酉、丙午、乙卯，三奇游六仪之上，名玉女守门时，利宫庭宴乐之事。

五阳时吉凶断

甲、乙、丙、丁、戊为五阳时，利为客，宜先举兵，扬旗鸣鼓，耀武扬威，以期决胜。五阳为喜神，治事可以出军征伐，远行求利，立国邑，安社稷，纪大义，临武事，入官、嫁娶、造举，百事吉。逃亡者不可得。

五阴时吉凶断

己、庚、辛、壬、癸为五阴时，利为主，宜后举兵，伏旗衔枚，待敌后动，以期决胜。五阴为恶神，治事不可张扬，凡拜官、移徙、婚姻、远行、造举，百事皆不可。宜为密谋筹策，祷祝求福。逃亡者可得。

十干人君所利时

甲为天福。　此时人君宜行恩施惠，进有德，赏有功。

乙为蓬星。　此时人君宜施恩赏德，敛恤无告。

丙为明堂。　此时人君宜发号施令，以彰天威。

丁为太阴。　此时人君宜安静居处，无使烦扰，不可行威怒谴谪事。

戊为天武。　此时人君宜发号施令，行诛戮。

己为明堂。　此时人君宜发明旧事，修封疆，理城郭。

庚为天狱。　此时人君宜决断刑狱，诛戮奸邪。

辛为天庭。　此时人君宜正刑法，奋怒制罪囚，不可为吉事。

壬为天牢。　此时人君宜平诉讼，决刑狱，不可为吉事。

癸为天藏。　此时人君宜扬威武，行责罚，积储藏，收敛吉。

六十甲子吉凶日

丁丑、丙戌、甲午、庚子、壬寅、癸卯、乙巳、丁未、戊申、己酉、辛亥、丙辰，皆干生支也，名宝日，上吉。

甲子、丙寅、丁卯、己巳、辛未、壬申、癸酉、乙亥、庚辰、辛丑、庚戌、戊午，皆支生干也，名义日，次吉。

戊辰、己丑、戊戌、丙午、壬子、甲寅、乙卯、丁巳、己未、庚申、辛酉、癸亥，皆干支同类也，名和日，次吉。

乙丑、甲戌、壬午、戊子、庚寅、辛卯、癸巳、乙未、丙申、丁酉、己亥、甲辰，皆干克支也，名制日，小凶。

庚午、丙子、戊寅、己卯、辛巳、癸未，甲申、乙酉、丁亥、壬辰、癸丑、壬戌，皆支克干也，名伐日，大凶。

四时通用八门捷法

凡每日出入用事，从开、休、生三门，大吉。

休门在乾

甲子　乙丑　丙寅　辛卯　壬辰　癸巳　戊午　己未　庚申

休门在离

丁卯　戊辰　己巳　甲午　乙未　丙申　辛酉　壬戌　癸亥

休门在艮

庚午　辛未　壬申　丁酉　戊戌　己亥　丙子　丁丑　戊寅

休门在震

癸酉　甲戌　乙亥　庚子　辛丑　壬寅　癸卯　甲辰　乙巳

休门在兑

己卯　庚辰　辛巳　丙午　丁未　戊申

休门在坤

壬午　癸未　甲申　己酉　庚戌　辛亥

休门在坎

乙酉　丙戌　丁亥　壬子　癸丑　甲寅

休门在巽

戊子　己丑　庚寅　乙卯　丙辰　丁巳

孤虚法

黄石公曰："背孤击虚，一女可敌十人法。法：十人用时孤，百人用日孤，千人用月孤，万人用年孤，惟有时孤最验。"今立成于后。

甲子旬	孤在戌亥	虚在辰巳
甲戌旬	孤在申酉	虚在寅卯
甲申旬	孤在午未	虚在子丑
甲午旬	孤在辰巳	虚在戌亥
甲辰旬	孤在寅卯	虚在申酉
甲寅旬	孤在子丑	虚在午未

旺气十倍，相气五倍，休气如数，囚气减少，死气减半也。

五帝旺气坐向方位

正、五、九月，正南方面北，大胜。二、六、十月，正东方面西，大胜。三、七、十一月，正北方面南，大胜。四、八、十二月，正西方面东，大胜。

月建属九星出行诗诀

建计除阴满罗睺，平定水贪执水破。破木危阳成是土，收紫开金闭月孛。

建为青龙用为头，除是明堂黄道游。满为天刑平朱雀，定为金匮吉神求。

执为大德直黄道，破为白虎危玉堂。成为天牢坚固守，收为元武盗贼愁。

开临司命为黄道，勾陈为闭主亡流。黄道出行为大吉，行军斗战黑罢忧。

凡犯天刑者，出军必伤，主颠狂六畜死亡之事。

犯天牢者，人伤贼害，亡财失利。

犯元武者，亡财走失利息，奴婢遭劫，贼伤胎孕也。

犯青龙者，父母、兄弟、长妇死入狱出逃亡贼主凶恶事。

犯朱雀者，因死见血光，亡财于地。

犯白虎者，治明堂。

犯天牢者，治玉堂，即此厌彼处以灾消，大有功。

伍子胥曰：凡远行诸事，不得往天庭、天狱、天牢三神，大凶。常乘青龙，历蓬星，凡出行，百恶不敢起，大吉。

大金刚神直日百忌诗诀

奎娄角亢鬼牛星，出军定是不还兵。若还远行逢贼盗，经求财利百无成。

发船定是遭沉溺，买卖交关不称情。穿井用工难见水，拜职为官剥重名。

婚姻仍主刑损害，出丧冲著损生灵。欲识星辰吉凶处，出在符天秘密经。

占贼方位

视元武所立神为来方，支临为去方。元武盗神乘天驿二马，盗贼从克方逾垣越屋而入，若无天驿二马，必穿穴而入。元武盗神与长绳元索煞并者，其贼跳屋，从天窗中缘绳索而下，元武盗立地方，从水窦中而入。

占何人为盗

元武属阳为男，属阴为女。有气为少，无气为老。次看何类为之：寅为吏人，卯为经纪人，辰、戌为凶恶军人，巳为手艺人、店舍炉冶人，丑、午为旅客，申为过犯人，未为熟识人，酉为匠及金银、赌博、酒客，亥、子多水族。吉神，并者豪纵；子凶神，并因外家儿。

占晴

天辅为风伯，天英为火神。天辅乘旺相落离九，或克下落的宫，或克日时二干，主风晴。天英乘旺相落三四宫，或克日时二干，亦晴。天冲直时，伤门乾巽，上见大吉、小吉。勾陈、天后主晴。大抵白虎主风，元武主雨，再以顶盘八贵神兼看，无不准验。其日期以落宫系何干定之。又阳星、阳干合于阳门之上，及有干元带合克日，晴阴星等克雨。

占雷占雪

太冲直时，伤临乾巽，上见蛇雀，从魁、太冲有雷。雪则乾、兑二宫主之，或天心乘壬癸干到兑，或天柱乘壬癸干到乾，皆主雪。各以落宫所得之干以定其期，或天蓬直时直使到巽，见天罡胜光日破，主雪中有雷。见后阴、元武、亥子、从魁，主大雪。朱雀、风伯、雨师有小雪，天蓬、六合、伤门为直使，同会震，主大雪久阴之象。

占升迁

开门加生旺宫，再有三奇德合吉格者，主升迁。再遇太岁月建乘吉神来生，高擢甚速。或吉格不旺相，或旺相无吉格，或旺相格各吉，太岁月建不来相生，亦为不利。

占征召

太岁为皇恩，月建为铨部，日干为自己，太岁、月建乘星同生。日干乘星、日干落宫得吉格局，主有皇恩庆应，反此不能。

占降罚

开到鬼废休囚之方，或上带击刑入墓，迫制无权，当有降罚之应。

占上官

依方所向，须细端详。如上官向东看东方所得宫神，各依向方宫神，以得吉格为主，得吉则必升迁，无吉格仪旺相责降其职。若无吉格星又休囚废没者，罢黜之象也。凡凶格、伏吟、返吟、飞勃、伏干、五不遇时、入墓等格，均为不利便，不必论其方向矣。

占官员历任归结

本官年干本命，地盘上乘吉星、吉门、吉格者，大利。若本方得吉格，余宫犯击刑、飞勃、伏格，及本干宫有劫杀丧门刑害者，不利。如无吉格，若得奇、得门、得星者荣归，不得者罢黜。乘凶格者，大不利。

占官员考绩

直符为天官，开门为官星，开门宫受直符宫克。又休囚废没、不得星得格者凶，旺相者罢职。得吉星者责降，不受直符宫克及相生者无事。

占新任地方远近内外安否

天禽落宫为畿，余为外地。各宫六仪上奇定其分野，遇甲戊同宫，阳日用甲，阴日用戊。开门落宫上有天蓬，则主盗贼。六庚向击，兵乱为荒。丙壬若遇水涝旱灾，不犯此者，自保安康。定州分野，各以本邦，或远或近，细审地方。

占新任官美恶并何处人

凡未有新官受治地方，欲预知为何处人，及人品美恶，以官星为主，上乘吉星为好人，乘凶星为恶人。

《灵禽经》曰：天辅文雅天任慈，天心忠厚正天禽。风离但凭冲到处，英星昏烈芮贪淫。奸诡天柱蓬大恶，九星飞布是精明。天干分野歌：甲蛮海外乙东夷，丙楚丁岱江淮离。戊己韩卫中河济，庚为秦地辛华期。壬为燕赵并魏兮，常山在癸不须疑。开门为官星。

占科名

凡占科名，以日干为士子，直符为主司，天乙为分司，景门为文章，直符宫克日干宫，天乙宫克日干宫，景门宫克日干宫，日干宫克门门宫及景门宫，休咎废没，俱主失意。如直符、天乙来生日干、景门，又得旺相者，必得科名，再遇三奇、吉门、吉宿于本人年干之上者，大利。

占殿试甲第

以太岁为天子，月建为主司，日干为士子，景门为策论，景落旺相之宫，上得三奇，并太岁、月建来生日干者，为鼎甲。不得三奇，而有太岁、月建来生者，为二甲。不生日干，又无三奇者，为三甲。

占小试

凡士子小试，以天辅为试官，日干为士子，六丁为文章，六丁得旺方，更兼天辅乘生，又得三奇及开、休、生。景四吉门者，为上吉。文星旺，试官生，不得三奇、吉门者，为大吉。文星虽旺，而试官不生，或试官生，而文星不旺，仅得中平。文星不旺，试官又克，幸有三奇、吉门者，为下。试官克害，文星不旺，日干又在休、囚宫，又无三奇、吉门，或得死门及诸凶格者，凶。

占考期

凡士子候考未知何期者，以天辅为试官，冬至自坎至巽为内，自离至乾为外，夏至自离至乾为内，自坎至巽为外。文星在内者，主上半年；在外者，主下半年。冬至后，以十一月至四月为上半年，夏至后，以五月至十月为下半年。更以所落宫分野以定日期，以十二支配八卦法决之。

占武试

占武试，以直符为试官，时干为士子，甲申庚为箭，甲午辛为红心，景门为策论，专以甲申庚落宫克甲午辛的宫，或相冲为箭中红心，再看景门得旺相，又与直符相生者，利。再有三奇、吉门、吉宿，加本人年干，大利。

占投武

天冲为武士，直符为帅主，直符宫生天冲宫，天冲宫生直符宫，主利；彼此相克，不利。天冲若作直符，大利；遇反伏吟，不利。

占称贷

直符为物主，天乙为称贷之人，各以所落的宫，分生克论之：直符生天乙，天乙克直符，必遂；直符克天乙，天乙生直符，不遂。

占合伙

地盘生门为财主。天盘生门落宫为伙计。地盘克天盘不成，天盘克地盘亦不利。天盘生地盘和美，利主，地盘生天盘全美。

占求财

须看生门落宫并，看上下二盘格局。《灵禽经》云："生门之上好求财，上下两盘仔细猜。吉格吉星求必遂，一有不吉所求乖。[①] 休囚死废全无用，生旺相和事事谐。"

占得财

地盘时干在内地，上得三奇、休生二门，天盘甲子戊亦在内地，会开门，此财甚速；不会三门，所得主迟。又以本宫所得何支定期限，若时干与甲子戊俱在外，或一内一外，俱主迟，伏吟亦然，空亡终不得。

占婚姻

凡男家求妇，女家求婚，或方议结婚，或将为娶嫁，以乙为女，庚为夫，两处落宫相生合则成，相刑克则不成。又以天六合为媒人，如六合生乙，向女家，生庚，向男家。庚宫克乙宫，乙宫克庚宫，彼此互克者，不成。乙官带击刑，主女性凶恶；带德合，主性温良贞洁。庚带凶神，夫性暴烈；带德合，主浑厚。

占招赘

女招夫，须天盘六庚宫生地盘六乙宫，庚上得吉星，主夫性温良长久，反此，不利。男赘妇，须地盘六乙宫生天盘六庚宫，反此，不成。

占娶妇

乙为女，庚为婿，两宫相生比者，如期娶嫁，反此，有迁延。如丙庚加年月日时干，年月日时干加庚丙，不独迁延，更有他咎。

占交易

直符为买物之人，生门为所买之物。生门落宫为物，生门来生直符宫，其物得价有利。门与本符落宫相生为物，主相恋，其物难买，相克则已成交。直符宫得旺生生

---

① 一有不吉，所求减半。

门宫，利卖者；生门宫生直符宫，利买者。凡欲买物，要卖主方得吉格者，有利；反此，不利。凡卖物，要买主之方得吉格者，利；凶格，不利。

占贸易

生门落宫旺相，再有吉星及三奇吉格，主买卖兴隆。如不合者，平常。若遇凶格，大不利。

经云：欲占春夏旺天冲，禽宿当权秋与冬。余星到处皆无利，若遇天蓬大有凶。

占利息

凡占贸易得利多少，须凭生门所临之宫。旺则多利，相则利平，休、囚利微，休囚有凶格，主消折。生门居旺相，再看甲子戊上乘何干，以决其数。

占放债

直符为财生，天乙为取财之人，生门为财神，各以生克旺相论之：直符克天乙，吉。天乙克直符，凶。天乙生直符，吉。直符生天乙，凶。生门与天乙同克直符，其财尽失；同生直符，子母俱全。生门与天乙有一生一克者，不全则迟。天乙财神得休囚气，虽生直符，终是无力，不全主迟。

占索债

伤门克天乙宫，去人实心任事。天乙宫克伤门，彼必争斗不服。伤门与天乙同生直符，子母全得；同来克直符者，不还。伤门生直符，克天乙，还；生天乙，克直符，不还。天乙旺相，克伤门，虽有不还；休囚，生伤门，虽有心还，无力量还，亦不全。若天乙乘庚辛，来克直符，有经官之事。直符克天乙，乘六丁，或景门加之四宫，亦有经官之事。甲子戊会开门，加内地时干，其债速还。

占争竞

凡财物争竞，符为争竞先动之人，为客；天乙为后动之人，为主。争钱财，青龙为主。争田产、五谷、衣物，生门为主。直符落宫旺相，六甲落宫与生门落宫交生直符，利客；天乙落宫与六甲生门又生天乙，利主。直符旺相，六甲生门生天乙，先动者得理，后动者得财。天乙旺相，六甲生门生直符，后动者得理，先动者得财。若财神不生两家，并两家来生财神，俱不得。

经云：来生两家各得半，旺相已生尚可多。

占词讼

直符为讼者，天乙为对者，开门为问官，惊门为讼神。开、惊二门俱克对者，则对者败；俱克讼者，则讼者败。一克动讼，一克对讼，则两败俱伤。开生讼者，惊克讼者，或开克惊生者，俱为不利，对者亦然。又直符、天乙旺相为胜，休囚为败。若直符生天乙，则讼者和；生直符，主对者求息，不必以二门定胜负矣。总以落宫决之。

经云：二门胜败已安排，景合奇星讼不乖。若是惊伤会凶宿，死门合一人凶该。

占官事催提缓急

时干为己身，直符为官长，六丁为公文，直使为差。直符宫克天乙宫，六丁临干内地，其提缓；若直使临干内地，其提急。再有击刑，来意至急；三奇，至善。若相生，公差与官长见喜，相克，见怒。又看六庚二为天狱，落休囚，易结旺相，则主缠绵。

经云：断狱须知庚上求，废干父母见才休。一逢旺相终难结，三奇至善可无忧。

占官事牵连否

本人日干为有事之人，庚为天狱，辛为天庭，壬为天牢。本人日干，以地盘为主，上三凶煞，以天盘定之。犯一星，与日干同害，定有牵连，再有击刑，定有责罚。得天网，仅枷锁临身，再有凶格等煞，连累甚重。若得三奇吉门、吉格，无碍。若不犯上庚辛壬癸，定不牵连。

经云：天牢天狱地藏神，犯此虽清系不清。

占文状牵连否

顶盘朱雀落宫克时干落宫者，主有牵连，反此，无事。朱雀旺相克时干，连累甚重，休囚则轻。时干被克旺相者不妨，休囚则重犯，凶格重且凶甚。

占刑杖轻重

本人年命日干宫上星旺门，吉。并有三奇、吉格者，官员责降庶人罪轻。星不旺相，有三奇、吉门并诸吉格，或无三奇得吉门，并诸吉格与星旺相，主罪轻法。若无吉门，得星旺相，临三奇吉格者，罪稍轻，及己身。本命有三奇、吉格，门不吉，星不旺相，或星旺相，得三奇及诸吉格而门不吉者，罪主减等。或得三奇、吉格，星不旺，门不利者，罪重。如门奇星仪全不得，大凶。若本命日干犯击刑，必有刑罚之苦。

兴讼

丁为朱雀，为讼神，雀落阳干之宫，又落宫与天狱相冲，或乘景门，其讼必兴。若落阴干之宫，或投江入墓，不兴之象也。又临旺相之宫者，其讼大起落；休囚者，易结局也。

占状词

开为官长，景为文状。开到宫生景门宫，吉。景到宫生开门宫，不吉。景门宫克开门宫，吉。开克景，则不吉。又景落宫旺相，则吉；休囚废没，不吉。旺相生开门，吉；休囚废没克开门，不吉。

占罪人开释

地盘六辛为罪人，上乘吉星、吉门、吉格，再克开落之宫，或与落宫相生，全者释罪，主速；不备者，少迟。若开落之宫克六辛宫，再得休囚者，牵缠难解。又天网低，难释：天网高，则主释罪。

歌曰：天网四张无路走，一二网低有路通。

罪人轻重

开为问官，六辛为罪人，六壬为天牢。若开克辛宫，辛上又乘六壬，防有牢狱。二者缺一，则不为害。

囚出狱

壬为牢狱，所加地盘干为罪人。壬不独甲辰然，凡六甲旬中六壬时皆是。如甲子旬，即申为天牢之类也。他仿此。必地盘干上克六壬所得之支，再得开、生二门出，自速；不得二门者，主出迟。以受克之日为出期又必得六丁时或六丁落宫生囚人之干方看开、休、生三门也。

讼狱

六丙为本主，六庚为被治之人。六丙落宫克六庚落宫，丙又得其旺相，开为官长落宫，亦克六庚落宫，六庚再犯死门、凶星、死神、死气、休囚废没，其人必置于死。

占行期

若出行，或被牵缠，不能摆脱，或被人节制，不能自由，或犹豫不定，须以时干为起行之人，日干为牵缠节制之人，开门为起行之期，若日干克制时干，不能行；时干克日干，即行。日干宫上下皆来克者，得行。若犹豫者，看时干在外为去，在内为不去。俱看开落宫下得何干，以定其期。

走失

时干为失主，八门物类为逃亡之物。上乘旺相、星宿，又乘六合，不可得。得休囚废没、星宿、九地、太阴，有人潜藏。九天，远走。元武，被盗。螣蛇，有人盘诘羁縻。朱雀，有信。勾陈，有内人相勾引而去。又看六庚，年格年，获。月格月，得。日、时亦同。又天网低，可获；高，不可获。

失财物

八门落宫得元武，有人盗去；不见元武，自己迷失。元武克八门物类宫，物类宫生元武宫，主人盗去。又看六甲旬中空亡，如落空亡，失迷或被盗，俱不能得。又在内四宫为宅中，外四宫失落甚远。地盘宫分论方向，地盘支干论日期。元武乘阳星，为男人；阴为女子，有气为少，无气则老。以武宫天地盘看，以干决衣服颜色。

渔猎

伤门为捕者，甲午辛为鹰，甲戌己为犬，甲寅癸为网。生克论得失，旺相休因论多寡。天盘星克伤门宫，得物；伤门宫克天盘星，不得物。天盘生伤门宫，物主走脱：伤门宫生天盘，易得。上盘见甲戌，用犬；见甲午，用鹰；见甲寅，用网。地盘再休囚，上盘生旺，必多获，反此少捕鱼。专用甲寅落宫克伤门宫，易得；无克，寡得。

干谒

休门宫分为所见之人，时干宫为干谒之人。休门宫生时干宫，时干宫再有三奇，必主遂意。相克更无奇到，主不得见或不喜悦；彼此旺相，见；休囚，则不如意。所往之方得休门者，见；开、生二门，未能即见。余门不吉。

访友

凡访友寻人，以所往方地盘为主，天盘为客。要相生合，得吉门，去必相遇。若门凶，上下二盘相克，则不遇。庚逢年月日时为格者，主不遇。

访人

如所访者在东北，则看八宫所得地盘，主星生对冲宫乘星，反受对宫乘星克，皆主相遇。如东北、西南两方中有吉格，所求皆遂；凶格，不能。壬则相拒，丙则相见。

远人

直符为主，天乙为客，各看落宫相生者无关系，克直符者，主求有得。克天乙者，求主不遂，相比者可求。又甲落阳干为求财事，己落阳干为祈托事，景落阳干为文书事。

占寿

人以九十岁为率，每宫十年。天冲落宫与死门落宫远近，以定其数。天冲带旺相，一生无害。若休囚废没，常有坎坷。占者将已经过寿数除讫以所得余宫岁数论断，阳遁顺行九宫，阴遁逆行九宫，年至三旬得四数除三十有十年而已。余仿此。

占病

天芮为病神，生、死二门为愈败，本人年干落宫得生门，不死；得死门，难愈。若年命休囚废没，再有凶星、凶格，大凶。余六门亦主缠绵，以天芮废没之月为愈期。占父母病，得年干入墓；同类病，得月干入墓；儿女病，得时干入墓，皆主大凶。又凶星、凶门加病人年干，更无救神，不可救。若凶星加奇门上、下干相救，可死；中，得生。若三奇、吉门星，更天地相合，不药可愈。

眼疾

离为目，九宫上得吉门、星、格；愈速；凶，则痊迟。吉凶不分，主缠绵而不重。

六畜病

看八卦类神，上得吉星、门、格者，主无损伤，反此，不利。

胎孕

凡占胎孕男女及产育难易者，以坤卦为主；坤上所得门为胎，天盘为产室。产室克门，子不存坤；克上门，胎不安门。克坤宫，孕妇常病。天盘克地盘，胎妇不安，得门属阳为男，阴为女胎。如伏吟，为子恋母腹胎，主稳而产难。见白虎，为血光神，其产甚速。门到坤宫，若为入墓，必是死胎。天盘星为门、宫二者之墓，不吉；为坤之墓，不利。母为门之墓，不利子，若吉带三奇更妙。

分居

坎、离二宫，为阴阳分位之始。如自十一月至四月尽为阳，以坎艮震巽为内，离坤兑乾为外；五月至十月尽属阴，以离坤兑乾为内，坎艮震巽为外。以年为父母，月为兄弟，日为己身，时为子息。按本局中干支推之，如居两处为分居，一处为不分。以宫分支干照岁月日时以定日期，以旺相休囚定吉凶。

迁移

凡迁移，方上得奇门三吉再时，天禽四季日皆吉，天辅春夏大利，天心秋冬大吉，其余星俱不利。各以来占时看何星为天乙定之。

嘱托

天乙宫为求托之人，直符为所求之人，直使为转托之人。符克使，不利；生直使，利。使克符宫，彼必不悦。生直符，虽依其言，不甚快利。直使生天乙，克直符，不成。直使生直符，克天乙，不利。

符、使俱生天乙，或俱为天乙所克，其事济。有一不生，亦不济，各以落宫定之。

间谍

直使为主者，丙为自己，庚为仇人。以月将加本时，丙为直事所得及相冲，则动；不冲，不动。冲动则看庚与直使乘星，庚旺使囚无益，庚乘星克使星亦无益。相生无益，使乘星克庚乘星，方得。

行诈

六丙为己，六庚为敌，朱雀为谣。雀落旺地，六丙落宫克六庚落宫，或六庚落宫生六丙落宫，其术得行。若庚被丙克，在旺相之乡，或生六丙，不在休囚废没之地，主半疑半信。丙被庚克，或生六庚，不旺相者其术不行。如常人争讼私斗，亦欲行诈者，以日为自己，年为长辈，月为同类，时为晚辈，其占法同。

行人

以本人年命合当时局中干支为行人，以支宫为宅舍，左右为来人。迟速，如占东方人，得西方即来，北方不来，南方在路，其日期以地方远近旺相决之。如行人在甲子，生者在南方，若入坤、兑、乾，将来。过坎，即至。人艮震巽三方，又向他方，前遇克我之卦，半路有阻。再看吉凶神煞，以定安危。又天蓬、天芮俱主行人，千里外者看天蓬，千里内者看天芮。时下得蓬、芮为来，即以时干为来期。伏吟不来，反吟来。三奇吉门全于行人年干之上为便到。凶星干门，主有妨碍不来。又年格年来，月格月来，日格日到，时格时回，远看年月，近审日时。

请人来否

请人方向地盘干克天盘干，地盘星干又转内界，或所往方得开门，必来。如下不克上及上克下，地盘在本方宫，不得开门，主不来。所请方不落空亡，得日干格者，来。

谁去谁不去

凡同为一事，两人协之。或两人各为一事，看两人年干原宫上得何干乘之，如乘阳干者，去；乘阴干者，不去。俱乘阳干或俱乘阴干，俱去、俱不去应。又乘旺相之星，去速；休囚，则缓。

在外占家中安否

日干为主，十干生处为家。如甲木生在亥，亥寄乾宫之类，看乾宫地盘中无凶星、凶格者，家中平安。若有凶门星等格者，看克害何干，即依干之六亲决之。年知父母，月知兄弟，时则为妻子有咎也。

在外人安否

看外方上下二盘，得三奇吉门及诸吉格者，无不安稳；反此，定咎之轻重。

远信

六丁落宫为信，时干落宫内外为迟速。临外信迟，内主速。丁奇受制休囚，轻则信迟，重则无信。朱雀投江，永无音信。螣蛇夭矫，迟滞难前。六丁带三奇德合而有吉信。击刑若见，凶信。生骇入墓，何能望信？庚格见而难期。《元枢经》云：本人居地景门临，北地南占信息真。

在外投宿店吉凶

时干落宫遇蓬、芮、英、柱，俱主恶人，余五星皆吉。落宫克时干，主有侵害。时干落宫遇三奇吉门、吉格者，虽有恶意而不敢害。无吉格，但乘旺相，亦无碍。若时干犯凶星、凶格及休囚废没者，当主侵害。

水路舟船善恶

震三宫为船，天盘所得之星为船户。辅、禽、心为上吉星，任、冲半吉，蓬、芮、英、柱，大凶。

道途吉凶

时干所落前一宫，得大逢，为贼盗；如无，不遇。时丁所加本宫，得二奇吉门、吉格及旺相者，道途安稳。即前一乘蓬亦无妨。

占约期

年为尊长，月为同类，时后辈，日为己身。在直符前者先至，在直符后者后至。所落宫相生，至；相克，不至。俱在前后者亦然。伏吟阳星不至，格勃亦然。

占未曾出门先定回期

阳局天蓬在内四宫，前半年回；在外四宫，后半年回。阴局同。以落宫十二支位定所得某支，即以某支为限。

占回乡

凡人久在他邦，欲回家乡，未知得回否，及何日能回，本人年命占入局中落内界，主回。以地盘支干定其日期，如年命落在外界，虽有回家之心，终有牵缠。上得吉门、吉星，回家平安；上得凶星、门，回家有事。

占路逢同伴善恶

凡出行在外，中途遇伴，不知善凶，看地盘时干为己身，上得何星以定同伴，如禽、心、冲、辅、任，为吉人；蓬、内、英、柱，为恶人。恶在得旺相时干居废没之地，主有侵害。如时干旺相、凶星废没，不敢害；俱旺俱废，亦不致害我也。如凶星害时干，得休、生、开并三奇吉格者，主被害。中有生意，时干旺相得刑格、凶格者，虽有侵，无妨。

占领文迟速

六丁与直使宫相生则速，相克则迟。又六丁在何宫相生，即以本宫支干定其日期。

占给假

直符为尊长，天乙为卑小。直符落宫克天乙落宫，天乙落宫生直符落宫，俱不准假。落直符宫生天乙宫，天乙宫克直符宫，准假。两宫相比者，不准。

应役

开为贵客，直使为己身。开门宫生直使宫，直使上又得三奇及旺相吉宿，大吉。与贵客官相克，并凶星休囚，主凶。

起解

银粮，开生二门主之，上不可见天蓬诸凶等煞，及再克直使者，不利。解罪天上，六辛主之，须休囚不克直使，使宜旺相，及克六辛宫，或辛生直使者，平安。若使生六辛，防其欺蔽。如不相克制者，可期无事。六辛若带合元，须防逃走。不犯恶星、凶格，终始无遗。

解罪人

本人年命上乘六辛落宫得阳干，再受开落宫之克制，其解无疑；反此则未然。至于课逢不备，尚在辗转耳。

和事

庚、丙为两家相拘之人，甲子为和事之主。甲子落宫生两家或克两家，则和有准；一生一克者，不和之象也。若甲子在旺相客中，庚丙在休囚之分，亦当主和。

退役

如阳局，时干从乙丙丁三奇为退，若在六仪，时干主不能退。丙时该退，上见庚临，为之入荧，是主进而退亦不能。如阴局，时干得奇为进，得仪为退。或丙不临庚为入太白，凡事主退也。

公私归结

凡人事体缠绵、归结无期者，已到官为公事，未到官为私事，看时干落宫。时干在坎卦，生于子，为阳气始生之地，万物方动，事体不能归结；星旺门顺，方可归结。时干在坤卦，气乃土与地相连，阴阳交接，行不能行，止不能止。时干到震卦，生于卯，震厉成刚，震，振动也，事主大发。星旺门顺，可成。时干到巽，大往小来，始植者生荣，已萌者不长，新事不止，旧事渐消。时干到五，中央戊己之位，阳坤阴艮，复、姤接连，万物得之而生，理之而长，事不能结。时干在六卦，生于亥，阴气极也，纯阳初生，私事则消，公事则发。时干到七卦，生于酉，肃杀之令，万物老死。又兑者，说也，为口舌，为官讼，阴谋者事体当泄。又为天地赏善罚恶之地，万物至此而决，归结无疑。时干到艮，主进退无常。又艮者，止也，占人进退，不离其居。占事目前虽完，后必又发。时干到九卦，生于午，阳气分位，阴气生焉。刚处其外而能安居，阴柔在内而不能安分，主公事归结，私事将起，占人有不正之义也。

禾稼

天任落艮、震，主丰。再得青龙、六合、功曹、太冲，主四民乐业。若不落艮、震，主年歉。再以青神、月将分旱涝，如天任所在有蛇雀、巳午、天空、太乙，主旱；传送天后，主涝。又生门主麦，伤门主谷。看三奇、太常、功曹、贵人在生门宫，则收麦；在伤门宫，则收谷。

蚕

三奇吉门，吉宿全于金木之宫，为吉。须要下不克上宫及门，为良。若门吉星奇皆不至金木之宫，而更克上宫星及门，为无蚕。

捕盗

天蓬元武宫为贼盗，伤门宫为捕人，时干宫为物主。伤门落宫克天蓬元武官，易寻。时干宫再克天蓬元武官，易捕。若伤门宫生天蓬元武宫，不实捕捉。天蓬元武来克时干伤门，难获。伤门与天蓬元武同宫，时干再克，捕无不获。天蓬元武同宫，党羽必聚一处两处在四方，旺相难捕，休囚易获。乘六合，为大盗。天网低，可获；高，难捕。

捕亡

六合为逃人，伤门为捕人。六合宫生伤门宫，自归。克伤门宫，不可得。伤门宫克六合宫，易得；生六合宫，必有盗赂。伤门与六合同宫，有欺蔽。值年月日时格，则可获。天网在一、二、三、四宫，可获。在五、六、七、八、九宫，不可获。又人假合太白入荧同宫，必获。又阴时可获，阳时不可获。

捕罪人

开门为官长，直使为公人。罪人看年命，直使落宫空亡不得加临本人年命，其获速；一内一外，其获迟。空亡者不获，如甲子旬中空戌亥地盘，得甲戌己六合是也。

官长喜怒

开门为官长，时干为己身。开门宫克时干宫，被击刑。诸凶格者，责罚。有凶格不相克者，无碍。若占得六甲时名为天辅时或六丁时，虽有凶格及被克制，亦无碍，见尊长亦然。惟以年干为尊长。

蝗蝻

死伤惊杜临日干，主来；反此，不来。

种植

冲为花神之主，辅为树木之乡，各宜落宫得旺，旺则主生，休囚主死。生则为活，克则为死。吉格为生，凶格为死。旺相来生，兼吉格，盛茂之征；休囚来制，有凶格，草木枯焦。若吉凶相半者，先活后死，或先枯而后生。要知必长，须求壬、癸、戊、己四干头来生，自活不生者终死无昌。又得三为生，五归死气。又时干入墓不遇时，庚丙格勃俱不利。若值伏吟，阳星为吉，阴则凶。

人谋害

庚为仇人，甲为己身。庚落宫而克甲，谋害多迍。甲落宫而克庚，不谋自信。害则甲落宫而受击刑，不害要逢旺相，虽击刑亦无迍。庚金上下之星皆火，及甲申庚作直符，俱不能害。

遇难避方

凡有危难逃避者不知何处可去，当看杜门六丁、六癸、六己或六合宫天上太冲及生门所临之方。又生本时时干，此数者合一件则吉，再遇星吉三奇，大吉；反此，不利。

逃避可否

避兵看六庚，避贼看天蓬，避克讼者看六辛。时干为己身，六庚克时干，不加内地，不必避；加内地，不克时干，亦不必避。克时干，不加时干，不必避；如时干不克时干者，亦不必避。克时干，临内地，加时干，俱为当避也。天蓬、六辛同此。避仇人，先动者为客，为阳，六丙主之；后动者为主，为阴，六庚主之。客占以六庚落宫克六丙落宫，又临内地，当避；或克不临内地，或临内地不克，俱不必避。若六庚乘休囚之宿，加内，不必避；乘旺相之宿，加内，当避。主占看六丙同，惟丙下临六庚，凡事当退，亦不必避。

求师传道

所往之方，上得天芮，可遇明师。来生时干，传道无疑；来克时干，必不投合。时干或生或克，天芮亦无用。天芮方上有三奇吉门及诸吉格者，方为明师。

设教

辅为师长之星，直符为主者，天芮为弟子。直符宫生天辅宫，辅宫再得三奇吉门、吉格者，必谐；其余皆不安也。又天芮在旺相之宫，子弟必多；在休囚，少。往方得吉者，吉凶难亲。

烧丹

凡炼大丹及一切炉火之事，坎为真铅，休门主之；震为真汞，伤门主之；离为真砂，景门主之；兑为真金，惊门主之。其余乾金、艮土、巽木俱为杂气。又月将加本时，子为真铅，午为真砂，卯为真汞，酉为真金。其寅申巳亥俱为杂气。贵六为真汞，朱雀为真砂，太阴为真金，元武为真铅，其余天后、白虎、螣蛇、青龙俱为杂气。天蓬为真铅，天冲为真汞，天英为真砂，天柱为真金，其余芮、辅、禽、心、任俱为杂气，凡此俱会中五中，地盘得丙丁二火，天盘壬癸二水，是可成内，有杂气不成。

求仙

地盘本身日干为主，上得心、芮二星生门并六仪、三奇俱生日干，占时又得六癸者可求，若无心、芮二星，是无明师；有心芮二星，不得生门并六仪、三奇来生日干者，不能。

祈祷

凡祈祷雨泽、祭祀禳福一切书符作法造进表词之类，俱看天禽所在，下得神、鬼、风、云、龙五遁，方得效验；反此，不验。

鸦鸣

凡遇鸦鸣，急视景门，在直符前一，切迫来临；前二，口舌；前三，婚姻不然，争讼哄讲门庭；前四斗殴、财利相争。直符后一，事涉女人。后二，欺蔽淫欲奸萌。后三，亡失衣物牺牲。更寻六丙下值何神，河魁则贵有灾，六畜有伤。从魁在下，寡妇传音，上逢吉将，酒食邀迎。传送在下，人来觅物。小吉在下，妇女喜成。胜光在下，征召欢忻。太乙在下，大吏相寻。天罡在下，争斗讼死。太冲在下，酒食邀迎。功曹在下，庆贺祥臻。大吉在下，亲戚得朋。神后在下，事主奸淫。登明在下，吏索公文。又须听声过何方隅，吉门则吉，凶门则凶。

雀噪

看朱雀所临之下得何奇何门，以决其事。开门得奇，有亲朋至，或行人远归，或主酒食。休门盖奇，主有喜事、喜信及婚姻之事。生门盖奇，主得田宅、财物、头畜之事。若不得三门，及门迫奇墓，俱主无所系也。更看景门所临，吉格主有喜信，凶格则有忧信或小烦恼。

占怪异

怪异狗嚎、釜鸣、火灾、水灾、牝鸡晨鸣之类，以时干所加，下得三奇吉门、吉星、吉格者，平安。无奇门、吉星，犯凶格、凶星者，难无事。若吉多凶少，祸亦无妨；吉少凶多，岂能无碍？内为前半年，外生后半年，以八宫定其日期。

占梦

看地盘，梦时时干上门星俱凶，得三奇吉格或无三奇吉格星门俱吉者，皆非吉梦，然亦无凶。若得星门奇诸吉格，主大吉；反此，皆得诸凶者大凶，即吉梦亦当凶兆。若时值甲申，空亡即属幻景，无所关系也。

占动四体吉凶

眼属肝，为木，为震。耳属肾，为水，为坎。唇属土、坤。左臂属巽，右臂属坤。左足属艮，右足属乾。右胁属兑，左胁属震。背腹属中。以上本方得奇门吉格者，吉；不得者，平平；凶格者，凶。

又占病

悬系一法少人知，问人年甲病先知。男从坎上顺数起，女向离宫逆点推。数到病人年甲上，看他因病预先知。子午卯酉定是死，寅申巳亥不开眉。辰戌丑未恐霍乱，此是神仙病应机。震巽相逢手足麻，口中恶气眼生花。神天保愿来相助，若不相投气喘加。坤艮脾伤胸不开，心中结定滞凝怀。腹脐疼痛连腰腿，阴邪见怪有飞灾。乾兑多头痛，沉沉六脉微。冷积并冷气，其病在胸脾。坎离多呕逆，久治号难医。人虚常盗汗，饮食渐消除。

占阴宅

螣蛇为坟穴，为水口。勾陈为山，又为罗城。元武为明堂，又为水流来去。朱雀为对山，左砂青龙，右砂白虎。年庚岁月，即从时干起六神；祸福来情，皆从日干定六曜。内三爻，前三十年之过去；外三爻，后三十年之吉凶。

占功名

奇门临本命，养就瑚琏之器；勃格加行年，暂滞坑堑之论。芮、心、任、辅[1]乔迁职，蓬、英、冲、柱纳奏名。英得三奇，位居南粤；蓬逢一白，贵主北京。柱、心为煞曜，剑锋耀日；冲、辅乃秀气，文光射斗。天禽合辅[2]封节钺芮冲辅弼列陪臣。勃格生兮假名，威德克兮虚位。任居鬼户僧道之辈，心号天门医卜之流。有奇有门，名登虎榜；不迫不战，早步青云。左青龙，右白虎，休兼文武；景为文，开为武，心武辅文。星为求名之士，天盘为考官，为文章，如主克客，文合机，名易成；客生主，遇旧作文题，考官得意名首列。客克主，名难就。主生客，文失意，且虚费。若和合，名易就。得奇不得门，名不遇；得门不得奇，终必成名。遇凶格门，迫衰冲刑，因名败亡。凡占，以礼为主。占名要克体为官，占子孙要泄体。行人看前一宫，休息事看后一宫。直符乃类神之副，直使即体之副，类神在体上。

又占行人

反吟受克不来，伏吟受克来。又看运门也。余照前法断看。主前一门天盘星克门生门俱来，门克星生星俱未来。行人自外飞入内，出行自内飞出外。出外自下而上，入内自上而下。阳时飞而不止，阴时伏而不起。体门前一宫，主动生不动克，动夹克凶。阳时天为头，阴时地为头。足克则动，头克则凶。阳时天上宫克门来，阴时地下门克宫来，生比不来；如临四隅，速来。又庚加日干，即至；日干加庚。主迟有阻；凶格临墓，永不来。又蓬合奇门，加九锦衣归里。英同天地，加一敕命留都。辅、冲合壬、癸，难免风波；柱遇格勃主官讼。任逢干兮遭鬼祸，心得奇兮遇贵人。九天九地，动用和谐；天乙太乙，谋求亨通。午年冲合景，江湖风月归洞府，未年心临七身入囹圄。酉年任勃二路逢劫贼，寅年辅格六途遭拐骗。心利医名，辅利竹木行舟，芮利牛马，蓬柱利猪羊。蓬得奇水泽鱼盐酒醋，芮合门布帛谷粟，英利文书，任利山林，柱利五金，冲利木植。酉日英加六旬日方至，辰月心八立地来。

---

① 四驿马。
② 四星相辅。

占雨

杜为雨师，英为电闪，辅为风伯，冲为雷公，蓬为水神。云雾临坎、兑、震，乘壬、癸二干，或柱冲同蓬，此临宫分。又必英、辅所落天上宫克地下宫，方主风雷雨，看落宫得何干以定日期。与直符近则雨速，远则雨迟，临坤主密云不雨临，三一七不乘水神亦无雨。英临日干时干，主晴。英与冲合克日时干，主雷电，或直使临坤，天禽直符，上见太冲、白虎、青龙、天罡、登明、神后，旺相者，多雨。又天禽直时、直使在坤上，见太冲、白虎、日鬼，主雨中电。

占出行

看体门，门克地，地克门，则动；地生门，门生地，则恋而不动。若所临地盘生合主事之体门，则动有益；刑冲破，害无益。运门乃本身吉凶，前一门则地头吉凶。士庶并外官，俱以运门为主；惟在京官，以前一门为主。

奇门元览释义

遁甲者何？天干凡十，甲为之首，统领诸干，至尊至贵。其所畏者，独庚金耳。故须遁匿其甲，勿使受克于庚。然乙为甲妹，可以配之，使其情有所牵；丙丁为甲男女，可以制之，使其势不得肆，故以乙丙丁为三奇。又十干中戊、己、庚、辛、壬、癸，乙、丙、丁皆专制用事，而甲无专位，与六干同处。甲子同六戊，甲戌同六己，甲申同六庚，甲午同六辛，甲辰同六壬，甲寅同六癸。又以六十花甲子布于九宫，起宫为甲子，遁一位为甲戌，又遁一位为甲申之类，皆有遁甲之义。独余乙、丙、丁无与同者，亦三奇之义也。八门者，休、生、伤、杜、景、死、惊、开也。九星者，天蓬、天芮、天冲、天辅，天禽、[1] 天心、天柱、天任、天英也。九星八门，在地盘原有定位，如休门天蓬属坎之类，此一定不易者。其在天盘，则随直符、直使所指，与地盘参错相值，而吉凶生焉。乙为日奇，丙为月奇，丁为星奇。三奇若遇休、开、生三门，谓之奇，与门合。休一在坎属水；开六在乾，属金；生八在艮，属土，即历家所谓三白也。又八诈门者，直符、螣蛇、太阴、六合、勾陈、朱雀、九地、九天是也。此直符随九星直符所指，阳则顺旋，阴则逆转。其中九天、九地、六合、太阴为吉，若得奇、得门而又直此四位，是为全吉。然又有反吟、伏吟、休囚、旺相、击刑、迫制之类，不可不察。神而明之，变而通之，存乎其人耳。

① 奇坤宫。

奇门精粹卷十

奇门遁甲大全（六）

凡例

一、夏至后阴遁用逆局，只在九宫上逆数，若移入八卦数方位，不拘阴、阳二局，皆当顺行。

一、九星在九宫者，其序天蓬、天芮、天冲、天辅、天禽、天心、天柱、天任、天英，以坎、坤、震、巽、中、乾、兑、艮、离为次。

一、九星在八卦数方位者，其序天蓬、天任、天冲、天辅、天英、天芮、天柱、天心，五宫天禽无位，寄在坤二宫，与天芮同处，以乾、坎、艮、震、巽、离、坤、兑为定。

一、六仪三奇皆在九宫掌上，照顺逆循次排布，待符使既定，然后移入八卦顺数方位也。

一、六仪甲子同六戊之类，六甲与六干只同一位，顺则俱顺，逆则俱逆，旧时分开两次排布，今制奇子，合而为一，极为省便。

口诀

先观二至，以分顺逆。

冬至后为阳遁，顺布六仪，逆布三奇。夏至后为阴遁，逆布六仪，顺布三奇。

次观节气，以定三元。

三元者，上、中、下三局也。五日为一候，三候为一气，一月有二气，一年有二十四气。此法以甲、己二将为符头，符头所临之支，如值子、午、卯、酉，则为上元；如值寅、申、巳、亥；则为中元；如值辰、戌、丑、未，则为下元。五日一换符头，故半月一气而三局周也。假如冬至节用事，按起例云：冬至一七四。是一为上元，七为中元，四为下元。本日符头是上元，用一字，则从坎宫起；是中元，用七字，则从兑宫起；是下元，用四字，则从巽宫起。余仿此。

次观旬首，以取符使。

旬首者，用事之时所管之六甲也。看本时旬首是何甲，即从应起之宫依阳顺阴逆数之。旬首所泊之宫，星即为直符，门即为直使。如在坎宫，则天蓬为直符，休门为直使。余仿此。

直符随时干，

看所用时干泊在地盘何宫，即以天盘直符移在此宫，却从八卦数之，则乙、丙、丁三奇所临之方见矣。

直使随时宫，

看所用时辰泊在地盘何宫，即以天盘直使移在此宫，却从八卦数之，则休、开、生所临之门见矣。

小直符加大直符。

以八诈门之直符加于九星直符所临之宫，阳顺阴逆，则六合、太阴、九天、九地之方见矣。

九宫次序

乾六　兑七　艮八　离九 中五 巽四　震三　坤二　坎一	上九宫者，八卦之用，所谓动则依次而行。

八卦方位

坤二　兑七　乾六 离九　中五　坎一 巽四　震三　艮八	右八卦者，九宫之体，所谓静则随方而定。

阳遁顺局

冬至 惊蛰	一七四	小寒	二八五	大寒 春分	三九六	立春	八五二
雨水	九六三	清明 立夏	四一七	谷雨 小满	五二八	芒种	六三九

阴遁逆局

夏至 白露	九三六	小暑	八二五	大暑 秋分	七一四	立秋	二五八
处暑	一七四	寒露 立冬	六九三	霜降 小雪	五八二	大雪	四七一

此为起宫要诀，旧载不明，令人茫然无下手处。今特为揭出，大抵以九宫分管二十四气，数法先认八节所属之卦，如立春艮、春分震之类。既已明显，然后遇冬至后则顺数节气而逆数吊宫，夏至后则逆数节气而顺数吊宫。宫者，即三合宫一七四之类也。但遇八节，当寻本位，其余挨次数之，庶不差耳。此法简便，指掌可见，不必苦记前诀也。

地盘图

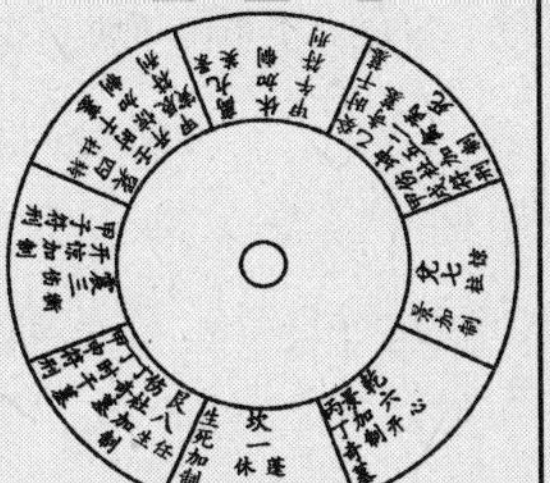

地盘内列九星八门原定之位静而不动又增八刑制冲墓诸忌天盘临之便知趋避

天盘星图

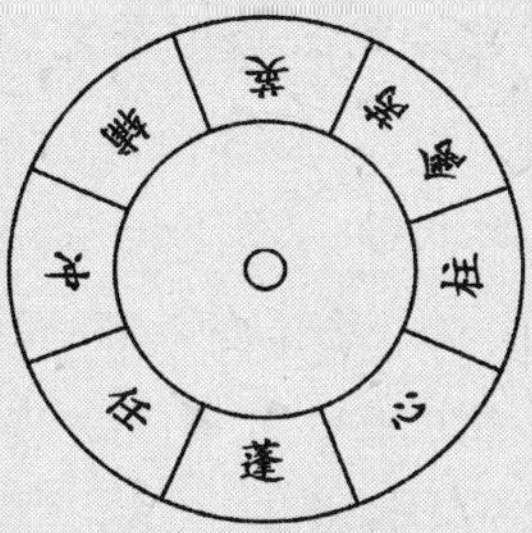

此天盘九星随时干直符所指而转移

天盘门图

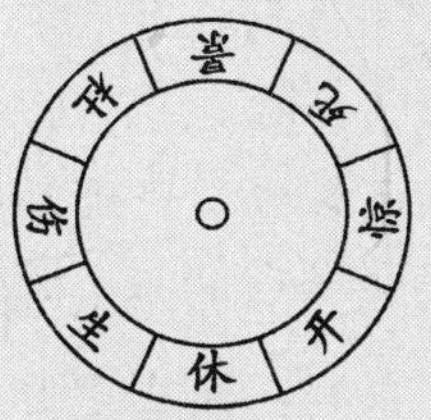

此天盘八门随时宫直使所指而转移

此上天盘二图即地盘所列之星门以其动而无常故日天盘

八诈门图

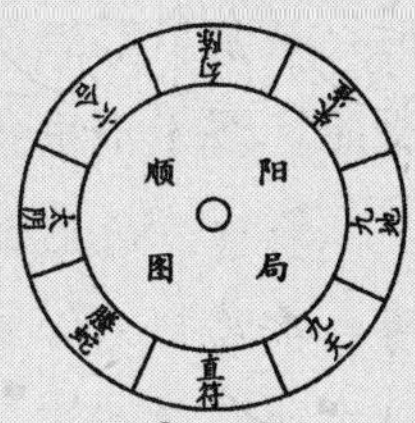

正面

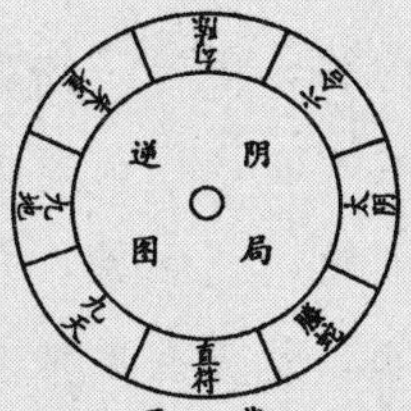

背面

此二图乃八诈门也。一盘而正背书之。冬至后顺行，用正面；夏至后逆行，用背面。以此直符加九星直符旋转。

右四图，乃张子房所遗之一十八局，至今用之。每一局为一图，共十八图。既拘泥而不能相通，且推布烦琐，故殚心精研，为日既久，豁然有悟，乃新制此图。规木为圆，大小凡四：其下大者为地盘，内列九星八门原定之位，又以己意增入刑、制、迫、墓等忌。其上差小为九星，又其上差小为八门，又其上最小为八诈门，皆推迁无定，故取天盘之义，而以六仪三奇制为奇子二副，用则按之气布之。其三奇与八门之休、开、生及八诈门之六合、太阴、九地、九天皆以朱书之，以别其为吉。奇子之六甲，一面书朱，一面书墨，遇直符则用朱面以别之。诚一按图而不假推算，不烦查核，了然在目，视旧所传，诚精而简，明而尽矣。

新制奇子体式

甲子戊甲戊己甲申庚甲午辛甲辰壬甲寅癸日奇乙月奇丙星奇丁

用象牙或嘉木，制一样二副，置一于地盘，置一于天盘，随应起之官，依顺逆布排。

闰奇超神接气直指

奇门之法，有正授，有超神，有闰奇，有接气。正授之后，超神继之；超神之后，闰奇继之；闰奇之后，接气继之；接气之后，复为正授。符头甲己正对节气，谓之正授，此后则符渐渐过节而为超神矣。超至九日及十余日，则当置闰，以其离后节气太远，故必有闰，然后可配气候，与历家闰法同。然置闰必在芒种、大雪之后，二至之前，其余节气虽遇超至九日之外，不可置也。此法乃用奇之关键，万一不悟，则差之毫厘，谬于千里矣。

假如万历己丑年正月初二庚戌日辛巳时用事，系冬至后阳遁顺局，符头系己酉管事，本月初六日交雨水节，上局乃超神也。从九宫起，顺布六仪，戊在离，己在坎，庚在坤，辛在震，壬在巽，癸在中宫；逆布三奇，乙在艮，是为任；乙、丙在兑，是为柱；丙、丁在乾，是为心。丁地盘艮、兑、乾三宫有奇。辛巳时，旬首系甲戌，泊在坎宫，以天蓬为直符，休门为直使，辛时干泊在震，以天盘天蓬直符加在地盘震宫，顺数，任在巽，是天任星带艮之乙奇到巽。冲在离，辅在坤，英在兑，芮在乾，柱在坎，是天柱星带兑之丙奇到坎。心在艮，是天心星带乾之丁奇到艮。三奇在地盘者，今随天盘旋转而在巽、坎、艮三方矣。辛巳时宫泊在艮，以直使休门加地盘之艮，顺数，生在震，伤在巽，杜在离，景在坤，死在兑，惊在乾，开在坎，艮得丁奇而逢休门，谓之休，与星合；坎得丙奇而逢开门，谓之开，与月合，俱吉。独巽、离得乙奇而逢伤门，未为全吉。再以八诈门直符随九星直符在震宫顺数，则螣蛇在巽，太阴在离，六合在坤，勾陈在兑，朱雀在乾，九地在坎，九天在艮。坎、艮二宫既合奇门而又逢九地、九天，为全吉也。又天盘丙加地盘甲戌直符为鸟跌穴，尤为合格。假如万历己丑年十一月初六庚戌日戊寅时用事，本日符头是己酉，当用上局。查十月二十九癸卯日已交大雪节气，从十月二十日甲午为大雪超神，上局；二十五日己亥大雪，中局；三十日甲辰大雪，下局，三局已完。今十一月初五己酉以后，似当作冬至上局。不知符已超节九日，正当置闰，故自初五日己酉至初九日癸丑，不作冬至上局而为大雪闰奇上局，初十日甲寅至十四日戊午为大雪闰奇中局，十五日己未至十九日癸亥为大雪闰奇下局，直到二十日甲子方作冬至上局。然十四日戊午已交冬至节，则符在节后五日矣。此所谓接气也。今以初六日戊日戊寅时为例演之，系夏至后未交冬至，尚用阴遁逆局，从四宫巽起，六仪戊在巽，己在震，庚在坤，辛在坎，壬在离，癸在艮。乙奇在中宫寄坤，丙奇在乾，丁奇在兑。本时戊寅，其旬首系甲戌，泊在震宫，天冲为直符，伤门为直使，时干戊泊在巽，以天冲直符加巽，辅在离，英在坤，芮在兑，是天芮星带中宫之乙奇到兑。柱在乾，是天柱星带兑之丁奇到乾。心在坎，是天心星带乾之丙奇到坎。蓬在艮，任在震，时宫戊寅泊在艮宫以直使伤门加艮。杜在震，景在巽，死在离，惊在坤，开在兑，休在乾，生在坎。乙奇到兑逢开门，是谓开，与日合；丁奇到乾逢休门，是谓休，与星合；丙奇到坎逢生门，是谓生，与月合，俱吉。然生门属土，临坎宫，乃门制其宫，谓之迫，此未尽善也。又以八诈门之直符随九星直符在巽，逆行，螣蛇在震，太阴在艮，六合在坎，勾陈在乾，朱雀在兑，九地在坤，九天在离，则坎宫有奇门，又逢六合，正北方，大吉。余仿此。

用奇门法，惟超神、接气最难晓，今立假如二篇，前篇为超神之例，后篇为置闰接气之例，即此推之而正授不待言矣。

诸格

吉格

龙回首　甲直符加地盘丙奇。

鸟跌穴　丙奇加地盘甲直符。

天遁　生门与本奇临戊，又开门与六丙合。

地遁　开门与乙奇临己。

人遁　休门与丁奇临太阴。

神遁　生门与丙合九天。

鬼遁　生丁合艮逢九地。

风遁　休门生临巽合乙奇。

云遁　休开生与乙奇合辛。

龙遁　休门与乙奇合坎甲。

虎遁　休门与乙奇合坎辛。

三奇得使

乙奇加甲①，丙奇加甲②，丁奇加甲③。

玉女守门

天盘使门加地丁，号为玉女守门亨。

若作阴私和合事，请君但向此方行。

三天门

本月将名起时支，十二月将顺数遍。

① 戌午。

② 子申。

③ 辰寅。

太冲小吉与从魁，三方避祸天门便。

地四户

用时支上加月建，除满平定执破危。

成收开闭顺数去，除定危门地户宜。

地私门

六合太阴太常君，三辰名曰地私门。

以日家阴阳贵人加于本贵之支，阳贵顺轮十二支寻三辰，阴贵逆轮十二支寻三辰，总有十二辰。捷法贵螣朱六勾青空白常元阴后也。

贵人

甲戊庚牛羊，乙己鼠猴乡。丙丁猪鸡位，

壬癸兔蛇藏。六辛逢马虎，此是贵人方。

阳贵人

庚戊逢牛甲见羊，乙猴己鼠丙鸡方。

丁猪癸蛇壬是兔，六辛逢虎贵为阳。[①]

冬至后用阳贵人，夏至后用阴贵人。

太冲天马

将支加在用时支，顺行十二逢卯止。

卯止之宫天马宫，出行避难宜从此。

急则从神

直符及天乙所在宫，宜从此出。

八门旺相

立春生门旺，夏至景门旺，立秋死门旺，秋分惊门旺，

春分伤门旺，立夏杜门旺，立冬开门旺，冬至休门旺。

九星旺相

相于本月，旺于子月，死于父母月，休于财月，囚于鬼月。

天辅时[②]

甲己日己巳时，乙庚日甲申时，丙辛日甲午时，丁壬日甲午时，戊癸日甲寅时。

---

① 阴贵反是

② 有罪能释之。

凶格

龙逃走　乙奇遇羊。

虎猖狂　辛遇乙奇。

蛇夭矫　癸见丁奇。

雀投江　丁奇见癸。

荧入白　丙奇加庚。

白入荧　庚加丙奇。

岁格　庚临岁干。

月格　庚临月干。

日格　庚临日干。伏干同。

时格　庚临时干。

大格　庚加六癸。

上格　庚加六壬。

刑格　庚加六己。

奇格　六庚加三奇。

飞干格　日干加庚。

伏干格　庚临日干。

符勃　丙加天乙。

飞勃　天乙加丙。

天乙伏宫　庚临直符。

天乙飞宫　直符加庚。

时墓[①]

戊戌　壬辰　丙戌　癸未　丁丑

奇墓

乙奇加二宫及六宫，丙奇加六宫。

六仪击刑

甲子午直符三九，甲申辰直符八四，甲戌寅直符二四。

五不遇

时干克日干。

---

① 当用时干墓有王。

天网四张

六癸临时干。

地网遮

六壬临时干。

孤虚法

空亡为孤，对冲为虚。如甲子旬孤，戊亥虚。巳辰六甲仿此。

宫迫

开门临三四宫，休门临九宫，生门临一宫，
伤门临二八宫，景门临六七宫，死门临一宫，
惊门临三四宫，杜门临二八宫。

直符相冲

如天盘甲子加地盘甲午，或天盘甲午加地盘甲子之类。此为符冲。又如直符在天盘坎加地盘离之类亦是。即反吟也。

伏吟

星不动，门亦然。

反吟

星反对。门亦然。

八节三奇图例

巽 立夏 四	离 夏至 九	坤 立秋 二
震 春分 三	五	兑 秋分 七
艮 立春 八	坎 冬至 一	乾 立冬 六

诗曰：冬夏二至逆顺飞，八节须寻甲子推。当年岁下五虎遁，便知方位有三奇。辰戌丑未皆为杀，可否中间事可施。

假如甲子年立春节后，己丑奇出局。丙寅奇在艮，丁卯奇在离，禄在寅，马在寅，贵人在丑未出局。天煞辛未四旺，丁卯午癸酉丙子出局。金神庚午辛未壬申癸酉独火，乙丑出局。

起神杀例

一太岁，二独火，三丧门，四勾陈，五官符，六死符，七小耗，八大耗，九将军，十皇帝，十一吊客，十二病符。大耗七，余同。

假如子年独火在丑，官符在辰，次第顺去八节，用五虎元遁走九宫。甲子年立春

节，官符飞在北方壬癸之位，此节若作壬癸之位，犯官符。余仿此。

起月例

假如己未年正月初八日甲子乙亥时用事，立春节后，艮宫起甲子至离宫。是己未太岁住处就于离，上用五虎元遁起丙寅便是奇。至离坎月建丙寅，就离，起庚寅，顺飞至中宫乾兑是奇。奇起庚寅折。

日家寻时家伏断时

巳 土星直日 房见娄 午 太阴直日 角见丰 未 水星直日 张见亢 申 金星直日 鬼见鬼 辰 木星直日 箕见鬼 酉 太阳直日 觜见娄 卯 火星直日 女见亢 戌 水星直日 胃见牛 寅 太阳直日 室见牛 丑 火星直日 斗见娄 子 太阳直日 虚见鬼 亥 木星直日 壁见亢	太阳直日，子、寅、酉时犯。 太阴直日，午时犯。 火星直日，丑、卯、戌时犯。 水星直日，未时犯。 木星直日，辰、亥时犯。 金星直日，申时犯。 土星直日，巳时犯。

三奇取时克应

乾

日奇，有著黄衣人来，或有缠钱来应。

月奇，有人执刀斧来，或有人牵牛及有角六畜为应。四七日进金银及有生气之物。

星奇，有黑禽成双，并著色衣人至。百日进女人财，南方有产难时发。

坎

日奇，有著皂衣人来，无声，或有鼓乐声。七日进横财，色衣为应。

月奇，有人执杖来，或有黄白禽从西来。六十日及百二十日进契书，若东边有惊恐时发。

星奇，有人抱小儿来，南方有黑云雨。七日内进黑色生气之物，西北方有哭声，病卒时发。

艮

日奇，有黑白飞禽成双来，或著皂衣人至。又罾网水族之类，周年内进人口。

月奇，有人著青皂衣来，或小儿持铁器至。二七日进金帛。周年进白马六畜。

星奇，有人将文字纸笔来，或小儿持器物。二七日进青色物。百二十日进契字。

震

日奇，见罾网渔猎人，并小儿成群至。二七日进金宝，见东南方，有产难时发。

月奇，有人持刃至，春有雷声及鼓乐声。二七日进有契物。周年生贵子，若见北方有雷伤时发。

星奇，有人成双来，有黑禽在南方。七日进黄牲酒，又见东方有杀伤时气。

巽

日奇，有白衣人骑赤马，或有小儿来，主三年内生贵子，进外宝，西方木自枯，木火时惊发。

月奇，有散唱乐声，或南方火惊。七日进色衣人财，并贵人至，吉。

星奇，有小儿骑牛，不然，南方有黑云雨。七日进横财，见北方。周年有落水，产死时发。

离

日奇，有患脚病眼人至，或骑马小儿骑牛，东方黑白禽成双。五七日进六畜，见人家瘟疫时发。

月奇，到有黑禽来。六十日进田蚕。

星奇，有著青衣人至。三七日进财，见东方。刀兵时发，吉。

坤

日奇，有白衣人至，见西方雷伤畜时发。七日进猪鸡。六十日进契字。

月奇，有青衣人自南方来，或有喜鹊双至。七日后进南方财。周年绝户田。色衣人进财，见东方有鼓声发。

星奇，有妇人著青衣来，及有黑禽飞来，或有人担水为应。二七日进水族海味，见北方有山崩，水破田时发。

兑

日奇，有三五鸦来报喜，三百日外进田地，见东方，牛死时发。

月奇，小儿成双来，或有鼓声。七日进横财。周年内进人口田地。坤艮方有老人丧亡时发。

星奇，有人将文字纸笔来。西方有黄禽及打网人为应。七日后进猪鸡。二七日进契字。见艮方。有卒死动火人。

奇门精粹卷十一

奇门遁甲大全（七）

阳遁一局（一）[①]

甲子 己卯	甲子 己卯	己巳 甲申	己巳 甲申	蓬直符 休直使
冬至上	惊蛰上	清明中	立夏中	任使英日柱星
甲午 己酉	甲午 己酉	己亥 甲寅	己亥 甲寅	

甲子　蓬一，休一。子至辰阳，宿凶干吉。生艮伏，景离伏，惊兑伏。天六，地七，阴三，合四。生与月合八东北，时干坎，时伏吟，遁甲开，丙下有丙，刑德在门，客主不利，利以逃亡。

乙丑　蓬九，休二。己日不用，宿凶干吉。休坤害，杜坎和欢怡，死震害。天四，地三，阴七，合六。休与月合二西南，符冲反吟，损己明，己日悖，时干坎。

丙寅　蓬八，休三。宿干吉。休震义。杜坤制墓，死乾义。天一，地六，阴四，合九。休与月合三正东，天乙与太白格，龙反首，相佐艮，时干震，火入金，三吉得使，白虎猖狂，雀入江。

丁卯　蓬七，休四。宿凶干吉。景乾制墓，开震制合，生乙离制。天二，地九，阴一，合八。开与日合三正东，太白与天乙格，仪刑，甲日伏干格，生与星合九正南，乙离制，相佐兑，时干离，丁下有乙。

戊辰　蓬一，休五避五。宿凶干吉。景丙艮义，开乙离害，生丁兑义。天六，地七，阴三，合四。开与日合九正南，乙下有乙，生与星合七正西，丁下有丁，时干坎，伏吟，符吟。

① 此处括号及序号原书无，系点校者为方便读者阅读所加。下同。

己巳　蓬二，休六。巳至酉阴，天辅，宿干凶。开丁兑伏，伤丙艮制，景巽和。天九，地四，阴六，合一。开与月合七正西，丙下有丁，时干震，己日，飞干格。

庚午　蓬三，休七。甲日不用，守户。死合巽害，休丁兑和，伤坎和欢怡。天八，地一，阴九，合二。休与日合七正西，乙下有丁，天乙飞宫格，反吟，飞符，时干离，仪刑，甲日，飞干格。

辛未　蓬四休八。宿吉干凶。杜乙离义，惊乾伏墓，休丙艮害。天三，地八，阴二，合七。休与星合八东北，丁下有丙，己日伏干，时干兑，刑格。

壬申　蓬五休九。宿吉干凶。伤丁兑害，死丙艮伏，开巽制。天九，地四，阴六，合一。开与星合四东南，门反吟，时干震，大格。己日飞干。

癸酉　蓬六休一。宿吉干凶。休坎伏欢怡，杜巽伏，死合坤伏。天七，地二，阴八，合三。休与月合一正北，蛇娇，龙反首，鸟跌穴，干格，时干兑，太白入荧惑，符勃，门伏。

甲戌　内直符二，死直使二。戌至亥阳，宿凶干吉。景英使离伏，生任月艮伏，惊柱星兑伏。天九，地四，阴六，合一。生与月合八东北，阖时客胜亥，甲时阳外阴内，利行兵，时干坤，伏吟。

乙亥　内九，死三。宿凶干吉，己日不用。惊巽制，杜坎和，休合坤害欢怡。天四，地三，阴七，合六。休与星合二西南，甲日勃，天乙与太白格，时干巽，白入火，蛇娇，龙走。

阳遁一局（二）

乙丑 庚辰	冬至上	乙未 庚戌
乙丑 庚辰	惊蛰上	乙未 庚戌
乙酉 庚子	清明中	乙卯 庚午
乙酉 庚子	立夏中	乙卯 庚午
丙直符 死直使	英使任月柱星	

丙子　内八，死四。子至寅阳，庚日不用，宿凶干吉。伤坎和，开坤和欢怡，景震和。天一，地六，阴四，合九。开与月合二西南，龙反首，符勃，时干坤，相佐艮，符反吟。

丁丑　内七，死二避五。宿凶干吉。死坤伏欢怡，伤震伏，开乾伏墓。天二，地九，阴一，合八。开与星合六西北，火入太白格，虎猖狂，雀入江，庚日勃，时干乾，相佐兑。

戊寅　内一，死六。宿凶干吉。死乾义，伤乙离义，开丙艮和。天六，地七，阴三，合四。开与星合八东北，丁下有丙。太白与天乙格，刑格，时干巽，伏宫格，干勃。

己卯　内二，死七。卯至未阴，守户，宿干凶。杜乙离义，休丙艮害，死丁兑义。天九，地四，阴六，合一。休与月合八东北，时干坤，伏吟，仪刑。

庚辰　内三，死八。宿吉干凶。死丙艮伏，伤丁兑害，开巽制。天八，地一，阴九，合二。开与星合四东南，门反吟，时干乾，大格，飞宫格。

辛巳　内四，死九。宿吉干凶。乙日不用。杜合震伏，休乾和墓，死乙离和。天三，地八，阴二，合七。休与月合六西北，时干艮，乙日飞干格。

壬午　内五，死一。宿吉干凶。生乙离和，惊丙艮和，杜丁兑害。天九，地四，阴六，合一。生与日合九正南，时干坤，符伏吟。

癸未　内六，死二。宿吉干凶。惊丁兑伏，杜合巽伏，休坎伏。天七，地二，阴八，合三。休与星合一正北，门伏，天网四张，时干艮，乙日伏干格。

甲申　冲直符三，伤直使三。甲至亥阳，天辅，宿干吉。生任使艮伏，景英日离伏，惊柱星兑伏。天八，地一，阴九，合二。生与月合八东北，甲时阳内阴外，利藏兵固守。事同三吉，开时，时干震，伏吟，伏宫格。

乙酉　冲九，伤四。宿干凶。伤合巽伏，死兑义，开坎义。天四，地三，阴七，合六。开与星合一正北，时干兑，乙日伏干格，庚日吉。

丙戌　冲八，伤五避五。宿干凶，庚日不用。死坎制，休巽义墓，伤合坤制。天一，地六，阴四，合九。休与日合四东南，得使，龙走，蛇矫，时干坎，相佐艮，白入火，仪刑，鸟跌穴。

丁亥　冲七，伤六。宿凶干吉，辛日不用。休坤害，杜坎和，死震害欢怡。天二，地九，阴一，合八。休与月合二西南，符反吟，时干震，相佐兑。

阳遁一局（三）

丙寅 辛巳	丙寅 辛巳	丙辰 辛未	丙辰 辛未	冲直符 伤直使
冬至上	惊蛰上	清明中	立夏中	任使英日柱星
丙申 辛亥	丙申 辛亥	丙戌 辛丑	丙戌 辛丑	

戊子　冲一，伤七。子阳，守户，宿干吉。杜乾害墓，惊合震和欢怡，休乙离制。天六，

地七，阴三，合四。休与星合九正南，丁下有乙，得人遁，时干兑，门反吟，飞宫。

己丑　冲二，伤八。丑至巳阴，宿吉干凶。死乙离和，休乾和，伤丙艮制。天九，地四，阴六，合一。休与日合六西北，时干坎，刑格。

庚寅　冲三，伤九。宿吉干凶。开丙艮和，伤乙离义，景丁兑义。天八，地一，阴九，合二。开与月合八东北，仪刑，时干震，符伏吟，伏宫格。

辛卯　冲四，伤一。地遁，宿吉干凶。景震和欢怡，开坤和墓，生乾义墓。天三，地八，阴二，合七。开与日合二西南，生与星合六西北，丙日飞干格，虎猖狂，符勃，鸟跌穴，雀入江，时干离，丁日伏干格，火入白。

壬辰　冲五，伤二。丙日不用，宿吉干凶。生乙离和，景乾制，惊丙艮和。天九，地四，阴六，合一。生与月合九正南，丙下有乙，时干坎，刑格。

癸巳　冲六，伤三。宿吉干凶。惊丁兑伏，生丙艮伏，杜巽伏。天七，地二，阴八，合三。生与日合八东北，乙下有丙。门伏，三吉，天网四张，时干离，天乙与太白格，事同。

甲午　辅直符四，杜直使四。午至戌阳，天辅，宿干吉。景英使离伏，生任月艮伏，惊柱星兑伏。天三，地八，阴二，合七。生与月合八东北，开时遁甲，刑德在门，客主不利，利以逃亡，时干巽，伏吟，刑格，仪刑。

乙未　辅九，杜五避五。宿干吉。杜坤制墓，休震义，死乾义墓。天四，地三，阴七，合六。休与月合三正东，得使。太白与天乙格，仪刑，虎猖狂，雀入江，时干坤，火入白，辛日伏宫格。

丙申　辅八，杜六。宿干吉。惊合震制，杜乾害墓，休乙离制。天一，地六，阴四，合九。休与星合九正南，丁下有乙，飞宫，龙反首，时干乾，门反吟，相佐艮。

丁酉　辅七，杜七。辛日不用，守户。景乾制，生乙离和，惊丙艮和。天二，地九，阴一，阳八。生与月合九正南，丙下有乙，时干艮，刑格，相佐兑。

戊戌　辅一，杜八。宿凶干吉。杜丙艮制，休丁兑义，死巽害欢怡。天六，地七，阴三，合四。休与月合七正西，丙下有丁，时干坤，大格。

己亥　辅二，杜九。亥阴，宿吉干凶。死丁兑义，伤巽伏欢怡，开坎义。天九，地四，阴六，合一。开与星合一正北，鸟跌穴，时干乾，符勃，辛日干勃。

阳遁一局（四）

丁卯 壬午 冬至上 丁酉 壬子	丁卯 壬午 惊蛰上 丁酉 壬子	丁亥 壬申 清明中 丁巳 壬寅	丁亥 壬申 立夏中 丁巳 壬寅	辅直符 杜直使 英使任月柱星

庚子　辅三，杜一。子至卯阴，宿吉干凶。惊巽害，欢怡，杜坎和，休合坤害。天八，地一，阴九，合二。休与星合二西南，时干艮，飞宫格，白入荧。

辛丑　辅四，杜二。宿吉干凶。伤乙离义，开丙艮和，景丁兑制。天三，地八，阴二，合七。开与月合八东北，时干翼，符伏吟。

壬寅　辅五，杜三。宿吉干凶。开丁兑伏，景合巽和，生坎制。天九，地四，阴六，合一。开与日合七正西，乙下有丁，生与星合一正北，时干乾，符勃，事同，三吉。

癸卯　辅六，杜四。丁日不用，宿吉干凶。休坎伏，死坤伏，伤震伏。天七，地二，阴八，合三。休与日合一正北，时干巽，符勃。

甲辰　禽直符五，死直使五避五。辰至申阳，天辅，宿干吉。惊柱使兑伏，景英日离伏，生任月艮伏。天九，地四，阴六，合一。生与月合八东北，甲时阳外阴内，飞甲日，刑阖，时干坤，开时，仪刑，伏吟。

乙巳　禽九，死六。宿凶干吉。杜合坤制欢怡。生巽害，惊坎义。天四，地三，阴七，合六。生与日合四东南，白入火，鸟跌穴，时干巽，龙走。蛇娇。

丙午　禽八，死七。宿干吉，守户。生震害，开坎义，景坤义。天一，地六，阴四，合九。开与日合一正北，生与星合三正东，丁日飞干格。符冲，壬日勃，时干坤，相佐艮，符反吟。

丁未　禽七，死八。宿凶干吉。杜乾害墓，生墓坤伏欢怡，惊震制。天二，地九，阴一，合八。生与日合二西南，虎猖狂，雀入江，龙反首，时干乾，相佐兑，火入太白。

戊申　禽一，死九。壬日不用，宿凶干吉。伤丙艮制，休乾和，死乙离和。天六，地七，阴三，合四。休与日合六西北，壬日伏干格。太白与天乙格，时干巽，伏干格，刑格，乙格。

己酉　禽二，死一。酉至亥阴，宿吉干凶。杜丁兑害，生乙离和，惊丙艮和。天九，地四，阴六，合一。生与日合九正南，乙下有乙，时干坤，伏吟。

庚戌　禽三，死二。宿吉干凶。杜巽伏，生丙艮伏，惊丁兑伏。天八，地一，阴九，合二。生与日合八东北，乙下有丙，大格。壬日飞干格。门伏，时干乾，天乙飞干格，丁日干格。

辛亥　禽四，死三。宿吉干凶。开乙离害，死合震害，伤墓乾害。天三，地八，阴二，合七。开与星合九正南，丁下有乙。天乙与太白格，事同，三吉，时干艮，大格，仪刑，飞宫。

阳遁一局（五）

冬至上	惊蛰上	清明中	立夏中	禽直符　死直使
戊辰　癸未	戊辰　癸未	戊子　癸卯	戊子　癸卯	柱使英日任星
戊戌　癸丑	戊戌　癸丑	戊午　癸酉	戊午　癸酉	

壬子　禽五，死四。子至丑阴，宿吉干凶。休丁兑和，惊乙离害，杜丙艮制。天九，地四，阴六，合一。休与星合七正西，时干坤，符伏吟。

癸丑　禽六，死五避五。宿吉干凶。休坎伏，惊丁兑伏，杜合巽伏。天七，地二，阴八，合三。休与星合一正北，天网四张，时干艮，戊日飞干格，门伏。

甲寅　心直符六，开直使六天。寅至午阳，宿干吉，戊日不用。惊杜使兑伏，景英日离伏，生任月艮伏。天七，地二，阴八，合三。生与月合八东北，合时孟甲时如上。时干乾，休吟，地甲阖。

乙卯　心九，开七，守户。景巽和，伤丙艮制，开丁兑和。天四，地三，阴七，合六。开与月合七正西，丙下有丁，太白与天乙格。时干艮，癸日飞干格，太格，乙格。

丙辰　心八，开八。宿干吉。惊坎义，景丁兑制，生合巽害。天一，地六，阴四，合九。生与月合四东南，时干巽，相佐艮，戊日飞干格。

丁巳　心七。开九。宿凶干吉。休合坤害，惊巽制，杜坎和。天二，地九，阴一，合八。休与星合二西南，仪刑，龙走，蛇娇，鸟跌穴。戊日午悖，时干坤，相佐兑，金入火。

戊午　心一，开一。宿吉干凶。惊乾伏墓，景坤义墓，生震害。天六，地七，阴三，合四。生与月合三正东，雀入江。时干艮，火入金，虎猖狂。

己未　心二，开二。未至亥阴，宿吉干凶，癸日不用。惊乙离害，景合震和，生墓乾义。天九，地四，阴六，合一。生与月合六西北，时干巽，飞宫戊干，伏干格。

庚申　心三，开三。宿吉干凶。惊丙艮和，景乾制欢怡，生乙离和，天八，地一，阴九，合八。生与月合九正南，丙下有乙。天乙与太白格，癸日飞干格。时干坤，反吟，飞符，刑格。

辛酉　心四，开四。宿吉干凶。惊震制，景坎害，生坤伏。天三，地八，阴二，合七。生与月合二西南，仪刑，时干乾，符冲，门反吟。

壬戌　心五，开五避五。宿吉干凶。惊乙离合，景合震和，生墓乾义欢怡。天九，地四，阴六，合一。生与月合六西北，时干巽，飞宫格，戊日伏干格。

癸亥　心六，开六。宿吉干凶。惊兑伏，景离伏，生艮伏。天七，地二，阴八，合三。生与月合八东北，时干乾，符门伏。

阳遁二局（一）

甲子 己卯	小寒上	甲午 巳酉
甲子 己卯	立春下	甲午 己酉
己亥 甲申	谷雨中	己巳 甲寅
己亥 甲申	小满中	己巳 甲寅
内直符 死直使	英使蓬日任星	

甲子　内二，死二。子至辰阳，宿吉干凶。景离伏，休坎伏，生艮伏。天九，地四，阴六，合一。休与日合一正北，生与星合八东北，刑德在门，主客不利，利以逃亡。时干坤，伏吟，遁甲，开合时。

乙丑　内一，死三。己日不用，宿凶干吉。伤墓乾害，惊合巽制，开丙离害。天六，地七，阴三，合四。开与星合九正南，丁下有丁。虎猖狂，蛇矫，时干巽，大格，三吉。

丙寅　内九，死四。宿吉干凶。死巽害，生乾义，伤乙坎和。天四，地三，阴七，合六。生与日合六西北，天乙与太白格，火入白，己日伏干格。龙反首，时干巽，相佐离，刑格。

丁卯　内八，死五避五。宿干吉。休乙坎伏，景丙离伏，死坤伏欢怡。天一，地六，阴四，合九。休与月合一正北，丙下有乙。仪刑，符反吟，门伏吟，时干坤，相佐艮，击刑，符冲。

戊辰　内二，死六。宿凶干吉。伤丙离义，惊乙坎义，开丁艮和。天九，地四，阴六，合二。开与星合八东北，时干坤，符伏吟。

己巳　内三，死七。巳至酉阴，天辅，宿干凶。休丁艮害，景墓坤义欢怡，死兑义。天八，地一，阴九，合二。休与月合八东北，丙下有丁，时干乾，仪刑，龙走，雀入江。

庚午　内四，死八。甲日不用，守户。惊震制，伤兑害，杜合乾害墓。天三，地八，阴二，合七。无奇门，飞宫格，甲日飞干格，己日干勃。时干艮，门反吟，飞符，己日勃。

辛未　内五，死九。宿吉干凶。死丙离和，生乙坎制，伤丁艮制。天九，地四，阴六，合一。生与日合一正北，时干坤，符伏吟。

壬申　内六，死一。宿吉干凶，地遁。杜兑害，开震制，休巽义。天七，地二，阴八，合三。开与日合三正东，得使。休与星合四东南，甲日伏干格，时干艮，飞宫，乙格，伏干格。

癸酉　内七，死二。宿干凶。死合坤伏欢怡，生丁艮伏，伤震伏。天二，地九，阴一，合八。生与日合八东北，乙下有丁，己日飞干格。符勃，甲干勃，天网四张。时干乾，门伏，金入火，鸟跌穴。

甲戌　冲直符三，伤直使三。戊至亥阳，三宿干凶。休蓬使坎伏，景英月离伏，生任星艮伏。天八，地一，阴九，合二。休与日合一正北，生与星合八东北，亥甲时如上。时干震，伏吟，飞甲，三吉，开。

乙亥　冲一，伤四。己日不用，宿凶干吉。死兑义欢怡，生震害，惊乾伏墓合，生艮伏。生与月合三正东，天乙与太白格。时干兑，己日勃。鸟跌穴，事同。

阳遁二局（二）

乙丑 庚辰	乙亥 庚寅	庚午 乙酉	庚午 乙酉	冲直符 伤直使
小寒上	立春下	谷雨中	小满中	蓬使英月任星
乙未 庚戌	乙巳 庚申	庚子 乙卯	庚子 乙卯	

丙子　冲九，伤五避五。子至寅阳，地遁，宿干吉，庚日不用。开震制欢怡，杜兑害，休巽义。天四，地三，阴七，合六。休与星合四东南，开与日合三正东，时干兑，相佐离，飞宫格。

丁丑　冲八，伤六。宿干吉。伤乾害，惊巽制，杜乙坎和。天一，地六，阴四，合九。无奇门，火入白，伏干格，庚午勃，龙反首，时干坎，相佐艮，刑格，乙格。

戊寅　冲二，伤七。宿干吉。开合巽制，杜墓乾害，休丙离制。天九，地四，阴六，合一。开与日合四东南，休与星合九正南，丁下有丙，仪刑，蛇娇，虎猖狂，时干坎，乙日，飞干格大格。

己卯　冲二，伤八。卯至未阴，守户，宿吉干凶。生乙坎制，死丙离和，伤丁艮制。天八，地一，阴九，合二。生与日合一正北，时干震，符伏吟，仪刑。

庚辰　冲四，伤九。宿吉干凶。开丁艮和，杜合坤制，休震义欢怡。天三，地八，阴二，合七。开与日合八东北，乙下有丁，休与星合三正东，时干离，反吟飞符，火入白。

辛巳　冲五，伤一。乙日不用，宿吉干凶。死合巽害，生墓乾义，惊丙离害。天九，地四，阴六，合一。生与月合六西北，墓，时干坎，大格，乙日飞干格。

壬午　冲六，伤二。宿吉干凶。伤墓坤制，惊艮和，杜兑害。天七，地二，阴八，合三。无奇门，雀入江，龙走，时干离，乙日伏干格。

癸未　冲七，伤三。宿干凶。景丙离伏，休乙坎伏，死坤伏。天二，地九，阴一，合八。休与月合一正北，丙下有乙。乙干格，天网四张，时干震，符冲，门伏，击刑。

甲申　辅直符四，杜直使四。申至亥阳，天辅，宿干吉。景英使离伏，休蓬日坎伏，生任星艮伏。天三，地八，阴二，合七。休与日合一正北，生与星合八东北，天乙与太白格。时干巽，休吟，地甲，事同，开。

乙酉　辅一，杜五避五。宿凶干吉。开丁艮和。杜墓坤制，景兑制。天六，地七，阴三，合四。开与月合八东北，丙下有丁。龙走，雀入江，时干坤，乙日伏干格。

丙戌　辅九，杜六。庚日不用，天遁，宿凶干吉。生合坤伏，死丁艮伏，惊震制。天四，地三，阴七，合六。生与月合二西南，太白入火，门反吟，时干坤，相佐离，金入火。

丁亥　辅八，杜七。宿干吉。开震制，杜兑害，景墓合乾制。天一，地六，阴四，合九。开与月合三正东，仪刑，时干乾，相佐艮。

阳遁二局（三）

丙寅 辛巳	丙子 辛卯	辛未 丙戌	辛未 丙戌	辅直符 杜直使
小寒上	立春下	谷雨中	小满中	英使蓬日任星
丙申 辛亥	丙午 辛酉	辛丑 丙辰	辛丑 丙辰	

戊子　辅二，杜八。子阳，守户，宿干吉。休兑和，景震和，死巽害欢怡。天九，地四，阴六，合一。休与月合七正西，时干乾，飞宫，辛日伏干格。

己丑　辅三，杜九。丑至巳阴，宿吉干凶。伤巽伏，惊乾伏，开乙坎义。天八，地一，阴九，合二，开与星合一正北，丁下有乙，龙反首，时干艮，刑格，火入白。

庚寅　辅四，杜一。宿吉干凶。开丙离害，杜乙坎和，景丁艮义。天三，地八，阴二，合七。开与月合九正南，天乙与太白格，时干巽，反吟，符伏，击刑。

辛卯　辅五，杜二。宿吉干凶。景兑制，休震义，生巽害。天九，地四，阴六，合一。休与日合三正东，生与星合四东南，干勃，时干乾，飞宫格，辛日伏干格。

壬辰　辅六，杜三。丙日不用，宿吉干凶。生乙坎制，死丙离和，惊坤和。天七，地二，阴八，合三。生与月合一正北，丙下有乙，时干巽，符冲，三吉。

癸巳　辅七杜。开乾伏墓，杜合巽伏欢怡，景丙离伏。天二，地九，阴一，合八。开与月合六西北，门伏吟，天乙与太白格，虎猖狂，蛇娇，时干艮，天网四张，大格。

甲午　禽直符五，死直使四避五。午至戌阳，天辅，宿干凶。休蓬使坎伏，景英月离伏，生任星艮伏。天九，地四，阴六，合一。休与日合一正北，生与星合八东北，蛇娇，龙反首，时干坤，伏吟，遁甲，自刑阖。

乙未　禽一，死六。宿凶干吉。生合巽害，死乾义墓，伤丙离义。天六，地七，阴三，合四。生与日合四东南，虎猖狂，蛇娇，时干巽，大格。

丙申　禽九，死七。宿凶干吉。惊乾伏，伤巽伏，开乙坎义。天四，地三，阴七，合六。开与星合一正北，丁下有乙。火入白，丙日，飞干格，龙反首，时干巽，相佐离，刑格。

丁酉　禽八，死八。辛日不用，宿干吉，守户。休丙离制，景乙坎害，生坤伏欢怡。天一，地六，阴四，合九。生与星合二西南，休与日合九正南，乙下有丙，时干坤，相佐艮，符冲。

戊戌　禽二，死九。宿凶干吉。生乙坎制，死丙离和，伤丁艮制。天九，地四，阴六，合一。生与日合一正北，时干乾，伏吟。

己亥　禽三，死一。亥阴，宿吉干凶。伤墓坤制欢怡，惊丁艮和，杜兑害。天八，地一，阴九，合二。无奇门，龙走，雀入江，时干乾。

阳遁二局（四）

丁卯 壬午	丁丑 壬辰	壬申 丁亥	壬申 丁亥	禽直符 死直使
小寒上	立春下	谷雨中	小满中	蓬使英月任星
丁酉 壬子	丁未 壬戌	壬寅 丁巳	壬寅 丁巳	

庚子　禽四，死二。子至卯阴，宿吉干凶。惊兑伏，伤震伏，开墓合乾伏。天三，地

八，阴二，合七。开与星合六西北，墓，飞宫格，丁日伏干格。时干艮，反吟，飞符，门伏。

辛丑　禽五，死三。宿吉干凶。杜乙坎和，开丙离害，景丁艮义。天九，地四，阴六，合一。开与月合九正南，时干坤，符伏，三吉。

壬寅　禽六，死四。宿吉干凶。景震和，休兑和。死巽害。天七，地二，阴八，合三。休与月合七正西，伏宫格，天乙与太白格，时干艮，飞宫格，丁日飞干格。

癸卯　禽七，死五避五。丁日不用。生丁艮伏，死合坤伏欢怡，伤震伏。天二，地九，阴一，合八。生与日合八东北，乙下有丁，符勃，门伏吟，鸟跌穴。时干乾，金入火，天网四张。

甲辰　心直符六，开直使六。辰至申阳，天辅宿干吉。生任使艮伏，休蓬日坎伏，景英月离伏。天七，地二，阴八，合三。生与星合八东北，休与日合一正北，时干乾，伏吟，飞甲，自刑阖。

乙巳　心一，开七。宿凶干吉。杜震伏，伤丁艮制，惊合坤和。天六，地七，阴三，合四。无奇门，时干艮，金入火。

丙午　心九，开八。宿凶干吉，守户。景兑制，杜墓坤制，开丁艮和。天四，地三，阴七，合六。开与月合八东北，丙下有丁。时干艮，相佐离。

丁未　心八，开九。宿干吉。惊巽制，死震害，生兑义。天一，地六，阴四，合九。生与月合七正西，丁日飞干格，时干巽，相佐艮，飞宫。

戊申　心二，开一。壬日不用，宿凶干吉。惊墓合乾伏欢怡，死兑义，生震害。天九，地四，阴六，合一。合与月合三正东，虎猖狂，蛇娇，时干巽，丁日伏干格，大格。

己酉　心三，开二。酉至亥阴，宿吉干凶。惊丙离害，死合巽害，生墓乾义欢怡。天八，地一，阴九，合二。生与月合六西北，时干坤，壬日勃，大格。

庚戌　心四，开三。宿吉干凶。伤坤制，生丙离合，死一坎制。天三，地八，阴二，合七。

辛亥　心五，开四。宿吉干凶。杜墓合乾害，伤兑害，惊震制。天九，地四，阴六，合一。无奇门，天乙与太白格，门反吟，时干艮，丁日伏干，事同。

阳遁二局（五）

戊辰 癸未	小寒上	戊戌 癸丑		
戊寅 癸巳	立春下	戊申 癸亥		
癸酉 戊子	谷雨中	癸卯 戊午		
癸酉 戊子	小满中	癸卯 戊午		
心直符	开直使	任使	蓬日	英月

壬子　心六，开五避五。子至丑阴，宿吉干凶。坎丁艮制，伤乙坎和。惊丙离害。天七，地二，阴八，合三。无奇门，时干乾，符伏。

癸丑　心七，开六。人遁。休乙坎伏，开乾伏欢怡，杜巽伏。天二，地九，阴一，合八。开与日合六西北，休与星合一正北，丁下有乙，龙反首，时干坤，刑格，天网四张。

甲寅　柱直符七，惊直使七。天辅。寅至午阳，戊日不用，宿凶干吉。生任使艮伏，休蓬日坎伏，景英月离伏。天二，地九，阴一，合八。休与日合一正北，生与星合八东北，时干兑，伏吟，地甲阖。

乙卯　柱一，惊八。宿凶干吉，地遁，守户。休巽义，开震制，杜兑害欢怡。天六，地七，阴三，合四。休与星合四东南，开与日合三正东，符勃，癸干门时干震，飞宫，戊日伏干格。

丙辰　柱九，惊九。宿凶干吉。生乾义墓合，休兑和欢怡，景震和。天四，地三，阴七，合六。休与日合七正西，生与星合六西北，时干震，相佐离，戊日飞干格。

丁巳　柱八，惊一。宿干吉。伤丙离义，生合巽害，死墓乾义。天一，地六，阴四，合九。生与日合四东南，虎猖狂，蛇娇，时干离，相佐艮，癸日伏干格。

戊午　柱二，惊二。宿凶干吉。生乙坎制，休墓乾和，景巽和。天九，地四，阴六，合一。生与星合一正北，丁下有乙，休与日合六西北，墓，时干离，刑格，火入太白。

己未　柱三，惊三。未至亥阴，癸日不用，宿吉干凶。生坤伏，休丙离制，景乙坎害。天八，地一，阴九，合二。生与星合二西南，休与日合九正南，时干兑，符冲，三吉，门反吟。

庚申　柱四，惊四。宿吉干凶。生兑义，休墓坤害，景丁艮义。天二，地八，阴三，合七。休与日合二西南，生与星合七正西，仪刑，龙走，雀入江，时干坎，反吟，飞符，癸日飞干格。

辛酉　柱五，惊五避五。宿吉干凶。生乙坎制，休墓乾和，景巽和。天九，地四，阴六，合一。生与星合一正北，丁下有乙，休与日合六西北。时干离，刑格，火入太白格。

壬戌　柱六，惊六。宿吉干凶。生震害，休丁艮害，景坤义。天七，地二，阴八，合三。休与日合八东北，乙下有丁。生与星合三正东，戊干格，时干坎，金入火，戊日勃。

癸亥　柱七，惊七。宿干凶。生丁艮伏，休乙坎伏，景丙离伏。天二，地九，阴一，合八。休与日合一正北。生与星合八东北，时干兑，符门伏，天网四张。

阳遁三局（一）

甲子 己卯	大寒上	甲午 己酉
甲子 己卯	春分上	甲午 己酉
己丑 甲戌	雨水下	己未 甲辰
己亥 甲申	芒种中	己巳 甲寅
冲直符 伤直使	蓬使内日英星	

甲子　冲三，伤三。子至辰阳，宿干吉。休坎伏，死墓坤伏，星离伏。天八，地一，阴九，合二。休与月合一正北，刑德在门，客主不利，开，时干震，休吟，遁甲，三吉，开。

乙丑　冲二，伤四。己日不用，宿凶干吉。伤巽伏，开丙坎义，惊墓乾伏。天九，地四，阴六，合一。开与日合一正北，乙下有丙。乙日，干格。甲子，飞干格。白入火，蛇矫。时干坎，飞符，坤，飞宫格。

丙寅　冲一，伤五避五。宿凶干吉。杜兑害，休巽义，开震制欢怡。天六，地七，阴三，合四。开与星合三正东，休与日合四东南，天乙与太白格，刑格，虎猖狂，己日伏干格，时干兑，事同。

丁卯　冲九，伤六。宿凶干吉。死震害欢怡，伤乾害，生合兑义。天四，地三，阴七，合六。生与星合七正西，符勃，龙走，己日伏干格，时干兑，相佐离，击刑，鸟跌穴。

戊辰　冲三，伤七。人遁。景丙坎害，生墓乙坤伏，休丁离制。天八，地一，阴九，合二。伏与星合九正南，生与日合二西南，墓，时干震，符伏，门反，仪刑。

己巳　冲四，伤八。巳至酉阴，天辅，宿吉干凶。伤艮制，开兑伏，惊乙坤和。天三，地八，阴二，合七。开与日合七正西，时干离。

庚午　冲五，伤九。甲日不用，守户。生巽害，惊丙坎义，死墓乾义。天九，地四，阴六，合一。生与月合四东南，白入火，己干勃，甲日飞干格，蛇矫，时干坎，反吟，飞符。

辛未　冲六，伤一。宿吉干凶。开乙坤和，景震和欢怡，杜艮制。天七，地二，阴八，合三。开与月合二西南，丙下有乙，飞干格，己干格，蛇矫，时干离，火入金，飞宫。

壬申　冲七，伤二。宿干凶，天遁。生丁离和，惊艮和，死丙坎制。天二，地九，阴一，合八。生与月合九正南，丙下有丁，天乙与太白格，时干震，符冲事同。

癸酉　冲八伤三。宿吉干凶。开墓合乾伏，景丁离伏，杜巽伏。天一，地六，阴四，合九。开与月合六西北，墓，天网四张，时干坎，门伏，三吉。

甲戌　辅直符四，杜直使四。戌至亥阳，天辅，宿干吉。死墓内使坤伏，景英星离伏。天三，地八，阴二，合七。休与月合一正北，亥甲时如上法。时干巽，伏吟，飞甲开。

乙亥　辅二，杜五避五。己日不用。死墓乾义，休震义，景合兑制。天九，地四，阴六，合一。休与月合三正东，天乙与太白格，龙走，蛇矫，鸟跌穴，时干乾，飞符事同。

阳遁三局（二）

小寒上	乙丑　庚辰	乙未　庚戌
立春下	乙亥　庚寅	乙巳　庚申
谷雨中	庚午　乙酉	庚子　乙卯
小满中	庚午　乙酉	庚子　乙卯
冲直符　伤直使	蓬使英月任星	

丙子　辅一，杜六。子至寅阳，庚日不用，宿干吉。惊震制，生乙坤伏，死艮伏。天六，地七，阴三，合四。生与月合二西南，得使，火入白，乙干勃，门干勃，时干坤，相佐坎，门反吟。

丁丑　辅九，杜七。宿凶干吉。杜兑害，惊艮和，伤乙坤制。天四，地三，阴七。合六。无奇门，时干坤，相佐离。

戊寅　辅三，杜八。宿干吉。惊丁离害，生墓合乾义，死巽害欢怡。天八，地一，阴九，合二。生与月合六西北，时干艮。

己卯　辅四，杜九。卯至未阴，守户，宿吉干凶。景墓乙坤义，开丙坎义，杜丁离义。天三，地八，阴二，合七。开与月合一正北，时干巽，符伏，仪刑。

庚辰　辅五，杜一。宿吉干凶。伤乾害，死震时，生合兑义，天九，地四，阴六，合一。生与星合七正西，龙走，飞宫格，时干乾，反吟，飞符。

辛巳　辅六，杜二。己日不用，宿吉干凶。开乙艮和，伤丁离义，惊丙坎义。天七，地二，阴八，合三。开与日合八东北，天乙与太白格。时干巽，符冲，大格。

壬午　辅七，杜三。宿干凶。生丙坎制，景巽和欢怡，休墓乾和。天二，地九，阴一，合八。休与星合六西北，生与日合一正北，乙下有丙，符勃，时干艮，三吉，金入火，蛇矫。

癸未　辅八，杜四。宿吉干凶。杜巽伏欢怡，惊兑伏，伤震伏。天一，地六，阴四，合九。无奇门，伏宫格，虎猖狂，龙反首，仪刑，时干乾，门伏，乙格，击刑。

甲申　禽直符五，死直使五避五。申至亥阴，天辅，宿干吉。休蓬使坎伏，死禽日坤伏，景英星离伏。天九，地四，阴六，合一。休与月合一正北，伏宫格，天乙与太白格，时干坤，伏吟，地申，事同。

乙酉　禽二，死六。宿凶干吉。惊丙坎义，杜墓乙坤制，伤丁离义。天九，地四，阴六，合一。无奇门，乙日伏干格。时干坤，符伏。

丙戌　禽 ，死七。庚日不用，宿凶干吉。份巽伏，开丙坎义，惊墓乾伏。天六，地七，阴三，合四。开与日合一正北，乙下有丙，时干巽，白入火，蛇娇。

丁亥　禽九，死八。宿凶干吉。杜墓乾义，休丁离制，开巽制。天四，地三，阴七，合六。开与星合四东南，休与日合九正南，乙下有丁，时干巽，相佐离。

阳遁三局（三）

冬至上	春分上	雨水下	芒种中	禽直符　死直使
丙寅　辛己	丙寅　辛巳	辛卯　丙子	辛丑　丙戌	蓬使禽日英星
丙申　辛亥	丙申　辛亥	辛酉　丙午	辛未　丙辰	

戊子　禽三，死九。子阳守户，宿干吉。惊乙坤和，杜震伏，伤艮制。天八，地一，阴九，合二。无奇门，雀入江，白入火，时干乾。符勃，丙日飞干格。

己丑　禽四，死一。丑至巳阴，宿吉干凶。杜兑害，休巽义，开震制。天三，地八，阴二，合七。休与日合四东南，开与星合三正东，虎猖狂，龙反首，时干艮，辛日飞干格，刑格。

庚寅　禽五，死二。宿吉干凶。休丙坎伏，死乙坤伏，景丁离伏。天九，地四，阴六，合一。休与月合一正北，丙下有丙，伏宫格，天乙与太白格，时干坤，反吟，击刑，门伏。

辛卯　禽六，死三。宿吉干凶。死震害，伤乾害，生合兑义。天七，地二，阴八，合三。生与星合七正西，龙走，鸟跌穴，蛇娇，时干艮，辛日伏干格。

壬辰　禽七，死四。丙日不用。杜艮制，休兑和，开乙坤伏欢怡。天二，地九，阴一，合八。休与日合七正西，开与星合二西南，时干乾。

癸巳　禽八，死五避五。宿吉干凶。景丁离伏，生艮伏，休丙坎伏。天一，地六，阴四，合九。生与日合八东北，休与星合一正北，符反吟，大格。丁下有丙。天乙与太白格，时干坤，事同，门伏，天网四张。

甲午　心直符六，开直使六。午至戌阳，天辅。死内使坤伏，休蓬月坎伏，景英星离伏。天七，地二，阴八，合三。休与月合一正北，刑德在门，客主不利，利以逃亡。时干乾，伏吟，遁甲，自刑阖。

乙未　心二，开七。宿凶干吉。景巽和，开兑伏，杜震伏。天九，地四，阴六，合一。开与月合七正西，虎猖狂。时干巽，刑格，辛日飞干格。

丙申　心一，开八。宿干吉。景兑制，开艮和，杜乙坤制。天六，地七，阴三，合四。开与月合八东北，时干艮，相佐坎。

丁酉　心九，开九。辛日不用，守户，宿凶干吉。死震害，休乙坤害，景艮义。天四，地三，阴七，合六。休与月台二西南，丙下有乙。仪刑，雀入江，火入白，丙日飞干格，时干艮，相佐离，飞宫格。

戊戌　心三，开一。宿干吉。开丙坎义。伤巽伏，惊墓乾伏。天八，地一，阴九，合二。开与日合一正北，乙下有丙，丙日伏干格。时干坤，金入火，蛇娇。

己亥　心四，开二。亥阴，宿吉干凶。杜艮制，惊丁离害，伤丙坎和。天三，地八，阴二，合七。无奇门，天乙与太白格。时干乾，符冲，大格，事同。

阳遁三局（四）

丁卯 壬午	大寒上	丁酉 壬子
丁卯 壬午	春分上	丁酉 壬子
壬辰 丁丑	雨水下	壬戌 丁未
壬申 丁巳	芒种中	壬寅 丁亥
心直符 开直使	内使蓬月英星	

庚子　心五，开三。子至卯阴，宿吉干凶。休巽义，杜兑害，开震制。天九，地四，阴六，合一。开与星合三正东，休与日合四东南，飞干格，虎猖狂。时干巽，刑格，壬日勃，三吉。

辛丑　心六，开四。宿吉干凶。生墓乙坤伏，景丙坎害，休丁离制。天七，地二，阴八，合三。生与日合二西南，休与星合九正南，时干乾，符伏，门反吟。

壬寅　心七，开五避五。宿干凶。惊丁离害，生墓合乾义欢怡，死巽害。天二，地九，阴一，合八。生与月合六西北，符勃，丁日伏干格，时干坤，事同，日飞干格。

癸卯　心八，开六。宿吉干凶，丁日不用。开乾伏欢怡，伤震伏，惊合兑伏。天一，地六，阴四，合九。开与日合六西北，伏宫格，龙走，鸟跌穴，蛇娇，时干巽，天网四张。

甲辰　柱直符七，惊直使七。辰至申阳，天辅，宿凶干吉。景英使离伏，死墓内日坤伏，休蓬月坎伏。天二，地九，阴一，合八。休与月合一正北，阳内阴外，利行兵，客胜，时干兑，伏吟，飞甲，自刑阖。

乙己　柱二，惊八。宿凶干吉。休巽义，生丁离和，景墓合乾制。天九，地四，阴六，合一。休与星合四东南，生与日合九正南，乙下有丁，时干离，飞宫格，丁日伏干格。

丙午　柱一，惊九。宿凶干吉，守户。休合兑和，生墓乾义，景震和。天六，地七，阴三，合四。休与星合七正西，生与日合六西北，龙走，时干震，相佐坎，鸟跌穴。

丁未　柱九，惊一。宿凶干吉。休震义，生巽害，景兑制欢怡。天四，地三，阴七，合六。休与星合三正东，得使，生与日合四东南，虎猖狂，刑格，符勃，时干震，相佐离，壬日勃。

戊申　柱三，惊二。宿干吉，壬日不用。生丙坎和，伤艮制，死丁离和。天八，地一，阴九，合二。生与星合一正北，丁下有丙。大格，时干兑，符冲事同，丁日勃。

己酉　柱四，惊三。酉至阴亥，宿干凶。死艮伏，惊震制，生乙坤伏。天二，地八，阴二，合七。生与月合二西南，门反吟，仪刑，雀入江，时干兑，飞宫格，三吉，火入金。

庚戌　柱五，惊四。宿干凶。惊巽制，开丁离害，伤墓合乾害。天九，地四，阴六，合一。开与日合九正南，飞宫格，时干离，丁日伏干格，壬日飞干格。

辛亥　柱六，惊五避五。宿干吉。惊坤和，开兑伏欢怡，伤艮制。天七，地二，阴八，合三。开与日合七正西，太白与飞干格，壬日伏干格。

阳遁三局（五）

戊辰 癸未	大寒上	戊戌 癸丑
戊辰 癸未	春分上	戊戌 癸丑
癸巳 戊寅	雨水下	癸亥 戊申
癸酉 戊子	芒种中	癸卯 戊午
柱直符 惊直使	英使内日蓬月	

壬子　柱七，惊六。子至丑阴，宿干凶。杜丁离义。景墓乙坤义，开丙坎义。天二，地九，阴一，合八。开与月合一正北，时干兑，符伏。

癸丑　柱八，惊七。宿吉干凶。开墓乾伏，休丙坎伏，杜巽伏。天一，地六，阴四，合九。开与星合六西北，休与日合一正北，白入火，蛇矫，时干离，门伏，戊日飞干格。

甲寅　任直符八，生直使八。天辅。寅至午阳，戊日不用，宿干吉。景英使离害，死内日坤伏，休蓬月坎伏。天一，地六，阴四，合九。休与月合一正北，时干艮，伏吟，地甲开。

乙卯　任二，生九。宿凶干吉。死丙坎制，惊艮和欢怡，生丁离和。天九，地四，阴六，合一。生与月合九正南，丙下有丁，反吟，飞干格，乙格，癸日伏干格，时干艮，大格。

丙辰　任二，生一。宿凶干吉。景巽和，死丁离和，休墓合乾和。天六，地七，阴三，合四。休与月合六西北，时干乾，相佐坎，龙反首。

丁巳　任九，生二。宿凶干吉。杜墓乾害，景丙坎制，开巽制。天四，地三，阴七，合六。开与月合四东南，白入火，仪刑，蛇娇，门反吟，天乙与太白格，戊日飞干格，时干乾，相佐离，击刑。

戊午　任三，生三。宿干吉。景乙坤义，死兑义，休艮害欢怡。天八，地一，阴九，合二。休与月合八东北，癸，干勃，符勃，时于巽，三吉，癸日勃。

己未　任四，生四。未至亥阴，宿吉干凶，癸日不用。景合兑制，死墓乾义，休震义。天三，地八，阴二，合七。休与月合三正东，龙走，鸟跌穴，蛇娇，仪刑，时干坤，戊日勃。

庚申　任五，生五避五。宿干凶。景丙坎害，死艮伏，休丁离制。天九，地四，阴六，合一。休与月合九正南，丙下有丁，癸日伏干格，天乙与太白格，鸟跌穴，时干艮，反吟，飞符，事同，符冲。

辛酉　任六，生六。宿吉干凶。景震义，死巽害，休兑和。天七，地二，阴八，合三。休与月合七正西，时干坤，刑格，虎猖狂。

壬戌　任七，生七。宿干凶。景艮义欢怡，死震害，休乙坤害。天二，地九，阴一，合八。休与月合二西南，雀入江，时干巽，火入金，戊日伏干格。

癸亥　任八，生八。宿吉干凶。景丁离伏，死乙坤伏，休丙坎伏。天一，地六，阴四，合九。休与月合一正北，时干艮，符门伏，天网四张。

阳遁四局（一）

甲戌 己丑	甲戌 己丑	甲子 己卯	甲子 己卯	辅直符 杜直使
冬至下	惊蛰下	清明上	立夏上	内使冲日蓬星
甲辰 己未	甲辰 己未	甲午 己酉	甲午 己酉	

甲子　辅四，杜四。子至辰阳，宿干吉。死坤伏，伤震伏，休坎伏。天三，地八，阴二，合七。休与星合一正北，伏吟，时干巽，遁甲开。

乙丑　辅三，杜五避五。宿干吉，己日不用。伤离义，开艮和，死乾义。天八，地一，阴九，合二。开与日合八东北，时干艮，仪刑。

丙寅　辅二，杜六。宿凶干吉。杜墓乾害，休离制，惊乙震制。天九，地四，阴六，合一。休与日合九正南，天乙与太白格，门反吟，时干乾，相佐坤，火入金。

丁卯　辅一，杜七。宿凶干吉。开乙震制，景合乾制，伤丙坤制。天六，地七，阴三，合四。开与月合三正东，丙下有乙，仪刑，时干坤，相佐坎，击刑，大格。

戊辰　辅四，杜八。宿凶干吉。开丙坤和，景乙震和，伤丁坎和。天三，地八，阴二，合七。开与月合二西南，时干巽，符伏。

己巳　辅五，杜九。巳至酉阴，天辅，宿吉干凶。惊墓乾伏，杜离义，生乙震害。天九，地四，阴六，合一。生与星合三正东。丁下有乙，时干乾，相佐坤，火入金。

庚午　辅六，杜一。宿吉干凶，守户，甲日不用。景艮义，生兑义，开离害。天七，地二，阴八，合三。开与星合九正南，生与日合七正西，太白天乙格，龙走，虎猖狂，蛇娇，时干巽，反吟，符冲，飞符。

辛未　辅七，杜二。宿干凶。惊丁坎义，杜墓丙坤制，生巽害欢怡。天二，地九，阴一，合八。生与星合四东南，时干艮。

壬申　辅八，杜三。宿吉干凶。景巽和欢怡，生丁坎制，开兑伏。天一，地六，阴四，合九，开与星合七正西，生与日合一正北，甲干勃，符勃，鸟跌穴，时干乾，三吉，金入火，刑格。

癸酉　辅九，杜四。宿干凶。惊合兑伏，杜巽伏欢怡，生合艮伏。天四，地三，阴七，合六。生与星合八东北，门伏吟，时干坤，天网四张。

甲戌　禽直符五，死直使五避五。戌至亥阴，宿吉干凶。伤冲使震伏，死禽月坤伏，休蓬星坎伏。天九，地四，阴六，合一。休与星合一正北，仪刑，亥甲时如上法，时干坤，伏吟，飞甲合。

乙亥　禽三，死六。宿干吉，己日不用。死合乾义，休乙震义，杜丙坤制欢怡。天八，地一，阴九，合二，休与月合三正东，己日飞干格，天乙太白格，甲干勃，时干乾，大格，蛇娇，鸟跌穴。

阳遁四局（二）

节气	上	下
冬至下	乙亥 庚寅	乙巳 庚申
惊蛰下	乙亥 庚寅	乙巳 庚申
清明上	庚辰 乙丑	庚戌 乙未
立夏上	庚辰 乙丑	庚戌 乙未
禽直符 死直使	冲使禽月蓬星	

丙子　禽二，死七。子至寅阳，宿凶干吉，庚日不用。生乙震害，景丙坤义，开丁坎义。天九，地四，阴六，合一。开与星合一正北，时干坤，生与日合三正东，仪刑。

丁丑　禽一，死八。宿凶干吉。生墓丙坤伏欢怡，景丁坎害，开巽制。天六，地七，阴三，合四。开与星合四东南，生与日合二西南，乙下有丙，乙日伏干格，时干巽，相佐坎，反吟。

戊寅　禽四，死九。宿干凶。生丁坎制，景巽和，开兑伏。天三，地八，阴二，合七。开与星合七正西，生与日合一正北，太白天乙格，伏宫格，时干艮，金入火，刑格。

己卯　禽五，死一。卯至未阴，守户，宿吉干凶。开乙震制，伤丙坤制，死丁坎制。天九，地四，阴六，合一。开与日合三正东，时干坤，符伏吟。

庚辰　禽六，死二。宿吉干凶。景离伏，开墓乾伏，伤乙震伏。天七，地二，阴八，合三。开与月合六西北，白入火，飞宫格，庚干勃，龙反首，时干艮，门伏，反吟，飞符。

辛巳　禽七，死三。宿干凶，乙日不用。惊巽制，生合兑义，景合艮义。天二，地九，阴一，合八。生与月合七正西，时干乾，三吉。

壬午　禽八，死四。宿吉干凶。休兑和，杜艮制，惊离害。天一，地六，阴四，合九。休与日合七正西，雀入江，蛇娇，龙走，虎猖狂，时干坤，符冲，飞宫格。

癸未　禽九，死五避五。宿干凶。生艮伏，景离伏，开墓乾伏。天四，地三，阴七，合六。生与日合八东北，时干巽，门伏，开与星合六西北，天网四张。

甲申　心直符六，开直使六。申至亥阳，天辅，宿干吉。死内使坤伏，阳冲日震伏，休蓬星坎伏。天七，地二，阴八，合三。休与星合一正北，天乙与太白格，开时，时干乾，伏吟，地甲，事同，合。

乙酉　心三，开七。宿干凶。生丁坎制，惊丙坤和，景巽和。天八，地一，阴九，合二。生与月合一正北，时干坤，乙日伏干格。

丙戌　心二，开八。宿凶干吉，天遁，庚日不用。生巽害，惊丁坎义，景兑制。天九，地四，阴六，合一。生与月合四东南，得使，时干巽，相佐坤，金入火，刑格。

丁亥　心一，开九。宿凶干吉。生合兑义，惊巽制，景合艮义。天六，地七，阴三，合四。生与月合七正西，时干艮，相佐坎，白入火，刑格。

阳遁四局（三）

丙子 辛卯	丙子 辛卯	辛巳 丙寅	辛巳 丙寅	心直符 开直使
冬至下	惊蛰下	清明上	立夏上	内使冲日蓬星
丙午 辛酉	丙午 辛酉	辛亥 丙申	辛亥 丙申	

戊子　心四，开一。子阳，守户，宿干吉。休艮害，死兑义，杜离义。天三，地八，阴二，合七。休与合月八东北，蛇娇，龙走，雀入江，虎猖狂，时干乾，符冲，飞宫格。

己丑　心五，开二。丑至巳阴，宿吉干凶。死巽害，伤坎和，休兑和。天九，地四，阴六，合一。休与星合七正西，丙日，伏干格，时干巽，相佐坤，金入火，鸟跌穴。

庚寅　心六，开三。宿吉干凶。伤丙坤制，开乙震制，死丁坎制。天七，地二，阴八，合三。开与日合三正东，仪刑，伏干格，时干乾，反吟，击刑，符伏。

辛卯　心七，开四。宿干凶。休离制，死艮伏，杜乾害欢怡。天二，地九，阴一，合八。休与月合九正南，门反吟，时干乾，辛日伏干格。

壬辰　心八，开五避五。宿干凶，丙日不用。生墓乾义，惊离害，景乙震和。天一，地六，阴四，合九。生与月合六西北，丙日飞干格，符勃，时干巽，火入金，仪刑。

癸巳　心九，开六。宿干凶。伤乙震伏，开合乾伏欢怡，死丙坤伏。天四，地三，阴七，合六。开与日合六西北，天乙与太白格，时干艮，事同，门伏，大格，天网四张。

甲午　柱直符七，惊直使七。午至戌阳，天辅，宿凶干吉。伤冲使震伏，死内月坤伏，休蓬星坎伏。天二，地九，阴一，合八。休与合星一正北，时干兑，伏吟，遁甲，自刑合。

乙未　柱三，惊八。宿干吉。杜兑害欢怡，惊艮和，生离和。天八，地一，阴九，合二。生与星合九正南，蛇娇，雀入江，虎猖狂，时干兑，符冲，飞宫格。

丙申　柱二，惊九。宿凶干吉。杜艮制，惊离害，生墓乾义。天九，地四，阴六，合一。生与星合六西北，伏宫格，时干离，相佐坤，辛日伏干格。

丁酉　柱一，惊一。人遁。宿凶干吉，守户，辛日不用。伤离义，死墓乾义，休乙震义。天六，地七，阴三，合四。休与星合三正东，丁下有乙。火入白，丙日飞干格，时干震，相佐坎。

戊戌　柱四，惊二。宿干吉。休合乾和，杜乙震伏，惊丙坤和。天三，地八，阴二，合七。休与日合六西北，时干坎，大格。

己亥　柱五，惊三。亥阴，宿干凶。死艮伏，休离制，杜墓乾害。天九，地四，阴六，合一。休与月合九正西，门反吟，伏宫格，时干艮，相佐坤，辛日伏干格。

阳遁四局（四）

丁丑 壬辰 冬至下 丁未 壬戌	丁丑 壬辰 惊蛰下 丁未 壬戌	壬午 丁卯 清明上 壬子 丁酉	壬午 丁卯 立夏上 壬子 丁酉	柱直符 惊直使 冲使内月蓬星

庚子　杜六，惊四。子至卯阴，宿吉干凶。惊巽制，生合兑义欢怡，景合艮义。天七，地二，阴八，合三。生与月合七正西，飞宫格，符勃，时干坎，反吟，飞符，丁甘伏干格。

辛丑　柱七，惊五避五。宿干凶。杜乙震伏，惊墓丙坤和，生丁坎制。天二，地九，阴一，合八。生与星合一正北，时干兑，符伏吟。

壬寅　柱八，惊六。宿吉干凶。景墓丙坤义，开丁坎义，伤巽伏。天一，地六，阴四，合九。开与月合一正北，天乙与太白格，丁干格，时干离，事同，丁日勃。

癸卯　柱九，惊七。宿干凶，丁日不用。休丁坎伏，杜巽伏，惊兑伏欢怡。天四，地三，阴七，合六。休与日合一正北，乙下有丁，仪刑，壬日飞干格，鸟跌穴，时干震，门伏，金入火，刑格。

甲辰　任直符八，生直使八，辰至申阳，天辅，宿干吉。休蓬使坎伏，伤冲日震伏，死丙月坤伏。天一，地六，阴四，合九。休与星合一正北，仪刑，时干艮，伏吟，飞甲，自刑阖。

乙巳　任三，生九。宿干凶。惊合艮制欢怡，休巽义，杜合兑害。天八，地一，阴九，合二。休与日合四东南，时干巽，丁日伏干格。

丙午　任二，生二。宿凶干吉，守户。死离和，开兑伏，伤艮伏欢怡。天九，地四，阴六，合一。开与日合七正西，符勃，蛇矫，雀入江，龙走，虎猖狂，时干艮，相佐坤，符冲，壬日勃。

丁未　任一，生二。宿凶干吉。杜乾害，死艮伏欢怡，休离制。天六，地七，阴三，合四。休与月合九正南，门反吟，时干乾，相佐坎，丁日飞干格。

戊申　任四，生三。宿干吉，壬日不用。生乙震害，杜离义，惊墓乾伏。天三，地八，阴二，合七。生与星合三正东，仪刑，伏宫格，火入金，时干坤，壬日伏干格。

己酉　任五，生四。酉至亥阴，宿吉干凶。伤离义，景兑制，开艮和欢怡。天九，地四，阴六，合一。开与月合八东北，蛇矫，雀入江，虎猖狂，龙走，时干艮，相佐坤，符冲。

庚戌　任六，生五避五。宿吉干凶。伤兑害，景丁坎害，开巽制。天七，地二，阴八，合三。开与月合四东南，飞宫格，白入火，时干坤，反吟，飞符，壬日飞干格。

辛亥　任七，生六。宿干凶。开丙坤和，生合乾义，景乙震和。天二，地九，阴一，合八。开与星合二西南，生与日合六西北，天乙与太白格，时干巽，大格。

阳遁四局（五）

戊寅 癸己 冬至下 戊申 癸亥	戊寅 癸巳 惊蛰下 戊申 癸亥	癸未 戊辰 清明上 癸丑 戊戌	癸未 戊辰 立夏上 癸丑 戊戌	任直符 生直使 蓬使冲日内月

壬子　任八，生七。子至丑阴，宿吉干凶。杜坎和，死乙震害，休丙坤害。天一，地六，阴四，合九。休与月合二西南，时干艮，符反吟。

癸丑　任九，生八。宿干凶。杜巽伏，死墓丙坤伏，休丁坎伏。天四，地三，阴七，合六。休与月合一正北，门伏吟，日干乾，癸日飞干，天网四张。

甲寅　英直符九，景直使九。天辅。寅至午阳，宿凶干吉，戊日不用。休蓬使坎伏，伤冲日震伏，死内月坤伏。天四，地三，阴七，合六。休与星合一正北，合时地甲，时干离，伏吟，地甲阖。

乙卯　英三，景一。宿干吉，守户。伤兑害，景丁坎害，开巽制。天八，地一，阴九，合二。开与月合四东南，门反吟，戊干格，鸟跌穴，时干坎，戊日勃，金入火，刑格。

丙辰　英二，景二。宿凶干吉。休合艮害，伤巽伏，死合兑义。天九，地四，阴六，合一。休与星合八东北，日时吉，时干兑，相佐坤。

丁巳　英一，景三。宿凶干吉。惊离害欢怡，休兑和，杜艮制。天六，地七，阴三，合四。休与日合七正西，仪刑，雀入江，蛇娇，龙走，虎猖狂，戊日，飞干，伏干，飞宫，时干离，相佐坎，符冲，击刑。

戊午　英四，景四。宿干凶。休墓乾和，伤艮制，死离伏欢怡。天三，地八，阴二，合七。休与星合六西北，符勃，干格，时干震，癸日勃。

己未　英五，景五避五。未至阴阴，宿吉干凶，癸日不用。休合艮害，伤巽伏，死合兑害。天九，地四，阴六，合一。休与星合八东北，时干兑，相佐坤。

庚申　英六，景六。宿吉干凶。休巽制，伤墓丙坤制，死丁坎制。天七，地二，阴八，合三。休与星合四东南，天乙与太白格，飞宫格，癸日飞干格，时干震，飞符，事同。

辛酉　英七，景七。宿干凶。休乙震义，伤离义欢怡，死墓乾义。天二，地九，阴一，合八。休与星合三正东，丁下有乙，龙反首，时干坎，相佐兑，火入金。

壬戌　英八，景八。宿吉干凶。休丙坤害，伤合乾害，死乙震害。天一，地六，阴四，合九。休与星合二西南，丁下有丙，癸日伏干格，太白格，时干兑，大格，太乙格，伏宫格。

癸亥　英九，景九。宿吉干凶。休丁坎伏，伤乙震伏，死丙坤伏。天四，地三，阴七，合六。休与星合一正北，天网四张，时干离，符伏。

奇门精粹卷十二

奇门遁甲大全（八）

阳遁五局（一）

小寒下	甲戌 己丑	甲辰 己未
立春中	甲申 己巳	甲寅 己亥
谷雨上	甲子 己卯	甲午 己酉
小满上	甲子 己卯	甲午 己酉
冲使辅日禽星	禽直符 死直使	

甲子　禽五，死五避五。子至辰阳，宿干吉。伤震伏，杜巽伏，死坤伏。天九，地四，阴六，合六。无奇门，开时，刑德在门，主客不利，利以逃亡，时干坤，伏吟，遁甲阖。

乙丑　禽四，死六。宿干吉，己日不用。惊坎义，开艮和，生乙巽害。天三，地八，阴二，合七。生与星合四东南，时干艮，开与日合八东北，龙走。

丙寅　禽三，死七。宿干吉。惊墓乾伏，开坎义，生丙震害。天八，地一，阴九，合二。开与日合一正北，生与星合三正东，龙反首，天乙与太白格，天遁，时干乾，相佐震，己日勃。

丁卯　禽二，死八，宿干凶。惊丙震制，开乙巽制，生丁坤伏欢怡。天九，地四，阴六，合一。开与日合四东南，生与星合二西南，乙下有乙，丁下有丁，时干坤，相佐艮，符伏，击刑。

戊辰　禽五，死九。宿干吉。杜丙震伏，景乙巽和，惊丁坤和欢怡。天九，地四，阴六，合一。无奇门，时干艮，相佐坤，符伏。

己巳　禽六，死一。巳至酉阴，天辅，宿吉干凶。生离和，伤墓丁坤制欢怡，景墓乾制。天七，地二，阴八，合三。生与月合九正南，大格，虎猖狂，时干艮。

庚午　禽七，死二。宿干凶，守户，甲日不用。杜乙巽伏，景离伏，惊兑伏。天二，地九，阴一，合八。无奇门，甲日飞干格，己日伏干格，时干乾，门伏，刑格，飞宫格。

辛未　禽八，死三。宿干凶。生兑义，伤乾害，景艮义。天一，地六，阴四，合九。生与月合七正西，得使，飞宫格，甲日飞干格，时干坤，火入金，符冲，三吉。

壬申　禽九，死四。宿干凶。杜合艮制，景丙震和，惊合离害。天四，地三，阴七，合六。无奇门，伏宫格，甲日伏干格，时干巽，飞宫，乙格，己日飞干格。

癸酉　禽一，死五避五。宿干凶。死丁坤伏欢怡，惊合兑伏，休坎伏。天六，地七，阴三，合四。休与星合一正北，符勃，甲，干勃。雀入江，时干巽，门伏吟，天网四张。

甲戌　心直符六，开直使六。戌至亥阳，宿干吉。杜辅使巽伏，伤冲月震伏，死内星坤伏。天七，地二，阴八，合三。无奇门，合时亥甲如上法，时干乾，伏吟，飞甲阖。

乙亥　心四，开七。宿凶干吉，己日不用。休乾和欢怡，开兑伏，伤艮制。天三，地八，阴二，合七。休与日合六西北，开与月合七正西，火入金，时干乾，金入火，事同，符冲。

阳遁五局（二）

乙亥 庚寅	乙酉 庚午	庚辰 乙丑	庚辰 乙丑	心直符 开直符
小寒下	立春中	谷雨上	小满上	辅使冲月内星
乙巳 庚申	乙卯 庚子	庚戌 乙未	庚戌 乙未	

丙子　心三，开八。子至寅阳，宿干吉，庚日不用。景合兑制，杜丁坤制，惊坎义。天八，地一，阴九，合二。无奇门，时干坤，相佐震，乙日飞干格。

丁丑　心二，开九。宿凶干吉。景艮义，杜坎和，惊乙巽制。天九，地四，阴六，合一。无奇门，时干巽，相佐坤，仪刑，龙走。

戊寅　心五，开一。宿干吉。休艮害，开坎义，伤乙巽伏。天九，地四，阴六，合一。开与月合一正北，休与日合八东北，时干巽，相佐坤，仪刑，龙走。

己卯　心六，开二。卯至未阴，守户，宿吉干凶。死乙巽害，景丙震和，开丁坤和。天七，地二，阴八，合三。开与星合二西南，符勃，时干乾，符伏，庚日伏干格。

庚辰　心七，开三。宿干凶。开丙震制，惊合艮和，生合离和。天二，地九，阴一，合八。开与日合三正东，乙下有丙，生与星合九正南，时干坤，三吉，飞符，飞宫格。

辛巳　心八，开四。宿吉干凶，乙日不用，生墓丁坤伏，休离制，杜墓乾害欢怡。天一，地六，阴四，合九。生与日合二西南，休与月合九正南，时干巽，大格，反吟，虎猖狂。

壬午　心九，开五避五。宿干凶。伤坎和，生墓乾义欢怡，景丙震和。天四，地三，阴七，合六。生与月合六西北，符勃，蛇娇，时干艮，乙日伏干格。

癸未　心一，开六。宿干凶。景离伏，杜乙巽伏，惊兑伏。天六，地七，阴三，合四。无奇门，乙日伏干格，时干艮，刑格，乙格，门伏，天网四张。

甲申　杜直符七，惊直使七。申至亥阳，天辅，宿凶干吉。伤冲使震伏，杜辅日巽伏，死内星坤伏。天二，地九，阴一，合八。无奇门，天乙与太白格，时干兑，伏吟，地甲，事同阖。

乙酉　杜四，震八。宿干吉。景墓乾制，死坎制，开内震制。天三，地八，阴二，合七。开与星合三正东，蛇娇，龙反，时干坎，乙日伏干格。

丙戌　杜三，惊九。宿干吉，庚日不用。休兑和欢怡，生乾义，杜艮制。天八，地一，阴九，合二。生与日合六西北，得使，休与月合七正西，庚干勃，时干兑，相佐震，火入金，符冲。

丁亥　杜二，惊一。宿凶干吉。开合艮和，休丙震义，伤合离义。天九，地四，阴六，合一。开与月合八东北，休与日合三正东，乙下有丙，时干离，相佐坤。

阳遁五局（三）

丙子 辛卯 小寒下 丙午 辛酉	丙戌 辛未 立春中 丙辰 辛丑	辛巳 丙寅 谷雨上 辛亥 丙申	辛巳 丙寅 小满上 辛亥 丙申	柱直符 惊直使 冲使辅日内星

戊子　杜五，惊二。子阳守户，宿凶干吉。伤合艮制，杜丙震伏，死合离和。天九，地四，阴六，合一。无奇门，辛干勃，时干离，相佐坤，飞宫，事同。

己丑　杜六，惊三。丑至巳阴，宿干凶。开乙巽制，休离制，伤兑害欢怡。天七，地二，阴八，合三。开与月合四东南，丙下有乙，休与日合九正南，时干坎，刑格，三吉，门反吟。

庚寅　柱七，惊四。宿干凶。死内震亥，惊合巽制，休丁坤害。天二，地九，阴一，合八。休与星合二西南，伏干格，飞干格，时干兑，反吟，击刑，符伏。

辛卯　柱八，惊五避五。宿吉干凶。惊丁坤和，开合兑伏欢怡，生坎制。天一，地六，阴四，合九。开与日合七正西，生与星合一正北，时干离，辛，伏干格。

壬辰　柱九，惊六。宿干凶，丙日不用。开坎义，休艮害，伤乙巽伏。天四，地三，阴七，合六。开与月合一正北，时干震，休与日合八东北。

癸巳　柱一，惊七。宿干凶。景离伏，死丁坤伏，开墓乾伏。天六，地七，阴三，合四。开与星合六西北，天乙与太白格，虎猖狂，时干震，大格，门伏，天网四张。

甲午　任直符八，生直使八。午至戌阳，天辅，宿干吉。杜辅使巽伏，伤冲月震伏，死内星坤伏。天一，地六，阴四，合九。无奇门，时干艮，伏吟，遁甲，自刑阖。

乙未　任四，生九。宿干吉。伤墓丁坤伏，生离和，景墓乾制。天三，地八，阴二，合七。生与月合九正南，大格，虎猖狂，时干坤。

丙申　任三，生一。宿干吉。死离和，景乙巽和，开兑伏。天八，地一，阴九，合二。开与星合七正西，时干巽，相佐震，刑格。

丁酉　任二，生二。宿吉干凶，守户，辛日不用。杜乾害，伤兑害，死艮伏。天九，地四，阴六，合一。无奇门，火入白，丙日飞干格，时干艮，相佐坤，符冲。

戊戌　任五，生三。宿干吉。惊乾伏，死兑义，休艮害欢怡。天九，地四，阴六，合一。休与星合八东北，时干良，符冲，金入火，三吉。

己亥　任六，生四。亥阴，宿吉干凶。开艮和欢怡，惊丙坎义，生乙巽害。天七，地二，阴八，合三。生与星合四东南，时干坤，开与日合八东北，龙走。

阳遁五局（四）

丁未 壬辰	丁亥 壬申	壬午 丁卯	壬午 丁卯	任直符 生直使
小寒下	立春中	谷雨上	小满上	辅使冲月内星
丁丑 壬戌	丁巳 壬寅	壬子 丁酉	壬子 丁酉	

庚子　任七，生五避五。子至卯阴，宿吉干凶。景坎害，杜墓乾害，惊丙震至。天二，地九，阴一，合八。无奇门，蛇娇，时干巽，飞符，飞宫格。

辛丑　任八，生六。宿吉干凶。死一巽害，景丙震和，开坤和。天一，地六，阴四，合九。开与星合二西南，丁下有丁，时干艮，符伏吟。

壬寅　任九，生七。宿吉干凶。生合兑义，休丁坤害，杜坎和。天四，地三，阴七，合六。休与月合二西南，丙下有丁，生与日合七正西，得使，天乙，伏宫格，仪刑，雀入江，太白格，时干乾，乙格，丁日勃，鸟跌穴。

癸卯　任一，生八。宿干凶，丁日不用。伤丙震伏，生合艮和，景合离伏。天六，地七，阴三，合四。生与月合八东北，符勃，鸟跌穴，时干乾，门伏，丁日伏干格，飞宫格，天网四张。

甲辰　英直符九，景直使九。辰至申阳，天辅，宿凶干吉。死内使坤伏，杜辅日巽伏，伤冲月震。天四，地三，阴七，合六。无奇门，时干离，伏吟，飞甲，自刑阖。

乙巳　英四，景一。宿干吉。休合离制，惊丙震制，死合艮伏。天三，地八，阴二，合七。休与星合九正南，得使，仪刑，门反吟，时干震，丁日伏干格。

丙午　英三，景二。宿干吉，守户。伤乙巽伏，休艮害，开坎义。天八，地一，阴九，合二。休与日合八东北，开与月合一正北，龙走，刑格，时干坎，相佐震，壬日伏干乙格。

丁未　英二，景三。宿凶干吉。休兑和，惊离害欢怡，死乙巽害。天九，地四，阴六，合一。休与星合七正西，时干兑，相佐坤，刑格，三吉。

戊申　英五，景四。宿干吉，壬日不用。开兑伏，死离和欢怡，景乙巽和。天九，地四，阴六，合一。开与星合七正西，时干兑，相佐坤，刑格，丁日飞干格。

己酉　英六，避五景五。酉至亥阴，宿干凶。开坎义，死合兑义，景丁坤义。天七，地二，阴八，合三。开与星合一正北，雀入江，时干震，相佐乾，丁日勃。

庚戌　英七，景六。宿吉干凶。景墓乾制，伤墓坤制，生离和。天二，地九，阴一，合八。生与月合九正南，天乙与太白格，虎猖狂，时干坎，大格，飞符，壬日飞干格。

辛亥　英八，景七。休丙震义，惊坎义，死墓乾义。天一，地八，阴四，合九。休与星合三正东，天乙与太白格，龙走，蛇矫，时干兑，事同。

阳遁五局（五）

戊寅 癸巳 小寒下 戊申 癸亥	戊子 癸酉 立春中 戊午 癸卯	癸未 戊辰 谷雨上 癸丑 戊戌	癸未 戊辰 小满上 癸丑 戊戌	英直符 景直使 内使辅日冲月

壬子　英九，景八。子至丑阴，宿干凶。休丁坤害，惊乙巽制，死丙震害。天四，地三，阴七，合六。休与星合二西南，时干离，符伏。

癸丑　英一，景九。宿干吉，地遁。生艮伏，开乾伏，惊兑伏。天六，地七，阴三，合四。开与日合六西北，生与星合八东北，丁下有乙，时干离，符冲，门伏，火入金。

甲寅　蓬直符一，休直使一。天辅。寅至午阳，宿吉干吉，戊日不用。死内使坤伏，杜辅日巽伏，伤冲月震伏。天六，地七，阴三，合四。无奇门，时干坎，伏吟，地甲开。

乙卯　蓬四，休二。宿凶干吉，守户。杜坎和欢怡，生合兑义，休丁坤害。天三，地八，阴二，合七。休与月合二西南，丙下有丁，生与日合七正西。时干兑，戊日勃。

丙辰　蓬三，休三。宿吉干凶。死墓乾义，杜墓丁坤制，伤离义。天八，地一，阴九，合二。无奇门，天乙太白格，三吉，虎猖狂，癸日伏干格，时干离，相佐震，太格，乙格。

丁巳　蓬二，休四。宿凶干吉。开丙震制，死坎制欢怡，景墓乾制。天九，地四，阴六，合一。开与星合三正东，蛇娇，仪刑，时干震。相佐坤，击刑。

戊午　蓬五，休五避五。宿干吉。死丙震害，杜坎和，伤墓乾害。天九，地四，阴六，合一。无奇门，蛇娇，时干震，相佐坤。

己未　蓬六，休六。宿干凶，未至亥阴，癸日不用。死合离和，杜丙震伏，伤合艮制。天七，地二，阴八，合三。无奇门，时干兑，飞宫，戊日伏干格。

庚申　蓬七，休七。宿干凶。死一巽害，杜艮制，伤坎和欢怡。天二，地九，阴一，合八。无奇门，符勃，天乙与太白格，时干离，飞符，癸日飞干格。

辛酉　蓬八，休八。死兑义，杜离义，伤乙巽伏。天一，地六，阴四，合九。无奇门，时干震，刑格，戊日飞干格。

壬戌　蓬九，休九。死艮伏，杜乾害，伤兑害。天四，地三，阴七，合六。无奇门，反吟，符冲，时干坎，金入火，火入金。

癸亥　蓬一，休一。死丁坤伏，杜乙巽伏，伤丙震伏。天六，地七，阴三，合四。无奇门，时干坎，符门伏，天网四张。

阳遁六局（一）

甲辰 己丑 大寒下 甲戌 己未	甲辰 己丑 春分下 甲戌 己未	己巳 甲申 雨水中 己亥 甲寅	甲子 己卯 芒种上 甲午 己酉	心直符 开直使 辅使内日冲星

甲子　心六，开六。子至辰阳，宿干吉。杜巽伏，死墓坤伏，伤震伏。天七，地二，阴八，合三。无奇门，刑德在门，客主不利，利以逃亡，时干乾，伏吟，遁甲阖。

乙丑　心五，开七。宿干吉，己日不用。伤艮制，景丙巽和，生合坎制。天九，地四，阴六，合一。生与星合一正北，伏宫格，火入白，甲子伏宫格，时干巽，飞宫，乙格。

丙寅　心四，开八。宿干吉。死墓乾义欢怡，开合艮和，景兑制。天三，地八，阴二，合七。开与日合八东北，符反吟，甲干勃，鸟跌穴，龙反首，时干乾，相佐巽，大格。

丁卯　心三，开九。宿干吉。生兑义，杜坎和，休坤害。天八，地一，阴九，合二。休与星合二西南，丁下有乙，生与月合七正西，雀入江，仪刑，时干坤，相佐震，己日飞干格。

戊辰　心六，开一。宿干吉。伤丙巽伏，景墓乙坤义，生丁震害。天七，地二，阴八，合三。生与星合三正东，时干乾，符伏吟。

己巳　心七，开二。巳至酉阴，天辅，宿吉干凶。景丁震和，惊离害，杜艮制。天二，地九，阴一，合八。无奇门，龙走，刑格，门反吟，蛇矫，时干坤，己日伏干格。

庚午　心八，开三。甲日不用，守户，宿吉干凶。伤乙坤制，景乾制欢怡，生离和。天一，地六，阴四，合九。生与星合九正南，飞宫格，甲日飞干格，时干巽，飞符，金入火，三吉。

辛未　心九，开四。宿干凶。景坎害，惊丁震制，杜墓乾害欢怡。天四，地三，阴七，合六。无奇门，刑格，门反吟，蛇矫，时干艮，己日伏干格。

壬申　心一，开五避五。宿干凶。惊合离害，伏兑和，死丙巽害。天六，地七，阴三，合四。休与日合七正西，得使，虎猖狂，时干艮。

癸酉　心二，开六。宿干凶。生良伏，杜丙巽伏，休合坎伏。天九，地四，阴六，合一。休与星合一正北，生与月合八东北，甲日伏干格，火入白，时干巽，飞宫，乙格，门伏，天网四张。

甲戌　柱直符七，惊直使七。戌至亥阳，宿凶干吉。死内使坤伏，杜辅月巽伏，伤冲星震伏。天二，地九，阴一，合八。无奇门，亥甲时如上法，时干兑，伏吟，飞甲阖。

乙亥　柱五，惊八。宿干吉，己日不用。生离和，开丁震制，惊艮和。天九，地四，阴六，合一。开与月合三正东，生与日合九正南，天乙与太白格，时干离，事同，龙走。

阳遁六局（二）

乙亥 庚寅	大寒下	乙巳 庚申	
乙亥 庚寅	春分下	乙巳 庚申	
庚午 乙酉	雨水中	庚子 乙卯	
庚辰 乙丑	芒种上	庚戌 乙未	
柱直符 惊直使	内使辅月冲星		

丙子　柱四，惊九。宿凶干吉，子至寅阳，庚日不用。景丁震和，伤坎和，生墓乾义。天三，地八，阴二，合七。生与星合六西北，伏宫格，蛇矫，时干坎，相佐巽，刑格，乙格。

丁丑　柱三，惊一。宿干吉。开合艮和，死墓乾义，景兑制欢怡。天八，地一，阴九，合二。开与日合八东北，乙日飞干格，时干兑，相佐震，符冲，大格。

戊寅　柱六，惊二。宿干吉，地遁。开兑伏欢怡，死合离和，景丙巽和。天七，地二，阴八，合三，开与日合七正西，得使，虎猖狂，时干坎。

己卯　柱七，惊三。卯至未阴，守户，宿干凶。生墓坤伏，开丙巽制，惊震制。天二，地九，阴一，合八。生与日合二西南，时干兑，符伏，开与月合四东南，三吉，门反吟。

庚辰　柱八，惊四。宿干凶。杜坎和，生兑义欢怡，休乙坤害。天一，地六，阴四，合九。生与月合七正西，休与星合二西南，丁下有乙，得使，时干离，飞符，鸟跌穴，雀入江。

辛巳　柱九，惊五避五。宿干凶，乙日不用。景丙巽和，伤艮制，生合坎制。天四，地三，阴七，合六。生与星合一正北，得使，庚干勃，时干震，飞宫，火入金，庚日勃。

壬午　柱一，惊六。宿干凶。惊乾伏，景乙坤伏，杜离义。天六，地七，阴三，合四。无奇门，时干震，金入火，乙日勃。

癸未　柱二，惊七。宿干凶。景离伏，伤丁震伏，生艮伏。天九，地四，阴六，合一。生与星合八东北，仪刑，龙走，时干离，门伏，雀入江，天网四张。

甲申　任直符八，生直使八。申至亥阳，天辅，宿干吉。杜辅使巽伏，死内日坤伏，伤冲星震伏。天一，地六，阴四，合九。无奇门，庚日，伏干格，伏宫格，天乙与太白格，时干艮，符门，伏地甲，事同，开。

乙酉　任五，生九。宿干吉，景墓乾制，惊合艮和欢怡，杜兑害。天九，地四，阴六，合一。无奇门，伏宫格，时干艮，符冲，大格，乙日伏干格。

丙戌　任四，生一。宿干吉，庚日不用。惊乙坤和，休乾和，死离和。天三，地八，阴二，合七。休与月合六西北，干勃，时干坤，相佐巽，金入火，乙日勃。

丁亥　任三，生二。宿干吉。休合离制，伤兑制，开丙巽制。天八，地一，阴九，合二。开与星合四东南，丁下有丙，休与月合九正南，时干巽，相佐震，虎猖狂。

阳遁六局（三）

丙子 辛卯 大寒下 丙午 辛酉	丙子 辛卯 春分下 丙午 辛酉	辛未 丙戌 雨水中 辛丑 丙辰	辛巳 丙寅 芒种上 辛亥 丙申	任直符 生直使 辅使内日冲星

戊子　任六，生三。宿干吉，子阳，守户。休艮害欢怡，伤丙巽伏，开合坎义。天七，地二，阴八，合三。开与星合一正北，休与月合八东北，得使，符勃，时干坤，飞宫，三吉，火入金。

己丑　任七，生四。丑至巳阴，宿吉干凶。惊坎义，休丁震义，死墓乾义。天二，地九，阴一，合八。休与日合三正东，蛇娇，时干巽，刑格，辛日飞干格。

庚寅　任八，生五避五。宿吉干凶。开丙巽制，生墓乙乾伏，惊丁震制。天一，地六，阴四，合九。生与日合二西南，开与月合四东南，辛日伏干格，飞宫格，时干艮，反吟，符伏，击刑。

辛卯　任九，生六。宿干凶。休兑和，伤坎和，开乙坤和。天四，地三，阴七，合六。开与星合二西南，休与月合七正西，得使，时干乾，辛日伏干格，雀入江。

壬辰　任一，生七。宿干凶，丙日不用。死丁震害，开离害，景艮义。天六，地七，阴二，合四。开与日合九正南，龙走，时干乾。

癸巳　任二，生八。宿干凶。开墓乾伏，生合艮伏欢怡，惊兑伏。天九，地四，阴六，合一。生与日合八东北，开与月合六西北，龙反首，鸟跌穴，天乙与太白格，时干艮，符冲，门伏，大格，天网。

甲午　英直符九，景直使九。午至戌阳，天辅，宿凶干吉。死墓内使坤伏，杜辅月巽伏，伤冲星震伏。天四，地三，阴七，合六。无奇门，仪刑，刑德在门，客主不利，利以逃亡，时干离，符门伏，遁甲，自刑，阖。

乙未　英五，景一。宿干吉。伤兑害，休合离制欢怡，开墓丙巽制。天九，地四，阴六，合一。开与星合四东南，休与月合九正南，虎猖狂，时干离，辛，日勃，鸟跌穴。

丙申　英四，景二。宿干吉。杜离义欢怡，生丁震害，休艮害。天三，地八，阴二，合七。休与星合八东北，生与月合三正东，时干震，相佐巽，龙走。

丁酉　英三，景三。辛日不用，宿干吉，守户。死丙巽害，杜艮制，伤合坎和。天八，地一，阴九，合二。无奇门，火入白，干时坎，相佐震，丙日飞干格。

戊戌　英六，景四。宿干吉。生坎制，开兑伏，惊乙坤和。天七，地二，阴八，合三。生与日合一正北，开与月合七正西，伏宫格，雀入江，时干震，乙格，丁日伏干格。

己亥　英七，景五避五。亥阴，宿干凶。惊乾伏，景乙坤义，杜离义欢怡。天二，地九，阴一，合八。无奇门，时干坎，金入火，丙日伏干格。

阳遁六局（四）

丁丑　壬辰	大寒下	丁未　壬戌
丁丑　壬辰	春分下	丁未　壬戌
壬申　丁亥	雨水中	壬寅　丁巳
壬午　丁卯	芒种上	壬子　丁酉
英直符　景直使	内使辅月冲星	

庚子　英八，景六。子至卯阴，宿干凶。开丁震制，死坎制，景墓乾制。天一，地六，阴四，合九。开与日合三正东，飞宫格，天乙与太白格，蛇矫，时干兑，飞符，刑格，壬日勃。

辛丑　英九，景七。宿干凶。杜墓乙坤制，生丙巽害，休震义。天四，地三，阴七，合六。生与月合四东南，休与星合三正东，时干离，符伏，仪刑。

壬寅　英一，景八。宿干凶。景合艮义，伤墓乾害，生兑义。天六，地七，阴三，合四。生与星合七正西，鸟跌穴，龙返首，时干离，符伏，大格，事同。

癸卯　英二，景九。宿干凶，丁日不用。惊兑伏，景合离伏欢怡，杜丙巽伏。天九，地四，阴六，合一。无奇门，符勃，壬日飞干格，时干兑，门伏，丁日伏干格，虎猖狂。

甲辰　蓬直符一，休直使一。辰至申阳，天辅，宿凶干吉。伤冲使震伏，死内日坤伏，杜辅月巽伏。天六，地七，阴三，合四。无奇门，干格，时干坎，伏吟，飞甲，自刑，开。

乙巳　蓬五，休二。宿干吉。伤墓乾害，死丁震害，杜坎和欢怡。天九，地四，阴六，合一。无奇门，符勃，丁干勃，蛇娇，时干震，刑格，壬日勃。

丙午　蓬四，休三。宿干吉，守户。杜乙坤制，惊坎义欢怡，景兑制。天三，地八，阴二，合七。无奇门，时干兑，相佐巽，三吉，雀入江。

丁未　蓬三，休四。宿干吉。生离和，景乾制，伤乙坤制。天八，地一，阴九，合二。生与星合九正南，时干离，相佐震，金入火。

戊申　蓬六，休五避五。宿干吉，壬日不用。景艮义，开离害，死丁震害。天七，地二，阴八，合三。开与日合九正南，丁干勃，龙走，伏宫格，丁日飞干格，时干兑，乙格，壬日伏干格。

己酉　蓬七，休六。酉至亥阴，宿干凶。生合坎制欢怡，景丙巽和，伤艮制。天二，地九，阴一，合八。生与星合一正北，时干离，飞宫，火入金。

庚戌　蓬八，休七。宿吉干凶。死丙巽制，休兑和，惊合离害。天一，地六，阴四，合九。休与日合七正西，飞宫格，虎猖狂，丁日伏干格，时干震，飞符，壬日飞干格。

辛亥　蓬九，休八。宿干凶。死兑伏，休合艮害，惊墓乾伏。天四，地三，阴七，合六。休与日合八东北，天乙与太白格，鸟跌穴，龙反首，时干坎，符冲，大格。

阳遁六局（五）

戊寅 癸己 大寒下 戊申 癸亥	戊寅 癸巳 春分下 戊申 癸亥	癸酉 戊子 雨水中 癸卯 戊午	癸未 戊辰 芒种上 癸丑 戊戌	蓬直符 休直使 冲使内日辅月

壬子　蓬一，休九。子至丑阴，宿干凶。惊丁震制，生墓乙坤伏，开丙巽制。天六，地七，阴三，合四。开与月合四东南，时干坎，生与日合二西南，符伏。

癸丑　蓬二，休一。开墓乾伏，伤丁震伏欢怡，休坎伏欢怡。天九，地四，阴六，合一。开与星合六西北，休与月合一正北，蛇娇，时干震，刑格，门伏。

甲寅　内直符二，死直使二，天辅。宿凶干吉，寅至午阳，戊日不用。伤冲使震伏，死墓内日坤伏，杜辅月巽伏。天九，地四，阴六，合一。无奇门，阳内阴外，宜固守，时干坤，符门伏，地甲时，阖。

乙卯　内五，死三。守户。死丁震害，休墓乙坤伏，惊丙巽制。天九，地四，阴六，合一。休与日合二西南，三吉，时干坤，符伏。

丙辰　内四，死四。伤合坎和，死丙巽害，杜艮制。天三，地八，阴二，合七。无奇门，戊日，伏干格，仪刑，时干艮，相佐巽，火入金，飞宫格。

丁巳　内三，死五避五。开墓乾伏，伤丁震伏，休坎伏。天八，地一，阴九，合二。休与月合一正北，开与星合六西北，蛇娇，时干乾，相佐震，击刑，刑格。

戊午　内六，死六。伤离义，死乾义，杜乙坤制。天七，地二，阴八，合三。无奇门，时干艮，癸日勃，戊日飞干格，金入火。

己未　内七，死七。宿干凶，未至亥阴，癸日不用。伤丙巽伏，死兑义，杜合离义。天二，地九，阴一，合八。无奇门，虎猖狂，时干乾。

庚申　内八，死八。伤兑害，死艮伏，杜乾害。天一，地六，阴四，合九。无奇门，大格，伏宫格，鸟跌穴，龙反首，时干坤，符门冲，戊日勃，癸日飞干格。

辛酉　内九，死九。伤丁艮制，死离和，杜丁震伏。天四，地三，阴七，合六。无奇门，龙走，时干巽。

壬戌　内一，死一。伤乙坤制欢怡，死坎制，杜兑害。天六，地七，阴二，合四。无奇门，雀入江，时干巽。

癸亥　内一，死二。伤丁震伏，死一坤伏，杜丙巽伏。天九，地四，阴六，合一。无奇门，时干坤，符门伏，天网四张。

阳遁七局（一）

己巳 甲申	己巳 甲申	甲戌 己丑	甲戌 己丑	柱直符 惊直使
冬至中	惊蛰中	清明下	立夏下	内使心日辅星
己亥 甲寅	己亥 甲寅	甲辰 己未	甲辰 己未	

甲子　柱七，惊七。子至辰阳，宿凶干吉。死坤伏，开乾伏，杜巽伏。天二，地九，

阴一，合八。开与日合六西北，刑德在门，客主不利，利以逃亡，时干兑，伏吟，遁甲阖。

乙丑　柱六，惊八。宿干吉，己日不用。杜兑害欢怡，死坎制，生离和。天七，地二，阴八，合三。生与星合九正南，符勃，甲干勃，时干坎，金入火，蛇娇，龙走。

丙寅　柱五，惊九。宿干吉。惊离害，休兑和欢怡，景震和。天九。地四，阴六，合一。休与日合七正西，雀入江，虎猖狂，天乙与太白格，时干离，相佐坤，火入金，事同，龙返首。

丁卯　柱四，惊一。宿干凶。休震义，伤合离义，惊干义。天三，地八，阴二，合七。休与月合三正东，己日伏干格，仪刑，时干坎，相佐巽，刑格，击刑。

戊辰　柱七，惊二。宿凶干吉。惊丙坤和，休乙乾和，景丁巽和。天二，地九，阴一，合八。休与日合六西北，时干兑，符伏。

己巳　柱八，惊三。巳至酉阴，天辅，宿干凶。景合坎害，惊震制，伤兑害欢怡。天一，地六，阴四，合九。无奇门，门反吟，时干离，三吉，己日飞干格。

庚午　柱九，惊四。宿干凶，守户，甲日不用。惊丁巽制，休墓丙坤害，景艮义。天四，地三，阴七，合六。休与日合二西南，甲日伏干格，伏宫格，天乙与太白格，时干震，飞符，大格。

辛未　柱一，惊五避五。宿干凶。休墓乙乾和，伤艮制，惊合坤和。天六，地七，阴三，合四。休与月合六西北，甲日伏干格，伏宫格，天乙与太白格，时干震，飞宫，乙格。

壬申　柱二，惊六。宿干凶。杜离义，死兑义欢怡，生震害。天九，地四，阴六，合一。生与星合三正东，伏干格，时干离，相佐坤，火入金。

癸酉　柱三，惊七。宿吉干凶。生艮伏，杜丁巽伏，开乙乾伏。天八，地一，阴九，合二。开与星合六西北，生与月合八东北，丁下有乙，时干兑，符冲，仪刑，门伏。

甲戌　任直符八，生直使八。戌至亥阳，宿干吉。开心使乾伏，死内月坤伏，杜辅星巽伏。天一，地六，阴四，合九。开与日合六西北，亥甲时如上法。时干艮，门伏吟，飞甲开。

乙亥　任六，生九。宿干吉，己日不用。伤墓丙[1]，休丁巽义，惊艮和欢怡。天七，地二，阴八，合三。休与月合四东南，丙下有丁，得使，天乙与太白格，时干坤，大格，事同。

---

① 缺二字。

阳遁七局（二）

庚午 乙酉 冬至中 庚子 乙卯	庚午 乙酉 惊蛰中 庚子 乙卯	乙亥 庚寅 清明下 乙巳 庚申	乙亥 庚寅 立夏下 乙巳 庚申	任直符 生直使 心使内月辅星

丙子　任五，生一。子至寅阳，宿干吉，庚日不用，人遁。景巽和，伤艮制欢怡，休墓乙乾和。天九，地四，阴六，合一。休与星合六西北，丁下有乙，符勃，时干艮，相佐坤，符反吟，仪刑。

丁丑　任四，生二。宿干吉。死艮伏欢怡，杜墓乙乾害，生合坤伏。天三，地八，阴二，合七。生与星合二西南，乙下有丙，得使，门反吟，时干坤，相佐巽，飞宫，乙日勃。

戊寅　任七，生三。宿凶干吉。杜合离义，生震害，开坎义。天二，地九，阴一，合八。开与星合一正北，生与月合三正东，伏宫格，太白天乙格，时干巽，刑格，乙格。

己卯　任八，生四。卯至未阴，宿吉干凶，守户。死乙乾义，杜丙坤制，生丁巽害。天一，地六，阴四，合九。生与星合四东南，时干艮，符伏吟。

庚辰　任九，生五避五。宿干吉。惊震制，景合坎害。伤兑害。天四，地三，阴七，合六。无奇门，飞宫格，时干乾，飞符，乙日飞干格。

辛巳　任一，生六。宿干凶，乙日不用。休兑和，惊离害，景震和。天六，地七，阴三，合四。休与月合七正西，庚干勃，虎猖狂，雀入江，时干乾，火入金。

壬午　任二，生七。宿凶干吉。惊丁巽制，景艮义欢怡，伤墓乙乾害。天九，地四，阴六，合一。无奇门，仪刑，符勃。时干艮，相佐坤，符冲。

癸未　任三，生八。宿吉干凶。休坎伏，惊兑伏，景离伏。天八，地一，阴九，合二。休与日合一正北，仪刑，龙走，蛇娇，鸟跌穴，时干巽，门伏，金入火，击刑。

甲申　英直符九，景直使九。申至亥阳，天辅，宿凶干吉。死内使坤伏，开心日乾伏，杜辅星巽伏。天四，地三，阴七，合六。开与日合六西北，符勃，伏宫格，天乙与太白格，时干离，门伏吟，地甲，事同，阖。

乙酉　英六，景一。宿干吉。景合坎害，惊震制，伤兑害。天七，地二，阴八，合三。无奇门，三吉，门反吟，时干震，乙日伏干格。

丙戌　英五，景二。宿干吉，庚日不用。死兑义，开坎义，日离义欢怡。天九，地四，阴六，合一。开与日合一正北，时干兑，相佐坤，金入火。

丁亥　英四，景二。宿干吉。惊离害欢怡，休兑伏，景震和。天三，地八，阴二，合七。休与日合七正西，雀入江，符勃，时干震，相佐巽，火入金，三吉。

阳遁七局（三）

辛未 丙戌 冬至中 辛丑 丙辰	辛未 丙戌 惊蛰中 辛丑 丙辰	辛卯 丙子 清明下 辛酉 丙午	辛卯 丙子 立夏下 辛酉 丙午	英直符 景直使 内使心日辅星

戊子　英七，景四。宿凶干吉，子阳，守户。休墓乙乾和，伤艮制，惊合丙坤和。天二，地九，阴一，合八。休与月合六西北，飞宫格，丙下有乙。时干坎。

己丑　英八，景五避五。丑至巳阴，宿干凶。生震害，杜合离义欢怡，开坎义。天一，地六，阴四，合九。生与月台三正东，开与星合一正北，时干兑，刑格，仪刑。

庚寅　英九，景六。伤丙坤制，景乙乾制，休丁巽义。天四，地三，阴七，合六。休与星合四东南，时干离，符伏，击刑，宫格。

辛卯　英一，景七。开艮和，生丁巽害，死墓乙乾义。天六，地七，阴三，合四。开与月合八东北，生与日合四东南，丁下有乙，时干离，符冲，辛日飞干格。

壬辰　英二，景八。丙日不用，天遁。生兑义，杜坎和，开离害欢怡。天九，地四，阴六，合一。生与月合七正西，开与星合九正南，蛇娇，鸟跌穴，丙日伏干格，时干兑，相佐坤，金入火，龙走。

癸巳　英三，景九。杜丁巽伏，死墓丙坤伏，生艮伏。天八，地二，阴九，合二。生与星合八东北，天乙与太白格，门伏吟，时干坎，大格，天网四张。

甲午　蓬直符一，休直使一。宿吉干凶，午至戌阳，天辅。开心使乾伏，死内月坤伏，杜辅星巽伏。天六，地七，阴三，合四。开与日合六西北，仪刑，时干坎，门伏吟，遁甲，自刑，阖。

乙未　蓬六，休二。生兑义，开离害，死震害。天七，地二，阴八，合三。开与月合九正南，生与日合七正西，雀入江，龙反首，时干兑，火入金，丙日飞干格。

丙申　蓬五，休三。伤合离义，休震义，惊坎义欢怡。天九，地四，阴六，合一。休与月合三正东，时干震，相佐坤，刑格，三吉。

丁酉　蓬四，休四。辛日不用，守户。开震制，死坎制欢怡，杜兑害。天三，地八，阴二，合七。开与日合三正东，时干兑，相佐巽，辛日勃。

戊戌　蓬七，休五避五。伏墓丙坤害，惊丁巽制，景艮义。天二，地九，阴一，合八。休与月合二西南，大格，乙下有丙，时干离。

己亥　蓬八，休六。亥阴，宿干凶。生坎制欢怡，开兑伏，死离和。天一，地六，阴四，合九。生与日合一正北，开与月合七正西，龙走，鸟跌穴，时干震，金入火，丙日伏干格。

阳遁七局（四）

壬申 丁亥 冬至中 壬寅 丁巳	壬申 丁亥 惊蛰中 壬寅 丁巳	丁丑 壬辰 清明下 丁未 壬戌	丁丑 壬辰 立夏下 丁未 壬戌	蓬直符 休直使 心使内月辅星

庚子　蓬九，休七。子至卯阴，宿干凶。死丁巽害，杜艮制，生墓乙乾义。天四，地三，阴七，合六。生与星合六西北，丁下有乙，太白与天乙格，飞宫格，符冲，格符，仪刑，时干坎。

辛丑　蓬一，休八。宿干凶。惊乙乾伏，景丙坤义，伤丁巽伏。天六，地七，阴三，合四。无奇门，时干坎，符伏。

壬寅　蓬二，休九。宿干凶。休合离制，惊震制，景坎害。天九，地四，阴六，合一。休与日合九正南，天乙与太白格，门反吟，时干震，相佐坤，刑格。

癸卯　蓬三，休一。宿吉干凶，丁日不用。生艮伏，开墓乙乾伏，死合丙坤伏。天八，地一，阴九，合二。开与月合六西北，生与日合八东北，时干离，飞门伏，天网四张。

甲辰　内直符二，死直使二。辰至申阳，天辅，宿凶干吉。杜辅使巽伏，开心日乾伏，死内月坤伏。天九，地四，阴六，合一。开与日合六西北，时干坤，符门伏，飞甲，自刑，阖。

乙巳　内四，死三。宿干吉。休合丙坤害欢怡，伤墓乙乾害。天七。地二，阴八，合三。休与星合二西南，时干艮，丁下有丙，飞宫，三吉。

丙午　内五，死四。宿干吉，守户。死丁巽害，生乙乾义，开丙坤和。天九，地四，阴六，合一。生与日合六西北，时干坤，开与月合二西南，符伏。

丁未　内四，死五避五。宿干吉。生艮伏，死墓丙坤伏欢怡，杜丁巽伏。天三，地八，阴二，合七。生与星合八东北，得使，门伏，干勃，时干艮，相佐巽，大格。

戊申　内七，死六。宿凶干吉，壬日不用。伤离义，惊坎义，景兑制。天二，地九，阴一，合八。无奇门，太白与天乙格，白入火，蛇矫，龙走，时干乾，丁日飞干格，壬日伏干，乙格。

已酉　内八，死七。酉至亥阴，宿干凶。惊墓乙乾伏，伤丁巽伏，休艮害。天一，地六，阴四，合九。休与月合八东北，时干坤，符冲。

庚戌　内九，死八。宿干凶。惊震制，伤兑害，休离制。天四，地三，阴七，合六。休与月合九正南，门反吟，火入白，飞宫，雀入江，虎猖狂，时干巽，丁日伏干格，壬日飞干格。

辛亥　内一，死九。宿干凶。开兑伏，杜震伏，生合坎制。天六，地七，阴三，合四。开与星合七正西，生与月合一正北，天乙与太白格，时干巽，事同。

阳遁七局（五）

癸酉 戊子	冬至中	癸卯 戊午
癸酉 戊子	惊蛰中	癸卯 戊午
戊寅 癸巳	清明下	戊申 癸亥
戊寅 癸巳	立夏下	戊申 癸亥
内直符 死直使	辅使心日内月	

壬子　内二，死二。子至丑阴，宿干凶。休下巽义，景乙乾制，伤丙坤制。天九，地四，阴六，合一。休与星合四东南，时干坤，符伏。

癸丑　内三，死二。宿吉干凶。休坎伏，景合离伏，伤震伏。天八，地一，阴九，合二。休与星合一正北，刑格，癸日伏干格，时干乾，癸日勃，门伏，天网四张。

甲寅　冲直符三，伤直使三，天辅。寅至午阳，宿干吉，戊日不用。杜辅使巽伏，开心日乾伏，死内月坤伏。天八，地一，阴九，合二。开与日合六西北，时干震，符门伏，地甲，三吉，开。

乙卯　冲六，伤四。宿干吉，守户。开坎义，杜合离义，生震害欢怡。天七，地二，阴八，合三。开与星合一正北，生与月合三正东，癸干格，时干离，癸干勃，刑格。

丙辰　冲五，伤五避五。宿干吉。杜兑害，开震制欢怡，死合坎制。天九，地四，阴六，合一。开与日合三正东，时干坎，相佐坤。

丁巳　冲四，伤六。宿干吉。开离害，杜坎和，生兑义。天三，地八，阴二，合七。开与星合九正南，得使，生与月合七正西，龙走，鸟跌穴，癸干格，仪刑，时干离，相佐巽，戊日勃，击刑。

戊午　冲七，伤七。宿凶干吉。杜墓乙乾害，开丁巽制，死艮伏。天二，地九，阴一，合八。开与日合四东南，乙下有丁，时干震，符门反吟。

己未　冲八，伤八。未至亥阴，宿吉干凶，癸日不用。杜震伏欢怡，开兑伏，死离伏。天一，地六，阴四，合九。开与日合七正西，雀入江，虎猖狂，时干坎，火入金。

庚申　冲九，伤九。宿干凶，地遁。杜合丙坤制，开艮和，死墓乙乾义。天四，地三，阴七，合六。开与日合八东北，天乙与太白格，癸日飞干格，戊日伏干格，时干兑，事同，飞符，飞宫。

辛酉　冲一，伤一。杜艮制，开墓丙坤和，死丁巽害。天六，地七，阴三，合四。开与日合二西南，戊癸日伏干格，太白与天乙格，时干兑，大格，乙格。

壬戌　冲二，伤二。杜兑害，开震制欢怡，死合坎制。天九，地四，阴六，合一。开与日合三正东，时干坎，相佐坤。

癸亥　冲三，伤三。杜丁巽伏，开丁乾伏，死丙坤伏。天八，地一，阴九，合二。开与日合六西北，时干震，符门伏，三吉，天网。

阳遁八局（一）

甲申 己巳 小寒中 甲寅 己亥	甲子 己卯 立春上 甲午 己酉	己丑 甲戌 谷雨下 己未 甲辰	己丑 甲戌 小满下 己未 甲辰	任直符 生直使 心使杜日内星

甲子　任八，生八。子至辰阳，宿干吉。开墓乾伏，惊兑伏，死坤伏。天一，地六，阴四，合九。开与月合六西北，刑德在门，客主不利，利以逃亡，时干艮，符门伏，遁甲，阖。

乙丑　任七，生九。宿凶干吉，己日不用。生离和，休巽义，开合震制。天二，地九，阴一，合八。开与星合三正东，休与日合四东南，生与月合九正南，时干巽，己日勃。

丙寅　任六，生一。宿干吉。惊合丁坤和，死离和，景巽和。天七，地二，阴八，合三。无奇门，己干勃，天乙与太白格，龙反首，时干坤，相佐乾，事同。

丁卯　任五，生二。宿干吉。开巽制，惊震制，死艮制欢怡。天九，地四，阴六，合一。开与月合四东南，龙走，仪刑，门反吟，己日飞干格，伏干，时干艮，相佐坤，刑格，击刑，符冲。

戊辰　任八，生三。宿干吉。惊墓丙乾伏，死乙兑义，景丁坤义。天一，地六，阴四，合九。无奇门，时干艮，符伏，三吉。

己巳　任九，生四。巳至酉阴，天辅，宿吉干凶。休震义，开艮和欢怡，惊坎义。天四，地三，阴七，合六。开与日合八东北，时干乾，休与月合三正东，大格。

庚午　任一，生五避五。宿干凶，甲日不用，守户。伤乙兑害，生墓丁坤伏，休离制。天六，地七，阴三，合四。生与日合二西南，休与星合九正南，龙走，甲日飞干格，时干乾，门反吟，飞符，金入火。

辛未　任二，生六。宿干凶。死巽害，景震和，杜艮制欢怡。天九，地四，阴六，合一。无奇门，己日伏干格，刑格，时干艮，相佐坤，符冲。

壬申　任三，生七。宿吉干凶。杜坎和，伤丙乾害，生乙兑义。天八，地一，阴九，合二。生与星合七正西，丁下有乙，仪刑，虎猖狂，甲日伏干格，时干巽，火入金，乙格，飞宫。

癸酉　任四，生八。宿吉干凶，天遁。生艮伏欢怡，休合坎伏，开墓丙乾伏。天三，地八，阴二，合七。开与星合六西北，生与月合八东北，得使，鸟跌穴，休与日合一正北，蛇娇，甲干勃，时干坤，门伏吟，天网。

甲戌　英直符九，景直使九。戌至亥阳，宿凶干吉。惊杜使兑伏，开墓心月乾伏，死内星坤伏。天四，地三，阴七，合六。开与星合六西北，时干离，符伏门，飞甲，阖。

乙亥　英七，景一。宿凶干吉，己日不用。景合坎害，死艮伏，杜墓丙乾害。天二，地九，阴一，合八。无奇门，甲干勃，己日飞干格，天乙与太白格，时干坎，蛇娇。

阳遁八局（二）

乙酉 庚午	乙丑 庚辰	庚寅 乙亥	庚寅 乙亥	英直符 景直使
小寒中	立春上	谷雨下	小满下	柱使心月内星
乙卯 庚子	乙未 庚戌	庚申 乙巳	庚申 乙己	

丙子　英六，景三。子至寅阳，宿凶干吉，庚日不用。休艮害，生震害，开坎义。天七，地二，阴八，合三。休与日合八东北，开与星合一正北，生与月合三正东，时干震，相佐乾，大格。

丁丑　英五，景三。宿干吉。生丙乾义，伤坎和，休乙兑和。天九，地四，阴六，合一。生与日合六西北，乙下有丙，休与星合七正西，丁下有乙，时干兑，相佐坤，火入金，庚日勃。

戊寅　英八，景四。宿干吉。景巽和，死离和欢怡，杜合震伏。天一，地六，阴四，合九。无奇门，符勃，时干兑。

己卯　英九，景五避五。卯至未阴，宿干凶，守户。死一兑义，惊墓丙乾代，景丁坤义。天四，地三，阴七，合六。无奇门，时干离，符伏，刑格，伏干格。

庚辰　英一，景六。宿干凶。开震制，休巽义，惊艮和。天六，地七，阴三，合四。开与日合三正东，休与月合四东南，仪刑，火入白，虎猖狂。时干离，符冲，飞伏，刑格，乙格。

辛巳　英二，景七。宿干凶，乙日不用。死丙乾义，惊坎义，景乙兑制。天九，地四，阴六，合一。无奇门，乙日，伏干格，雀入江，时干兑，相佐坤，庚日勃，火入金。

壬午　英三，景八。宿吉干凶。开离害欢怡，休合丁坤害，惊巽制。天八，地一，阴九，合二。开与日合九正南，休与月合二西南，时干坎，乙日伏干格，雀入江。

癸未　英四，景九。宿吉干凶。死墓丁坤伏，惊乙兑伏，景离伏。天三，地八，阴二，合七。无奇门，乙日伏干格，龙走，时干震，门伏，击刑，天网。

甲申　蓬直符一，休直使一。申至亥阴，天辅；宿凶干吉。开墓心使乾伏，惊柱日兑伏，死内星坤伏。天六，地七，阴三，合四。开与月合六西北，天乙与太白格，伏宫格，时干坎，符门伏，地甲，事同，阖。

乙酉　蓬七，休二。宿凶干吉，地遁。休合丁坤害，开离害，惊巽制。天二，地九，阴一，合八。开与日合九正南，休与月合二西南，时干离，乙日伏干格。

丙戌　蓬六，休三。宿干吉，庚日不用。景乙兑制，杜墓丁坤制，伤离义。天七，地二，阴八，合三。无奇门，龙走，干勃，时干兑，相佐乾，金入火，三吉。

丁亥　蓬五，休四。宿干吉。生离和，休巽义，开合震制，天九，地四，阴六，合一。生与月合九正南，休与日合四东南，开与星合三正东，时干震，相佐坤，得使。

阳遁八局（三）

丙戌 辛未 小寒中 丙戌 辛丑	丙寅 辛巳 立春上 丙申 辛亥	辛卯 丙子 谷雨下 辛酉 丙午	辛卯 丙子 小满下 辛酉 丙午	蓬直符 休直使 心使柱日内星

戊子　蓬八，休五避五。子阳，宿凶干吉，守户。杜坎和欢怡，伤丙乾害，生乙兑义。天一，地六，阴四，合九。生与星合七正西，丙日飞干格，雀入江，仪刑，时干震，火入金，飞宫，符勃。

己丑　蓬九，休六。丑至巳阴，宿干凶。景巽和，杜震伏，伤艮制。天四，地三，阴七，合六。无奇门，符冲，时干坎，刑格。

庚寅　蓬一，休七。宿干凶。生墓丙乾义，休乙兑和，开丁坤和。天六，地七，阴三，合四。开与星合二西南，休与日合七正西，生与月合六西北，时干坎，击刑，符伏。

辛卯　蓬二，伏八。宿干凶。杜离义，伤巽伏。生合震害。天九，地四，阴六，合一。生与星合三正东，时干震。相佐坤。辛日伏干格。

壬辰　蓬三，休九。宿吉干凶，丙日不用。死艮伏，景合坎制欢怡，杜墓丙乾害。天八，地一，阴九，合二。无奇门，蛇矫，时干离，门反吟。

癸巳　蓬四，休一。宿吉干凶。伤震伏，生艮伏，休坎伏欢怡。天三，地八，阴二，合七。生与日合八东北，休与星合一正北，天乙与太白格，时干兑，门伏，大格，天网，辛日伏干格。

甲午　内直符二，死直使二。午至戌阳，天辅，宿凶干吉。惊柱使兑伏，开墓心月乾伏，死禽星坤伏。天九，地四，阴六，合一。开与月合六西北，时干坤，符门伏，遁甲，自刑，阖。

乙未　内七，死三。宿干凶。伤丙乾害，杜坎和，生乙兑义。天二，地九，阴一，合八。生与星合七正西，丁下有乙，丙日飞干格，虎猖狂，时干乾，火入金，飞宫，三吉。

丙申　内六，死四。宿干吉。伤合坎和，杜艮制，生墓丙乾义。天七，地二，阴八，合三。生与星合六西北，蛇矫，时干艮。

丁酉　内五，死五避五。宿干吉，辛日不用，守户。惊乙兑伏，开墓丙乾伏，死坤伏欢怡。天九，地四，阴六，合一。开与月合六西北，时干坤，符门伏。

戊戌　内八，死六。宿干凶。休震义，生巽害，开艮和。天一，地六，阴四，合九。休与日合三正东，生与月合四东南，开与星合八东北，丙日伏干格，时干坤，符冲，刑格，仪刑。

己亥　内九，死七。亥阴，宿干凶。景墓丁坤义欢怡，死乙兑义。杜离义。天四，地三，阴七，合六。无奇门，仪刑，龙走，时干巽，金入火，丙日伏干格。

阳遁八局（四）

小寒中	立春上	谷雨下	小满下	内直符 死直使
丁巳 壬申	丁卯 壬午	壬辰 丁丑	壬辰 丁丑	柱使心月禽星
丁亥 壬寅	丁酉 壬子	壬戌 丁未	壬戌 丁未	

庚子　内一，死八。子至卯阴，宿干凶。死艮伏，惊震制，景坎害。天六，地七，阴三，合四。无奇门，门反吟，飞宫格，时干巽。大格，壬日勃，丁日飞干格。

辛丑　内二，死九。宿干凶。开乙兑伏，休墓丙乾和，惊丁坤和。天九，地四，阴六，合一。休与月合六西北，时干坤，开与日合七正西，符伏。

壬寅　内三，死一。宿吉干凶。休巽义，生离和，开合震制。天八，地一，阴九，合二。开与星合三正东，休与日合四东南，生与月合九正南，事同，时干乾，乙格，丁日伏干格。

癸卯　内四，死二。宿吉干凶，丁日不用。景离伏，死丁坤伏欢怡，杜巽伏。天三，地八，阴二，合七。无奇门，符勃，时干艮，门伏，天网，丁日勃，壬日飞干格，龙反首。

甲辰　冲直符三，伤直使三。辰至申阳，天辅，宿干吉。死内使坤伏，惊柱日兑伏，开心月乾伏。天八，地一，阴九，合二。开与月合六西北，时干震，符门伏，飞甲，自刑，三吉，阖。

乙巳　冲七，伤四。宿凶干吉。休艮害，生震害欢怡，伤巽伏。天二，地九，阴一，合八。生与日合三正东，休与星合八东北，时干震，符冲，刑格

丙午　冲六，伤五避五。宿干吉，守户。开合震制欢怡，休巽义，生离和。天七，地二，阴八，合三。休与日合四东南，开与星合三正东，生与月合九正南，时干离，相佐乾，丁日伏干格。

丁未　冲五，伤六。宿干吉。杜坎和，景艮义，死震害欢怡。天九，地四，阴六，合一。无奇门，符勃，壬日，伏干格，时干坎，相佐坤，大格，丁日飞干格。天九，地四，阴六，合一。

戊申　冲八，伤七。宿干吉，壬日不用。休离制，生墓丁坤伏，伤乙兑害。天一，地六，阴四，合九。生与日合二西南，时干坎，休与星合九正南，金入火。

己酉　冲九，伤八。酉至亥阴，宿吉干凶。休墓丙乾和，生合坎制，伤艮制。天四，

地三，阴七，合六。休与星合六西北，丁下有丙，生与日合一正北，蛇娇，鸟跌穴，时干兑，壬日伏干格，乙格，伏宫格。

庚戌　冲一，伤九。宿干凶。生巽害，伤离义，杜合坤制。天六，地七，阴三，合四。生与星合四东南，得使，龙反首，天乙与太白格，雀入江。时干兑，飞符，丁日勃，壬日飞干格。

辛亥　冲二，伤一。宿干吉。伤坎和，杜艮制，景震和。天九，地四，阴六，合一。无奇门，丁日飞干格，壬日勃，鸟跌穴，时干坎，相佐坤，大格，事同。

阳遁八局（五）

戊午 癸酉 小寒中 戊子 癸卯	癸未 戊辰 立春上 癸丑 戊戌	癸巳 戊寅 谷雨下 癸亥 戊申	戊寅 癸巳 小满下 戊申 癸亥	冲直符 伤直使 禽使柱日心月

壬子　冲三，伤二。子至丑阴，宿吉干凶。伤丁坤制，杜乙兑害，景墓丙乾制。天八，地一，阴九，合二。无奇门，符伏，时干震。

癸丑　冲四，伤三。宿吉干凶。惊乙兑伏，开丙乾伏，休坎伏。天三，地八，阴二，合七。休与月合一正北，开与日合六西北，乙下有丙，火入白，虎猖狂，仪刑，时干离，飞宫，戊日伏干，门伏，天网。

甲寅　辅直符四，杜直使四，天辅。寅至午阳，宿干吉，戊日不用。死禽心坤伏，惊柱日兑伏，开墓心月乾伏。天三，地八，阴二，合七。开与月合六西北，地甲开，时干巽，符门伏，仪刑。

乙卯　辅七，杜五避五。宿凶干吉，守户。惊坎义，开艮和，休震义。天二，地九，阴一，合八。开与日合八东北，休与月合三正东，癸日伏干格，时干艮，大格，乙格，伏宫格。

丙辰　辅六，杜五。宿干吉。死艮伏，惊震制，开巽制欢怡。天七，地二，阴八，合三。开与月合东南，刑格，符勃，癸干勃，时干巽，相佐乾，符门反吟。

丁巳　辅五，杜七。宿干吉。景墓丙乾制，死合坎制，惊艮和。天九，地四，阴六，合一。无奇门，仪刑，时日乾，相佐坤，击刑，戊日勃。

戊午　辅八，杜八。宿干吉。死巽害欢怡，惊离害，开合丁坤和。天一，地六，阴四，合九。开与月合二西南，雀入江，龙反首，时干乾。

己未　辅九，杜九。未至亥阴，宿吉干凶，癸日不用。死乙兑义，惊丙乾伏，开坎义。天四，地三，阴七，合六。开与月合一正北，虎猖狂，时干坤，飞宫，火入金，戊日伏干格。

庚申　辅一，杜一。宿干凶。死合震害，惊巽制，开离合。天六，地七，阴三，合四。开与月合九正南，飞宫格，天乙与太白格，癸日飞干格。时干坤，飞符。

辛酉　辅二，杜二。宿干凶。死丙乾义，惊合坎义，开丙艮和。天九，地四，阴六，合一。开与月合八东北，蛇娇，龙走，时干乾，相佐坤。戊日勃。

壬戌　辅三，杜三。宿吉干凶。死离和，惊墓丁坤伏，开乙兑伏。天八，地一，阴九，合二。开与月合七正西，丙下有乙，龙走，时干艮，戊日飞干格，金入火。

癸亥　辅四，杜五。宿吉干凶。死丁坤伏，惊乙兑伏，开墓丙乾伏。天三，地八，阴二，合七。开与月合六西北，仪刑，时干巽，符门伏，天网。

阳遁九局（一）

甲寅 己巳	甲寅 己巳	乙卯 甲子	己丑 甲辰	英直符 景直使
大寒中	春分中	雨水上	芒种下	柱使任日心星
甲申 己亥	甲申 己亥	己酉 甲午	己未 甲戌	

甲子　英九，景九。子至辰阳，宿凶干吉。惊兑伏，生艮伏，开墓乾伏。天四，地三，阴七，合六。生与日合八东北，开与星合六西北，刑格，在门，客主不利，利以逃亡，时干离，符门伏，遁甲阖。

乙丑　英八，景一。宿干吉，己日不用。开巽制，伤丙兑害，休离制欢怡。天一，地六，阴四，合九。开与月合四东南，休与星合九正南，时干兑，己日飞干格，门反吟。

丙寅　英七，景二。宿凶干吉。开坎义，伤巽伏，休乙艮害。天二，地九，阴一，合八。开与月合一正北，休与星合八东北，天乙与太白格，蛇娇，龙反首，时干坎，相佐兑，事同，己干勃。

丁卯　英六，景三。宿干吉。杜乙艮制，惊离害欢怡，景震和。天七，地二，阴八，合三。无奇门，己日伏干格，时干震，相佐乾，击刑，刑格。

戊辰　英九，景四。宿干凶。开丙兑伏，伤乙艮制，休墓丁乾和。天四，地三，阴七，合六。休与星合六西北，大格，符伏，开与月合七正西，时干离。

己巳　英一，景五避五。巳至酉阴，天辅，宿干凶。生合震害，景墓合坤义，伤合巽伏。天六，地七，阴三，合四。生与月合三正东，天乙与太白格，时干离，符冲，事同。

庚午　英二，景六。宿干凶，甲日不用，守户。景丁乾制，开震制，死坎制。天九，地四，阴六，合一。开与日合三正东，甲日飞干格，飞宫格，时干兑，飞符，金入火，龙走。

辛未　英三，景七。宿吉干凶。伤离义欢怡，死丁乾义，杜坤制。天八，地一，阴九，合二。无奇门，雀入江，时干坎，甲干格，符勃，仪刑。

壬申　英四，景八。宿吉干凶。休坤害，杜坎和，生丙兑义。天三，地八，阴二，合七。生与星合七正西，休与月合二西南，甲日伏干格，伏宫格，虎猖狂，时干震，火入金，飞宫，乙格。

癸酉　英五，景九。宿吉干凶。开墓丁乾伏，伤震伏，休坎伏。天九，地四，阴六，合一。开与月合六西北，丙下有丁，休与星合一正北，飞宫格，甲日飞干格，龙走，时干兑，飞符，金入火，天网。

甲戌　蓬直符一，休直使一。戌至亥阳，宿凶干吉。生任使艮伏，惊柱月兑伏，开墓心星乾伏。天六，地七，阴三，合四。开与星合六西北，生与日合八东北，时干坤，符门伏，飞甲，阖。

乙亥　蓬八，休二。宿干吉，己日不用。死震害，伤墓丁乾害，杜坎和。天一，地六，阴四，合九。无奇门，天乙与太白格，事同，时干震，金入火，龙走。

阳遁九局（二）

乙卯 庚午 大寒中 乙酉 庚子	乙卯 庚午 春分中 乙酉 庚子	庚辰 乙丑 雨水上 庚戌 乙未	庚寅 乙巳 芒种下 庚申 乙亥	蓬直符 休直使 任使柱月心星

丙子　蓬七，休三。子至寅阳，宿凶干吉，庚日不用。死丁乾义，伤离义，杜坤制。天二，地九，阴一，合八。无奇门，雀入江，时干离，相佐兑，三吉。

丁丑　蓬六，休四。死坎制欢怡，伤坤制，杜丙兑害。天七地二，阴八，合三。无奇门，庚干勃，虎猖狂，时干兑，相佐乾，火入金，庚日勃。

戊寅　蓬九，休五避五。林墓合坤害，死合震害，惊合巽制。天四，地三，阴七，合六。休与日合二西南，时干坎，符冲，乙日伏干格，飞干格。

己卯　蓬一，休六。卯至未阴，宿干凶，守户。伤乙艮制，开丙兑伏，休墓丁乾和。天六，地七，阴三，合四。休与星合六西北，时干坎，开与月合七正西，符伏。

庚辰　蓬二，休七。休丙兑和，死巽害，惊离害。天九，地四，阴六，合一。休与日合七正西，庚日飞干格，时干震，飞符，飞宫格。

辛巳　蓬三，休八。乙日不用。伤巽伏，开坎义欢怡，休乙艮害。天八，地一，阴九，合二。开与月合一正北，休与星合八东北，丁下有乙，时干离，符勃，蛇娇，龙反首。

壬午　蓬四，休九。休离制，死乙艮伏，惊震制。天三，地八，阴二，合七。休与日合九正南，伏干格，门反吟，时干兑，刑格，乙日勃。

癸未　蓬五，休一。惊丙兑伏，杜巽伏，景离伏。天九，地四，阴六，合一。无奇门，庚日飞干格，天网，时干震，击刑，飞符，门伏。

甲申　内直符二，死直使二。申至亥阳，天辅，宿凶干吉。惊柱使兑合，生任日艮伏，开墓心星乾伏。天九，地四，阴六，合一。开与星合六西北，生与日合八东北，伏宫格，庚日伏干格，太白与天乙格，时干坤，符门伏，地甲。

乙酉　内八，死三。死合震害，休墓合坤害欢怡，惊合巽制。天一，地六，阴四，合九。休与日合二西南，仪刑，三吉，时干坤，符冲，乙日飞干格，伏干勃。

丙戌　内七，死四。庚日不用。生墓丁乾义，景震和，伤坎和。天二，地九，阴一，合八。生与月合六西北，龙反首，时干乾，相佐兑，金入火。

丁亥　内六，死五避五。休坎伏，杜巽伏，生乙艮伏。天七，地二，阴八，合三。休与月合一正北，生与星合八东北，丁下有乙，天乙与太白格，蛇娇，龙反首，时干艮，相佐乾，合同，门伏。

阳遁九局（三）

丙辰 辛未	丙辰 辛未	辛巳 丙寅	辛卯 丙午	内直符 死直使
大寒中	春分中	雨水上	芒种下	柱使任日心星
丙戌 辛丑	丙戌 辛丑	辛亥 丙申	辛酉 丙子	

戊子　内九，死六。子阳，宿凶干吉，守户。杜坤制欢怡，惊坎义，景丙兑制。天四，地三，阴七，合六。无奇门，虎猖狂，符勃，时干巽，火入金，丙日飞干格。

己丑　内一，死七。丑至巳阴，宿干凶。休乙艮害，杜离义，生震害。天六，地七，阴三，合四。休与月合八东北，生与星合三正东，时干巽，辛日飞干格，刑格。

庚寅　内二，死八。宿干凶。伤丙兑害，死乙艮伏，杜墓丁乾害。天九，地四，阴六，合一。无奇门，仪刑，飞宫格，时干坤，符伏，门冲，击刑。

辛卯　内三，死九。宿吉干凶。景巽和，开丙兑伏，死离和。天八，地一，阴九，合二。开与日合七正西，时干乾，辛日伏干格。

壬辰　内四，死一。宿吉干凶，丙日不用。生离和，景丁乾制，伤坤制欢怡。天三，地八，阴二，合七。生与月合九正南，时干艮，辛日伏干格。

癸巳　内五，死二。宿吉干凶。惊丙兑伏，生乙艮伏，开墓丁乾伏。天九，地四，阴六，合一。生与日合八东北，开与星合六西北，天乙与太白格，飞宫格，时干坤，符门伏，事同，天网。

甲午　冲直符三，伤直使三。午至戌阳，天辅，宿干古。生任使艮伏，惊柱月兑伏，开墓心星乾伏。天八，地一，阴九，合二。开与星合六西北，生与日合八东北，仪刑，三吉，时干震，符门伏，遁甲，自刑，阖。

乙未　冲八，伤四。宿干吉，地遁。开坎义，景坤义，死丙兑义。天一，地六，阴四，合九。开与日合一正北，得使，虎猖狂，时干坎，火入金，丙日飞干格，飞宫。

丙申　冲七，伤五避五。宿凶干吉。伤墓合坤制，开合震制，休合巽义。天二，地九，阴一，合八。开与月合三正东，休与星合四东南，辛日伏干格，天乙与太白格，符勃，龙反首，时干震，相佐兑，符冲，事同。

丁酉　冲六，伤六。宿干吉，辛日不用，守户。生丙兑义，惊巽制，开离合。天七，地二，阴八，合三。生与日合七正西，开与星合九正南，伏宫格，太白与天乙格，时干离，辛日伏干格，乙格。

戊戌　冲九，伤七。宿干吉。开巽制，景坎害，死乙艮伏。天四，地三，阴七，合六。开与日合四东南，蛇娇，龙反首，时干兑。

己亥　冲一，伤八。亥阴，宿吉干凶。休丁乾和，死离和，惊坤和。天六，地七，阴三，合四。休与日合六西北，雀入江，鸟跌穴，时干兑。

阳遁九局（四）

丁巳 壬申 大寒中 丁亥 壬寅	丁巳 壬申 春分中 丁亥 壬寅	壬午 丁卯 雨水上 壬子 丁酉	壬辰 丁未 芒种下 壬戌 丁丑	冲直符 伤直使 任使柱月心星

庚子　冲二，伤九。子至卯阴，宿吉干凶。伤离义，开乙艮和，休震义欢怡。天九，地四，阴六，合一。休与星合三正东，开与月合八东北，丙下有乙，时干坎，飞符，刑格，飞宫格。

辛丑　冲三，伤一。宿吉干凶。杜乙艮制，休丙兑和，生墓丁乾义。天八，地一，阴九，合二。休与月合七正西，时干震，生与星合六西北，符伏。

壬寅　冲四，伤二。宿吉干凶。开震制欢怡，景墓丁乾制，死坎制。天三，地八，阴二，合七。开与日合三正东，天乙与太白格，龙走，丁干勃，时干离，丁日勃，事同，金入火。

癸卯　冲五，伤三。宿吉干凶，丁日不用。景离伏，生乙艮伏，伤震伏。天九，地四，阴六，合一。生与月合八东北，飞宫格，天网，时干坎，三吉，门伏，飞符，刑格。

甲辰　辅直符四，杜直使四。辰至申阳，天辅，宿干吉。开墓心使乾伏，生任日艮伏，惊柱月兑伏。天三，地八，阴二，合七。开与星合六西北，生与日合八东北，时干巽，符门伏，飞甲，自刑，阖。

乙巳　辅八，柱五避五。宿干吉。杜坤制，死丁乾义，伤离义。天一，地六，阴四，合九。无奇门，伏宫格，天乙与太白格，雀入江，壬日伏干格，时干乾，丁日飞干格。

丙午　辅七，杜六。宿凶干吉，守户。惊震制，休离制，死乙艮伏。天二，地九，阴一，合八。休与日合九正，龙反首，时干艮，相佐兑，刑格，门反吟。

丁未　辅六，杜七。宿干吉。休合巽义欢怡，伤墓合坤制，开合震制。天七，地二，阴八，合三。开与月合三正东，休与星合四东南，时干巽，相佐乾，符冲。

戊申　辅九，杜八。宿凶干吉，壬日不用。伤坎制，景震和，生墓丁乾义。天四，地三，阴七，合六。生与月合六西北，得使，龙走，时干坤，金入火，丁干勃。

己酉　辅一，杜九。酉至亥阴，宿吉干凶。杜离义，死丙兑义，伤巽伏欢怡。天六，地七，阴三，合四。无奇门，时干坤，壬日勃。

庚戌　辅二，杜一。宿干凶。景乙艮义，惊巽制欢怡，杜坎和。天九，地四，阴六，合一。无奇门，蛇娇，丁日伏干格，时干乾，飞符，壬日飞干格。

辛亥　辅三，杜二。宿吉干凶。景丙兑制，惊坎义，杜坤制。天八，地二，阴九，合二。无奇门，虎猖狂，天乙与太白格，火入金，飞宫格，时干艮。

阳遁九局（五）

戊子 癸酉	戊子 癸酉	癸未 戊辰	癸巳 戊申	辅直符 杜直使
大寒中	春分中	雨水上	芒种下	心使任日柱月
戊午 癸卯	戊午 癸卯	癸丑 戊戌	癸亥 戊寅	

壬子　辅四，杜三。子至丑阴，宿吉干凶。休墓丁乾和，伤乙艮制，开丙兑伏。天三，地八，阴二，合七。开与月合七正西，休与星合六西北，仪刑，时干巽，符伏，三吉。

癸丑　辅五，杜四。宿吉干凶。生乙艮伏，杜巽伏欢怡，休坎伏。天九，地四，阴六，合一。休与月合一正北，生与星合八东北，天乙与太白格，飞宫格，蛇娇，时干乾，门伏，飞符，天网。

甲寅　禽直符五，死直使五避五。宿干吉，寅至午阳，戊日不用，天辅。开墓心使乾伏，生任日艮伏，惊柱月兑伏。天九，地四，阴六，合一。开与星合六西北，生与日合八东北，天乙与太白格，时干坤，符门伏，地甲，事同，阖。

乙卯　禽八，死六。宿干吉，守户。生合巽害，杜墓坤制欢怡，休合震义。天一，地一，地六，阴四，合九。生与星合四东南，时干坤，休与月合三正东，符冲。

丙辰　禽七，死七。宿凶干吉。开坎义，生震害，惊墓丁乾伏。天二，地九，阴二，合八。生与日合三正东，开与星合一正北，龙走，时干乾，相佐兑，金入火，戊日飞干格。

丁巳　禽六，死八。宿干吉。死乙艮伏，开巽制，景坎害。天七，地二，阴八，合三。开与日合四东南，门反吟，蛇娇，时干艮，相佐乾，击刑。

戊午　禽九，死九。宿凶干吉。开丙兑伏，生坎制，惊坤和欢怡。天四，地三，阴七，合六。开与星合七正西，丁下有丙，生与日合一正北，虎猖狂，鸟跌穴，符勃，戊日伏干格，时干巽，火入金，癸日勃，飞宫格。

己未　禽一，死一。未至亥阴，宿吉干凶，癸日不用。开震制，生离和，惊乙艮和。天六，地七，阴三，合四。开与星合三正东，时干巽，生与日合九正南，刑格。

庚申　禽二，死二。宿干凶。开墓丁乾伏，生乙艮伏，惊丙兑伏。天九，地四，阴六，合一。生与日合八东北，开与星合六西北，时干坤，符门伏，事同。

辛酉　禽三，死三。宿吉干凶。开离害，生丙兑义，惊巽制。天八，地一，阴九，合二。开与星合九正南，生与日合七正西，乙下有丙，戊干勃，时干乾，三吉，仪刑，雀入江。

壬戌　禽四，死四。宿吉干凶。开坤和欢怡，生丁乾义，惊离害。天三，地八，阴二，合七。生与日合六西北，开与星合二西南，仪刑，雀入江，时干艮，戊日勃。

癸亥　禽五，死五避五。宿凶干吉。开墓丁乾伏，生乙艮伏，惊丙兑伏。天九，地四，阴六，合一。生与日合八东北，开与星合六西北，天乙与太白格，天网，飞干格，时干坤，符门伏，癸日，伏干格。

奇门精粹卷十三

奇门遁甲大全（九）

阴遁九局（一）

甲子 己卯	甲子 己卯	己巳 甲申	己巳 甲申	英直符 景直使
夏至上	白露上	寒露中	立冬中	内使蓬日冲星
甲午 己酉	甲午 己酉	己亥 甲寅	己亥 甲寅	

甲子　英九，景九。子至辰阳，宿凶干吉。死坤伏，休坎伏，伤震伏。天二，地七，阴三，合八。休与日合一正北，刑德在门，客主不利，利以逃亡，时干离，符门伏，遁甲，阖。

乙丑　英一，景八。宿凶干吉，己日不用。景艮义，开离害欢怡，生兑义。天八，地三，阴七，合二。生与星合七正西，开与日合九正南，时干离，符冲，己日勃。

丙寅　英二，景七。宿凶干吉，地遁。景兑制，开艮和，生巽害。天七，地六，阴四，合三。生与星合四东南，得使，开与日合八东北，虎猖狂，雀入江，时干兑，相佐坤，火入金事同。

丁卯　英三，景六。宿干吉。休巽义，杜合兑害，死乙坎制。天四，地九，阴一，合六。休与月合四东南，仪刑，伏干格，伏宫格，时干坎，相佐震，击刑，飞宫，乙格。

戊辰　英九，景五避五。宿凶干吉。景丙坤义，开乙坎义，生丁震害。天二，地七，阴三，合八。生与星合三正东，时干离，开与日合一正北，符伏。

己巳　英八，景四。巳至酉阴，天辅，人遁，宿干凶。杜丁震伏，惊墓丙坤和，休墓乾和。天三，地四，阴六，合七。休与星合六西北，时干兑，大格，己日飞干格。

庚午　英七，景三。宿干凶，甲日不用，守户。生墓合乾义，景丁震和，惊离害欢怡。

天六，地一，阴九，合四。生与月合六西北，飞宫格，甲日飞干格，天乙与太白格，时干坎，三吉，飞符。

辛未　英六，景二。宿吉干凶，开乙坎义，伤巽伏，景合丙坤义。天一，地八，阴二，合九。开与月合一正北，时干震，刑格，己日伏干格。

壬申　英五，景一。宿吉干凶。伤兑害，死艮伏，开巽制。天七，地六，阴四，合三。开与星合四东南，龙反首，虎猖狂，时干兑，相佐坤，火入金，门冲。

癸酉　英四，景九。宿凶干吉。景离伏欢怡，开乾伏，生艮伏。天九，地二，阴八，合一。开与日合六西北，生与星合八东北，蛇矫，龙走。时干震，金入火，门伏，天网，甲干勃。

甲戌　任直符八，生直使八。戌至亥阳，宿干吉。休蓬使坎伏，死内月坤伏，伤冲星震伏。天三，地四，阴六，合七。休与日合一正北，亥甲时阳内阴外，利行兵，客胜，时干艮，符门伏，飞甲，阖。

乙亥　任一，生七。宿凶干吉，己日不用。伤乾害，开离害，景艮义欢怡。天八，地三，阴七，合二。开与月合九正南，得使，天乙与太白格，蛇矫，龙走，时干乾，金入火，事同。

阴遁九局（二）

乙丑 庚辰	乙丑 庚辰	庚午 乙酉	庚午 乙酉	任直符 生直使
夏至上	白露上	寒露中	立冬中	蓬使内月冲星
乙未 庚戌	乙未 庚戌	庚子 乙卯	庚子 乙卯	

丙子　任二，生六。子至寅阳，宿干吉，庚日不用。惊离害，杜艮制欢怡，休兑和。天七，地六，阴四，合三。休与星合七正西，仪刑，符勃，时干艮，相佐坤，符冲。

丁丑　任三，生五避五。宿干吉。死艮伏欢怡，伤兑害，开巽制。天四，地九，阴一，合六。开与星合四东南，门反吟，雀入江，虎猖狂，庚干格时。

戊寅　任九，生四。宿凶干吉。生巽害，惊乙坎义，杜合丙坤制。天二，地七，阴三，合八。生与日合四东南，伏干格，时干乾，乙日勃，刑格，乙格。

己卯　任八，生三。卯至未阴，宿凶干吉，守户。开乙坎义，景丙坤义，生丁。[1] 天

① 缺二字

三，地四，阴六，合七。生与星合三正东，开与日合一正北。

庚辰　任七，生二。宿干凶。生墓丙坤伏，惊丁震制，杜墓乾害。天六，地一，阴九，合四。生与日合二西南，时干巽，大格，飞符，门反吟。

辛巳　任六，生一。宿吉干凶，乙日不用。开合兑伏，景巽和，生乙坎制。天一，地八，阴二，合九。开与日合七正西，生与星合一正北，丁下有乙，时干坤，飞符，乙日飞干格。

壬午　任五，生九。宿吉干凶。生离害，惊艮和欢怡，杜兑害。天七，地六，阴四，合三。生与日合六正南，符冲，时干艮，相佐坤。

癸未　任四，生八。宿吉干凶。伤丁震伏，开墓合乾伏，景离伏。天九，地二，阴八，合一。开与月合六西北，仪刑，时干坤，门伏，击刑，乙日伏干格，天网。

甲申　柱直符七，惊直使七。申至亥阳，天辅，宿凶干吉。死内使坤伏，休蓬日坎伏，伤冲星震伏。天六，地一，阴九，合四。休与日合一正北，阳内阴外，伏宫格，天乙与太白格，时干兑，符门伏，地甲，事开阖。

乙酉　柱一，惊六。宿凶干吉。惊墓合乾伏，生丁震害，杜离义。天八，地三，阴七，合二。生与日合三正东，时干震，乙日伏干格。

丙戌　柱二，惊五避五。宿凶干吉，庚日不用。死离和，休乾和，伤艮制。天七，地六，阴四，合三。休与日合六西北，蛇娇，龙走，时干离，相佐坤，金入火。

丁亥　柱三，惊四。宿干凶。景艮义，开离害，生兑义欢怡。天四地九，阴一，合六。生与星合七正西，开与日合九正南，时干兑，相佐震，符冲。

阴遁九局（三）

丙寅 辛巳 夏至上 丙申 辛亥	丙寅 辛巳 白露上 丙申 辛亥	辛未 丙辰 寒露中 辛丑 丙戌	辛未 丙辰 立冬中 辛丑 丙戌	柱直符 惊直使 内使蓬日冲星

戊子　柱九，惊三。子阳，宿凶干吉，守户。开巽制，伤合兑害，景乙坎害。天二，地七，阴三，合八。开与月合四东南，时干震，飞宫格，三吉，门反吟。

己丑　柱八，惊二。丑至巳阴，宿凶干吉。生乙坎制，景巽和，惊合丙坤和。天三，地四，阴六，合七。生与月合一正北，丙下有乙，时干离，刑格，仪刑。

庚寅　柱七，惊一。宿干凶。杜丙坤制，惊乙坎义，休丁震义。天六，地一，阴九，合四。休与星合三正东，飞宫格，仪刑，时干兑，击刑，符伏，飞符。

辛卯　柱六，惊九。宿吉干凶。休兑和欢怡，杜艮制，死巽害。天一，地八，阴二，合九。休与月合七正西，符勃，雀入江，虎猖狂，时干坎，火入金，丙日飞干格，辛日伏干格。

壬辰　柱五，惊八。宿吉干凶，丙日不用。生离和，景乾制，惊艮和。天七，地六，阴四，合三。生与月合九正南，龙走，蛇娇，时干离，相佐坤，金入火，辛日飞干格，丙日伏干格。

癸巳　柱四，惊七。宿吉干凶。伤丁震伏，死墓丙坤伏，开墓乾伏。天九，地二，阴八，合一。开与星合六西北，太白与天乙格，大格，时干坎，事同，门伏，天网。

甲午　心直符六，开直使六。壬至戌阳，天辅，宿干吉。休蓬使坎伏，死内月坤伏，伤冲心震伏。天一，地八，阴二，合九。休与日合一正北，仪刑，刑德在门，客主不利，利以逃亡，时干乾，符门伏，遁甲，自刑，阖。

乙未　心一，开五避五。宿凶干吉。杜艮制，休兑和，死巽害。天八，地三，阴七，合二。休与月合七正西，得使，雀入江，虎猖狂，时干艮，火入金，丙日飞干格，龙反首，伏宫格，辛日伏干格。

丙申　心二，开四。宿干吉。伤合兑害，开巽制，景乙坎害。天七，地六，阴四，合三。开与月合四东南，反吟，时干巽，相佐坤，飞宫格。

丁酉　心三，开三。宿干吉，辛日不用。休巽义，死乙坎制，伤合丙坤制。天四，地九，阴一，合六。休与日合四东南，时干坤，三吉，刑格。

戊戌　心九，开二。宿凶干吉。开墓丙坤和，景丁震和，生墓乾义欢怡。天二，地七，阴三，合八。生与星合六西北，时干艮，开与日合二西南，大格，仪刑。

己亥　心八，开一。亥阴，宿凶干吉。生丁震害，惊墓合乾伏，杜离[1]，天三，地四，阴六，合七。生与日合三正东，乙下有丁，辛干勃。时干巽，辛日勃。

---

① 缺。

阴遁九局（四）

丁卯 壬午 夏至上 丁酉 壬子	丁卯 壬午 白露上 丁酉 壬子	壬申 丁亥 寒露中 壬寅 丁巳	壬申 丁亥 立冬中 壬寅 丁巳	心直符 开直使 蓬使内月冲星

庚子　心七，开九。子至卯阴，宿吉干凶。伤乾害欢怡，开离害，景艮义。天六，地一，阴九，合四。开与月合九正南，飞宫格，蛇娇，龙走，时干坤，飞符，金入火，壬日伏干格。

辛丑　心六，开八。宿吉干凶。惊乙坎义，杜丙坤制，休丁震义。天一，地八，阴二，合九。休与星合三正东，时干乾，符伏。

壬寅　心五，开七。宿吉干凶。开合兑伏，景巽和，生乙坎制。天七，地六，阴四，合三。开与日合七正西，生与星合一正北，丁下有乙，时干巽，相佐坤，飞宫，天乙与太白格。

癸卯　心四，开六。宿吉干凶，丁日不用。景离伏，生艮伏，惊兑伏。天九，地二，阴八，合一。生与月合八东北，飞宫格，天网，时干乾，符冲，门伏，丁日飞干格。

甲辰　禽直符五，死直使五避五。辰至申阳，天辅，宿干吉。伤冲使震伏，休蓬日坎伏，死禽月坤伏。天七，地六，阴四，合三。休与日合一正北，仪刑，阳内阴外，开时，时干坤　符门伏，飞甲，自刑，阖。

乙巳　禽一，死四。宿凶干吉。开合丙坤和，死巽害，伤乙坎和。天八，地三，阴七，合二。开与星合二西南，时干巽，刑格。

丙午　禽二，死三。宿凶干吉，守户。死丁震害，杜乙坎和，休丙坤害。天七，地六，阴四，合三。休与月合二西南，时干坤，符伏，三吉，壬日勃。

丁未　禽三，死二，宿干吉。开墓乾伏，死墓丙坤伏欢怡，伤丁震伏。天四，地九，阴一，合六。开与星合六西北，干勃，时干乾，相佐震，门伏，大格。

戊申　禽九，死一。宿凶干吉，壬日不用，天遁。惊艮和，景乾制，生离和。天二，地七，阴三，合八。生与月合九正南，鸟跌穴，时干巽，金入火，乙格，壬日伏干格。

己酉　禽八，死九。酉至亥阴，宿吉干凶。开兑伏，死离和，伤艮制。天三，地四，阴六，合七。开与星合七正西，时干坤，符冲，丁日，飞犬干格。

庚戌　禽七，死八。宿干凶。开巽制，死艮伏，伤兑害。天六，地一，阴九，合四。开与星合四东南，火入白，雀入江，虎猖狂，龙反首，时干乾，门反吟，飞符，壬日飞干格。

辛亥　禽六，死七。宿吉干凶。杜离义，生丁震害，惊合乾伏。天一，地八，阴二，合九。生与日合三正东，乙下有丁，天乙与太白格，时干艮，事同。

阴遁九局（五）

戊辰 癸未	夏至上	戊戌 癸丑
戊辰 癸未	白露上	戊戌 癸丑
癸酉 戊子	寒露中	癸卯 戊午
癸酉 戊子	立冬中	癸卯 戊午
禽直符 死直使	冲使蓬日禽月	

壬子　禽五，死六。子至丑阴，宿吉干凶。休丁震义，惊乙坎义，杜丙坤制。天七，地六，阴四，合三。休与星合三正东，时干坤，符伏，符勃。

癸丑　禽四，死五避五。宿吉干凶。休乙坎伏，惊兑伏，杜巽伏。天九，地二，阴八，合一。休与星合一正北，丁下有乙，癸干勃，仪刑，戊日伏干格，时干艮，飞宫，门伏，天网。

甲寅　辅直符四，杜直使四。寅至午阳，宿干吉，戊日不用。伤冲使震伏，休逢日坎伏，死内月坤伏。天九，地二，阴八，合一。休与日合一正北，时干坤，三吉，大格，乙格，癸日伏干格。

乙卯　辅一，杜三。宿凶干吉，守户。休墓乾和，惊墓丙坤和，杜丁震伏。天八，地三，阴七，合二。休与星合六西北，时干坤，三吉，大格，乙格，癸日伏干格。

丙辰　辅二，杜二。宿凶干吉。伤离义，休丁震义，死墓合乾义。天七，地六，阴四，合三。休与日合三正东，乙下有丁，龙反首，时干乾，相佐坤，戊日飞干格。

丁巳　辅三，杜一。宿凶干吉。景艮义，伤乾害，开离害。天四，地九，阴一，合六。开与月合九正南，仪刑，蛇娇，龙走，时干艮，相佐震，击刑，金入火。

戊午　辅九，杜九。宿凶干吉。伤巽伏，休艮害，死兑义。天二，地七，阴三，合八。休与日合八东北，雀入江，虎猖狂，时干坤，火入金。

己未　辅八，杜八。未至亥阴，宿吉干凶，癸日不用。伤乙坎和，休合兑和，死巽害欢怡。天三，地四，阴六，合七。休与日合七正西，癸日伏干格，鸟跌穴，时干乾，癸日勃，飞宫，戊日伏干格。

庚申　辅七，杜七。宿干凶。伤合丙坤制，休巽义，死乙坎制。天六，地一，阴九，合四。休与日合四东南，天乙与太白格，时干艮，刑格，飞符，事同，癸日飞干格。

辛酉　辅六，杜六。宿吉干凶。伤兑害，休离制，死艮伏。天一，地八，阴二，合九。休与日合九正南，时干巽，符门冲。

壬戌　辅五，杜五避五。宿吉干凶。伤离义，休丁震义，死墓合乾义。天七，地六，阴四，合三。休与日合三正东，乙下有丁，时干乾，相佐坤，戊日飞干格。

癸亥　辅四，杜四。宿吉干凶。伤丁震义，休乙坎伏，死丙坤伏。天九，地二，阴八，合一。休与日合一正北，仪刑，时干巽，符门伏，天网。

阴遁八局（一）

甲子 乙卯	小暑上	甲午 己酉
甲戌 己丑	立秋下	甲辰 己未
己巳 甲申	霜降中	己亥 甲寅
己巳 甲申	小雪中	己亥 甲寅
任直符 生直使	蓬使英日内星	

甲子　任八，生八。子至辰阳，宿干吉。休坎伏，景离伏，死坤伏。天三，地四，阴六，合七。休与月合一正北，时干艮，符门伏，遁甲，阖。

乙丑　任九，生七。宿凶干吉，己日不用。惊巽制，伤合乾害，杜丙坎和。天二，地七，阴三，合八。无奇门，时干乾，大格，蛇娇。

丙寅　任一，生六。宿凶干吉。生墓乾义，死巽害，惊乙离害。天八，地三，阴七，合二。生与月合六西北，得使，刑格，天乙与太白格，己日伏干格，虎猖狂，龙反首，时干乾，相佐坎，火入金，事同。

丁卯　任二，生五避五。宿凶干吉。休乙离制，景丙坎害，死艮伏欢怡。天七，地六，阴四，合三。休与月合九正南，丙下有乙，仪刑时，干艮，相佐坤，符门冲，击刑。

戊辰　任八，生四。宿干吉。惊丙坎义，伤乙离义，杜丁坤制。天三，地四，阴六，合七。无奇门，符伏。时干艮。

己巳　任七，生三。巳至酉阴，天辅，宿凶干吉。景合丁坤义，休艮害欢怡，生震害。天六，地一，阴九，合四。林与日合八东北，生与星合三正东，雀入江。时干巽，三吉。

庚午　任六，生二。宿凶干吉，甲日不用，守户。伤兑害，惊震制，开合巽制，天一，地八，阴二，合九。开与星合四东南，得使，飞宫格，己干勃，时干坤，门反吟，己日勃，飞符。

辛未　任五，生一。宿吉干凶。死乙离和，生丙坎制，伤艮制欢怡。天七，地六，阴四，合三。生与日合一正北，乙下有丙，时干艮，相佐坤，符冲。

壬申　任四，生九。宿吉干凶。开震制，杜兑害，景墓乾制。天九，地二，阴八，合一。开与月合三正东，甲日伏干格，伏宫格，时干坤，飞宫格，乙格。

癸酉　任三，生八。宿吉干凶，天遁。生艮伏欢怡，死墓丁坤伏，惊兑伏。天四，地九，阴一，合六。生与月合八东北，里勃，仪刑，龙走，鸟跌穴，时干巽，门伏，金入火，己日飞干格，天网。

甲戌　杜直符七，惊直使七。戌至亥阳，宿凶干吉。景英使离伏，休蓬月坎伏，死内星坤伏。天六，地一，阴九，合四。休与月合一正北，时干兑，符门伏，飞甲，阖。

乙亥　柱九，惊六。宿吉干凶，己日不用。生震害，死兑义欢怡，伤合巽伏。天二，地七，阴三，合六。生与日合三正东，天乙与太白格，符勃，时干震，事同，己日勃，鸟跌穴。

阴遁八局（二）

乙丑 庚辰	乙亥 庚寅	庚午 乙酉	庚午 乙酉	杜直符 惊直使
小暑上	立秋下	霜降中	小雪中	英使蓬月内星
乙未 庚戌	乙巳 庚申	庚子 乙卯	庚子 乙卯	

丙子　柱一，惊五避五。子至寅阳，宿凶干吉，庚日不用，地遁。开兑伏欢怡，杜震伏，休墓乾和。天八，地三，阴七，合二。开与日合七正西，休与星合六西北，时干震，相佐坎，飞宫格。

丁丑　柱二，惊四。宿凶干吉。惊巽制，伤墓乾害，开乙离害。天七，地六，阴四，合三。开与星合九正南，伏宫格，刑格，乙格，仪刑，虎猖狂，时干离，相佐坤，火入金，庚日勃。

戊寅　柱八，惊三。宿干吉。杜合乾害，开巽制，景丙坎害。天三，地四，阴六，合七。开与月合四东南，飞宫格，门伏吟，蛇娇，时干离，乙日飞干格，大格，三吉。

己卯　柱七，惊二。卯至未阴，宿干凶，守户。死乙离和，生丙坎制，惊丁坤和。天六，地一，阴九，合四。生与月合一正北，时干兑，符伏。庚辰柱六，惊一。

宿吉干凶。杜墓丁坤制，开艮和，景兑制欢怡。天一，地八，阴二，合九。开与月合八东北，得使，飞宫格，龙走，鸟跌穴，时干坎，飞符，金入火。

辛巳　柱五，惊九。宿吉干凶，乙日不用。死巽害，生墓乾义，惊乙离害。天七，地六，阴四，合三。生与月合六西北，得使，刑乙格，伏宫格，虎猖狂，龙反首，时干离，相佐坤，火入金，庚日勃。

壬午　柱四，惊八。宿吉干凶。惊艮和，伤合丁，坤制，开震制。天九，地二，阴八，合一。开与星合三正东，雀入江，时干坎，乙日伏干格。癸未柱三，惊七。宿吉干凶。休丙坎伏，景乙离伏，生艮伏。天四，地九，阴一，合六。休与日合一正北，生与星合八东北，仪刑，时干兑，符冲，门伏，击刑，天网。

甲申　心直符六，开直使六。申至亥阳，天辅，宿干吉。休蓬使坎伏，景英日离伏，死内星坤伏。天一，地八，阴二，合九。休与月合一正北，天乙与太白格，时干乾，符门伏，事同，地甲，阖。

乙酉　心九，开五避五。宿凶干吉。开合丁坤和，杜艮制，景震和。天二，地七，阴三，合八。开与月合二西南，雀入江，时干艮，乙日伏干格。

丙戌　心一，开四。宿凶干吉，庚日不用，死艮伏，生墓乙坤伏，伤兑害。天八，地三，阴七，合二。生与日合二西南，得使，龙走，时干艮，相佐坎，金入火。

丁亥　心二，开三。宿凶干吉，人遁。杜兑害，开震制，休合巽义。天七，地六，阴四，合三。开与日合三正东，休与星合四东南，时干艮，相佐坤，三吉。

阴遁八局（三）

丙寅 辛巳 小暑上 丙申 辛亥	丙子 辛卯 立秋下 丙午 辛酉	辛未 丙戌 霜降中 辛丑 丙辰	辛未 丙戌 小雪中 辛丑 丙辰	心直符 开直使 蓬使英日内星

戊子　心八，开二。子阳，宿干吉，守户。景震和，休兑和，生墓乾和欢怡。天三，地四，阴六，合七。休与日合七正西，生与星合六西北，仪刑，时干巽，辛日飞干格。

己丑　心七，开一。丑至巳阴，宿吉干凶。惊墓乾伏欢怡，伤巽伏，杜乙离义。天六，地一，阴九，合四。无奇门，虎猖狂，时干坤，火入金，丙日飞干格，刑格。

庚寅　心六，开九。宿吉干凶，人遁。杜丙坎和，开乙离害，休丁坤害。天一，地八，阴二，合九。开与日合九正南，休与星合一西南，天乙与太白格，时干乾，符伏，击刑。

辛卯　心五，开八。宿吉干凶。景兑制，休震义，生合巽害。天七，地六，阴四，合三。生与星合四东南，休与日合三正东，时干巽，辛日伏干格。

壬辰　心四，开七。宿吉干凶，丙日不用。死乙离和，生丙坎制，伤艮制。天九，地二，阴八，合一。生与日合一正北，乙下有丙，时干乾，符冲。

癸巳　心三，开六。宿吉干凶，人遁。杜巽伏，开乾伏欢怡，休丙坎伏。天四，地九，阴一，合六。开与日合六西北，休与星合一正北，丁下有丙，蛇娇，天乙与太白格，时干坤，事同，门伏，大格，天网。

甲午　禽直符五，死直使五避五。午至戌阳，天辅，宿干吉。景英使离伏，休蓬月坎伏，死禽星坤伏。天七，地六，阴四，合三。休与月合一正北，仪刑开，时干坤，符门伏，遁甲，自刑，阖。

乙未　禽九，死四。宿凶干吉。死巽害，生墓乾义，惊乙离害。天二，地七，阴三，合八。生与月合六西北，仪刑，虎猖狂，时干巽，火入金，丙日飞干格，刑格。

丙申　禽一，死三。宿凶干吉。伤合乾害，惊巽制，杜丙坎和。天八，地三，阴七，合二。无奇门，蛇娇，时干巽，相佐坎，大格，三吉。

丁酉　禽二，死二。宿凶干吉，辛日不用，守户。景乙离和，休丙坎伏，死丁坤伏。天七，地六，阴四，合三。休与月合一正北，时干坤，符门伏，相佐坤。

戊戌　禽八，死一。死丙坎制，生乙离和，惊艮和。天三，地四，阴六，合七。生与月合九正南，丙下有乙，时干坤，符冲。

己亥　禽七，死九。亥阴，宿吉干凶。惊墓丁坤和欢怡，伤艮制，开兑伏。天六，地一，阴九，合四。开与星合七正西，龙走，时干乾，金入火，丙日伏干格。

阴遁八局（四）

丁卯 壬午	小暑上	丁酉 壬子	
丁丑 壬辰	立秋下	丁未 壬戌	
壬申 丁亥	霜降中	壬寅 丁巳	
壬申 丁亥	小雪中	壬寅 丁巳	
禽直符 死直使	英使蓬月禽星		

庚子　禽六，死八。子至卯阴，宿吉干凶。伤兑和，惊震制，杜乾害。天一，地八，阴二，合九。无奇门，时干艮，门反吟，飞符，丁日飞干格。

辛丑　禽五，死七。宿干吉。杜乙离义，开丙坎义，景丁坤义。天七，地六，阴四，合三。开与月合一正北，时干坤，符伏，相佐坤。

壬寅　禽四，死六。宿吉干凶。休震义，景兑制，生合巽害。天九，地二，阴八，合一。休与日合三正东，生与星合四东南，伏宫格，天乙与太白格，时干艮，乙格，丁日伏干格。

癸卯　禽三，死五避五。宿吉干凶，丁日不用。生艮伏，死合丁坤伏欢怡，伤震伏。天四，地九，阴一，合六。生与日合八东北，宫干格，雀入江，时干乾，门伏，丁日勃，天网。

甲辰　辅直符四，杜直使四。辰至申阳，天辅，宿干吉。死内使坤伏，景英日离伏，休蓬月坎伏。天九，地二，阴八，合一。休与月合一正北，仪刑，时干巽，符门伏，飞甲，自刑，阖。

乙巳　辅九，杜三。宿凶干吉。开兑伏，惊墓丁坤和，伤艮制。天二，地七，阴三，合八。开与星合七正西，龙走，时干坤，三吉，金入火。

丙午　辅一，杜二。宿凶干吉，守户。休震义，开艮和，杜合丁坤制。天八，地三，阴七，合二。休与星合三正东，开与日合八东北，雀入江，时干坤，相佐坎，丁日勃。

丁未　辅二，杜一。宿凶干吉。伤墓乾害，生兑义，死震害。天七，地六，阴四，合三。生与日合七正西，得使，时干乾，相佐坤，飞宫，丁日飞干格。

戊申　辅八，杜九。宿干吉，壬日不用。伤合巽伏欢怡，生震害，死兑义。天三，地四，阴六，合七。生与日合三正东，时干乾，丁日伏干格。

己酉　辅七，杜八。酉至亥阴，宿吉干凶。伤丙坎和，生合乾义，死巽害欢怡。天六，地一，阴九，合四。生与日合六西北，蛇娇，符勃，丁日勃，时干艮，大格。

庚戌　辅六，杜七。宿吉干凶。惊艮和，死丙坎制，生乙离和。天一，地八，阴二，合九。生与月合九正南，时干巽，符冲，飞符，乙格，壬日飞干格。

辛亥　辅五，杜六。宿吉干凶。杜墓乾害，伤兑害，惊震制。天七，地八，阴四，合三。无奇门，门伏吟，天乙与太白格，时干乾，相佐坤，事同，丁日飞干格。

阴遁八局（五）

戊辰 癸未	戊寅 癸巳	癸卯 戊子	癸卯 戊子	辅直符 柱直使
小暑上	立秋下	霜降中	小雪中	内使英日蓬星
戊戌 癸丑	戊申 癸亥	癸酉 戊午	癸酉 戊午	

壬子　辅四，杜五避五。子至丑阴，宿吉干凶。杜丁坤制，伤乙离义，惊丙坎义。天九，地二，阴八，合一。无奇门，仪刑，时干巽，符伏。

癸丑　辅三，杜四。宿吉干凶。景乙离伏，杜巽伏欢怡，开墓乾伏。天四，地九，阴一，合六。开与月合六西北，龙反首，虎猖狂，时干艮，门伏，火入金，刑格，天网。

甲寅　冲直符三，伤直使三，天辅。寅至午阳，宿干吉，戊日不用。死内使坤伏，景英日离伏，休蓬月坎伏。天四，地九，阴一，合六。休与月合一正北，时干震，符门伏，地甲，三吉开。

乙卯　冲九，伤二。宿凶干吉，守户。景墓乾制，杜兑害，开震制欢怡。天二，地七，阴三，合八。开与月合三正东，癸日干勃，时干兑，飞宫格，癸日勃，戊日伏干格。

丙辰　冲一，伤一。宿凶干吉。死合巽害，景震和欢怡，休兑和。天八，地三，阴七，合二。休与月合七正西，时干兑，相佐坎，戊日飞干格，龙反首。

丁巳　冲二，伤九。宿凶干吉。惊丙坎义，死合乾义，生巽害。天七，地六，阴四，合三。生与月合四东南，癸日，伏干格，仪刑，蛇娇，时干坎，相佐坤，击刑，乙格，大格。

戊午　冲八，伤八。宿干吉。死乙离和，景巽和，休墓乾和。天三，地四，阴六，合七。休与月合六西北，虎猖狂，火入白，时干坎，刑格。

己未　冲七，伤七。未至亥阴，宿吉干凶，癸日不用。死艮伏，景丙坎害，休乙离制。天六，地一，阴九，合四。休与月合九正南，丙下有乙，时干震，符冲，门反吟。

庚申　冲六，伤六。宿吉干凶。死震害欢怡。景艮义，休丁坤害。天一，地八，阴二，合九。休与月合二西南，丙下有丁，飞宫格，雀入江，天乙与太白格，时干离，飞符，事同，癸日飞干格。

辛酉　冲五，伤五避五。宿吉干凶。死丙坎制，景合乾制，休巽义。天七，地六，阴四，合三。休与月合四东南，伏宫格，蛇娇，时干坎，大格，乙格，癸日伏干格。

壬戌　冲四，伤四。宿吉干凶。死兑义，景墓丁坤义，休艮害。天九，地二，阴八，合一。休与月合八东北，得使，仪刑，龙走，鸟跌穴，时干离，金入火，戊日勃。

癸亥　冲三，伤三。宿吉干凶。死丁坤伏，景乙离伏，伏丙坎伏。天四，地九，阴一，合六。休与月合一正北，时干震，符门伏，三吉，天网。

阴遁七局（一）

甲子 己卯	大暑上	甲午 巳酉
甲子 己卯	秋分上	甲午 己酉
己丑 甲戌	处暑下	己未 甲辰
己巳 甲申	大雪中	己亥 甲寅
柱直符 惊直使	英使任日蓬星	

甲子　柱六，惊七。子至辰阳，宿凶干吉。景离伏，生艮伏，休坎伏。天六，地一，阴九，合四。休与星合一正北，生与日合八东北，刑德在门，客主不利，利以逃亡。时干兑，符门伏，遁甲，阖。

乙丑　柱八，惊六。宿干吉，己日不用。惊墓乾伏，杜丙离义，伤巽伏。天三，地四，阴六，合七。无奇门，蛇娇，时干离，己日勃。

丙寅　柱九，惊五避五。宿凶干吉。杜震伏，休乾和，开兑伏欢怡。天二，地七，阴三，合八。开与星合七正西，休与日合六西北，得使，龙反首，虎猖狂，天乙与太白格，时干震，相佐离，事同，己日飞干格。

丁卯　柱一，惊四。天遁，宿凶干吉。生兑义欢怡，惊巽制，死合震害。天八，地三，阴七，合二。生与月台七正西，得使，甲干勃，仪刑，龙走，鸟跌穴，时干震，相佐坎，刑格，己日伏干格。

戊辰　柱七，惊三。宿凶干吉。休丙离制，死乙艮伏，景丁坎害。天六，地一，阴九，合四。休与月合九正南，时干兑，符伏，三吉，门反吟。

己巳　柱六，惊二。巳至酉阴，天辅，宿吉干凶。惊坤和，杜震伏，伤乙艮制。天一，地八，阴二，合九。无奇门，伏宫格，甲日伏干格，天乙与太白格，时干坎，火入金，事同，飞宫，乙格。

庚午　柱五，惊一。宿吉干凶，甲日不用，守户。生合巽害，惊丁坎义，死墓乾义。天七，地六，阴四，合三。生与月合四东南，飞宫格，甲日飞干格，时干离，飞符，金入火。

辛未　柱四，惊九。宿吉干凶。杜乙艮制，休兑和欢怡，开坤和。天九，地二，阴八，合一。开与星合二西南，休与日合七正西，得使，时干坎，雀入江。

壬申　柱三，惊八。宿吉干凶。死丁坎制，伤墓合坤制，生丙离和。天四，地九，阴一，合六。生与星合九正南，丁下有丙，时干兑。

癸酉　柱二，惊七。宿干凶。杜合巽伏，休丁坎伏，开墓乾伏。天七，地九，阴四，合三。开与星合六西北，休与日合一正北，乙下有丁，飞宫格，甲日飞干格，时干离，飞符，金入火，门伏，天网。

甲戌　心直符六，开直使六。戌至亥阳，宿干吉。生任使艮伏，景英月离伏，休蓬星坎伏。天一，地八，阴二，合六。休与星合一正北，生与日合八东北，时干乾，符门伏，飞甲，阖。

乙亥　心八，开五避五。宿干吉，己日不用。死巽害，休兑和，景合震和。天三，地四，阴，[1] 合。[2] 休与月合七正西，天乙与太白格，鸟跌穴，时干巽，事同，刑格，大格。己日伏干格。

阴遁七局（二）

乙丑 庚辰 大暑上 乙未 庚戌	乙丑 庚辰 秋分上 乙未 庚戌	庚寅 乙亥 处暑下 庚申 乙巳	庚午 乙酉 大雪中 庚子 乙卯	心直符 开直使 任使英日蓬星

丙子　心九，开四。子至寅阳，宿干吉，庚日不用。伤兑害，死乙艮伏，生坤伏。天二，地七，阴三，合八。生与星合二西南，乙干勃，雀入江，门反吟，时干艮，相佐离，乙日勃，龙反首。

丁丑　心一，开三。宿凶干吉。开震制，伤坤制，惊乙艮和。天八，地三，阴七，合二。开与日合三正东，天乙与太白格，时干艮，三吉，火入金，庚日勃，飞宫格。

戊寅　心七，开二。宿凶干吉。伤丁坎和，死合巽害，生墓乾义欢怡。天六，地一，阴九，合四。生与星合六西北，天乙与太白格，时干坤，金入火，事同。天六，地一，阴九，合四。

己卯　心六，开一。卯至未阴，宿吉干凶，守户。休乙艮害，杜丙离义，开丁坎义。天一，地八，阴二，合九。开与星合一正北，休与日合八东北，时干乾。

庚辰　心五，开九避五。宿吉干凶。伤乾害欢怡，死震害，生兑义。天七，地六，阴四，合三。生与星合七正西，庚日飞干格，虎猖狂，时干巽，飞符。

辛巳　心四，开八。宿吉干凶，乙日不用。杜墓合坤制，惊丁坎义，伤丙离义。天九，地二，阴八，合一。无奇门，时干乾，符冲，乙日飞干格。壬午心三，开七。

---

① 缺。

② 缺。

宿吉干凶。死丙离和，休墓乾和欢怡，景巽和。天四，地九，阴一，合六。休与月合六西北，蛇娇，符勃，时干坤。

癸未　心二，开六。宿干凶，地遁。开乾伏欢怡，伤震伏，惊兑伏。天七，地六，阴四，合三。开与日合六西北，飞宫格，仪刑，虎猖狂，时干巽，门伏，击刑，飞符，天网。

甲申　禽直符五，死直使五避五。申至亥阳，天辅，宿凶干吉。景英使离伏，生任日艮伏，休蓬星坎伏。天七，地六，阴四，合三。休与星合一正北，生与日合八东北，时干坤，符门伏，地甲，事同，阖。

乙酉　禽八，死四。宿干吉。伤丁坎和，开墓合坤和欢怡，惊丙离害。天三，地四，阴六，合七。开与日合二西南，仪刑，时干坤，符冲，乙日飞干格。

丙戌　禽九，死三。宿凶干吉，庚日不用。惊合巽制，杜丁坎和，伤墓乾害。天二，地七，阴三，合八。无奇门，龙反首，时干巽，相佐离，金入火，三吉。

丁亥　禽一，死二。宿凶干吉。开墓乾伏，景丙离伏，杜巽伏。天八，地三，阴七，合二。开与月合六西北，天乙与太白格，蛇娇，时干巽，相佐坎，事同，门伏。

阴遁七局（三）

大暑上	秋分上	处暑下	大雪中	英使任日蓬星
丙寅 辛巳	丙寅 辛巳	辛卯 丙子	辛未 丙戌	禽直符 死直使
丙申 辛亥	丙申 辛亥	辛酉 丙午	辛丑 丙辰	

戊子　禽七，死一。子阳，宿凶干吉，守户。伤坤制欢怡，开震制，惊乙艮和。天六，地一，阴九，合四。开与日合三正东，时干乾，飞宫，火入金，丙日飞干格。

己丑　禽六，死九。丑至巳阴，宿吉干凶。开兑伏，景巽和，杜合震伏。天一，地八，阴二，合九。开与月合七正西，得使，龙走，鸟跌穴，时干艮，刑格，辛日飞干格。

庚寅　禽五，死八。宿吉干凶。休丙离制，死乙艮伏，景丁坎害。天七，地六，阴四，合三。休与月合九正南，门反吟，仪刑，时干坤，符伏，击刑。

辛卯　禽四，死七。宿吉干凶。生震害，惊乾伏，死兑义。天九，地二，阴八，合一。生与月合三正东，虎猖狂，龙反首，时干艮，辛日伏干格。壬辰禽三，死六。宿吉干凶，丙日不用。开乙艮和，景兑制，杜坤制欢怡。天四，地九，阴一，合六。开与月合八东北，丙下有乙，雀入江，时干乾。

癸巳　禽二，死五避五。宿干凶。景丙离伏，生乙艮伏，休丁坎伏。天七，地六，阴四，合三。生与日合八东北，休与星合一正北，伏宫格，天乙与太白格，时干坤，符门伏，事同，天网。

甲午　辅直符四，杜直使四。午至戌阳，天辅，宿干吉。生任使艮伏，景英月离伏，休蓬星坎伏。天九，地二，阴八，合一。休与星合一正北，生与日合八东北，时干巽，符门伏，遁甲，自刑，阖。

乙未　辅八，杜三。宿干吉。休乾和，杜震伏，开兑伏。天三，地四，阴六，合七。开与星合七正西，休与日合六西北，得使，伏宫格，虎猖狂，时干乾，三吉，乙格，辛日伏干格。

丙申　辅九，杜二。休震义，杜坤制，开丁艮和。天二，地七，阴三，合八。休与日合三正东，开与星合八东北，仪刑，天乙与太白格，飞宫格，龙反首，时干坤，相佐离，火入金，事同，丙日飞干格。

丁酉　辅一，杜一。宿吉干凶，辛日不用，守户。生兑义，景乙艮义，休坤害。天八，地三，阴七，合二。休与星合二西南，生与日合七正西，得使，时干坤，相佐坎，雀入江。

戊戌　辅七，杜九。宿凶干吉。杜丙离义，惊墓乾伏，伤巽伏欢怡。天六，地一，阴九，合四。无奇门，时干艮，蛇矫。

己亥　辅六，杜八。亥阴，宿吉干凶。开合坤和，伤丁坎和，惊丙离害。天一，地八，阴二，合九。开与日合二西南，时干巽，符冲。

阴遁七局（四）

丁卯 壬午 大暑上 丁酉 壬子	丁卯 壬午 秋分上 丁酉 壬子	壬辰 丁丑 处暑下 壬戌 丁未	壬申 丁亥 大雪中 壬寅 丁巳	辅直符 杜直使 任使英月蓬星

庚子　辅五，杜七。子至卯阴，宿吉干凶。休巽义欢怡，杜兑害，开合震制。天七，地六，阴四，合三。开与星合三正东，休与日合四东南，得使，龙走，时干乾，飞符，刑格，飞宫。

辛丑　辅四，杜六。宿吉干凶。死乙艮伏，休丙离制，景丁坎害。天九，地一，阴八，合一。休与月合九正南，天乙与太白格，时干巽，火入金，符伏，门反吟。

壬寅　辅三，杜五避五。宿吉干凶。惊丁坎义，生合巽害欢怡，死墓乾义。天四，地九，阴一，合六。生与月合四东南，天乙与太白格，时干震，金入火，事同。

癸卯　辅二，杜四。宿干凶，丁日不用。杜巽伏欢怡，惊兑伏，伤合震伏。天七，地六，阴四，合三。无奇门，飞宫格，龙走，鸟跌穴，时干乾，门伏，飞符，刑格，天网。

甲辰　冲直符三，伤直使三。辰至申阳，天辅，宿干吉。休蓬使坎伏，生任日艮伏，景英月离伏。天四，地九，阴一，合六。休与星合一正北，生与日合八东北，仪刑，时干震，符门伏，飞甲，自刑，三吉，同。

乙巳　冲八，伤二。宿干吉。景墓乾制，死丁坎制，休合巽义。天三，地四，阴六，合七。休与月合四东南，天乙与太白格，时干坎，事同，金入火。

丙午　冲九，伤一。宿凶干吉，守户。景合震和欢怡，死巽害，休兑和。天二，地七，阴三，合八。休与月合七正西，得使，龙走，时干兑，相佐离，刑格，龙反首。

丁未　冲一，伤九。宿凶干吉。景兑制，死乾义，休震义欢怡。天八，地三，阴七，合二。休与月合三正东，壬干勃，虎猖狂，龙反首，时干兑，相佐坎，壬日勃，鸟跌穴。

戊申　冲七，伤八。宿凶干吉，壬日不用。死丙离和，惊墓合坤义，生乙坎制。天六，地一，阴九，合四。生与月合一正北，丙下有丁，时干震，符冲，丁日勃。

己酉　冲六，伤七。酉至亥阴，宿吉干凶。生坤伏，伤兑害，死乙艮伏。天一，地八，阴二，合九。生与星合二正南，伏宫格，雀入江，时干离，乙格，丁日飞干格，壬日伏干格。

庚戌　冲五，伤六。宿吉干凶。惊巽制，开丙离害，伤墓乾害。天七，地六，阴四，合三。开与日合九正南，乙下有丙，飞宫格，时干坎，飞符，丁日伏干格，壬日飞干格。

辛亥　冲四，伤五避五。宿吉干吉。惊乙艮和，开震制欢怡，伤坤制。天九，地二，阴八，合一。开与日合三正东，仪刑，天乙与太白格，时干离，飞宫，火入金，事同。

阴遁七局（五）

戊戌 癸未	戊戌 癸未	癸巳 戊寅	癸酉 戊子	冲直符 伤直使
大暑上	秋分上	处暑下	大雪中	蓬使任日英月
戊辰 癸丑	戊辰 癸丑	癸亥 戊申	癸卯 戊午	

壬子　冲三，伤四。子至丑阴，宿吉干凶。开丁坎义，休乙艮害，杜丙离义。天四，地九，阴一，合六。休与日合八东北，时干震，开与月合一正北，符伏。

癸丑　冲二，伤三。宿干凶。杜巽伏，景丙离伏，开墓乾伏。天七，地六，阴四，合三。开与月合六西北，癸日飞干格，蛇矫，时干坎，飞符，门伏，三吉，天网。

甲寅　内直符二，死直使二，天辅。寅至午阳，宿凶干吉，戊日不用。休蓬星坎伏，生任日艮伏，景英月离伏。天七，地六，阴四，合三。休与星合一正北，生与日合八东北，伏宫格，癸日飞干格，天乙与太白格，时干坤，符门伏，地甲，事同，阖。

乙卯　内八，死一。宿干吉，守户。生丙离和，伤墓合坤制欢怡，死丁坎制。天三，地四，阴六，合七。生与星合九正南，符伏，丁下有丙，时干坤。

丙辰　内九，死九。宿凶干吉。休墓乾和，生丁坎制，景合巽和。天二，地七，阴三，合八。生与日合一正北，休与星合六西北，时干巽，相佐离，金入火，戊日飞干格。

丁巳　内一，死八。宿凶干吉。开巽制，休丙离制，杜墓乾害。天八，地三，阴七，合二。休与日合九正南，乙下有丙，开与星合四东南，时干巽，相佐坎，击刑，门反吟，蛇矫。

戊午　内七，死七。宿凶干吉。休乙艮害，生震害，景坤义欢怡。天六，地一，阴九，合四。生与日合三正东，休与星合八东北，丁下有乙，符勃，时干乾，火入金，癸日勃，戊日飞干，飞宫。

己未　内六，死六。未至亥阴，宿干凶，癸日不用。休合震义，生巽害，景兑制。天一，地八，阴二，合九。休与星合三正东，得使，生与日合四东南，龙走，鸟跌穴，时干艮，刑格，戊日勃，戊干格。

庚申　内五，死五避五。宿吉干凶。休丁坎伏，生乙艮伏，景丙离伏。天七，地六，阴四，合三。生与月合八东北，休与星合一正北，天乙与太白格，时干坤，符门伏，事同，癸日飞，伏干格。

辛酉　内四，死四。宿吉干凶。休兑和，生乾义，景震义。天九，地二，阴八，合一。休与星合七正西，生与日合六西北，时干艮，仪刑，虎猖狂，龙反首。

壬戌　内三，死三。宿吉干凶。休坤害欢怡，生兑义，景乙艮义。天四，地九，阴一，合六。生与日合七正西，休与星合二西南，时干乾，三吉，雀入江。

癸亥　内二，死二。休丁坎伏。生乙艮伏，景丙离伏。天七，地六，阴四，合三。休与星合一正北，生与日合八东北，伏宫格，天乙与太白格，时干坤，符门伏，癸日飞、伏干格，天网。

阴遁六局（一）

甲戌 己丑 夏至下 甲辰 乙未	甲戌 己丑 白露下 甲辰 己未	己卯 甲午 寒露上 己酉 甲子	巳卯 甲午 立冬上 巳酉 甲子	心直符 开直使 任使柱日英星

甲子　心六，开六。子至辰阳，宿干吉。生艮伏，惊兑伏，景离伏。天一，地八，阴二，合九。生与月合八东北，时干乾，符门伏，遁甲，阖。

乙丑　心七，开五避五。宿凶干吉，地遁，己日不用。伤坎和，开墓坤和，死巽害。天六，地一，阴九，合四。开与日合二西南，得使，时干坤。

丙寅　心八，开四。宿干吉。开巽制，景坎害，伤乙兑害。天三，地四，阴六，合七。开与月合四东南，得使，门反吟，己日伏干格，龙反首，刑格，时干巽，相佐艮，火入金，事同。

丁卯　心九，开三。宿凶干吉。杜乙兑害，休合巽义，惊丙艮和。天二，地七，阴三，合八。休与日合四东南，时干艮，相佐离，击刑，大格，三吉。

戊辰　心六，开二。宿干吉。杜丙艮制，休乙兑和，惊丁离害。天一，地八，阴二，合九。休与日合七正西，时干乾，符伏。

己巳　心五，开一。巳至酉阴，天辅，宿吉干凶。惊墓乾伏欢怡，杜丁离义，生震害。天七，地六，阴四，合三。生与星合三正东，干勃符，时干巽，金入火，己日飞干格，鸟跌穴。

庚午　心四，开九。宿吉干凶，守户，甲日不用。休坤害，死震害，杜坎和。天九，地二，阴八，合一。休与月合二西南，虎猖狂，蛇娇，龙走，甲日飞干格，时干乾，符冲，飞符，飞宫，乙格，己日勃。

辛未　心三，开八。宿吉干凶。伤丁离义，开丙艮和，死墓乾义欢怡。天四，地九，阴一，合六，开与日合八东北，时干坤，仪刑。

壬申　心二，开七。宿干凶。休墓乾和欢怡，死丁离和，杜震和。天七，地六，阴四，合三。休与月合六西北，甲干勃，时干巽，金入火，己日飞干格，鸟跌穴。

癸酉　心一，开六。宿干凶。伤合震伏，开乾伏欢怡，死合坤伏。天八，地三，阴七，合二。开与星合六西北，时干艮，门伏。

甲戌　禽直符五，死直使五，戌至亥阳宿干吉。惊柱使兑伏，生任月艮伏，景英星离伏，天七，地六，阴四，合三。生与日合八东北，时干坤，符门伏，飞甲，阖。

乙亥　禽七，死四。宿凶干吉，己日不用。生乾义，景合震和，开坤和欢怡。天六，地一，阴九，合四。生与日合六西北，开与星合二西南，时干乾，事同。

阴遁六局（二）

乙亥 庚寅	乙亥 庚寅	庚辰 乙丑	庚辰 乙丑	禽直符 死直使
夏至下	白露下	寒露上	立冬上	柱使任月英星
乙巳 庚申	乙巳 庚申	庚戌 乙未	庚戌 乙未	

丙子　禽八，死三。子至寅阳，宿干吉，庚日不用。死震害，休坤害欢怡，杜坎和。天三，地四，阴六，合七。休与月合二西南，蛇娇，龙走，雀入江，时干乾，相佐艮，符冲，飞宫，三吉。

丁丑　禽九，死二。宿凶干吉。死墓坤伏欢怡，休坎伏，杜巽伏。天二，地七，阴三，合八。休与月合一正北，门伏，时干巽，相佐离。

戊寅　禽六，死一。宿干吉。死坎制，休巽义，杜乙兑害。天一，地八，阴二，合九。休与月合四东南，得使，伏宫格，庚干勃，龙反首，时干艮，火入金，刑格，乙格。

己卯　禽五，死九。卯至未阴，宿吉干凶，守户。开乙兑伏，伤丙艮制，死丁离和。天七，地六，阴四，合三。开与日合七正西，时干坤，符伏。

庚辰　禽四，死八。休丁离制，杜墓乾害，惊震制。天九，地二，阴八，合一。休与日合九正南，乙下有丁，飞宫格，时干艮，金入火，门反吟，飞符。

辛巳　禽三，死七。宿吉干凶，乙日不用。伤合巽伏，死乙兑义，休丙艮害。天四，地九，阴一，合六。休与星合八东北，丁下有丙，时干乾，乙日飞干格，大格。

壬午　禽二，死六。宿干吉。景乙兑制，开丙艮和，伤丁离义。天七，地六，阴四，合三。开与月合八东北，仪刑，时干坤，符伏。

癸未　禽一，死五避五。宿干凶。生内艮伏，景丁离伏，开墓乾伏。天八，地三，阴七，合二。开与星合六西北，生与日合八东北，仪刑，时干巽，击刑，门伏，乙日伏干格，天网。

甲申　辅直符四，杜直使四。申至亥阳，天辅，宿干吉。生任使艮伏，惊柱日兑伏，景英星离伏。天九，地二，阴八，合一。生与月合八东北，天乙与太白格，伏宫格，时干巽，事同，符门伏，地甲，阖。

乙酉　辅七，杜三。宿凶干吉。死丁离害，伤丙艮制，休墓乾和。天六，地一，阴九，合四。休与星合六西北，三吉，时干艮，乙日伏干格。

丙戌　辅八，杜二。宿干

吉，庚日不用。生乾义，伤丁离义，休震制。天三，地四，阴六，合七。休与星合三正东，时干乾，相佐艮。金入火，龙反首。

丁亥　辅九，杜一。宿凶干吉。死合震害，伤乾害，休合坤害。天二，地七，阴三，合八。休与星合二西南，仪刑，时干坤，相佐离。

阴遁六局（三）

丙子 辛卯 夏至下 丙午 辛酉	丙子 辛卯 白露下 丙午 辛酉	辛巳 丙申 寒露上 辛亥 丙寅	辛巳 丙甲 立冬上 辛亥 丙寅	辅直符 杜直使 任使柱日英星

戊子　辅六，杜九。子阳，宿干吉，守户。景坤义，生震害，开坎义。天一，地八，阴二，合九。开与星合一正北，生与日合三正东，得使，雀入江，虎猖狂，时干巽，飞宫格，符冲，蛇娇，龙走。

己丑　辅五，杜八。丑至巳阴，宿吉干凶。死巽害，伤坎和，休乙兑和。天七，地六，阴四，合三。休与星合七正西，丁下有乙，龙反首，时干乾，刑格，乙格，火入金，丙日飞干格。

庚寅　辅四，杜七。宿吉干凶。惊丙艮和，杜乙兑害，生丁离和。天九，地二，阴八，合一。生与星合九正南，天乙与太白格，时干巽，飞宫，符伏，击刑，仪刑。

辛卯　辅三，杜六。宿吉干凶。景坎害，生墓坤伏，开巽制欢怡，天四，地九，阴一，合六。开与星合四东南，生与日合二西南，时干艮，辛日伏干格，门反吟。

壬辰　辅二，杜五避五。宿干凶，丙日不用。生巽害欢怡，惊坎义，景乙兑制。天七，地六，阴四，合三。生与月合四东南，得使，龙反首，鸟跌穴，时干乾，刑格，火入金，丙日飞干格。

癸巳　辅一，杜四。宿干凶。惊乙兑伏，杜合巽伏欢怡，生丙艮伏。天八，地三，阴七，合二。生与星合八东北，丁下有丙，天乙与太白格，时干坤，事同，门伏，大格，天网。

甲午　冲直符三，伤直使三。午至戌阳，天辅，宿干吉。惊柱使兑伏，生任月艮伏，景英星离伏。天四，地九，阴一，合六。生与月合八东北，仪刑，时干震，符门伏，三吉，遁甲，自刑，阖。

乙未　冲七，伤二。宿干吉。开震制欢怡，伤坤制，死坎制。天六，地一，阴九，合四。开与日合三正东，得使，蛇娇，龙走，雀入江，虎猖狂，时干震，符冲，飞宫格。

丙申　冲八，伤一。宿干吉，地遁。开墓坤和，伤坎和，死巽害。天三，地四，阴六，合七。开与日合二西南，得使，伏宫格，龙反首，时干坎，相佐艮，辛日伏干格，乙格。

丁酉　冲九，伤九。宿干吉，守户，辛日不用。惊坎义，生巽害，景乙兑制。天二，地七，阴三，合八。生与月合四东南，得使，仪刑，时干兑，相佐离，刑格，火入金，丙日飞干格。

戊戌　冲六，伤八。宿凶干吉。景合巽和，开乙兑伏，伤丙艮制。天一，地八，阴二，合九。开与月合七正西，丙下有乙，大格，时干离。

己亥　冲五，伤七。亥阴，宿吉干凶。死丙艮伏，休丁离制，杜墓乾害。天七，地六，阴四，合三。休与月合九正南，门反吟，丙下有丁，时干坎。

阴遁六局（四）

丁丑 壬辰	丁丑 壬辰	壬午 丁卯	壬午 丁卯	冲直符 伤直使
夏至下	白露下	寒露上	立冬上	柱使任月英星
丁未 壬戌	丁未 壬戌	壬子 丁酉	壬子 丁酉	

庚子　冲四，伤六。子至卯阴，宿吉干吉。伤乾害，死合震害欢怡，休合坤害。天九，地二，阴八，合一。休与星合二西南，得使，飞宫格，符符勃，时干离，飞符，丁日伏干格。

辛丑　冲三，伤五避五。宿吉干凶。杜乙兑害，惊丙艮和，生丁离和。天四，地九，阴一，合六。生与星合九正南，符伏，伏宫格，时干震。

壬寅　冲二，伤四。宿干凶。休丙艮害，杜丁离义，惊墓乾伏。天七，地六，阴四，合三。休与日合八东北，乙下有丙，丁干勃，天乙与太白格，时干坎，事同。

癸卯　冲一，伤三。宿干凶，丁日不用。景丁离伏，开墓乾伏，伤震伏。天八，地三，阴七，合二。开与月合六西北，得使，白入火，鸟跌穴，丙日伏干格，时干兑，门伏，三吉，壬日飞干格，天网。

甲辰　内直符二，死直使二。辰至申阳，天辅，宿凶干吉。景英使离伏，惊柱日兑伏，生任月艮伏。天七，地六，阴四，合三。生与月合八东北，伏干格，时干坤，符门伏，飞甲，自刑，阖。

乙巳　内七，死一。宿凶干吉。伤坤制欢怡，景乾制，开合震制。天六，地一，阴九，合四。开与月合三正东，时干乾，丁日伏干格。

丙午　内八，死九。宿干吉，守户。生坎制，杜震伏，惊坤和欢怡。天三，地四，阴六，合七。生与星合一正北，虎猖狂，龙走，蛇娇，雀入江，时干坤，相佐艮，壬日勃，飞宫，符冲。

丁未　内九，死八。宿凶干吉。开巽制，生墓坤伏欢怡，景坎害。天二，地七，阴三，合八。开与星合四东南，生与日合二西南，门反吟，时干巽，相佐离，丁日飞干格。

戊申　内六，死七。宿干凶，壬日不用。死乙兑义，开坎义，伤巽伏。开一，地八，阴二，合九。开与日合一正北，时干艮，火入金，刑格，乙格，壬日伏干格。

己酉　内五，死六。酉至亥阴，宿吉干凶。伤丁离义，景乙兑制，开丙艮和。天七，地六，阴四，合三。开与月合八东北，蛇娇，时干坤，符伏。

庚戌　内四，死五避五。宿吉干凶。伤震伏，景丁离伏，开墓乾伏。天九，地二，阴八，合一。开与月合六西北，飞宫格，壬日飞干格。仪刑，时干艮，门伏，飞符，金入火。

辛亥　内三，死四。宿吉干凶。杜丙艮制，死合巽害，休乙兑和。天四，地九，阴一，合六。休与月合七正西，丙下有乙，天乙与太白格，时干乾，事同，大格。

阴遁六局（五）

戊寅 癸巳	戊寅 癸巳	癸未 戊辰	癸未 戊辰	丙直符 死直使
夏至下	白露下	寒露上	立冬上	英使柱日任月
戊申 癸亥	戊申 癸亥	癸丑 戊戌	癸丑 戊戌	

壬子　内二，死三。子至丑阴，宿干凶。开丁离害，生乙兑义，景丙艮义。天七，地六，阴四，合三。生与日合七正西，开与星合九正南，时干坤，符伏，三吉。

癸丑　内一，死二。宿干凶。开墓乾伏，生丙艮伏，景丁离伏。天八，地三，阴七，合二。开与星合六西北，生与日合八东北，乙下有丙，时干巽，门伏，癸日飞干格，天网。

甲寅　蓬直符一，休直使一，天辅。寅至午阳，宿凶干吉，戊日不用。景英使离伏，惊柱日兑伏，生任月艮伏。天八，地三，阴七，合二。生与月合八东北，时干坎，符门伏，地甲，阖。

乙卯　蓬七，休九。宿干吉，守户。惊震制，休丁离制，杜墓乾害。天六，地一，阴九，合四。休与日合九正南，乙下有丁，门反吟，戊子格，鸟跌穴，时干离，戊日勃，金入火。

丙辰　蓬八，休八。宿干吉。景合坤义，惊乾伏，生合震害。天三，地四，阴六，合七。生与月合三正东，时干震，相佐艮，门反吟。

丁巳　蓬九，休七。宿凶干吉。伤坎和欢怡，景震和，开坤和。天二，地七，阴二，合八。开与日合二西南，戊日，飞干，伏干格，符反吟，仪刑，虎猖狂，龙走，雀入江，蛇娇，时干坎，相佐离，击刑，飞宫格。

戊午　蓬六，休六。宿干古。景巽和，惊墓坤和，生坎制欢怡。天一，地八，阴二，合九。生与月合一正北，伏干格，壬日勃，时干，癸日勃，鸟跌穴。

己未　蓬五，休五避五。未至亥阴，宿吉干凶，癸日不用。景丙艮义，惊合巽制，生乙兑义。天七，地六，阴四，合三。生与月合七正西，时干震，大格，癸日伏干格。

庚申　蓬四，休四。宿吉干凶。景乾制，惊丙艮和，生丁离和。天九，地二，阴八，合一。生与月合九正南，仪刑，飞宫格，天乙与太白格，时干兑，飞符，事同，癸日飞干格。

辛酉　蓬三，休三。宿吉干凶。景乙兑制，惊坎义欢怡，生巽害。天四，地九，阴一，合六。生与月合四东北，龙反首，时干离，火入金，刑格，三吉。

壬戌　蓬二，休二。宿干凶。景丙艮义，惊合巽制，生乙兑义。天七，地六，阴四，合三。生与月合七正西，丙下有乙，天乙与太白格，时干震，大格，癸日伏干格。

癸亥　蓬一，休一。宿干凶。景丁离伏，惊乙兑伏，生丙艮伏。天八，地三，阴七，合二。生与月合八东北，伏干格，时干坎，符门伏，天网。

阴遁五局（一）

甲戌 己丑	小暑下	甲辰 己未
甲申 己巳	立秋中	甲寅 己亥
己酉 甲子	霜降上	己卯 甲午
巳酉 甲子	小雪上	己卯 甲午
禽直符 死直使	柱使心日任星	

甲子　禽五，死五避五。子至辰阳，宿干吉。惊兑伏，开乾伏，生艮伏。天七，地六，阴四，合三。开与日合六西北，生与星合八东北，时干坤，符门伏，遁甲，阖。

乙丑　禽六，死四。宿干吉，己日不用。伤坎和，杜丁艮制，死巽害。天一，地八，阴二，合九。无奇门，虎猖狂，龙反首，时干艮，大格。

丙寅　禽七，死三。宿凶干吉。伤墓乙乾害，杜坎和，死震害。天六，地一，阴九，合四。无奇门，天乙与太白格，龙反首，时干乾，相佐兑，事同，三吉，刑格。

丁卯　禽八，死二。宿干吉。伤震伏，杜巽伏，死坤伏欢怡。天三，地四，阴六，合七。无奇门，仪刑，时干坤，相佐艮，符冲，火入金，击刑。

戊辰　禽五，死一。宿干吉。杜丙兑害，景乙乾制，惊丁艮和。天七，地六，阴四，合三。无奇门，符伏，时干坤。

己巳　禽四，死九。巳至酉阴，天辅，宿吉干凶。死离和，惊墓坤和欢怡，休墓乙乾和。天九，地二，阴八，合一。休与星合六西北，丁下有乙，龙走，时干艮。

庚午　禽三，死八，宿吉干凶，甲日不用，守户。开巽制，休离制，伤丙兑害。天四，地九，阴一，合六。开与月合四东南，休与日合九正南，仪刑，飞宫格，蛇娇，甲日飞干格，时干乾，门反吟，飞符，己日勃。

辛未　禽二，死七。宿干凶。死丙兑义，惊乙乾伏，休丁艮害。天七，地六，阴四，合三。休与星合八东北，时干坤，符伏。

壬申　禽一，死六。宿干凶。开丁艮和，休合震义，伤离义。天八，地三，阴七，合二。开与月合八东北，丙下有丁，休与日合三正东，雀入江，时干巽，飞宫格，乙格，伏宫格。

癸酉　禽九，死五避五。宿干凶。死合坤伏欢怡，惊丙兑伏，休合坎伏。天二，地七，阴三，合八。休与星合一正北，得使，符勃，鸟跌穴，时干巽，门伏，己日飞干格，天网。

甲戌　辅直符四，杜直使四。戊至亥阴，宿干吉。开心使乾伏，惊柱月兑伏，生任星艮伏。天九，地二，阴八，合一。开与日合六西北，生与星合八东北，时干巽，符门伏，飞甲，阖。

乙亥　辅六，杜三。宿干吉，己日不用。景巽和欢怡，杜震伏，惊坤和。天一，地八，阴二，合九。无奇门。三吉，天乙与太白格，时干巽，符冲，火入金，金入火，事同。

阴遁五局（二）

乙亥 庚寅	乙酉 庚午	庚辰 乙丑	庚辰 乙丑	辅直符 杜直使
小暑下	立秋中	霜降上	小雪上	心使柱月任星
乙巳 庚申	乙卯 庚子	庚戌 乙未	庚戌 乙未	

丙子　辅七，杜二。子至寅阳，宿凶干吉，庚日不用。休合震义，开丁艮伏，伤离义。天六，地一，阴九，合四。开与月合八东北，丙下有丁，休与日合三正东，雀入江，龙反首，时干艮，相佐兑，飞宫格，乙日飞干格。

丁丑　辅八，杜一。宿干吉。休墓坤害，开离害，死墓乙乾害。天三，地四，阴六，合七。开与月合九正南，休与日合二西南，得使，龙走，时干乾，相佐艮。

戊寅　辅五，杜九。宿干吉。休丁艮害，开坎义，伤巽伏欢怡。天七，地六，阴四，合三。开与月合一正北，休与日合八东北，乙下有丁，时干乾，大格，虎猖狂。

己卯　辅四，杜八。卯至未阴，宿吉干凶，守户。生乙乾义，休丙兑和，杜丁艮制。天九，地二，阴八，合一。生与日合六西北，时干巽，休与月合七正西，符伏。

庚辰　辅三，杜七。宿吉干凶。杜丙兑害，伤合坤制，死合坎制。天四，地九，阴一，合六。无奇门，飞宫格，天乙与太白格，鸟跌穴，时干艮，飞符。

辛巳　辅二，杜六。宿干凶，乙日不用。死丁艮伏，景坎害，开巽制欢怡。天七，地六，阴四，合三。开与星合四东南，仪刑，虎猖狂，时干乾，大格，门反吟。

壬午　辅一，杜五避五。宿干凶。伤离义，生巽害欢怡，景丙兑制。天八，地三，阴七，合二。生与月合四东南，符勃，时干坤，乙日伏干格，鸟跌穴，蛇娇。

癸未　辅九，杜四。宿干凶。休坎伏，开墓乙乾伏，伤震伏。天二，地七，阴三，合八，开与月合六西北，休与日合一正北，伏宫格，时干坤，门伏，击刑，干格，乙格，天网。

甲申　冲直符三，伤直使三。申至亥阳，天辅，宿干吉。惊柱使兑伏，开心日乾伏，生任星艮伏。天四，地九，阴一，合六。开与日合六西北，生与星合八东北，伏宫格，天乙与太白格，时干震，符门伏，三吉，地甲，阖。

乙酉　冲六，伤二。宿干吉。休巽义，生离和，杜丙兑害。天一，地八，阴二，合九。生与日合九正南，休与月合四东南，蛇娇，时干离，乙日伏干格。

丙戌　冲七，伤一。宿凶干吉，庚日不用。景震和欢怡，死巽害，开坤和。天六，地一，阴九，合四。开与星合一西南，乙干格，庚日勃，鸟跌穴，龙反首，时干震，相佐兑，符冲，金入火。

丁亥　冲八，伤九。宿干吉。杜合坤制，景丙兑制，惊合坎义。天三，地四，阴六，合七。无奇门，仪刑，鸟跌穴，时干坎，相佐艮。

阴遁五局（三）

丙子 辛卯 小暑下 丙午 辛酉	丙戌 辛未 立秋中 丙辰 辛丑	辛巳 丙寅 霜降上 辛亥 丙申	辛巳 丙寅 小雪上 辛亥 丙申	冲直符 伤直使 柱使心日任星

戊子　冲五，伤八。子阳，宿干吉，守户。伤丁艮制，杜合震伏欢怡，死离和。天七，地六，阴四，合三。无奇门，时干坎，飞宫，辛日伏干格。

己丑　冲四，伤七。丑至巳阴，宿吉干凶。杜墓乙乾害，景坎害，惊震制欢怡。天九，地二，阴八，合一。无奇门，时干离，刑格，门反吟。

庚寅　冲三，伤六。宿吉干凶。生丙兑义，伤乙乾害，景丁艮义。天四，地九，阴一，合六。生与月合七正西，时干震，符伏，击刑，仪刑。

辛卯　冲二，伤五避五。宿干凶。惊丁艮和，开合震制欢怡，生离和。天七，地六，阴四，合三。开与日合三正东，生与星合九正南，时干坎，飞宫，辛日伏干格。

壬辰　冲一，伤四。宿干凶，丙日不用。杜离义，景墓坤义，惊墓乙乾伏。天八，地三，阴七，合二。无奇门，龙走，时干兑。

癸巳　冲九，伤三。宿干凶。休坎伏，生丁艮伏，杜巽伏。天二，地七，阴三，合八。生与日合八东北，乙下有丁，休与月合一正北，虎猖狂，天乙与太白格，事同，时干兑，大格，门伏，三吉，天网。

甲午　内直符二，死直使二。午至戌阳，天辅，宿凶干吉。开心使乾伏，惊柱月兑伏，生任星艮伏。天七，地六，阴四，合三。开与日合六西北，生与星合八东北，仪刑，时干坤，符门伏，遁甲，自刑，阖。

乙未　内六，死一。宿干吉。惊丁艮和，死坎制，休巽义。天一，地八，阴二，合九。

休与星合四东南，时干艮，虎猖狂，大格。

丙申　内七，死九。宿凶干吉。生坎制，休墓乙乾和，杜震伏。天六，地一，阴九，合四。休与月合六西北，生与日合一正北，鸟跌穴，时干乾，相佐兑，刑格，龙反首。

丁酉　内八，死八。宿干吉，守户，地遁，辛日不用。开巽制，惊震制，生坤伏欢怡。天三，地四，阴六，合七。生与星合二西南，开与日合四东南，得使，时干坤，火入金，金入火，丙日飞干格，伏干格。

戊戌　内五，死七。宿干吉。惊乙乾伏，死丙兑义，休丁艮害。天七，地六，阴四，合三。休与星合八东北，时干坤，符伏。

己亥　内四，死六。亥阴，宿吉干凶。杜墓坤制，伤离义，死墓乙乾义。天九，地二，阴八，合一。无奇门，龙走，时干艮。

阴遁五局（四）

丁丑 壬辰	丁亥 壬申	壬午 丁卯	壬午 丁卯	内直符 死直使
小暑下	立秋中	霜降上	小雪上	心使柱月任星
丁未 壬戌	丁巳 壬寅	壬子 丁酉	壬子 丁酉	

庚子　内三，死五避五。子至卯阴，宿干凶。景离伏，杜巽伏，惊丙兑伏。天四，地九，阴一，合六。无奇门，时干乾，飞符，门伏，蛇矫，飞宫。

辛丑　内二，死四。宿干凶。生乙乾义，休丙兑和，杜丁艮制。天七，地六，阴四，合三。休与月合七正西，时干坤，生与日合六西北，符伏。

壬寅　内一，死三。宿干凶。死合震害，景丁艮义，开离害。天八，地三，阴七，合二。开与星合九正南，伏宫格，天乙与太白格，雀入江，时干巽，事同，三吉，丁日勃，飞宫。

癸卯　内九，死二。宿干凶，丁日不用。惊丙兑伏，死合坤伏欢怡，休合坎伏。天二，地七，阴三，合八。休与星合一正北，得使，符勃，仪刑，鸟跌穴，时干巽，门伏，丁日伏干格，天网四张。

甲辰　蓬直符一，休直使一。辰至申阳，天辅，宿凶干吉。生任使艮伏，开心日乾伏，惊柱月兑伏。天八，地三，阴七，合二。生与星合八东北，开与日合六西北，仪刑，时干坎，符门伏，飞甲，自刑，阖。

乙巳　蓬六，休九。宿干吉，天遁。景合坎害欢怡，伤丙兑害，生合坤伏。天一，地八，阴二，合九。生与月合二西南，时干兑，丁日伏干格，门反吟。

丙午　蓬七，休八。宿凶干吉，守户。惊墓乙乾伏，景墓坤义，杜离义。天六，地一，阴九，合四。无奇门，龙走，伏宫，时干离，相佐兑，乙格，壬日伏干格。

丁未　蓬八，休七。宿干吉。景震和，伤坎和欢怡，生墓乙乾义。天三，地四，阴六，合七。生与月合六西北，丙下有乙，龙反首，时干震，相佐艮，丁日飞干格，刑格。

戊申　蓬五，休六。宿干吉，壬日不用。开丙兑伏，死离和，景巽和。天七，地六，阴四，合三。开与星合七正西，蛇娇，丁下有丙，时干震。

己酉　蓬四，休五避五。酉至亥阴，宿吉干凶。开离害，死合震害，景丁艮义。天九，地二，阴八，合一。开与星合九正南，丁干格，符勃，雀入江，仪刑，时干兑，飞宫格。

庚戌　蓬三，休四。宿吉干凶。休巽义，惊丁艮和，死坎制欢怡。天四，地九，阴一，合六。休与星合四东南，符勃，壬干勃，虎猖狂，飞符，时干离，壬日勃，壬日飞干格，大格。

辛亥　蓬二，休三。宿干凶。景丙兑制，伤离义，生巽害。天七，地六，阴四，合三。生与月合四东南，天乙与太白格，时干震，事同，三吉，蛇娇。

阴遁五局（五）

戊寅 癸巳 小暑下 戊申 癸亥	戊子 癸酉 立秋中 戊午 癸卯	癸未 戊辰 霜降上 癸丑 戊戌	癸未 戊辰 小雪上 癸丑 戊戌	蓬直符 休直使 任使心日柱月

壬子　蓬一，休二。子至丑阴，宿干凶。景丁艮义，伤乙乾害，生丙兑义。天八，地三，阴七，合二。生与月合七正西，时干坎，符伏。

癸丑　蓬九，休一。宿干凶。死坤伏，杜巽伏，伤震伏。天二，地七，阴三，合二。无奇门，时干坎，符冲，门伏，火入金，天网。

甲寅　英直符九，景直使九，天辅。寅至午阳，宿吉干凶，戊日不用。生任使艮伏，开心日乾伏，惊柱月兑伏。天二，地七，阴三，合八。开与日合六西北，生与星合八东北，时干离，符门伏，地甲，阖。

乙卯　英六，景八。宿干吉，守户。开离害，死合震害，景丁艮义。天一，地八，阴二，合九。开与星合九正南，雀入江，时干震，飞宫格，戊日伏干格。

丙辰　英七，景七。宿凶干吉。生巽害，开丁艮和，惊坎义。天六。地一，阴九，合四。开与日合八东北，生与星合四东南，虎猖狂，太白与天乙格，时干坎，相佐兑，太乙格，癸日伏干格。

丁巳　英八，景六。宿干吉。杜丙兑害，生离和，休巽义，天三，地四，阴六，合七。休与月合四东南，生与日合九正南，仪刑，时干兑，相佐艮，击刑，戊日飞干格。

戊午　英五，景五避五。宿干吉。生震害，开坎义，惊墓乙乾伏。天七，地六，阴四，合三。开与日合一正北，生与星合三正东，时干兑，刑格，龙反首。

己未　英四，景四。未至亥阴，宿吉干凶，癸日不用。生合坎制，开丙兑伏，惊合坤和。天九，地二，阴八，合一。生与星合一正北，开与日合七正西，乙下有丙，鸟跌穴，时干震，戊日勃，仪刑。

庚申　英三，景三。宿吉干凶。生墓乙乾义，开墓坤和，惊离害欢怡。天四，地九，阴一，合六。开与日合二西南，生与星合六西北，丁下有乙，龙走，癸干勃，天乙与太白格，时干坎，三吉，癸日勃，马跌穴。

辛酉　英二，景三。宿干凶。生震害，开坎义，惊墓乙乾伏。天七，地六，阴四，合三。生与星合三正东，时干兑，开与日合一正北，刑格。

壬戌　英一，景一。宿干凶，地遁。生坤伏，开巽制，惊震制。天八，地三，阴七，合二。生与星合二西南，开与日合四东南，时干离，符门冲，金入火，火入金。

癸亥　英九，景九。宿干凶，生丁艮伏，开乙乾伏，惊丙兑伏。天二，地七，阴三，合八。开与日合六西北，生与星合八东北，时干离，符门伏，天网。

奇门精粹卷十四

奇门遁甲大全（十）

阴遁四局（一）

甲戌 己丑	甲戌 己丑	己巳 甲申	己卯 甲子	辅直符 杜直使
大暑下	秋分下	处暑中	大雪上	心使内日柱星
甲辰 己未	甲辰 己未	己亥 甲寅	己酉 甲午	

甲子　辅四，杜四。子至辰阳，宿干吉。开墓乾伏，死墓坤伏，惊兑伏。天九，地二，阴八，合一。开与月合六西北，时干巽，符门伏，遁甲阖。

乙丑　辅五，杜三。宿干吉，己日不用。伤艮制，休丙乾和，生坎制。天七，地六，阴四，合三。休与日合六西北，生与星合一正北，甲日，飞干格。时干乾，金入火，飞符，三吉。

丙寅　辅六，杜二。宿干吉，天遁。生巽害欢怡，开艮和，休震义。天一，地八，阴二，合九。开与日合八东北，休与星合三正东，生与月合四东南，甲干勃，天乙太白格，时干巽，相佐乾，符冲，太格。

丁卯　辅七，杜一。宿凶干吉。死震害，杜坎和，景艮义。天六，地一，阴九，合四。无奇门，己日勃，己日飞干格，雀入江，仪刑，时干艮，相佐兑，击刑，事同。

戊辰　辅四，杜九。宿干吉。惊墓丙乾伏，景墓合乙坤义，死丁兑义。天九，地二，阴八，合一。无奇门，符伏，时干巽。

己巳　辅三，杜八。巳至酉阴，天辅，宿吉干凶。休丁兑和，惊离害，开乙坤和。天四，地九，阴一，合六。休与月合七正西，时干艮，开与星合二西南，仪刑。

庚午　辅二，杜七。宿干凶，甲日不用，守户。惊艮和，景丙乾制，死坎制。天七，地六，阴四，合三。无奇门，甲日飞干格，飞宫格，时干乾，金入火，飞符。

辛未　辅一，杜六。宿干吉。休离制，惊震制，开巽害欢怡。天八，地三，阴七，合二。开与星合四东南，休与月合九正南，蛇娇，虎猖狂，时干坤，己日伏干格，刑格，门反吟。

壬申　辅九，杜五避五。宿干凶。惊合坎义，景丁兑制，死墓丙乾义。天二，地七，阴三，合八。无奇门，时干坤，事同，天乙与太白格。

癸酉　辅八，杜四。宿吉干凶。死乙坤伏，杜巽伏欢怡，景合离伏。天三，地四，阴六，合七。无奇门，甲日伏干格，伏宫格，时干乾，火入金，飞宫，乙格，天网。

甲戌　冲直符三，伤直使三。戌至亥阳，宿干吉。内使死墓坤伏，心月开墓乾伏，柱星惊兑伏。天四，地九，阴一，合六。开与月合六西北，时干震，符门伏，飞甲，三吉，开。

乙亥　冲五，伤二。宿干吉，己日不用。死坎制，开震制欢怡，惊艮和。天七，地六，阴四，合三。开与月合三正东，飞宫格，天乙与太白格，龙走，雀入江，时干坎，己日勃，飞干格，飞符，事同。

阴遁四局（二）

乙亥 庚寅	乙亥 庚寅	庚午 乙酉	庚辰 乙丑	冲直符 伤直使
大暑下	秋分下	处暑中	大雪上	内使心月柱星
乙巳 庚申	乙巳 庚申	庚子 乙卯	庚戌 乙未	

丙子　冲六，伤一。子至寅阳，宿干吉，庚日不用。景震和欢怡，惊离害，死巽害。天一，地八，阴二，合九。无奇门，伏宫格，虎猖狂，蛇娇，时干巽，相佐乾，刑格，乙格，龙反首。

丁丑　冲七，伤九。宿干吉，天遁。开艮和，生巽害，休震义欢怡。天六，地一，阴九，合四。开与日合八东北，休与星合三正东，生与月合四东南，龙反首，得使，时干震，相佐兑，符冲，大格。

戊寅　冲四，伤八。宿干吉。开丁兑伏，生合坎制，休墓丙乾和。天九，地二，阴八，合一。开与日合七正西，乙下有丁，休与星合六西北，丁下有丙，时干离，生与月合一正北。

己卯　冲三，伤七。卯至未阴，宿吉干凶，守户。生墓合乙坤伏，杜墓丙乾害，伤丁兑害。天四，地九，阴一，合六。生与日合二西南，时干震，符伏，乙日飞干格，门反吟。

庚辰　冲三，伤六。宿干凶。杜坎和，死震害欢怡，景艮义。天七，地六，阴四，合三。无奇门，仪刑，飞宫格，符勃，龙走，雀入江，时干坎，飞符，鸟跌穴。

辛巳　冲一，伤五避五。宿干凶，乙日不用。休巽义，伤乙坤制，生合离和。天八，地三，阴七，合二。休与日合四东南，得使，生与星合九正南，天乙与太白格，时干兑，飞宫格，火入金，庚日勃，事同。

壬午　冲九，伤四。宿干凶。惊丙乾伏，休艮害，开坎义。天二，地七，阴三，合八。开与星合一正北，时干兑，休与月合八东北，金入火。

癸未　冲八，伤三。宿吉干凶。景离伏，惊丁兑伏，死乙坤伏。天三，地四，阴六，合七。无奇门，仪刑，时干坎，天网，门伏，击刑，三吉。

甲申　内直符二，死直使二。申至亥阳，天辅，宿凶干吉。心使开墓乾伏，内日死墓坤伏，柱星惊兑伏。天七，地六，阴四，合三。开与月合六西北，伏宫格，天乙与太白格，时干坤，符门伏，地甲，阖，乙庚日飞、伏干格。

乙酉　内五，死一。宿干凶。景墓丙乾制，伤墓乙坤制，杜丁兑害。天七，地六，阴四，合三。无奇门，伏宫格，天乙与太白格，时干坤，符伏，乙日飞干格。

丙戌　内六，死九。宿干吉，庚日不用。伤艮制，休丙乾和，生坎制。天一，地八，阴二，合九。休与日合六西北，生与星合一正北，时干艮，相佐乾，金入火，龙反首。

丁亥　内七，死八。宿凶干吉。景合坎害，伤丁兑害，杜墓丙乾害。天六，地一，阴九，合四。无奇门，时干乾，相佐兑，门反吟。

阴遁四局（三）

大暑下	秋分下	处暑中	大雪上	心使内日柱星
丙子 辛卯	丙子 辛卯	辛未 丙戌	辛巳 丙寅	丙直符 死直使
丙午 辛酉	丙午 辛酉	辛丑 丙辰	辛亥 丙申	

戊子　内四，死七。子阳，宿吉干凶，守户。景乙坤义欢怡，伤巽伏，杜合离义。天九，地二，阴八，合一。无奇门，符勃，鸟跌穴，时干艮，火入金，丙日飞干格，飞宫格。

己丑　内三，死六。丑至巳阴，宿吉干凶。伤离义，休震义，生巽害。天四，地九，阴一，合六。生与星合四东南，休与日合三正东，得使，虎猖狂，时干乾，刑格，辛日飞干格，蛇娇。

庚寅　内二，死五避五。宿干凶。开墓丙乾伏，死乙坤伏，惊丁兑伏。天七，地六，阴四，合三。开与月合六西北，天乙与太白格，仪刑，时干坤，击刑，事同，符门伏。

辛卯　内二，死四。宿干凶。景震和，伤坎和，杜艮制。天八，地三，阴七，合二。无奇门，龙走，雀入江，时干巽，辛日伏干格。

壬辰　内九，死三。宿干凶，丙日不用。生丁兑义，开离害，休乙坤害欢怡。天二，地七，阴三，合八。休与星合二西南，丁下有乙，生与月合七正西，丙下有丁，时干巽，三吉，开与日合九正南。

癸巳　内八，死二。宿干凶。杜巽伏，生艮伏，伤震伏。天三，地四，阴六，合七。生与日合八东北，仪刑，天乙与太白格，鸟跌穴，龙反首，天网，时干坤，符冲，门伏，大格，事同。

甲午　蓬直符一，休直使一。午至戌阳，天辅，宿凶干吉。内使死墓坤伏，心月开墓乾伏，柱星惊兑伏。天八，地三，阴七，合三。开与月合六西北，时干坎，遁甲，自刑，阖，符门，伏吟。

乙未　蓬五，休九，宿干吉。惊震制，休离制，开巽制。天七，地六，阴四，合三。开与星合四东南，休与月合九正南。蛇娇，门反吟，虎猖狂，时干震，刑格，辛日飞干格。

丙申　蓬六，休八。宿干吉。杜离义，死丁兑义，景乙坤义。天一，地八，阴二，合九。无奇门，龙反首，时干兑，相佐乾。

丁酉　蓬七，休七。宿凶干吉，辛日不用，守户。死巽害，开乙坤和，惊合离害。天六，地一，阴九，合四。开与月合二西南，丙下有乙，得使，丙日，飞干格，时干离，相佐兑，飞宫格，火入金。

戊戌　蓬四，休六。宿干吉。生坎制欢怡，杜震伏，伤艮制。天九，地二，阴八，合一。生与日合一正北，太白与天乙格，雀入江，龙走，时干兑，辛日伏干格，伏宫格。

己亥　蓬三，休五避五。亥阴，宿吉干凶。惊丙巽害，杜坎和欢怡，景艮义。天四，地九，阴一，合六。无奇门，时干离，金入火，丙日，伏干格，事同。

阴遁四局（四）

丁丑 壬辰 大暑下 丁未 壬戌	丁丑 壬辰 秋分下 丁未 壬戌	壬申 丁亥 处暑中 壬寅 丁巳	壬午 丁卯 大雪上 壬子 丁酉	蓬直符 休直使 内使心月柱星

庚子　蓬二，休四。子至卯阴，宿干凶，地、人二遁。开震制，生离和，休巽义。天七，地六，阴四，合三。休与星合四东南，开与日合三正东，生与月合九正南，得使，壬干勃，虎猖狂，蛇娇，刑格，壬日勃，飞符。

辛丑　蓬一，休三。宿干凶。杜墓乙坤制，死墓丙乾义，景丁兑制。天八，地三，阴七，合二。无奇门，时干坎，符伏，三吉。

壬寅　蓬九，休二。宿干凶。景艮义，惊巽制，死震害。天二，地七，阴三，合八。无奇门，龙反首，鸟跌穴，时干坎，大格，符冲，事同，仪刑。

癸卯　蓬八，休一。宿吉干凶，丁日不用。惊丁兑伏，休合坎伏欢怡，开墓丙乾伏。天三，地四，阴六，合七。休与月合一正北，开与星合六西北，时干震，丁日伏干格，壬日飞干格，门伏，天网。

甲辰　英直符九，景直使九。辰至申阳，天辅，宿凶干吉。惊柱使兑伏，死内日坤伏，心月开墓乾伏。天二，地七，阴三，合八。开与月合六西北，仪刑，符门伏，时干离，飞甲，自刑，阖。

乙巳　英五，景八。宿吉干凶。伤墓丙乾害，生丁兑义，杜合坎和。天七，地六，阴四，合三。生与日合七正西，乙下有丁，时干兑，飞符，丁日伏干格，壬日飞干格。

丙午　英六，景七。宿干吉，守户。开艮和，惊坎义，休震义。天一，地八，阴二，合九。开与星合八东北，得使，休与日合三正东，雀入江，龙走，龙反首，时干震，相佐乾。

丁未　英七，景六。宿凶干吉。死坎制，景丙乾制，惊艮和。天六，地一，阴九，合四。无奇门，时干坎，相佐兑，金入火。

戊申　英四，景五避五。宿干吉，壬日不用。景乙坤义，杜离义欢怡，死丁兑义。天九，地二，阴八，合一。无奇门，伏宫格，丁干勃时干震，丁日飞干格，壬日伏干格，事同。

己酉　英三，景四。酉至亥阴，宿干凶。死合离义欢怡，景巽和，惊乙坤和。天四，地九，阴一，合六。无奇门，时干坎，飞宫，事同，火入金。

庚戌　英二，景三。宿干凶。先墓丙乾义，休丁兑义，伤合坎和。天七，地六，阴四，合三。休与日合七正西，乙下有丁，生与星合六西北，丁下有丙，三吉，时干兑，丁日伏干格，壬日飞干格，刑。

辛亥　英一，景二。宿干吉。生震害，休艮害，伤巽伏。天八，地三，阴七，合二。休与月合八东北，生与星合三正东，龙走，鸟跌穴。时干离，符冲，事同。

阴遁四局（五）

戊寅 癸巳 大暑下 戊申 癸亥	戊寅 癸巳 秋分下 戊申 癸亥	癸酉 戊子 处暑中 癸卯 戊午	癸未 戊辰 大雪上 癸丑 戊戌	英直符 景直使 柱使内日心月

壬子　英九，景一。子至丑阴，宿干凶。伤丁兑害，生墓乙坤伏，杜墓丙乾伏。天二，地七，阴三，合八。生与日合二西南，时干离，符门伏，反吟。

癸丑　英八，景九。宿吉干凶。杜巽伏，伤震伏，景离伏。天三，地四，阴六，合七。无奇门，符勃。时干兑，刑格，蛇娇，虎猖狂，天网四张。

甲寅　任直符八，生直使八，天辅。寅至午阳，宿干吉，戊日不用。柱使惊兑伏，内日死墓坤伏，心月开墓乾伏。天三，地四，阴六，合七。开与月合六西北，时干艮，符门伏，地甲阖，合时。

乙卯　任五，生七。宿干吉，守户。死震害，景艮义欢怡，惊巽制。天七，地六，阴四，合三。无奇门，癸日，飞干格，飞符，宫格，鸟跌穴，时干艮，龙走，符冲，飞符，太格，乙格，戊日勃。

丙辰　任六，生六。宿干吉。惊合离害，死巽害，开乙坤和。天一，地八，阴二，合九。开与月合二西南，得使，火入金，时干艮，相佐乾，飞宫格，戊日伏干格。

丁巳　任七，生五避五。宿凶干吉。开巽制，惊震制，休离制。天六，地一，阴九，合四。天与星合四东南，休与月合九正南，门反吟，虎猖狂，蛇娇，时干巽，相佐兑，刑格，三吉，击刑。

戊午　任四，生四。宿干吉。惊坎义，死丙乾义，开艮和欢怡。天九，地二，阴八，合一。开与月合八东北，癸干勃，仪刑，时干坤，金入火，癸日勃戊日，飞干格。

己未　任三，生三。未至亥阴，宿吉干凶，癸日不用。惊墓丙乾伏，死丁兑义，开合坎义。天四，地九，阴一，合六。开与月合一正北，时干巽，三吉。

庚申　任二，生二。宿干凶。惊震制，死艮伏欢怡，开巽制。天七，地六，阴四，合三。开与月合四东南，门反吟，飞宫格，龙反首，鸟跌穴，癸日，飞干格，戊日勃，时干艮，大格，符冲。

辛酉　任一，生一。宿干凶。惊乙坤和，死离和，开丁兑伏。天八，地三，阴七，合二。开与月合七正西，时干乾，丙下有丁，得使。

壬戌　任九，生九。宿吉干凶。惊艮和欢怡，死坎制，开震制。天二，地七，阴三，合八。开与月合三正东，龙走，时干乾，雀入江。

癸亥　任八，生八。宿吉干凶。惊丁兑伏，死墓乙坤伏，开墓丙乾伏。天三，地四，阴六，合七。开与月合六西北，天网，时干艮，符门伏。

阴遁三局（一）

甲申 己巳	甲申 己巳	己丑 甲戌	己丑 甲戌	冲直符 伤直使
夏至中	白露中	寒露下	立冬下	禽使辅日心星
甲寅 己亥	甲寅 己亥	己未 甲辰	己未 甲辰	

甲子　冲三，伤三。子至辰阳，宿干吉。死坤伏，杜巽伏，开墓乾伏。天四，地九，阴一，合六。开与星合六西北，遁甲时，刑德在门，不利，利以逃亡。时干震，符门伏，遁甲，三吉。

乙丑　冲四，伤二。宿干吉，己日不用。杜兑害，生离和，死坎制。天九，地二，阴八，合一。生与日合九正南，时干离，龙走，蛇娇。

丙寅　冲五，伤一。宿干吉。伤坎和，休兑和，景震和欢怡。天七，地六，阴四，合三。休与日合七正西，己日飞干格，天乙与太白格，龙反首，时干坎，相佐离，火入金，事同。

丁卯　冲六，伤九。宿干吉。休震义，惊合坎义，伤离义。天一，地八，阴二，合九。休与月合三正东，金入火，仪刑，鸟跌穴，己日伏干格，时干离，相佐乾，击刑格。

戊辰　冲三，伤八。宿干吉。惊丙坤和，景乙巽和，休墓丁乾和。天四，地九，阴一，合六。休与星合六西北，仪刑，鸟跌穴，甲日伏干格，己日飞干格，时干震，符伏，己日勃。

己巳　冲三，伤七。巳至酉阴，天辅，宿吉干凶。景坎害，伤兑害，惊震制欢怡。天七，地六，阴四，合三。无奇门，己日伏干格，龙反首。时干坎，相佐坤，火入金。

庚午　冲一，伤六。宿干吉，甲日不用，守户。惊乙巽制，景艮义，休丙坤害。天八，地三，阴七，合二。休与星合二西南，丁下有丙，飞宫格，甲日飞干格，时干兑，飞符，大格。

辛未　冲九，伤五避五。宿干凶。景墓丁乾制，伤墓丙坤制，惊合艮和。天二，地七，阴三，合八。无奇门，伏宫格，甲日伏干格，时干兑，飞宫。

壬申　冲八，伤四。宿吉干凶。杜合离义，生震害欢怡，死兑义。天三，地四，阴六，合七。生与日合三正东，时干坎，雀入江，虎猖狂。

癸酉　冲七，伤三。宿干凶。生艮伏，开丁乾伏，休乙巽伏。天六，地一，阴九，合四。开与日合六西北，生与月合八东北，时干震，符冲，门伏，天网，三吉。

甲戌　内直符二，死直使二。戌至亥阳，宿凶干吉。辅使杜巽伏，内月死坤伏，心星开墓乾伏。天七，地六，阴四，合三。开与星合六西北，己日干勃，时干坤，符门伏，大格，飞甲，阖。

乙亥　内四，死一。宿干吉，己日不用。惊艮和，休乙巽义，伤丙坤制欢怡。天九，地二，阴八，合一。休与月合四东南，丙下有乙，甲日飞干格，天乙与太白格，时干艮，事同，大格。

阴遁三局（二）

庚午 乙酉	庚午 乙酉	乙亥 庚寅	乙亥 庚寅	内直符 死直使
夏至中	白露中	寒露下	冬至下	辅使内月心星
庚子 乙卯	庚子 乙卯	乙巳 庚申	乙巳 庚申	

丙子　内五，死九。子至寅阳，宿干吉，庚日不用。景乙巽和，惊丙坤和，休墓丁乾和。天七，地六，阴四，合三。休与星合六西北，符勃，时干坤，相佐乾，符伏，龙反首。

丁丑　内六，死八。宿凶干吉。生墓丙坤伏欢怡，杜墓丁乾符，死合艮伏。天一，地八，阴二，合九。生与日合二西南，乙下有丙，时干艮，相佐乾，飞宫，门反吟。

戊寅　内三，死七。宿干吉，天遁。开合坎义，生震害，杜离义。天四，地九，阴一，合六。开与日合一正北，生与月合三正东，伏宫格，鸟跌穴，时干乾，乙日飞干格，火入金。

己卯　内二，死六。卯至未阴，宿干凶，守户。生乙巽害，杜丙坤制，死墓丁乾义。天七，地六，阴四，合三。生与日合四东南，时干坤，相佐坤，符伏。

庚辰　内一，死五避五。宿干凶。惊兑伏，休坎伏，伤震伏。天八，地三，阴七，合二。休与月合一正北，得使，飞宫格，时干巽，乙日飞干格，门伏，火入金，庚日勃，飞符。

辛巳　内九，死四。宿干凶，乙日不用。景震和，惊合离害，休兑和。天二，地七，阴三，合八。休与星合七正西，虎猖狂，时干巽，雀入江。

壬午　内八，死三。宿吉干凶。伤丁乾害，景艮义，惊乙巽制。天三，地四，阴六，合七。无奇门，符冲，时干坤，三吉。

癸未　内七，死二。宿吉干凶。景离伏，惊兑伏，休坎伏。天六，地一，阴九，合四。休与星合一正北，天网，时干乾，门伏，击刑，龙走，蛇娇。

甲申　蓬直符一，休直使一。申至亥阳，天辅，宿吉干凶。禽使死坤伏，辅日杜巽伏，心星开墓乾伏。天八。地三，阴七，合二。开与星合六西北，天乙与太白格，伏宫格，时干坎，符门伏，地甲，阖。

乙酉　蓬四，休九。宿干吉。景坎害欢怡，伤兑害，惊震制。天九。地二，阴八，合一。无奇门，门反吟，时干兑，火入金，庚日勃，乙日伏干格。

丙戌　蓬五，休八。宿干吉，天遁，庚日不用。生震害，开合坎义，杜离义。天七，地六，阴四，合三。生与月合三正东，开与日合一正北，金入火，乙日飞干格，龙反首，时干震，相佐坤，刑格。

丁亥　蓬六，休七。宿干吉。惊合离害，景震和，伏兑和。天一，地八，阴二，合九。休与星合七正西，时干兑，相佐乾，雀入江，虎猖狂。

阴遁三局（三）

辛未 丙戌	辛未 丙戌	丙子 辛卯	丙子 辛卯	蓬直符 休直使
夏至中	白露中	寒露下	立冬下	禽使辅日心星
辛丑 丙辰	辛丑 丙辰	丙午 辛酉	丙午 辛酉	

戊子　蓬三，休六。子阳，宿凶干吉，守户。休墓丁乾和，惊墓丙坤和，伤合艮制。天四，地九，阴一，合六。伏与月合六西北，时干离，飞宫。

己丑　蓬二，休五避五。丑至巳阴，宿干凶。震死害，杜合坎和欢怡，开离害。天七，地六，阴四，合三。开与星合九正南，鸟跌穴，龙反首，刑格，时干震，相佐坤，金入火，丙日伏干格。

庚寅　蓬一，休四。宿干凶。伤墓丙坤制，休乙巽义，景墓丁乾制。天八，地三，阴七，合二。休与日合四东南，时干坎，符伏，击刑，辛日飞干格。

辛卯　蓬九，休三。宿干凶。开艮和，死丁乾义，生乙巽害。天二，地七，阴三，合八。生与星合四东南，开与月合八东北，时干坎，符冲，三吉，辛日飞伏格。

壬辰　蓬八，休二。宿吉干凶，丙日不用。生兑义，开离害，杜坎和欢怡。天三，地四，阴六，合七。生与月合七正西，开与日合九正南，天乙与太白格，时干震，龙走，蛇娇，仪刑。

癸巳　蓬七，休一。宿吉干凶。杜乙巽伏，生艮伏，死丙坤伏。天六，地一，阴九，合四。生与日合八东北，天乙与太白格，时干离，门伏，事同，大格，天网。

甲午　英直符九，景直使九。午至戊阳，天辅，宿凶干吉。辅使杜巽伏，内月死坤伏，心星开墓乾伏。天二，地七，阴三，合八。开与星合六西北，仪刑，时干离，符门伏，遁甲，自刑，阖。

乙未　英四，景八。宿干吉。死震害，开合离害欢怡，生兑义。天九，地二，阴八，合一。开与月合九正南，生与星合七正西，辛干勃，时干震，辛日勃，鸟跌穴，雀入江，虎猖狂。

丙申　英五，景七。宿干吉。伤离义欢怡，景兑制，惊坎义。天七，地六，阴四，合三。无奇门，时干兑，相佐坤，蛇娇，龙反首。

丁酉　英六，景六。宿干吉，辛日不用，守户。杜兑害，死坎制，开震制。天一，地八，阴二，合九。开与星合三正东，龙反首，时干震，相佐乾，火入金，丙日飞干格。

戊戌　英三，景五避五。宿干吉。休艮害，伤乙巽伏，景丙坤义。天四，地九，阴一，合六。休与日合八东北，时干坎，大格。

己亥　英二，景四。亥阴，宿干凶。死离和欢怡，开兑伏，生坎伏。天七，地六，阴四，合三。开与月合七正西，生与星合一正北，时干兑，相佐坤，蛇娇，龙走。

阴遁三局（四）

壬申 丁亥 夏至中 壬寅 丁巳	壬申 丁亥 白露中 壬寅 丁巳	丁丑 壬辰 寒露下 丁未 壬戌	丁丑 壬辰 立冬下 丁未 壬戌	英直符 景直使 辅使内月心星

庚子　英一，景三。子至卯阴，宿干凶。生丁乾义，杜艮制，死乙巽害。天八，地三，阴七，合二。生与日合六西北，乙下有丁，飞宫格，伏宫格，时干离，符冲，飞伏。

辛丑　英九，景二。宿干凶。伤乙巽伏，景丙坤义，惊墓丁乾伏。天二，地七，阴三，合八。无奇门，仪刑，时干离。

壬寅　英八，景一。宿吉干凶。景合坎害，惊震制，休离制欢怡。天三，地四，阴六，合七。休与星合九正南，天乙与太白格，时干兑，事同，金入火，刑格，门伏，符反吟。

癸卯　英七，景九。宿干凶，丁日不用。死墓丙坤伏，开墓丁乾伏，生合艮伏。天六，地一，阴九，合四。生与星合八东北，开与月合六西北，时干坎，丁日勃，飞宫，门伏，天网。

甲辰　任直符八，生直使八。辰至申阳，天辅，宿干吉。心使开墓乾伏，辅日杜巽伏，内月死坤伏。天三，地四，阴六，合七。开与星合六西北，仪刑，时干艮，符门伏，飞甲，自刑，阖。

乙巳　任四，生七。宿干吉。景合艮义欢怡，休墓丙坤害，伤墓丁乾害。天九，地二，阴八，合一。休与日合二西南，乙下有丙，时干坤，丁日勃，飞宫。

丙午　任五，生六。宿干吉，守户。死乙巽害，生丁乾义，杜艮制欢怡。天七，地六，阴四，合三。生与日合六西北，鸟跌穴，龙反首，时干艮，相佐坤，符冲，壬日勃。

丁未　任六，生五避五。宿干吉。生丙坤伏，死艮伏欢怡，开乙巽制。天一，地八，阴二，合九。开与月合四东南，丙下有乙，时干坤，生与星合二西南，丁下有丙，相佐乾，大格。

戊申　任三，生四。宿干凶，壬日不用。惊坎义，伤离义，景兑制。天四，地九，阴一，合六。无奇门，伏宫格，龙反首，蛇娇，时干巽，乙格，丁日飞干格，壬日伏干格。

己酉　任二，生三。酉至亥阴，宿吉干凶。伤乙巽伏，惊丁乾伏，休艮害欢怡。天七，地六，阴四，合三。休与月合八东北，时干艮，相佐坤，符冲，壬日勃，三吉。

庚戌　任一，生二。宿干凶。伤兑害，惊震制，休合离制。天八，地三，阴七，合二。休与星合九正南，雀入江，虎猖狂，时干乾，门反吟，飞符，丁日伏干格，壬日飞干格。

辛亥　任九，生一。宿干凶。杜震伏，开兑伏，生坎制。天一，地七，阴三，合八。开与日合七正西，生与月合一正北，得使，龙反首，时干乾，火入金。

阴遁三局（五）

	上	下	
夏至中	癸酉　戊子	癸卯　戊午	任直符　生直使　心使辅日内月
白露中	癸酉　戊子	癸卯　戊午	
寒露下	戊寅　癸巳	戊申　癸亥	
立冬下	戊寅　癸巳	戊申　癸亥	

壬子　任八，生九。子至丑阴，宿吉干凶。景墓丁乾制，休乙巽义，伤丙坤制。天三，地四，阴六，合七。休与日合四东南，时干艮，符伏。

癸丑　任七，生八。宿干凶。景离伏，休合坎义，伤震伏。天六。地一，阴九，合四。休与日合一正北，时干巽，戊日勃，金入火，刑格，门伏，天网。

甲寅　杜直符七，惊直使七，天辅。寅至午阳，宿凶干吉，戊日不用。心使开墓乾伏，辅日杜巽伏，内月死坤伏。天六，地一，阴九，合四。开与星合六西北，时干兑，符门伏，地甲，阖。

乙卯　杜四，惊六。宿干吉，天遁，守户。杜离义，开合坎义，生震害。天九，地二，阴八，合一。生与月合三正东，开与日合一正北，鸟跌穴，时干坎，戊日勃，金入火，刑格。

丙辰　杜五，惊五避五。宿干吉。开兑伏欢怡，杜震伏，死合离和。天七，地六，阴四，合三。开与星合七正西，时干离，相佐坤，雀入江，虎猖狂。

丁巳　杜六，惊四。宿干吉。杜坎和，开离害，生兑义欢怡。天一，地八，阴三，合九，开与日合九正南，生与月合七正西，得使，龙走，蛇娇，时干坎，相佐乾，癸日勃，击刑，仪刑。

戊午　杜三，惊三。宿干吉。开乙巽制，杜丁乾害，死艮伏。天四，地九，阴一，合六。开与星合四东南，丁下有乙，时干兑，符冲，门反吟，三吉。

己未　杜二，惊二。卯未亥阴，宿干凶，癸日不用。开兑伏欢怡，杜丙震伏，死合离和。天七，地六，阴四，合三。开与星合七正西，时干离，相佐坤，雀入江，虎猖狂，龙反首。

庚申　柱一，惊一。宿干凶。开合艮和，杜墓丙坤制，死墓丁乾义。天八，地三，阴七，合二。开与星合八东北，得使，时干震，飞宫，飞符，事同，癸日飞干格，戊日伏干格。

辛酉　柱九，惊九。宿干凶。开丙坤和，杜艮制，死乙巽害。天二，地七，阴三，合八。开与星合二西南，丁下有丙，伏宫格，时干震，大格，乙格，戊日飞干格，癸日伏干格。

壬戌　柱八，惊八。宿吉干凶。开震制，杜兑害欢怡，死坎制。天三，地四，阴六，合七。开与星合三正东，时干离，火入金，龙反首。

癸亥　柱七，惊七。宿干凶。开墓丁乾伏，杜乙巽伏，死丙坤伏。天六，地一，阴九，合四。开与星合六西北，时干兑，符门伏，天网。

阴遁二局（一）

甲寅 己巳	小暑中	甲申 己亥
甲子 己卯	立秋上	甲午 己酉
己丑 甲戌	霜降下	己未 甲辰
己丑 甲戌	小雪下	己未 甲辰
内直符 死直使	辅使冲日内星	

甲子　内二，死二。子至辰阳，宿凶干吉。杜巽伏，伤震伏，死坤伏。天七，地六，阴四，合三。无奇门，时干坤，符门伏，遁甲，阖。

乙丑　内三，死一。宿干吉，己日不用。死坎制，景乾制，开乙震伏。天四，地九，阴一，合六。开与星合三正东，丁下有乙，时干乾，己日勃，仪刑。

丙寅　内四，死九。宿干吉。伤合艮制，生坎制，景丙巽和。天九，地二，阴八，合一。生与日合一正北，得使，天乙与太白格，时干艮，相佐巽，事同，蛇娇，龙反首。

丁卯　内五，死八。宿干吉。开丙巽制，惊乙震制，生丁坤伏。天七，地六，阴四。合三。生与星合二西南，丁下有丁，开与月合四东南，丙下有丙，时干乾，相佐坤，击刑，符伏吟，门反吟。

戊辰　内二，死七。宿凶干吉。伤丙巽伏，生乙震害，景丁坤义。天七，地六，阴四，合三。生与日合三正东，乙下有乙，时干坤，相佐坤，符伏吟。

己巳　内一，死六。巳至酉阴，天辅，宿干凶。景兑制，杜墓丁坤制欢怡，惊坎义。

天八，地三，阴七，合二。无奇门，时干巽，大格。

庚午　内九，死五避五。宿干凶，甲日不用，守户。伤乙震伏，生艮伏，景离伏。天二，地七，阴三，合八。生与日合八东北，得使，甲日飞干格，龙走，时干巽，门伏，反吟，飞符，金入火。

辛未　内八，死四。宿吉干凶。生墓乾义，休兑和，杜艮制。天三，地四，阴六，合七。休与日合七正西，生与月合六西北，时干坤，符冲，刑格，己日飞干格，伏干格。

壬申　内七，死三。宿干凶。开离害，惊丙巽制，生合兑义。天六，地一，阴九，合四。开与月合九正南，生与星合七正西，甲日伏干格，时干乾，火入金，飞宫，乙格，三吉，虎猖狂。

癸酉　内六，死二。宿吉干凶。死丁坤伏欢怡，景合离伏，开墓乾伏。天一，地八，阴二，合九。开与星合六西北，得使，符勃，甲干勃，时干艮，门伏，鸟跌穴，雀入江，天网。

甲戌　蓬直符一，休直使一。戌至亥阳，宿凶干吉，伤冲使震伏，杜辅月巽伏，死内星坤伏。天八，地三，阴七，合二。无奇门，时干坎，符门伏，飞甲，阖。

乙亥　蓬三，休九。己日不用，天遁。休合离制，生丁坤伏，杜墓乾害。天四，地九，阴一，合六。休与日合九正南，生与月合二西南，丙下有乙。

阴遁二局（二）

乙卯 庚午 小暑中 乙酉 庚子	乙丑 庚戌 立秋上 乙未 庚辰	庚寅 乙亥 霜降下 庚申 乙巳	庚寅 乙亥 小雪下 庚申 乙巳	蓬直符 休直使 冲使辅月内星

丙子　蓬四，休八。子至寅阳，宿凶干吉，庚日不用。景墓坤义，死兑义，开坎义。天九，地二，阴八，合一。开与星合一正北，时干兑，相佐巽，大格，龙反首。

丁丑　蓬五，休七。宿干凶。生乾义，伤坎和欢怡，景乙震和。天七，地六，阴四，合三。生与日合六西北，符勃，时干震，相佐坤，鸟跌穴。

戊寅　蓬二，休六。宿凶干吉。休乾和，生坎制欢怡，杜乙震伏。天七，地六，阴四，合三。生与月合一正北，休与日合六西北，符勃，仪刑，时干震，相佐坤，鸟跌穴。

己卯　蓬一，休五避五。卯至未阴，宿吉干凶，守户。死乙震害，惊丙巽制，休丁坤害。天八，地三，阴七，合二。休与星合二西南，时干坎，符伏吟。

庚辰　蓬九，休四。宿干凶。杜兑害，景墓乾制，惊艮和。天二，地七，阴三，合八。无奇门，飞宫格，时干坎，飞符，符冲，刑格，乙格。

辛巳　蓬八，休三。宿吉干凶，乙日不用。生丙巽害，伤离义，景合兑制。天三，地四，阴六，合七。生与日合四东南，乙下有丙，庚干勃，时干震，火入金，庚日勃，飞宫，三吉。

壬午　蓬七，休二。宿干凶。杜坎和，景合艮义，惊丙巽制。天六，地一，阴九，合四。无奇门，时干离，乙日伏干格，蛇娇。

癸未　蓬六，休一。宿吉干凶。生艮伏，伤乙震伏，景离伏。天一，地八，阴二，合九。生与日合八东北，得使。龙走，乙干勃，时干兑，击刑，金入火，门伏，天网。

甲申　英直符九，景直使九。申至亥阴，天辅，宿凶干吉。杜辅使巽伏，伤冲日震伏，死内星坤伏。天二，地七，阴三，合八。无奇门，天乙与太白格，时干离，符门伏，地甲，阖，事同。

乙酉　英三，景八。宿干吉。景合艮义，杜坎和，惊丙巽制。天四，地九，阴一，合八。无奇门，时干坎，乙日伏干格，蛇娇，龙反首。

丙戌　英四，景七。宿干吉，庚日不用。休乙震义，开艮和，伤离义。天九，地二，阴八，合一。开与日合八东北，得使，休与月合三正东，丙下有乙，甲日伏干格，龙反首，时干震，相佐巽，乙日勃，金入火。

丁亥　英五，景六。宿干吉。生离和欢怡，休丙巽义，杜合兑害。天七，地六，阴四，合三。生与月合九正南，休与日合四东南，丙日飞干格，符勃，虎猖狂，时干兑，相佐坤，火入金，庚日勃，飞宫格。

阴遁二局（三）

丙辰 辛未 小暑中 丙戌 辛丑	丙寅 辛亥 立秋上 丙申 辛巳	辛卯 丙子 霜降下 辛酉 丙午	辛卯 丙子 小雪下 辛酉 丙午	英直符 景直使 辅使冲日内星

戊子　英二，景五避五。子阳，宿凶干吉，守户。杜离义欢怡，伤丙巽伏，死合兑义。天七，地六，阴四，合三。无奇门，符勃，虎猖狂，时干兑，相佐坤，火入金，

丙日飞干格。

己丑　英一，景四。丑至巳阴，宿干凶。休墓乾和，开兑伏，伤艮制。天八，地三，阴七，合二。开与日合七正西，刑格，符冲，休与月合六西北，时干离。

庚寅　英九，景三。宿干凶。死丙巽害，景乙震和，开丁坤和。天二，地七，阴三，合八。开与星合二西南，天乙与太白格，时干离，符伏，击刑。

辛卯　英八，景二。宿吉干凶。开坎义，惊乾伏，生乙震害。天三，地四，阴六，合七。开与月合一正北，生与星合三正东，丁下有乙，时干兑，辛日伏干格，仪刑。

壬辰　英七，景一。宿干凶，天遁，丙日不用。生丁坤伏，休合离制，杜墓乾害。天六，地一，阴九，合四。休与月合二西南，休与日合九正南，得使，时干坎，门反吟，雀入江。

癸巳　英六，景九。宿吉干凶。惊兑伏，死墓丁坤伏，休坎伏。天一，地八，阴二，合九。休与星合一正北，天乙与太白格，时干震，辛日飞干格，事同，门伏，大格，天网。

甲午　任直符八，生直使八。午至戌阳，天辅，宿干吉。伤冲使震伏，杜辅月巽伏，死内星坤伏。天三，地四，阴六，合七。无奇门，时干艮，符门伏，遁甲，自刑，阖。

乙未　任三，生七。宿干吉。惊丙巽制，开离害，生合兑义。天四，地九，阴一，合六。开与月合九正南，生与星合七正西，得使，虎猖狂，时干巽，飞宫，火入金，丙日飞干格。

丙申　任四，生六。宿干吉。惊合离害，开丁坤和，生墓乾义。天九，地二，阴八，合一。开与月合二西南，生与星合六西北，时干坤，相佐巽，龙反首，雀入江。

丁酉　任五，生五避五。宿吉干凶，辛日不用，守户。伤兑害，杜墓乾害，死艮伏欢怡。天七，地六，阴四，合三。无奇门，时干艮，相佐坤，符冲，刑格，门反吟。

戊戌　任二，生四。宿凶干吉。景兑制，死墓乾义，开艮和欢怡。天七，地六，阴四，合三。开与星合八东北，时干艮，相佐坤，符冲，刑格。

己亥　任一，生三。亥阴，宿吉干凶。休艮害欢怡，生乙震害，杜离义。天八，地二，阴七，合二。生与月合三正东，丙下有乙，休与日合八东北，得使，龙走，时干乾，丙日伏干格，金入火。

阴遁二局（四）

丁巳 壬申	丁卯 壬午	壬辰 丁丑	壬辰 丁丑	任直符 生直使
小暑中	立秋上	霜降下	小雪下	冲使辅月内星
丁亥 壬寅	丁酉 壬子	壬戌 丁未	壬戌 丁未	

庚子　任九，生二。子至卯阴，宿吉干凶。生墓丁坤，伤兑害，景坎害。天二，地七，阴三，合八。生与日合二西南，仪刑，飞宫格，时干乾，门反吟，飞符，大格，壬日勃。

辛丑　任八，生一。宿吉干凶。杜乙震伏，景丙巽和，惊丁坤和。天三，地四，阴六，合七。无奇门，符伏，时干艮。

壬寅　任七，生九。宿干凶。景乾制，死坎制，开乙震制。天六，地一，阴九，合四。开与星合三正东，天乙与太白格，伏宫格，时干巽事同，乙格。

癸卯　任六，生八。宿吉干凶，丁日不用。休墓坎伏，生合艮伏欢怡，杜丙巽伏。天一，地八，阴二，合九。生与月合八东北，休与日合一正北，符勃，天网，时干坤，门伏，壬日飞干格，鸟跌穴，蛇娇。

甲辰　柱直符七，惊直使七。辰至申阳，天辅，宿凶干吉。死内使坤伏，伤冲日震伏，杜辅月巽伏。天六，地一，阴九，合四。无奇门，仪刑，时干兑，符门伏，飞甲，自刑，阖。

乙巳　柱三，惊六。宿干吉。休艮害，死凶义欢怡，惊墓乾伏。天四，地九，阴一，合六。休与星合八东北，刑格，时干兑，符冲。

丙午　柱四，惊五避五。宿干吉，守户。杜乙震伏，休乾和，生坎制。天九，地二，阴八，合一。生与月合一正北，休与日合六西北，时干坎，相佐巽，龙反首，仪刑。

丁未　柱五，惊四。宿干吉。开离害，景艮义，死乙震害。天七，地六，阴四，合三。开与星合九正南，龙走，时干离，相佐坤，金入火，丁日飞干格。

戊申　柱二，惊三。宿吉干凶，壬日不用。休离制，死艮伏，惊乙震制。天七，地六，阴四，合三。休与星合九正南，龙走，时干离，相佐坤，金入火，丁日飞干格，三吉。

己酉　柱一，惊二。酉至亥阴，宿干凶。休墓乾和，死合离和，惊丁坤和。天八，地三，阴七，合二。休与星合六西北，得使，鸟跌穴，时干震，壬日伏干格，乙格，丁日勃，蛇娇，龙反首，雀入江。

庚戌　柱九，惊一。宿干凶。生丙巽害，惊坎义，开合艮和。天二，地七，阴三，合八。生与星合四东南，丁下有丙，开与月合八东北，时干震，飞符，壬日飞干格，蛇娇，龙反首。

辛亥　柱八，惊九。宿干吉。伤坎和，开墓丁坤和，休兑和欢怡。天三，地四，阴六，合七。开与日合二西南，休与月合七正西，天乙与太白格，时干离，大格，事同，壬日勃，鸟跌穴。

阴遁二局（五）

戊午 癸酉 小暑中 戊子 癸卯	戊辰 癸未 立秋上 戊戌 癸丑	癸巳 戊寅 霜降下 癸亥 戊申	癸巳 戊寅 小雪下 癸亥 戊申	柱直符 惊直使 内使冲日辅星

壬子　柱七，惊八。子至丑阴，宿干凶。伤丁坤制，开乙震制，休丙巽义。天六，地一，阴九，合四。开与日合三正东，时干兑，休与月合四东南，符伏。

癸丑　柱六，惊七。宿吉干凶。惊合兑伏欢怡，杜丙巽伏，景离伏。天一，地八，阴二，合九。无奇门，虎猖狂，时干坎，门伏，飞宫，火入金，戊日伏干格，天网。

甲寅　心直符六，开直使六，天辅。寅至午阳，宿干吉，戊日不用。死内使坤伏，伤冲日震伏，杜辅月巽伏。天一，地八，阴二，合九。无奇门，时干乾，符门伏，地甲，阖。

乙卯　心三，开五避五。宿干吉，守户。伤坎和，开墓丁坤和，休兑和。天四，地九，阴一，合六。开与日合二西南，休与月合七正西，时干坤，大格，乙格，癸日伏干格。

丙辰　心四，开四。宿干吉。死艮伏，伤兑害，杜墓乾害欢怡。天九，地二，阴八，合一。无奇门，符勃，鸟跌穴，龙反首，时干乾，相佐巽，符门冲，刑格，癸日勃。

丁巳　心五，开三。宿干吉。休丙巽义，死坎制，惊合艮和。天七，地六，阴四，合三。休与星合四东南，丁下有丙，得使，伏宫格，蛇娇，时干巽，相佐坤，击刑，事同，三吉。

戊午　心二，开二。宿凶干吉。死丙巽害，伤坎和。杜合艮制。天七，地六，阴四，合三。无奇门，时干巽，相佐坤，蛇娇。

己未　心一，开一。未至亥阴，宿吉干凶，癸日不用。死合兑义，伤丙巽伏，杜离义。天八，地三，阴七，合二。无奇门，时干艮。火入金，飞宫，戊日伏干格，虎猖狂。

庚申　心九，开九。宿干吉。死乙震害，伤乾害欢怡，杜坎和。天二，地七，阴三，合八。无奇门，天乙与太白格，时干艮，飞符，癸日飞干格，事同。

辛酉　心八，开八。宿吉干凶。死墓乾义欢怡，伤合离义，杜丁坤制。天三，地四，阴六，合七。无奇门，时干巽，戊日勃，雀入江，鸟跌穴。

壬戌　心七，开七。宿干凶。死离和，伤艮制，杜乙震伏。天六，地一，阴九，合四。无奇门，时干坤，金入火，戊日飞干格，龙走。

癸亥　心六，开六。宿吉干凶。死丁坤伏，伤乙震伏，杜丙巽伏。天一，地八，阴二，合九。无奇门，时干乾，天网，符门伏。

阴遁一局（一）

甲寅 己巳 大暑中 甲申 己亥	甲寅 己巳 秋分中 甲申 己亥	己卯 甲子 处暑上 己酉 甲午	己丑 甲辰 大雪下 己未 甲戌	蓬直符 休直使 冲使内日辅星

甲子　蓬一，休一。子至辰阳，宿凶干吉。伤震伏，死墓坤伏，杜巽制。天八，地三，阴七，合二。无奇门，时干坎，符门伏，遁甲，阖。

乙丑　蓬二，休九。宿凶干吉，己日不用。杜墓乾害，惊丙震制，景坎害欢怡。天七，地六，阴四合，三。无奇门，时干震，己日飞干格，门反吟。

丙寅　蓬三，休八。宿干吉。杜离义，惊乾伏，景乙坤义。天四，地九，阴一，合六。无奇门，天乙与太白格，雀入江，时干离，相佐震，己日勃，事同，龙反首。

丁卯　蓬四，休七。宿干吉。开乙坤和，伤坎和欢怡，休兑和。天九，地二，阴八，合一。开与月合二西南，丙下有乙，休与星合七正西，仪刑，时干兑，相佐巽，击刑，己日伏干格。

戊辰　蓬一，休六。宿凶干吉。杜丙震伏，惊墓乙坤和，景丁巽和。天八，地三，阴七，合二。无奇门，符冲，时干坎。

己巳　蓬九，休五避五。巳至酉阴，天辅，宿干凶。生合兑义，景合艮义，伤墓合乾害。天二，地七，阴三，合八。生与月合七正西，时干坎，符冲，大格。

庚午　蓬八，休四。宿吉干凶，甲日不用，守户。休丁巽义，杜兑害，生离和。天三，地四，阴六，合七。生与星合九正南，飞宫格，时干震，飞符，金入火，甲日飞干格，休与月合四东南，丙下有丁。

辛未　蓬七，休三。宿干凶。惊坎义欢怡，生丁巽害，开艮和。天六，地一，阴九，合四。开与星合八东北，生与日合四东南，时干离，三吉，鸟跌穴，蛇娇。

壬申　蓬六，休二。宿吉干凶，地遁。景艮义，开离害，死丙震害。天一，地八，阴二，合九。开与日合九正南，甲日伏干格，时干兑，火入金，飞宫，乙格，虎猖狂。

癸酉　蓬五，休一。宿吉干凶。开墓乾伏，伤丙震伏，休坎伏欢怡。天七，地六，阴四，合三。开与月合六西北，休与星合一正北，时干震，门伏，己日飞干格，天网。

甲戌　英直符九，景直使九。戌至亥阳，宿凶干吉。内使死墓坤伏，冲月伤震伏，辅星杜巽伏。天二，地七，阴三，合八。无奇门，时干离，符门伏，飞甲，阖。

乙亥　英二，景八。宿干吉，己日不用。生兑义，惊丁巽制，开离害欢怡。天七，地六，阴四，合三。开与星合九正南，生与日合七正西，时干兑，金入火，事同，龙走，仪刑。

阴遁一局（二）

乙卯 庚午	乙卯 庚午	庚辰 乙丑	庚寅 乙巳	英直符 景直使
大暑中	秋分中	处暑上	大雪下	内使冲月辅星
乙酉 庚子	乙酉 庚子	庚戌 乙未	庚申 乙亥	

丙子　英三，景七。子至寅阳，宿凶干吉，庚日不用。生丁巽害，惊坎义，开艮和。天四，地九，阴一，合六。开与星合八东北，生与日合四东南，鸟跌穴，时干坎，相佐震，龙反首，蛇娇。

丁丑　英四，景六。宿干吉。生离和欢怡，惊艮和，开丙震制。天九，地二，阴八，合一。开与星合三正东，丁下有丙，生与日合九正南，虎猖狂，天乙与太白格，时干震，相佐巽，火入金。

戊寅　英一，景五避五。宿凶干吉。休合艮害，死合兑义，惊墓合乾伏。天八，地三，阴七，合二。休与日合八东北，时干离，符冲，大格，乙日伏干格。

己卯　英九，景四。卯至未阴，宿干凶，守户。惊基乙坤和，杜丙震伏，景丁巽和。天二，地七，阴三，合八。无奇门，符伏，时干离。

庚辰　英八，景三。宿吉干凶。景丙震和，生墓乾义，伤坎和。天三，地四，阴六，合七。生与月合六西北，时干兑，飞符，三吉，飞宫格。

辛巳　英七，景二。宿干凶，乙日不用。惊乾伏，杜离义欢怡，景乙坤义。天六，地一，阴九，合四。无奇门，时干坎，鸟跌穴，雀入江，龙反首。

壬午　英六，景一。宿吉干凶。景坎害，生乙坤伏，伤兑害。天一，地八，阴二，合九。生与月合二西南，丙下有乙，伏宫格，时干震，乙日勃，刑格，乙格，门反吟。

癸未　英五，景九。宿吉干凶。惊兑伏。杜丁巽伏，景离伏欢怡。天七，地六，阴四，合三。无奇门，龙走，时干兑，门伏，金入火，击刑，天网。

甲申　任直符八，生直使八。申至亥阳，天辅，宿干吉。伤冲使震伏，死丙日坤伏，杜辅星巽伏。天三，地四，阴六，合七。无奇门，时干艮，符门伏，地甲，事同，阖。

乙酉　任二，生七。宿凶干吉。生合兑义，景合艮义欢怡，伤墓合乾害。天七，地六，阴四，合三。生与月合七正西，符伏，时干艮，符冲，乙日飞、伏干格，大格。

丙戌　任三，生六。宿干吉，庚日不用。死丁巽害，休兑和，惊离害。天四，地九，阴一，合六。休与日合七正西，得使，时干巽，相佐震，金入火，龙反首。

丁亥　任四，生五避五。宿干吉。休离制，杜乾害，生乙坤伏。天九，地二，阴八，合一。休与月合九正南，生与星合二西南，丁下有乙，时干坤，相佐巽，雀入江，门反吟。

阴遁一局（三）

丙辰 辛未 大暑中 丙戌 辛丑	丙辰 辛未 秋分中 丙戌 辛丑	辛巳 丙寅 处暑上 辛亥 丙申	辛卯 丙午 大雪下 辛酉 丙子	任直符 生直使 冲使内日辅星

戊子　任一，生四。子阳，宿干吉，守户。开艮和欢怡，伤离义，休丙震义。天八，地三，阴七，合二。休与星合三正东，丁下有丙，开与月合八东北，符勃，虎猖狂，时干乾，飞宫，火入金，丙日飞干格，鸟跌穴。

己丑　任九，生三。丑至巳阴，宿吉干凶。景乙坤义，开坎义，死兑义。天二，地七，阴三，合八。开与日合一正北，时干乾，刑格，辛日飞干格，三吉。

庚寅　任八，生二。宿吉干凶。惊丙震制，生墓乙坤伏，开丁巽制。天三，地四，阴六，合七。开与星合四东南，生与日合二西南，时干艮，符伏，门反吟，击刑，仪刑。

辛卯　任七，生一。宿干凶。休墓乾和，杜丙震伏，生坎制。天六，地一，阴九，合四。休与月合六西北，生与星合一正北，时干巽，辛日伏干格。

壬辰　任六，生九。宿吉干凶，丙日不用。死坎制，休丁巽义，惊艮和欢怡。天一，地八，阴二，合九。休与日合四东南，蛇娇，乙下有丁，时干坤。

癸巳　任五，生八。宿吉干凶。惊合兑伏，生合艮伏欢怡，开墓合乾伏。天七，地六，阴四，合三。开与星合六西北，生与日合八东北，辛日干勃，时干艮，事同，符冲，门伏，大格，天网。

甲午　柱直符七，惊直使七。午至戌阳，宿凶干吉，天辅。内使死墓乾伏，冲月伤震伏，辅星杜巽伏。天六，地一，阴九，合四。无奇门，仪刑，时干兑，符门伏，遁甲，自刑，阖。

乙未　柱二，惊六。宿凶干吉。杜离义，休艮害，生丙震害。天七，地六，阴四，合三。休与月合八东北，生与星合三正东，丁下有丙，得使，时干离，火入金，丙日飞干格，飞宫，虎猖狂。

丙申　柱三，惊五避五。宿干吉。伤合艮制，开合兑伏欢怡，休墓合乾伏。天四，地九，阴一，合六。开与月合七正西，休与星合六西北，时干兑，相佐震，辛日勃，符冲，大格。

丁酉　柱四，惊四。宿干吉，辛日不用，守户。死丙震害，伤墓乾害，杜坎和。天九，地一，阴八，合一。无奇门，伏宫格，太白与天乙格，时干坎，相佐巽，乙格，辛日伏干格。

戊戌　柱一，惊三。宿凶干吉。杜乾害，休离制，生乙坤伏。天八，地三，阴七，合二。休与月合九正东，生与星合二西南，得使，时干震，三吉，雀入江，门反吟。

己亥　柱九，惊二。亥阴，宿干凶，天遁。景丁巽制，生坎制，伤艮制。天二，地七，阴三，合八。生与月合一正北，时干震，蛇娇，龙走，仪刑。

阴遁一局（四）

丁巳 壬申 大暑中 丁亥 壬寅	丁巳 壬申 秋分中 丁亥 壬寅	壬午 丁卯 处暑上 壬子 丁酉	壬戌 丁未 大雪下 壬辰 丁丑	柱直符 惊直使 内使冲月辅星

庚子　柱八，惊一。子至卯阴，宿干凶。惊坎义，杜乙坤制，景兑制欢怡。天三，地四，阴六，合七。无奇门，时干离，飞符，刑格，飞宫格。

辛丑　柱七，惊九。宿吉干凶。开墓乙坤和，景丙震和，死丁巽害。天六，地一，阴九，合四。开与日合二西南，时干兑，符伏。

壬寅　柱六，惊八。宿吉干凶。杜兑害欢怡，休丁巽义，生离和。天一，地八，阴二，合九。生与星合九正南，休与月合四东南，天乙与太白格，时干坎，金入火，事同，丁日勃，虎猖狂。

癸卯　柱五，惊七。宿吉干凶，丁日不用。景离伏，生艮伏，伤丙震伏。天七，地六，阴四，合三。生与月合八东北，得使，时干离，火入金，飞宫，门伏，虎猖狂，天网四张。

甲辰　心直符六，开直使六。辰至申阳，天辅，宿干吉。辅使杜巽伏，内日死墓坤伏，冲月伤震伏。天一，地八，阴二，合九。无奇门，仪刑，时干乾，符门伏，飞甲，自刑，阖。

乙巳　心二，开五避五。宿凶干吉。杜艮制，死丁巽害，伤坎和。天七，地六，阴四，合三。无奇门，伏宫格，天乙与太白格，时干巽，乙格，丁日飞干，壬日飞干，蛇娇。

丙午　心三，开四。宿干吉，守户。伤兑害，景坎害，生乙坤伏。天四，地九，阴一，合六。生与月合二西南，丙下有乙，门反吟，时干坤，相佐震，刑格，龙反首。

丁未　心四，开三。宿干吉。景墓合乾制欢怡，惊合艮和，杜合兑害。天九，地二，阴八，合一。无奇门，仪刑，时干乾，相佐巽，符冲，大格，三吉。

戊申　心一，开二。宿凶干吉，壬日不用。惊离害，休兑和，死丁巽害。天八，地三，阴七，合二。休与日合七正西，时干艮，金入火，丁日勃，龙走。

己酉　心九，开一。酉至亥阴，宿吉干凶。开坎义，生丙震害，惊墓乾伏欢怡。天二，地七，阴三，合八。生与日合三正东，乙下有丙，开与星合一正北，时干艮，壬日勃，鸟跌穴。

庚戌　心八，开九。宿吉干凶。休乙坤害，伤乾害欢怡，开离害。天三，地四，阴缺合七。开与月合九正南，休与星合二西南，丁下有乙，得使，飞宫格，时干巽，丁日伏干，壬日飞干，雀入江。

辛亥　心七，开缺宿干凶。休丙震义，伤离义，开艮和。天六，地一，阴九，合四。休与星合三正东，丁下有丙，得使，开与月合八东北，天乙与太白格，时干坤，火入金，飞宫，事同。

阴遁一局（五）

戊午癸酉	戊午癸酉	癸丑戊辰	癸巳戊申	心直符开直使
大暑中	秋分中	处暑上	大雪下	辅使内日冲月
戊子癸卯	戊子癸卯	癸未戊戌	癸亥戊寅	

壬子　心六，开七。子至丑阴，宿吉干凶。景丁巽和，惊墓乙坤和，杜丙震伏。天一，地八，阴二，合九。无奇门，符伏，时干乾。

癸丑　心五，开五避五。宿吉干凶。生艮伏，杜丁巽伏，休坎伏。天七，地六，阴四，合三。休与月合一正北，生与星合八东北，得使，时干巽，门伏，戊日勃，蛇矫，天网四张。

甲寅　禽直符五，死直使五避五。寅至午阳，宿干吉，戊日不用，天辅。辅使杜巽伏，内日死墓坤伏，冲月伤震伏。天七，地六，阴四，合三。无奇门，时干坤，符门伏，地甲，阖。

乙卯　禽二，死四。宿凶干吉，守户。死丁巽害，开墓乙坤和，景丙震和。天七，地六，阴四，合三。开与日合二西南，时干坤，符伏。

丙辰　禽三，死三。宿干吉。杜坎和，死丙震，伤墓乾害。天四，地九，阴一合六。无奇门，时干乾，相佐震，三吉，龙反首。

丁巳　禽四，死二。宿干凶。生艮伏，杜丁巽伏，休坎伏。天九，地二，阴八，合一。休与月合一正北，生与星合八东北，戊日勃，仪刑，时干艮，相佐巽，门伏，击刑，蛇矫。

戊午　禽一，死一。宿凶干吉。杜兑害，死坎制，伤乙坤制欢怡。天八，地三，阴七，合二。无奇门，时干巽，癸日勃，刑格，鸟跌穴。

己未　禽九，死九。未至亥阴，宿吉干凶，癸日不用。杜丙震伏，死离和，伤艮制。天二，地七，阴三，合八。无奇门，时干巽，火入金，飞宫，戊日伏干格，虎猖狂。

庚申　禽八，死八。宿吉干凶。杜墓合乾害，死合艮伏，伤合兑害。天三，地四，阴六，合七。无奇门，事同，时干坤，符门冲，大格，乙格，癸日飞伏格。

辛酉　禽七，死七。宿干凶。杜离义，死兑义，伤丁巽伏。天六，地一，阴九，合四。无奇门，时干乾，金入火，戊日飞干格，龙走。

壬戌　禽六，死六。宿吉干凶。杜坤制欢怡，死乾义，伤离义。天一，地八，阴二，合九。无奇门，时干艮，雀入江。

癸亥　禽五，死五避五。宿吉干凶。杜丁巽伏，死墓乙坤伏，伤丙震伏。天七，地六，阴四，合三。无奇门，时干坤，符门伏，天网。

奇门精粹卷十五[1]

日家奇门（上）

年奇九星起例

上元甲子起坎的，中元四绿下七赤。飞白挨次入中宫，九星顺数年皆逆。[2]

上元甲子，推自帝尧元载甲辰一白入中宫；截至宋仁宗天圣二年，又值上元甲子一白入中宫；再截至弘治十七年，又值上元甲子一白入中宫；嘉靖四十四年，中元甲子四绿入中宫；天启四年，下元甲子七赤入中宫，以后挨次推之即得。

九星飞布式

白	黑	绿	假如天启四年甲子以七赤入中宫，顺布九星，其三白星方位出行用事，一切大吉。
黄	赤	紫	
白	碧	白	

凡奇门必论方位，故九宫随八卦定数，乃合河图洛书而为之也。纵横皆成十五之数，盖以坎一、坤二、震三、巽四、乾六，兑七、艮八、离九而加以中五，遂成九宫法。以值年白星先安中宫，以后挨宫顺布，即所谓九星顺数是也。又如甲子年系七赤入中宫，乙丑年即以六白入中宫，丙寅年五黄入中宫，丁卯年四绿入中宫，戊辰年三碧入中宫，是所谓年皆逆也。上、中二元仿此。

月奇九星起例

孟年正二黑，仲年正八白，季年正五黄，星顺月皆逆。[3]

① 编者注：卷十五至卷十六为《古今图书集成》所收《日家奇门》一书。

② 九星即一白、二黑、三碧，四绿、五黄、六白、七赤、八白、九紫也。

③ 寅、申、巳、亥为孟，子、午、卯、酉为仲，辰、戌、丑、未为季。

九星飞布式

赤 碧 黄 白 白 白 黑 绿 紫	假如天启四年，岁在甲子正月丙寅，即以八白入中宫，顺布九星，其三白星方位出行用事，一切大吉。

法以值月白星安入中宫，以后绿挨宫顺布，月逆者如此式，以正月八白入中宫，二月即以七赤入中宫，四月以五黄入中宫，五月以四绿入中宫，孟、季二年仿此。

阳遁八门九宫起例

甲戊壬子坎上休，丁辛乙卯向坤求。

戊庚甲马归震位，丁癸辛鸡巽上搜。

丙庚鼠行乾天上，己癸兔走在西畴。

丙壬马立艮山位，乙已鸡飞落离周。

其法一卦管三日，如甲子、乙丑、丙寅三日干坎宫，起休门；丁卯、戊辰、己巳三日干坤宫，起休门，依九宫次序，不用中五，待休门既定，然后从八卦定方位也。

九星起例

甲子山前起艮，甲戌离上横行。

甲申坎宫顺数，甲午坤宫发动。

甲辰震雷吐雾，甲寅巽上生风。

九宫排山掌起例

野马跳涧走，从寅数到狗。一日过一宫，不用亥子丑。

从寅上起坎一宫，卯上坤二宫，辰上震三宫，巳上巽四宫，午上中五宫，未上乾六宫，申上兑七宫，酉上艮八宫，戌上离九宫。

排山掌

招摇	天符	青龙	咸池	巽四	中五	乾六	兑七
轩辕			太阴	震三			艮八
摄提			天乙	坤二			离九
太乙				坎一			

九宫飞布

巽四	离九	坤二
震三	中五	兑七
艮八	坎一	乾六
招摇	天乙	摄提
轩辕	天符	咸池
太阴	太乙	青龙

推八门总诀歌

休门出入贵人留，欲要潜身向杜游。
求索酒食景门上，采猎茔埋死门投。
捕盗惊门十得九，买卖经商生上酬。
远行嫁娶开门吉，索债伤门十倍收。

推八门吉凶

休门贪狼水星

公求相讲遇休门，吉宿游人见贵人。更得相生无相克，自然出入笑欣欣。

凡出休门者，宜取和集法，演兵、习阵、求财，万事吉。

生门左辅土星

但凡出入遇其生，吉曜临门百事亨。若有凶星来隔拨，求财成处必无争。

凡出生门者，宜求财，见贵，营谋，百事大吉。

伤门禄存木星

远行伤门见血光，须防暗箭被人伤。求财惊恐多不利，只宜索债不须防。

凡出伤门者，百事不如意，惟宜索债，大吉。

杜门文曲木星

若出杜门路不通，只宜逃避走西东。除邪去鬼皆不利，百事诸凡尽不中。

凡出杜门者，诸事闭塞，只宜隐伏逃躲避难，大吉。

景门右弼火星

若出景门贼盗逢，劝君思想莫停身。恐遇恶人不用去，谒故寻亲方可行。

凡出景门者，远行有阻，或遭逢盗贼，若谒故寻亲，大吉。

死门巨门土星

若出死门不须论，无灾去外命难存。土居八门最为恶，只宜采猎送妖魂。

凡出死门者，远行必有重厄，道路闭塞，百事不通，只宜采猎，捕鱼，葬埋。大吉。

惊门破军金星

若出惊门病缠身，阴谋口舌有灾迍。远行出外伤财宝，百怪灾殃戏弄人。

凡出惊门者，远行有恐惧之灾，官事连绵，只宜捕盗捉贼，大吉。

开门武曲金星

若遇开门事吉祥，干求诸事遇贤良。官司理论皆吉利，八门之中最为强。

凡出开门者，远行利见贵人接引，大吉。

推九星总诀歌

青龙乾位兑咸池，震号轩辕坤摄提。

坎居太乙离天乙，天符中宫艮太阴。

推九星吉凶歌

太乙星

门中见太乙，星曜号贪狼。赌博钱财遂，婚姻大吉昌。

远行无阻滞，参谒见贤良。远行三五里，著皂辨阴阳。

凡出太乙星者，行数里见著皂衣人来，求请，进用，婚姻，谒见贤良，大吉。

摄提星

门中见摄提，百事必迟疑。相生犹自可，相克有灾危。

远行多不利，耕地损牛犁。死门相并见，老妇哭悲啼。

凡出摄提星者，不吉，二里主逢耕地损牛犁，老妇悲哭，不吉。

轩辕星

门中见轩辕，做事必牵缠。相生能克主，相克主熬煎。

远行途阻滞，赌博自输钱。但行三五里，路逢一官员。

凡出轩辕星者，远行阻滞，求财不利，更防自己灾危，不吉。

招摇星

招摇土木星，当门事不成。远行三五里，阴人口舌迎。

怪梦虚惊怕，门鸣户做声。前行数十里，必见二亲人。

凡出招摇星者，主见妇人口舌，怪梦惊恐，怜家釜甑鸣，不吉。

天符星

五符号天符，当门妇人谋。相克无好事，行人阻路途。

走失难寻觅，路逢一尼姑。前行七八里，可见一亲故。

凡出天符星者，主见妇人谋害，行人阻滞，官非口舌，不利。

青龙星

门中见青龙，求事喜重重。投入逢酒肉，赌博见兴隆。

更遇相生位，钱财得不空。前路五六里，医人路上逢。

凡出青龙星者，主见酒食、赌博胜。上官，迁移，求财，百事大吉。

咸池星

星门号咸池，当门并不宜。远行多不利，相克有灾危。

赌博全输尽，求财空手归。神仙真妙诀，愚人莫与知。

凡出咸池星者，主出行求财、赌博空手而回，损失财物，遭病患，提防自己灾厄。

太阴星

门中太阴星，百事并不侵。求财皆成就，知交自己寻。

前行七八里，牵牛小子临。机审牢收取，此法值千金。

凡出太阴星者，行七八里，逢小儿牵牛，求干钱财、成就，吉。

天乙星

门中见天乙，相生百事成。求财皆和顺，茶酒自来迎。

行去数十里，路逢戴孝人。除服无不验，灾祸甚分明。

凡出天乙星者，行三二里，主见一妇人著五色衣服抱小儿，百事大吉。

九星吉凶所属金木水火土总诀

一太乙水吉，二摄提土凶，三轩辕木平。

四招摇木平，五天符土凶，六青龙金吉。

七咸池金凶，八太阴土吉，九天乙火吉。

推六甲空亡日

甲子旬中空戌亥，甲戌旬中空申酉。
甲申旬中空午未，甲午旬中空辰巳。
甲辰旬中空寅卯，甲寅旬中空子丑。

推十二神吉凶诀

五符天曹地府星吉，风伯雨师雷公精凶。
风云唐符并国印吉，天关地锁天贼神凶。

六十花甲子纳音歌

甲子乙丑海中金，丙寅丁卯炉中火。
戊辰己巳大林木，庚午辛未路傍土。
壬申癸酉剑锋金，甲戌乙亥山头火。
丙子丁丑涧下水，戊寅己卯城头土。
庚辰辛巳白蜡金，壬午癸未杨柳木。
甲申乙酉泉中水，丙戌丁亥屋上土。
戊子己丑霹雳火，庚寅辛卯松柏木。
壬辰癸巳长流水，甲午乙未沙中金。
丙申丁酉山下火，戊戌己亥平地木。
庚子辛丑壁上土，壬寅癸卯金箔金。
甲辰乙巳覆灯火，丙午丁未天河水。
戊申己酉大驿土，庚戌辛亥钗钏金。
壬子癸丑桑柘木，甲寅乙卯大溪水。
丙辰丁巳沙中土，戊午己未天上火。
庚申辛酉石榴木，壬戌癸亥大海水。

天干地支所属阴阳

甲丙戊庚壬五干属阳，乙丁己辛癸五干属阴。
子寅辰午申戌六支属阳，丑卯巳未酉亥六支属阴。

甲子日天恩福月德生气宜艮方生门大吉

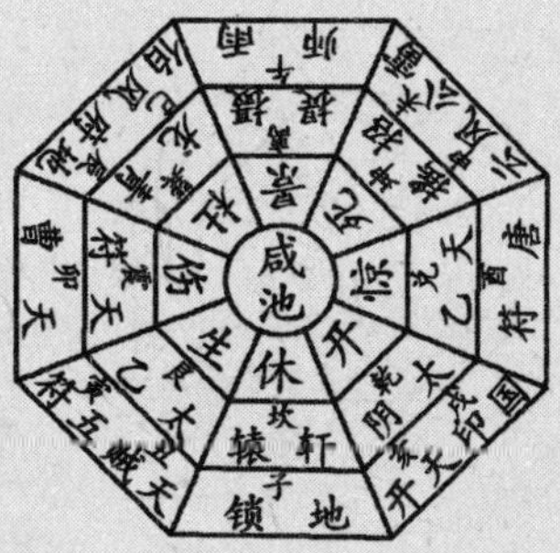

	龙青	命司			匱金
戌	申	午	辰	寅	子
天刑			天牢	白虎	
空					
	堂明			堂玉	德天
亥	酉	未	巳	卯	丑
朱雀		勾陈	元武		

乙丑日天恩福显星宜生门大利

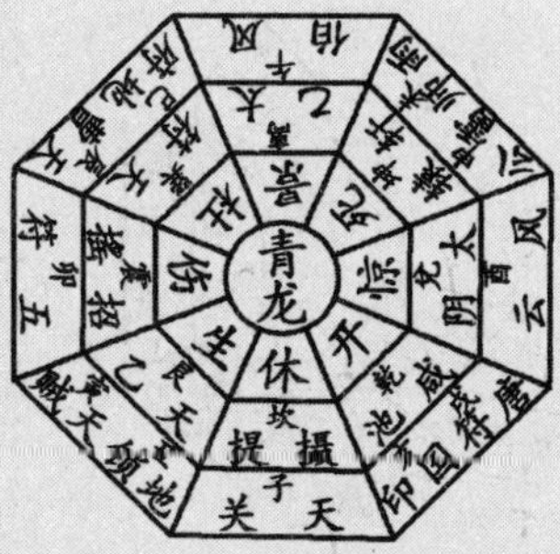

龙青	命司			匱金	
戌	申	午	辰	寅	子
		天牢	白虎		天刑
空					
堂明			堂玉	德天	
亥	酉	未	巳	卯	丑
	勾陈	元武			朱雀

丙寅日天蛊死气不宜急取休门吉

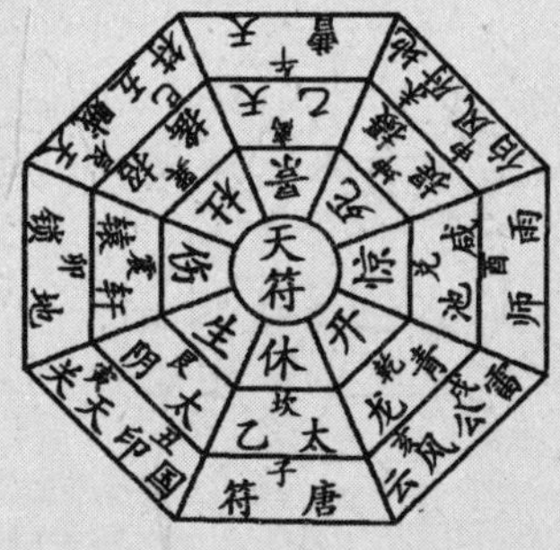

命司			匱金		龙青
戌	申	午	辰	寅	子
	天牢	白虎		天刑	
空					
		堂玉	德天		堂明
亥	酉	未	巳	卯	丑
勾陈	元武			朱雀	

丁卯日天害火星不宜取开门大利

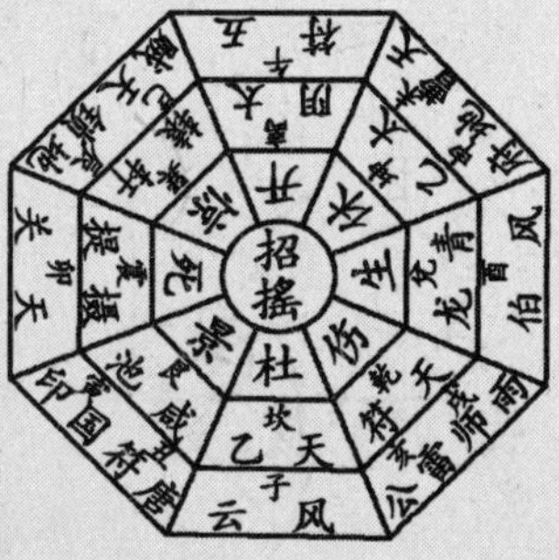

		匱金		龙青	命司
戌	申	午	辰	寅	子
天牢	白虎		天刑		
空					
	堂玉	德天		堂明	
亥	酉	未	巳	卯	丑
元武			朱雀		勾陈

戊辰日天恩玉堂宜取休门大利

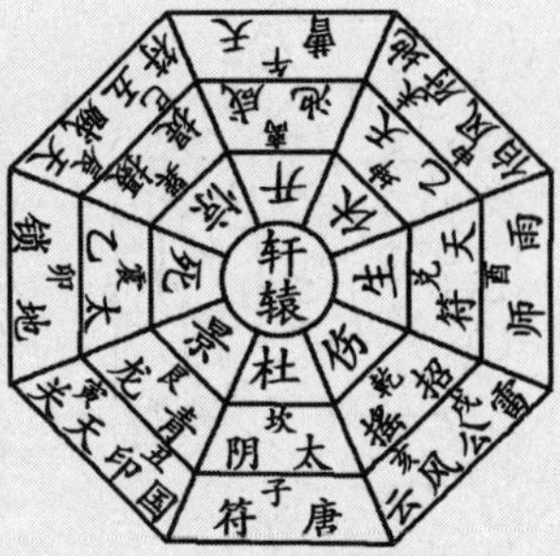

	匮金		龙青	命司	
戊	申	午	辰	寅	子
白虎		天刑			天牢
空					
堂玉	德天		堂明		
亥	酉	未	巳	卯	丑
		朱雀		勾陈	元武

己巳日天福月德生气宜开门大吉

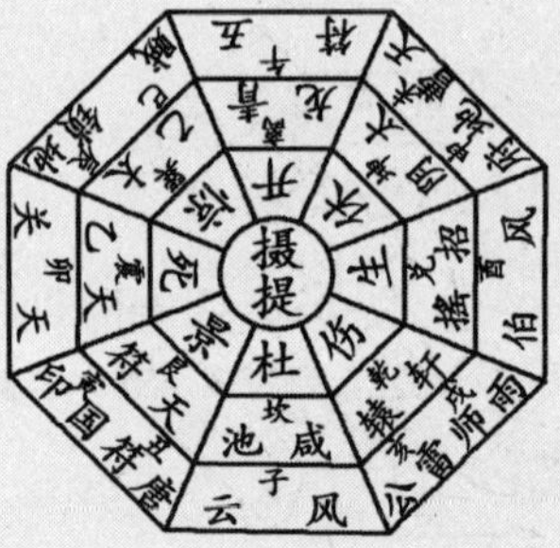

匮金		龙青	命司		
戊	申	午	辰	寅	子
	天刑			天牢	白虎
空					
德天		堂明			堂玉
亥	酉	未	巳	卯	丑
	朱雀		勾陈	元武	

庚午日休星死气伐日不宜急取休门大吉

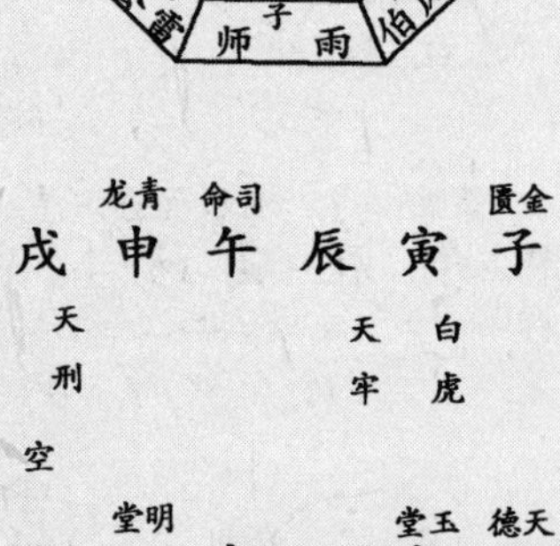

	龙青	命司			匮金
戊	申	午	辰	寅	子
天刑			天牢	白虎	
空					
	堂明			堂玉	德天
亥	酉	未	巳	卯	丑
朱雀		勾陈	元武		

辛未日台福星宜出生门大利

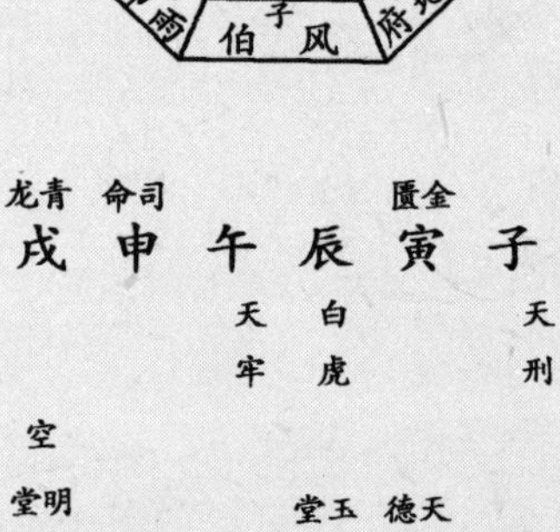

龙青	命司			匮金	
戊	申	午	辰	寅	子
		天牢	白虎		天刑
空					
堂明			堂玉	德天	
亥	酉	未	巳	卯	丑
	勾陈	元武			朱雀

壬申日天哭大败不宜急取休门吉

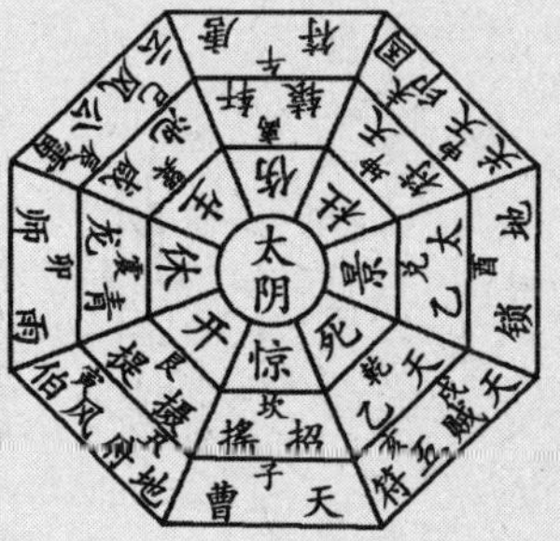

司命			金匮		青龙
戌	申	午	辰	寅	子
空	天牢	白虎		天刑	
		玉堂	天德		明堂
亥	酉	未	巳	卯	丑
勾陈	元武			朱雀	

癸酉日天火血刃不宜急取休门吉

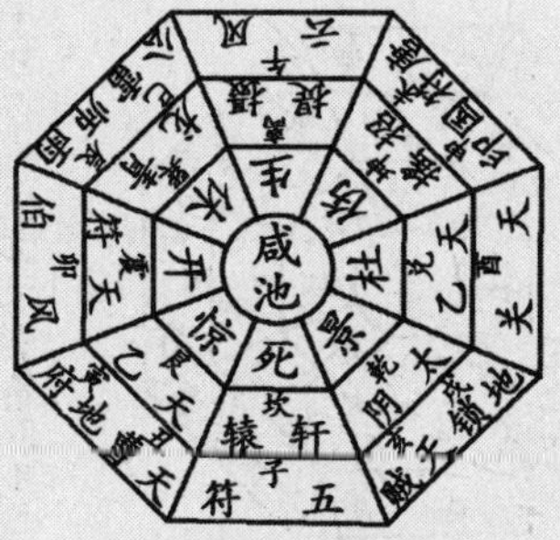

		金匮		青龙	司命
戌	申	午	辰	寅	子
天牢 空	白虎		天刑		
	玉堂	天德		明堂	
亥	酉	未	巳	卯	丑
元武			朱雀		勾陈

甲戌日显星月合宜出生门大利

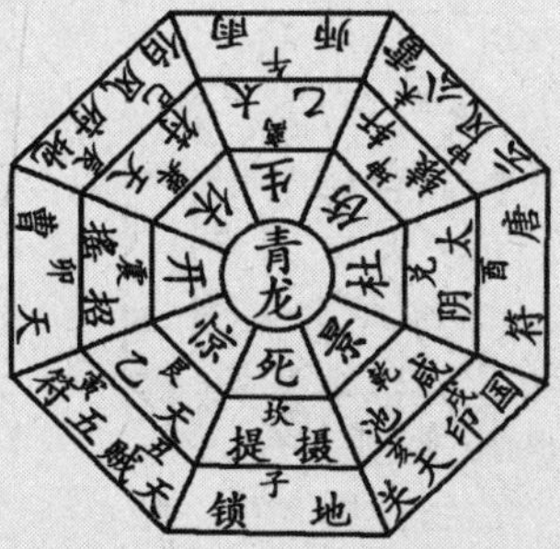

	金匮		青龙	司命	
戌	申	午	辰	寅	子
白虎	旬空	天刑			天牢
玉堂	天德		明堂		
亥	酉	未	巳	卯	丑
		朱雀		勾陈	元武

乙亥日玉堂金星宜出生门大利

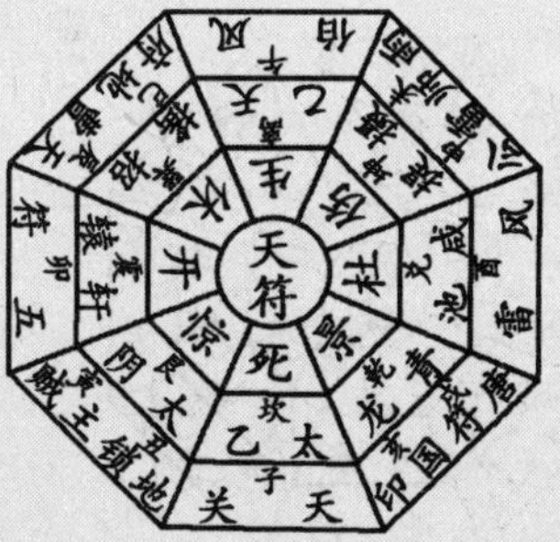

金匮		青龙	司命		
戌	申	午	辰	寅	子
	天刑 空			天牢	白虎
天德		明堂			玉堂
亥	酉	未	巳	卯	丑
	朱雀			勾陈	元武

丙子日受死伐日不宜急取生门吉

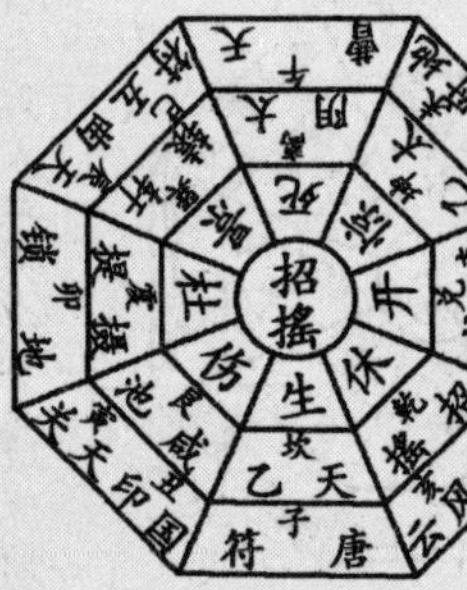

	龙青	命司			匱金
戌	申	午	辰	寅	子
天刑			白虎		
	空				
	堂明			堂玉	德天
亥	酉	未	巳	卯	丑
朱雀		勾陈			

丁丑天上大空不宜急取生门吉

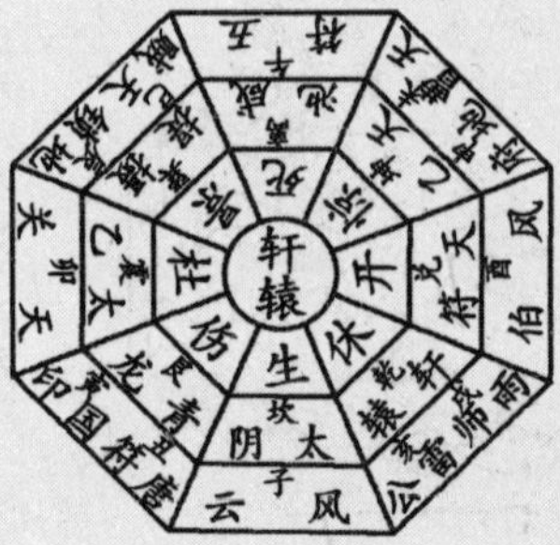

龙青	命司			匱金	
戌	申	午	辰	寅	子
		天牢	白虎		天刑
	空				
堂明			堂玉	德天	
亥	酉	未	巳	卯	丑
	勾陈	元武			朱雀

戊寅日天上空亡伐日不宜急取生门吉

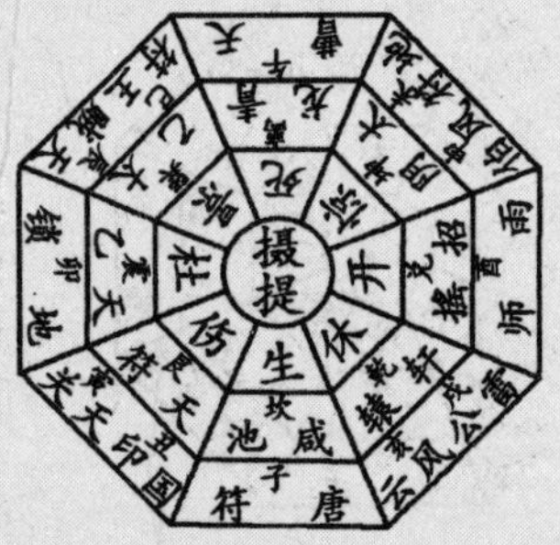

命司			匱金		龙青
戌	申	午	辰	寅	子
	天牢	白虎		天刑	
	空				
		堂玉	德天		堂明
亥	酉	未	巳	卯	丑
勾陈	元武			朱雀	

己卯日瑞明星伐日取休门吉

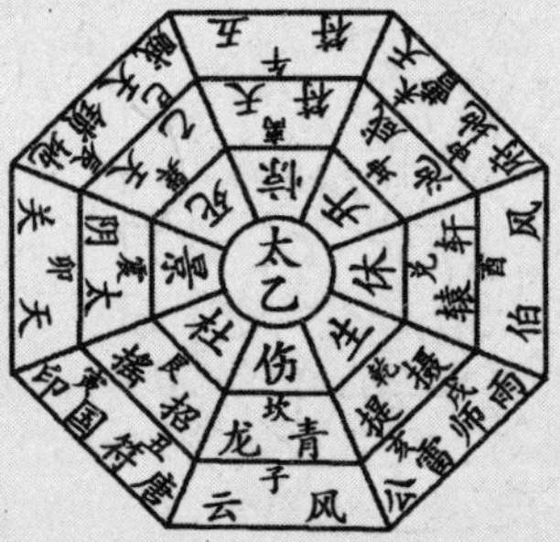

		匱金		龙青	命司
戌	申	午	辰	寅	子
天牢	白虎		天刑		
	空				
前在	堂玉	德天		堂明	
亥	酉	未	巳	卯	丑
元武			朱雀		勾陈

庚辰日大败不宜急取生门吉

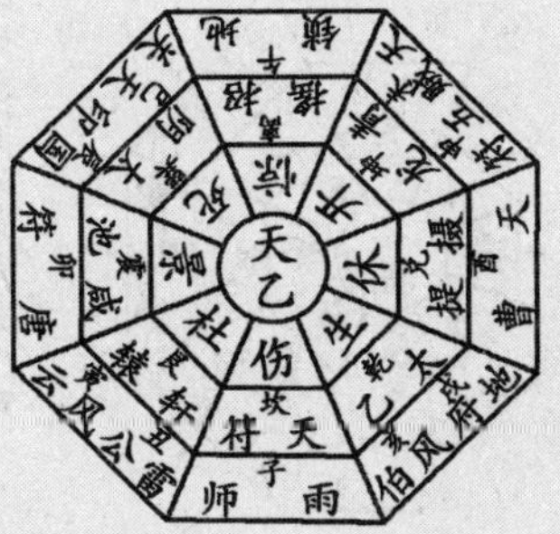

	金匱		青龙	司命	
戊	申	午	辰	寅	子
白虎	空	天刑			天牢
玉堂	天德		明堂		
亥	酉	未	巳	卯	丑
在后		朱雀		勾陈	

辛巳日天牢大败伐日急取休门吉

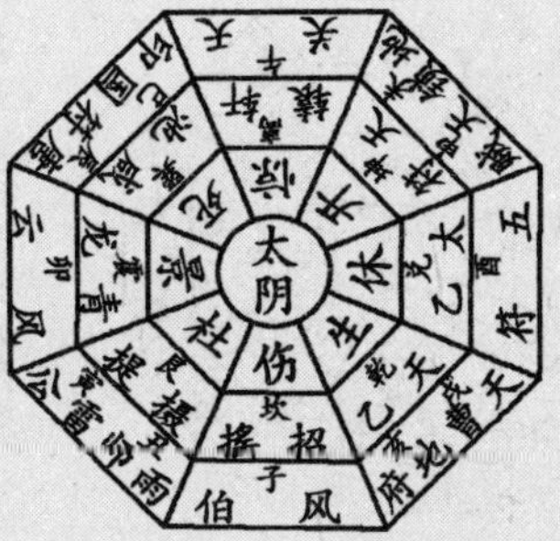

金匱		青龙	司命		
戊	申	午	辰	寅	子
	天刑 空			天牢	白虎
天德		明堂			玉堂
亥	酉	未	巳	卯	丑
	朱雀		勾陈	元武	

壬午日天恩福德宜出休门吉

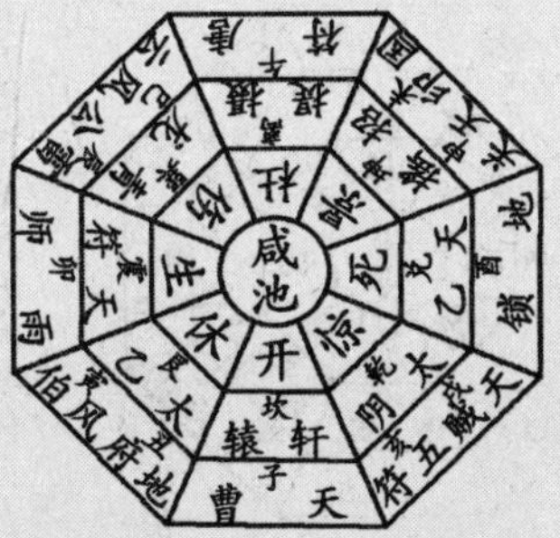

	青龙	司命			金匱
戊	申	午	辰	寅	子
天刑	空		天牢	白虎	
	明堂			玉堂	天德
亥	酉	未	巳	卯	丑
朱雀		勾陈	元武		

癸未日天狗咸门不宜急取休门吉

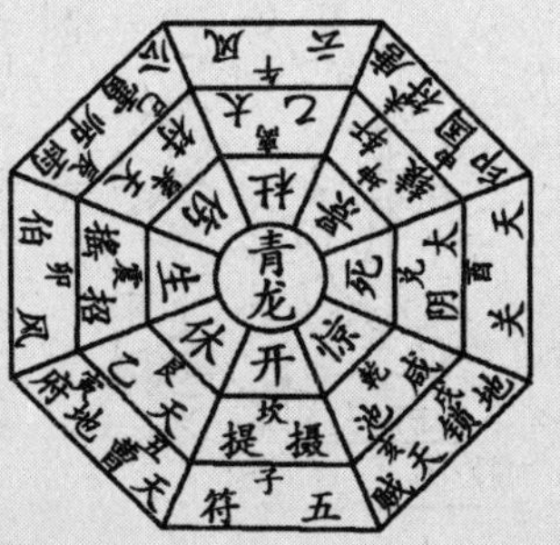

青龙	司命			金匱	
戊	申	午	辰	寅	子
	空	天牢	白虎		天刑
明堂			玉堂	天德	
亥	酉	未	巳	卯	丑
	勾陈	元武			朱雀

甲申日天恩福星宜开门吉

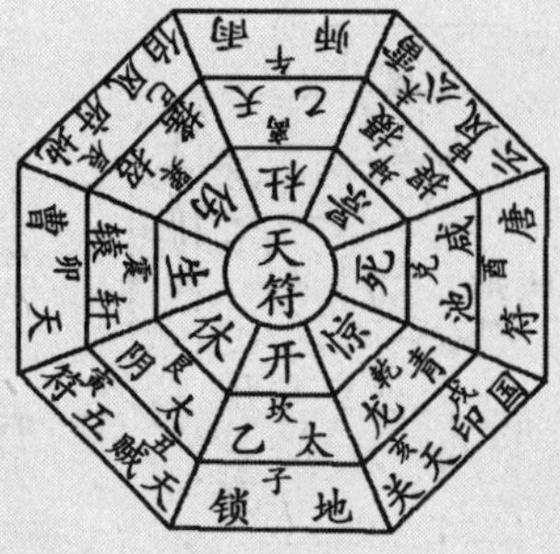

司命			金匮		青龙
戌	申	午	辰	寅	子
	天牢	白虎		天刑	
		空			
		玉堂	天德		明堂
亥	酉	未	巳	卯	丑
勾陈	元武			朱雀	

乙酉日恩福玉堂宜休门利

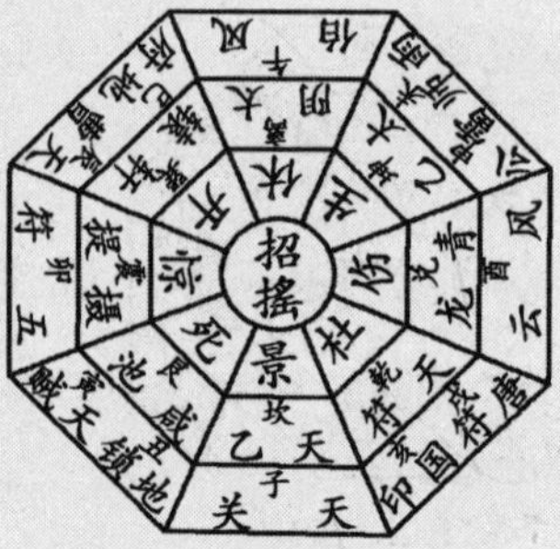

	金匮			青龙	司命
戌	申	午	辰	寅	子
白虎		天刑			
		空			
玉堂	天德			明堂	
亥	酉	未	巳	卯	丑
		朱雀			勾陈

丙戌日墓不宜急取生门吉

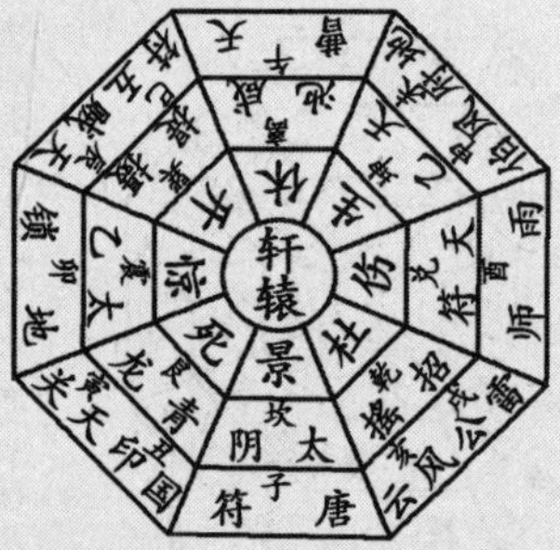

	金匮		青龙	司命	
戌	申	午	辰	寅	子
白虎		天刑			天牢
		空			
玉堂	天德		明堂		
亥	酉	未	巳	卯	丑
		朱雀		勾陈	元武

丁亥大败四废不宜急取休门利

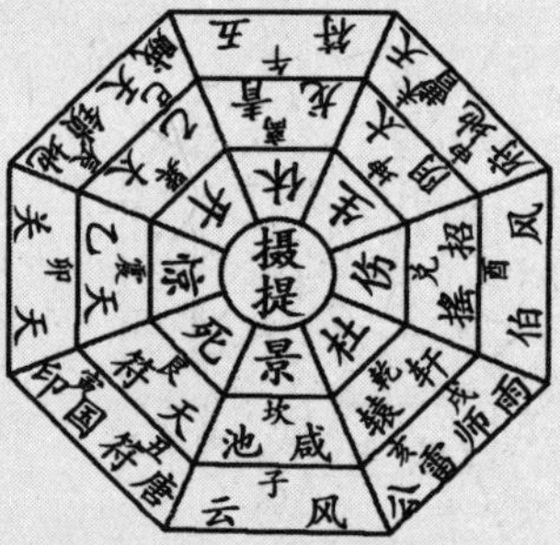

金匮		青龙	司命		
戌	申	午	辰	寅	子
	天刑			天牢	白虎
		空			
天德		明堂			玉堂
亥	酉	未	巳	卯	丑
	朱雀		勾陈	元武	

戊子日天牢地岸不宜急取休门利

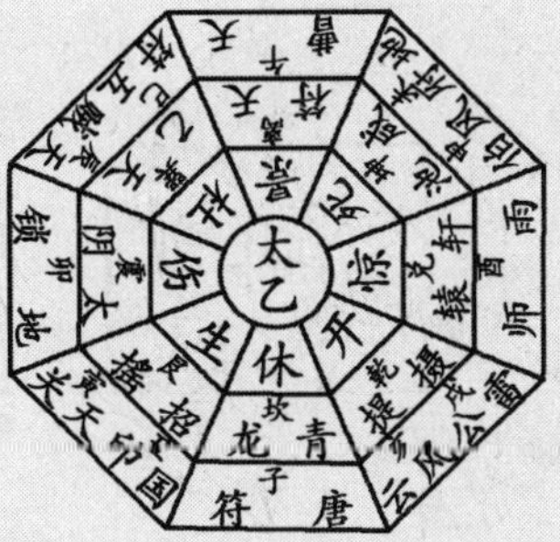

	龙青	命司			匮金
戊	申	午	辰	寅	子
天刑			天牢	白虎	
		空			
	堂明			堂玉	德天
亥	酉	未	巳	卯	丑
朱雀		勾陈	元武		

己丑日大败不宜急取吉时开门吉

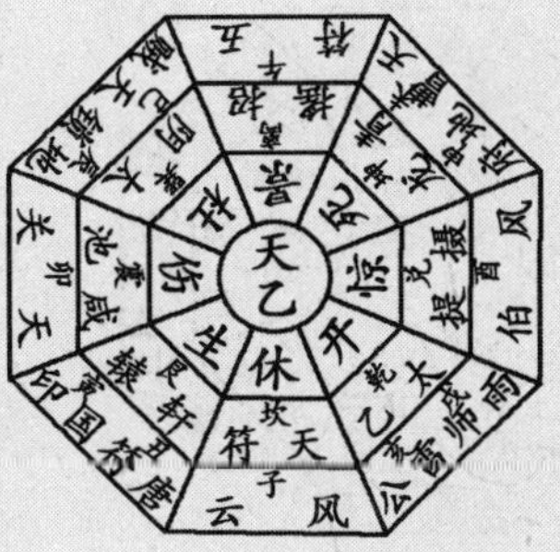

匮金	命司				龙青
戊	申	午	辰	寅	子
		天牢	白虎		天刑
		空			
堂明			堂玉	德天	
亥	酉	未	巳	卯	丑
		元武			朱雀

庚寅日天福玉堂宜出开门大吉

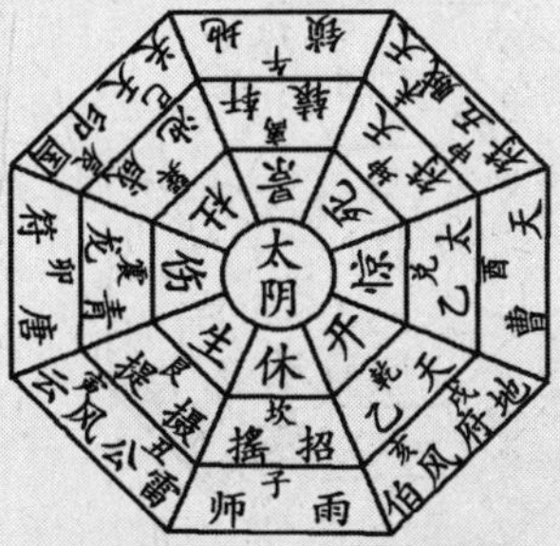

命司			匮金		龙青
戊	申	午	辰	寅	子
	天牢	白虎		天刑	
		空			
		堂玉	德天		堂明
亥	酉	未	巳	卯	丑
勾陈	元武			朱雀	

辛卯日福圣六合急宜取生门吉

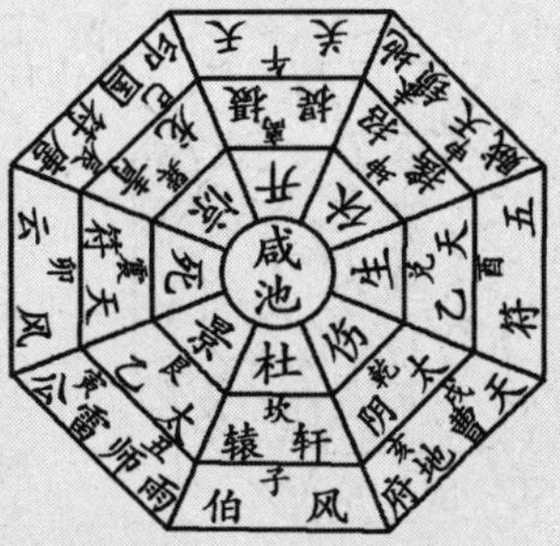

		匮金		龙青	命司
戊	申	午	辰	寅	子
天牢	白虎		天刑		
		空			
	堂玉	德天		堂明	
亥	酉	未	巳	卯	丑
元武			朱雀		勾陈

壬辰日天上大空不宜急取开门吉

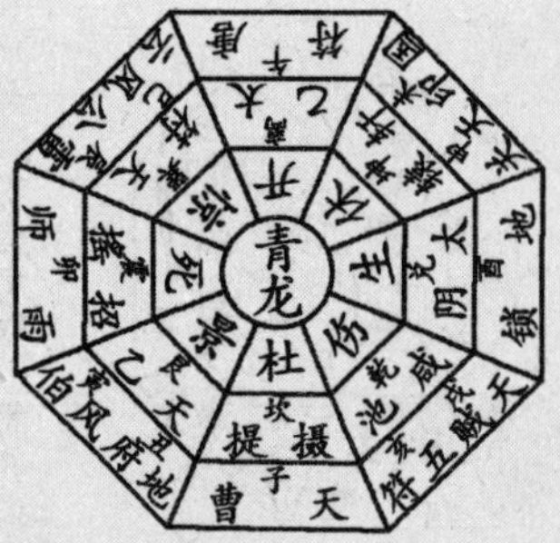

	金匱		青龙	司命	
戌	申	午	辰	寅	子
白虎		天刑			天牢
		空			

玉堂	天德		明堂		
亥	酉	未	巳	卯	丑
		朱雀		勾陈	元武

癸巳日不宜急取开门利

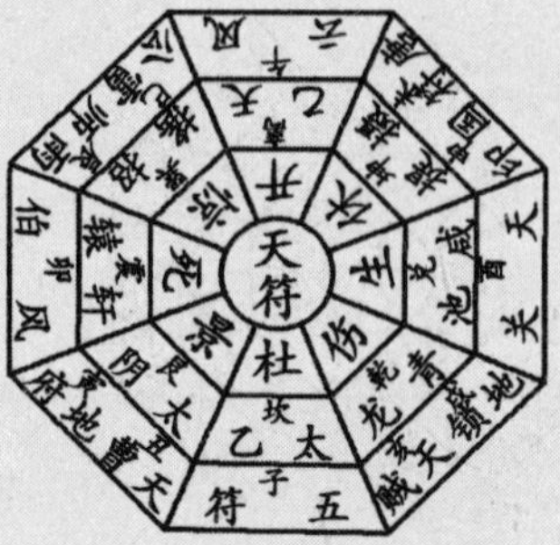

金匱		青龙	司命		
戌	申	午	辰	寅	子
	天刑			天牢	白虎
		空			

天德		明堂			玉堂
亥	酉	未	巳	卯	丑
	朱雀		勾陈	元武	

甲午日天贵将解宜开门吉时大利

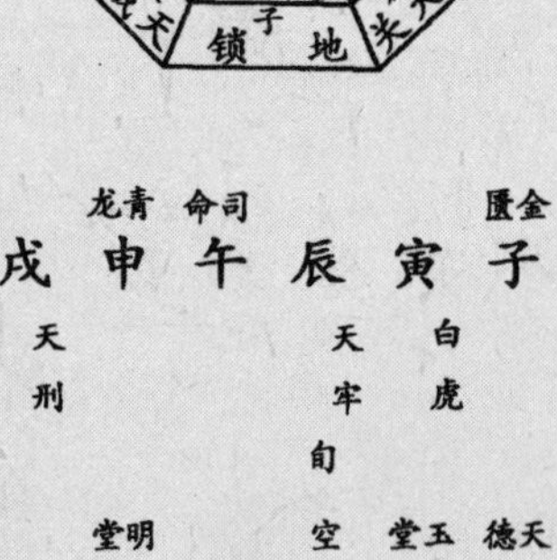

	青龙	司命			金匱
戌	申	午	辰	寅	子
天刑			天牢	白虎	
			句空		

	明堂			玉堂	天德
亥	酉	未	巳	卯	丑
朱雀		勾陈	元武		

乙未日天喜福德宜休门吉

青龙	司命			金匱	
戌	申	午	辰	寅	子
		天牢	白虎		天刑
			空		

明堂			玉堂	天德	
亥	酉	未	巳	卯	丑
	勾陈	元武			朱雀

丙申日不宜急取生门吉

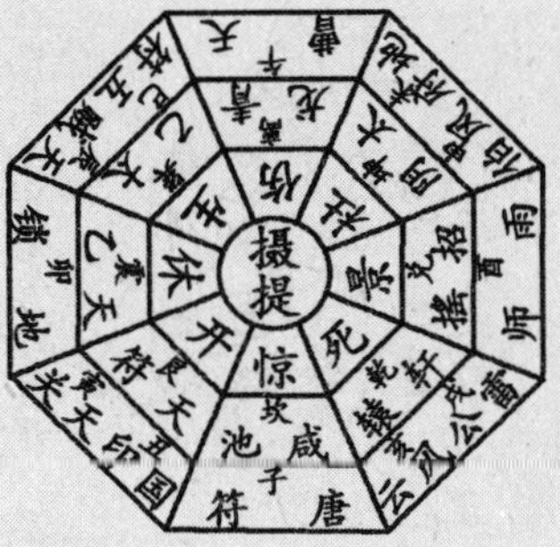

司命			金匮		青龙
戊	申	午	辰	寅	子
	天牢	白虎	空	天刑	
		玉堂	天德		明堂
亥	酉	未	巳	卯	丑
勾陈	元武			朱雀	

丁酉日不宜急取生门大利

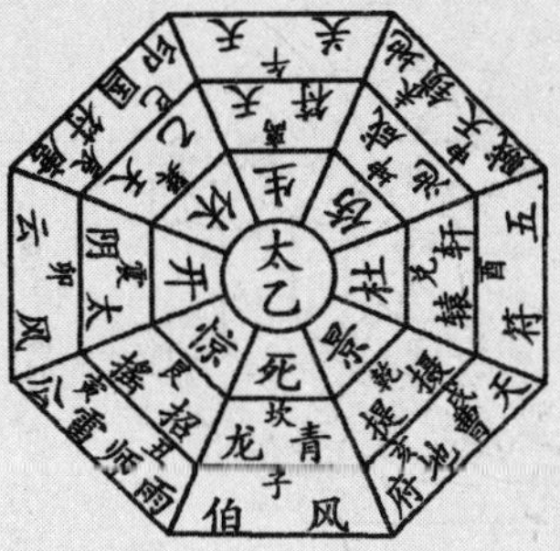

		金匮		青龙	司命
戊	申	午	辰	寅	子
天牢	白虎		天刑 空		
	玉堂	天德		明堂	
亥	酉	未	巳	卯	丑
元武			朱雀		勾陈

戊戌日大败不宜急取休门吉

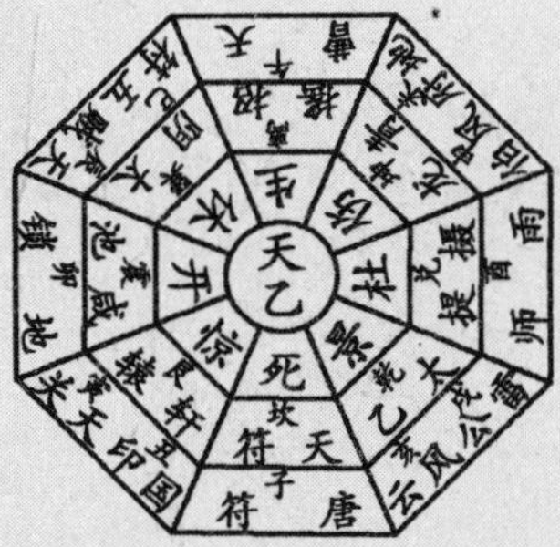

	金匮		青龙	司命	
戊	申	午	辰	寅	子
白虎		天刑	空		天牢
玉堂	天德		明堂		
亥	酉	未	巳	卯	丑
		朱雀		勾陈	元武

己亥太阳生气宜开门大吉

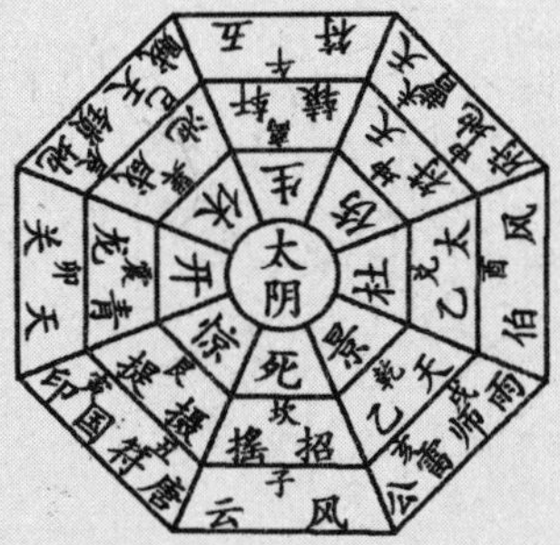

金匮		青龙	司命		
戊	申	午	辰	寅	子
	天刑		空	天牢	白虎
天德		明堂			玉堂
亥	酉	未	巳	卯	丑
	朱雀		勾陈	元武	

庚子日天德月合宜取吉时休门大利

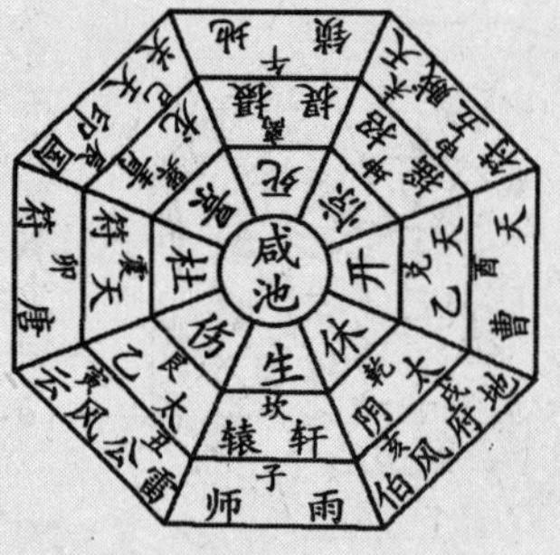

戌	申	午	辰	寅	子
	青龙	司命			金匮
天刑			天牢 空	白虎	

亥	酉	未	巳	卯	丑
	明堂			玉堂	天德
朱雀		勾陈	元武		

辛丑日天福吉曜宜吉时开门大利

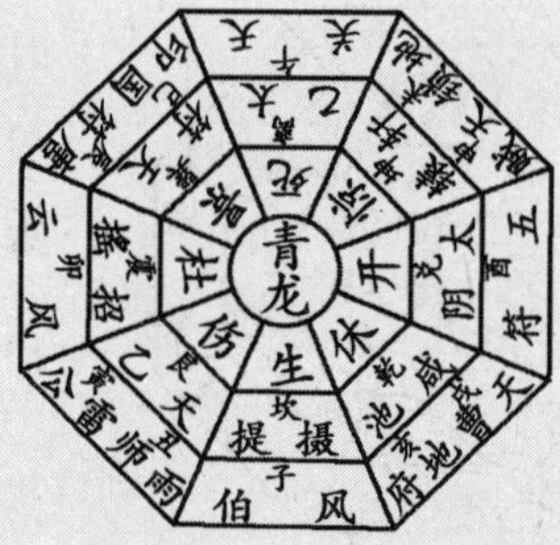

戌	申	午	辰	寅	子
青龙	司命			金匮	
		天牢	白虎 空		天刑

亥	酉	未	巳	卯	丑
明堂			玉堂	天德	
	勾陈	元武			朱雀

壬寅日不宜急取吉时生门吉

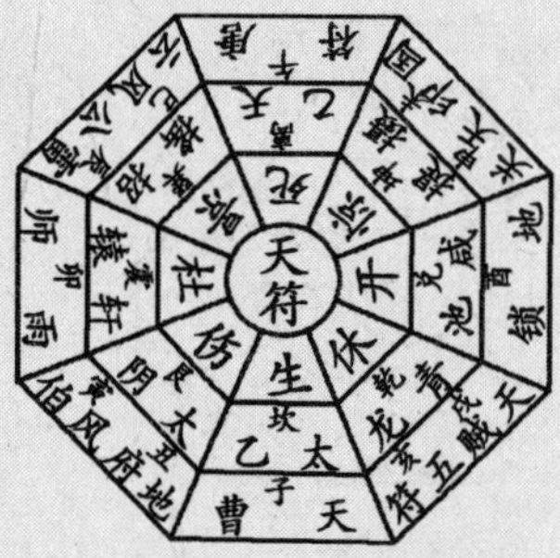

戌	申	午	辰	寅	子
司命			金匮		青龙
	天牢	白虎	空	天刑	

亥	酉	未	巳	卯	丑
		玉堂	天德		明堂
勾陈	元武			朱雀	

癸卯日台福六合宜吉时开门大利

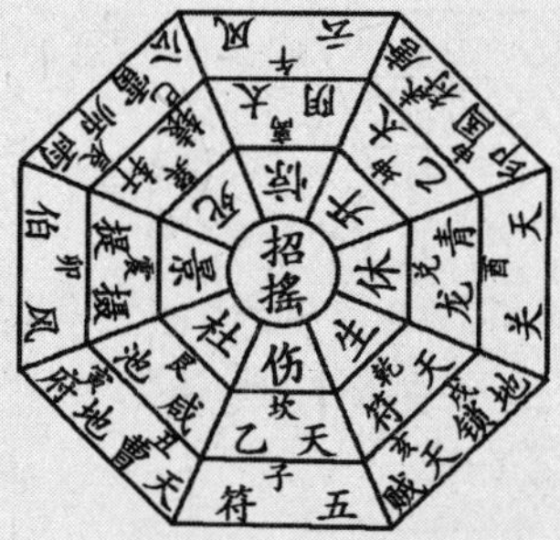

戌	申	午	辰	寅	子
		金匮		青龙	司命
天牢	白虎		天刑 空		

亥	酉	未	巳	卯	丑
	玉堂	天德		明堂	
元武			朱雀		勾陈

甲辰日大败不宜急取吉时休门吉

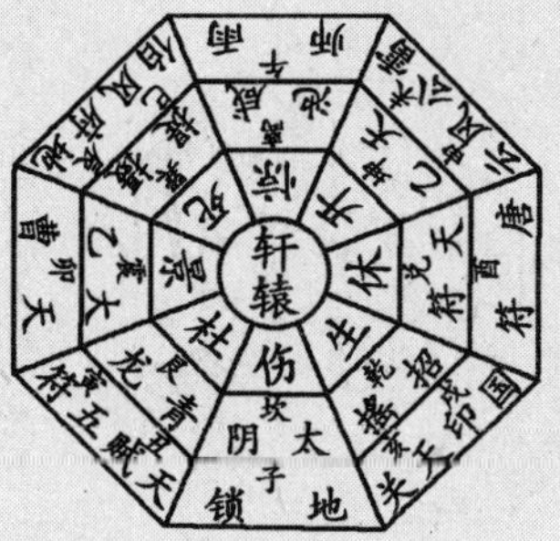

戌	申	午	辰	寅	子
	匮金		龙青	命司	
白虎		天刑		旬空	天牢

亥	酉	未	巳	卯	丑
	德天		堂明		
		朱雀		勾陈	元武

乙巳日大败不宜急取吉时开门大利

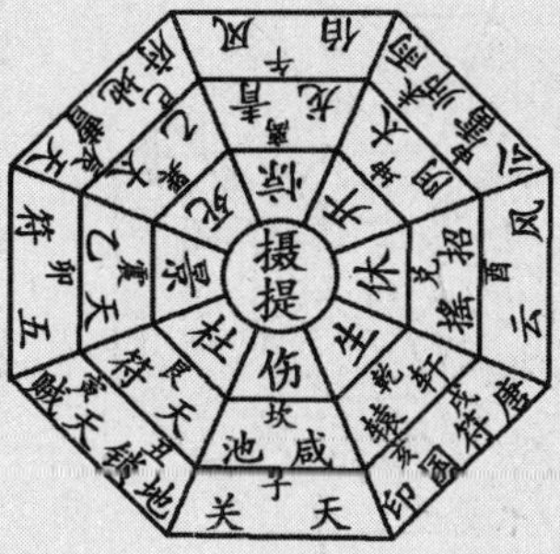

戌	申	午	辰	寅	子
匮金		龙青	命司		
	天刑			天牢 空	白虎

亥	酉	未	巳	卯	丑
德天		堂明			堂玉
	朱雀		勾陈	元武	

丙午日不宜急取吉时开门吉

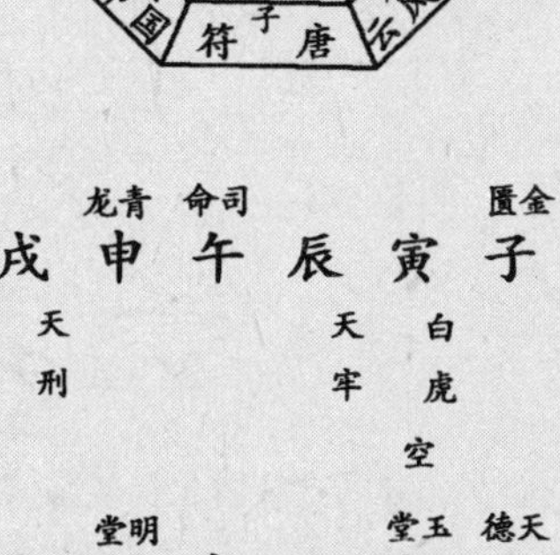

戌	申	午	辰	寅	子
	龙青	命司			匮金
天刑			天牢	白虎 空	

亥	酉	未	巳	卯	丑
	堂明			堂玉	德天
朱雀		勾陈	元武		

丁未日不宜急取吉时休门大利

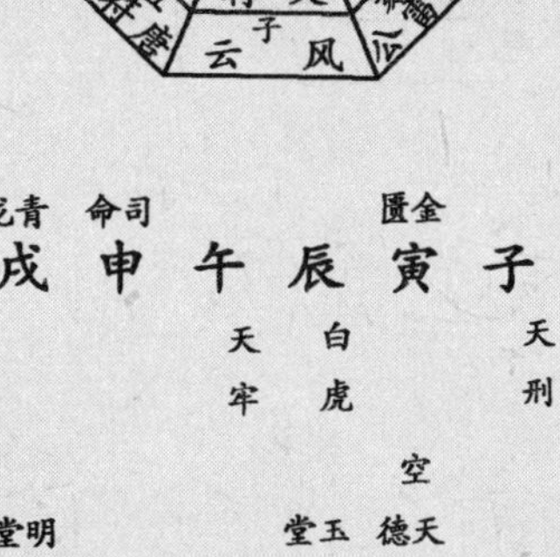

戌	申	午	辰	寅	子
龙青	命司			匮金	
		天牢	白虎	空	天刑

亥	酉	未	巳	卯	丑
堂明			堂玉	德天	
	勾陈	元武			朱雀

戊申日不宜急取吉时生门吉

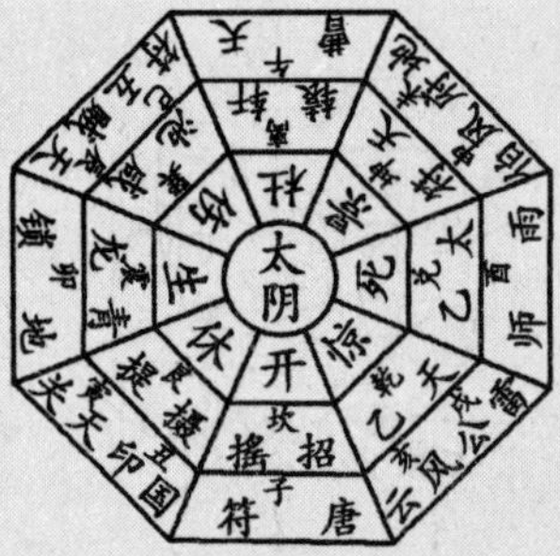

司命			金匮		青龙
戌	申	午	辰	寅	子
	天牢	白虎		天刑 空	
		玉堂	天德		明堂
亥	酉	未	巳	卯	丑
勾陈	元武			朱雀	

己酉日不宜急取吉时开门吉

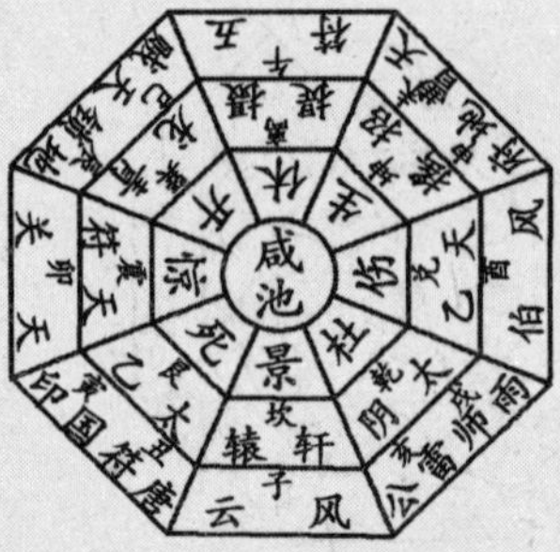

	金匮		青龙	司命	
戌	申	午	辰	寅	子
白虎		天刑		空	天牢
玉堂	天德		明堂		
亥	酉	未	巳	卯	丑
		朱雀		勾陈	元武

庚戌日不宜急取吉时休门吉

	金匮		青龙	司命	
戌	申	午	辰	寅	子
白虎		天刑		空	天牢
玉堂	天德		明堂		
亥	酉	未	巳	卯	丑
		朱雀		勾陈	元武

辛亥日天恩福显德星宜休门吉时利

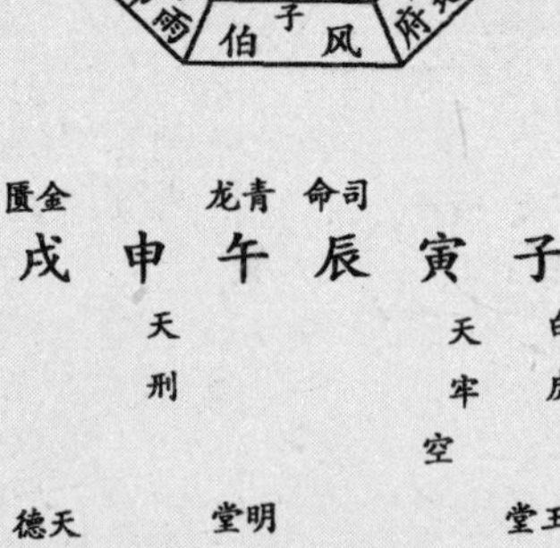

金匮		青龙	司命		
戌	申	午	辰	寅	子
	天刑			天牢 空	白虎
天德		明堂			玉堂
亥	酉	未	巳	卯	丑
	朱雀		元武	勾陈	

壬子日天恩月合吉时休门利

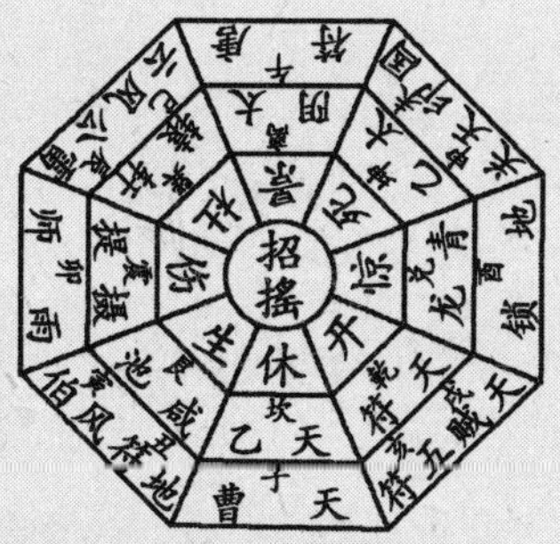

	龙青	命司			匮金
戌	申	午	辰	寅	子
天刑			天牢	白虎 空	
	堂明			堂玉	德天
亥	酉	未	巳	卯	丑
朱雀		勾陈	元武		

癸丑日天恩将星宜吉时休门利

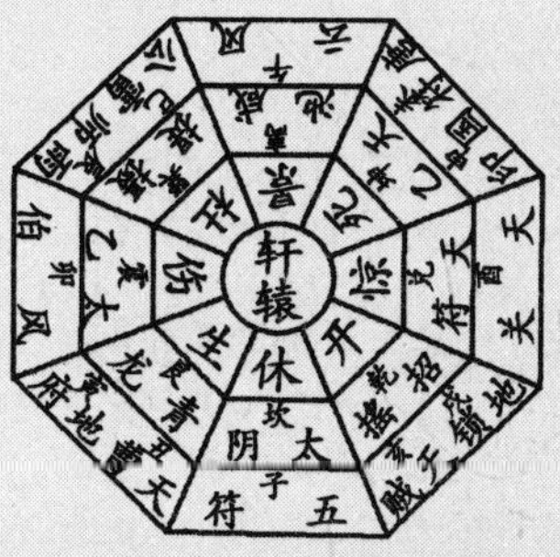

龙青	命司			匮金	
戌	申	午	辰	寅	子
		天牢	白虎	空	天刑
堂明			堂玉	德天	
亥	酉	未	巳	卯	丑
	勾陈	武 元武			朱雀

甲寅日五福六合宜取吉时生门大利

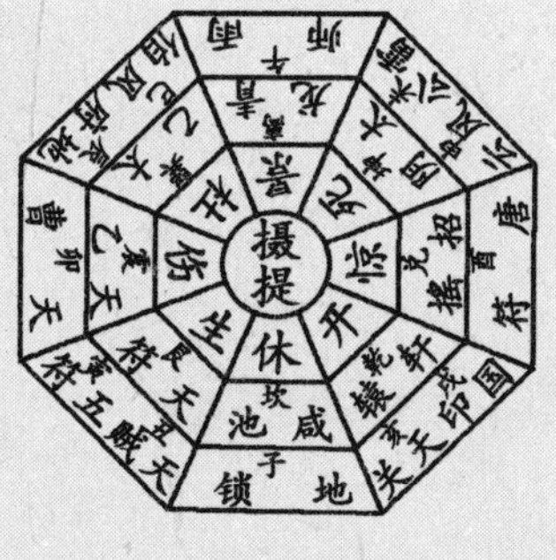

命司			匮金		龙青
戌	申	午	辰	寅	子
	天牢	白虎		天刑	空
		堂玉	德天		堂明
亥	酉	未	巳	卯	丑
勾陈	元武			朱雀	

乙卯日不宜急取吉时生门吉

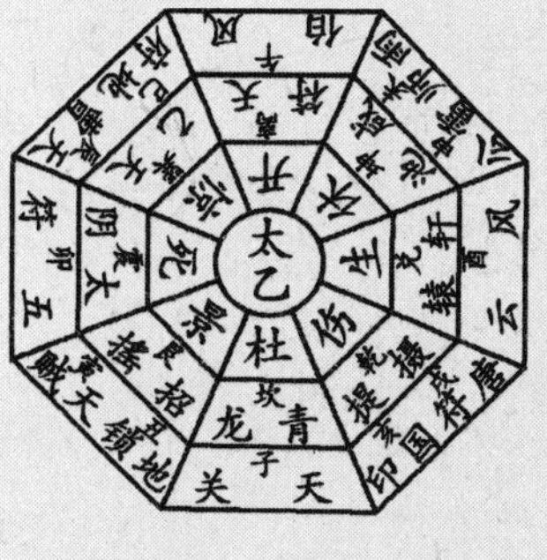

		匮金		龙青	命司
戌	申	午	辰	寅	子
天牢	白虎		天刑		空
	堂玉	德天		堂明	
亥	酉	未	巳	卯	丑
元武			朱雀		勾陈

丙辰日不宜急用休门吉

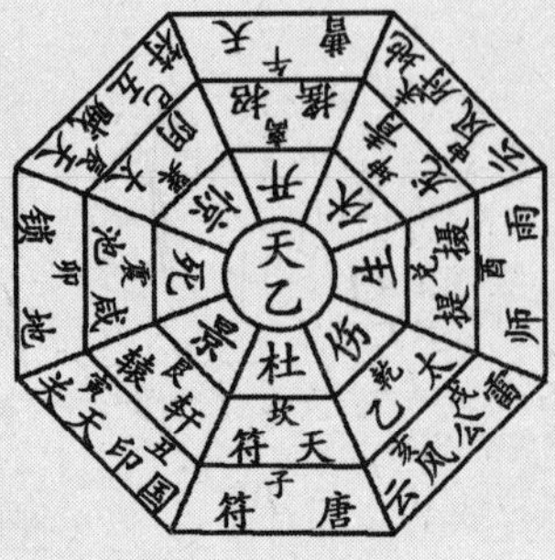

戌	申	午	辰	寅	子
	金匮		青龙	司命	
戌	申	午	辰	寅	子
白虎		天刑			天牢 空

亥	酉	未	巳	卯	丑
玉堂	天德		明堂		
亥	酉	未	巳	卯	丑
		朱雀		勾陈	元武

丁巳日不宜出入只宜行军兵大胜生开门吉

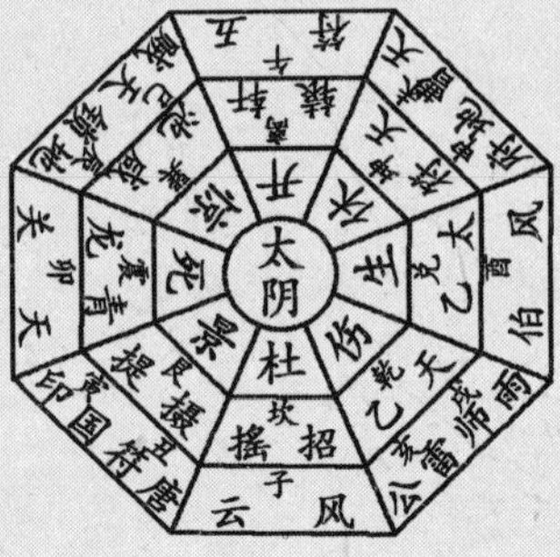

戌	申	午	辰	寅	子
金匮			青龙	司命	
戌	申	午	辰	寅	子
	天刑			天牢	白虎 空

亥	酉	未	巳	卯	丑
天德		明堂			玉堂
亥	酉	未	巳	卯	丑
	朱雀		勾陈	元武	

戊午日不宜急取吉时生门吉

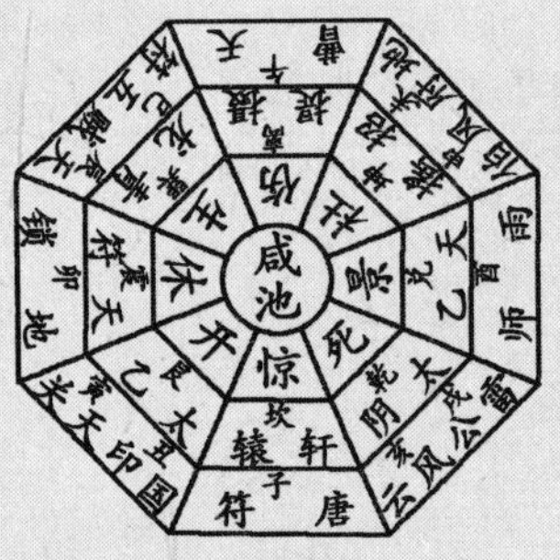

戌	申	午	辰	寅	子
	青龙	司命			金匮
戌	申	午	辰	寅	子
天刑			天牢	白虎	空

亥	酉	未	巳	卯	丑
	明堂			玉堂	天德
亥	酉	未	巳	卯	丑
雀 朱雀		勾陈	元武		

己未日不宜急取吉时开门吉

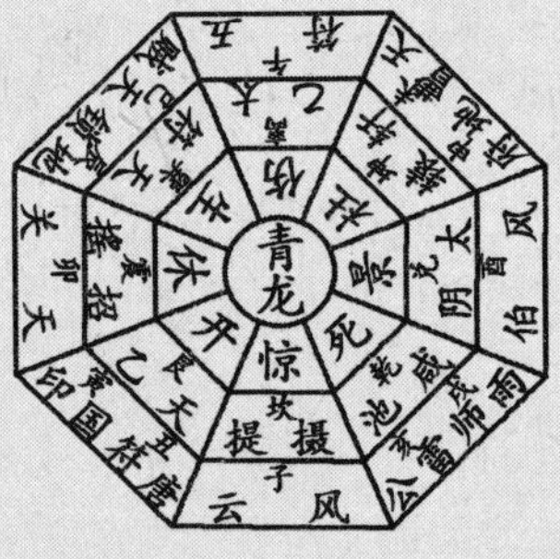

戌	申	午	辰	寅	子
青龙	司命			金匮	
戌	申	午	辰	寅	子
		天牢	白虎		天刑 空

亥	酉	未	巳	卯	丑
			玉堂	天德	
亥	酉	未	巳	卯	丑
明堂	勾陈	元武			朱雀

庚申日宜吉时出开门大利

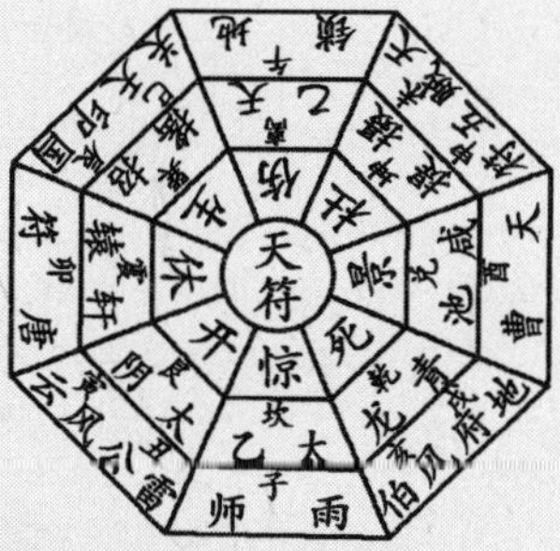

命司		匮金			龙青
戌	申	午	辰	寅	子
	天牢	白虎		天刑	
					空
		堂玉	德天		堂明
亥	酉	未	巳	卯	丑
勾陈	元武			朱雀	

辛酉日不宜急取吉时休门吉

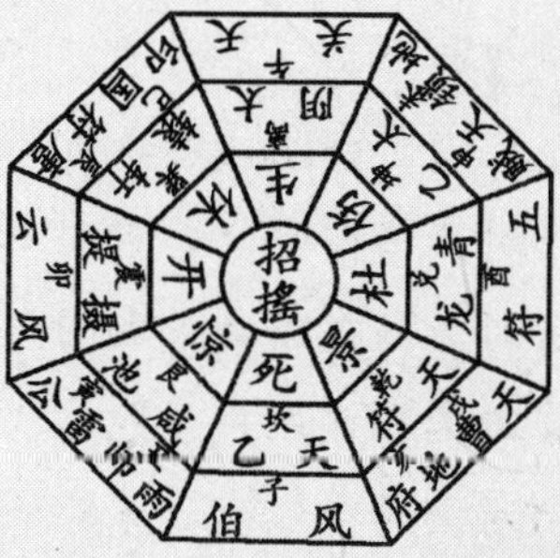

		匮金		龙青	命司
戌	申	午	辰	寅	子
天牢	白虎		天刑		
					空
	堂玉	德天		堂明	
亥	酉	未	巳	卯	丑
元武			朱雀		勾陈

壬戌日不宜急取吉时开门吉

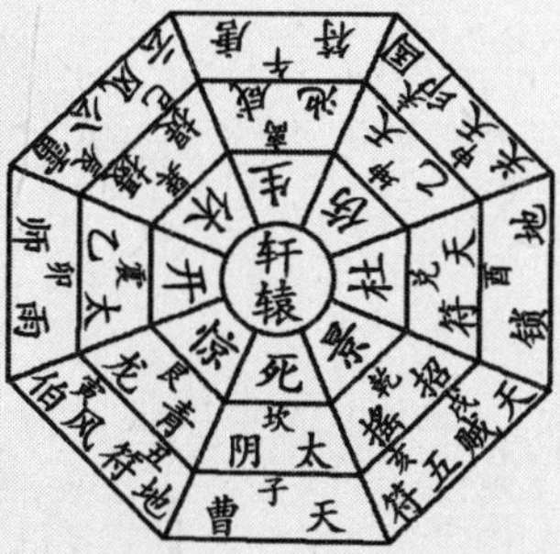

	匮金		龙青	命司	
戌	申	午	辰	寅	子
白虎		天刑			天牢
					空
堂玉	德天		堂明		
亥	酉	未	巳	卯	丑
		朱雀		勾陈	元武

癸亥日天地咸池不宜急取吉时休门利

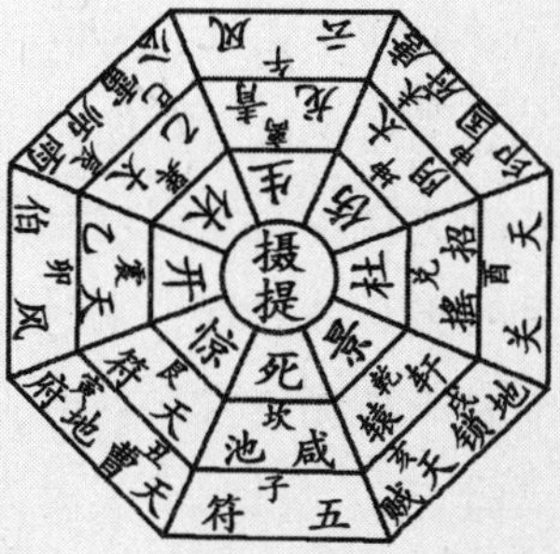

匮金		龙青	命司		
戌	申	午	辰	寅	子
	天刑			天牢	白虎
					空
德天		堂明			堂玉
亥	酉	未	巳	卯	丑
	朱雀		勾陈	元武	

推太冲天马墨落处

每月以中气起月将，加时看。

雨水：正月中，登明戌将，加子时，天马在巳宫是也。

子时天马在巳宫，丑时天马在午宫。

寅时天马在未宫，卯时天马在申宫。

辰时天马在酉宫，巳时天马在戌宫。

午时天马在亥宫，未时天马在子宫。

申时天马在丑宫，酉时天马在寅宫。

戌时天马在卯宫，亥时天马在辰宫。

春分：二月中，天魁戌将，子时，天马在午宫是也。

子时天马在午宫，丑时天马在未宫。

寅时天马在申宫，卯时天马在酉宫。

辰时天马在戌宫，巳时天马在亥宫。

午时天马在子宫，未时天马在丑宫。

申时天马在寅宫，酉时天马在卯宫。

戌时天马在辰宫，亥时天马在己宫。

谷雨：三月中，从魁未将加时。

子时天马在未宫，丑时天马在申宫。

寅时天马在酉宫，卯时天马在戌宫。

辰时天马在亥宫，巳时天马在子宫。

午时天马在丑宫，未时天马在寅宫。

申时天马在卯宫，酉时天马在辰宫。

戌时天马在巳宫，亥时天马在午宫。

小满：四月中，传送酉将加时。

子时天马在申宫，丑时天马在酉宫。

寅时天马在戌宫，卯时天马在亥宫。

辰时天马在子宫，巳时天马在丑宫。

午时天马在寅宫，未时天马在卯宫。

申时天马在亥宫，酉时天马在巳宫。

戌时天马在午宫，亥时天马在未宫。

夏至：五月中，小吉戌将加时。

子时天马在酉宫，丑时天马在戌宫。

寅时天马在亥宫，卯时天马在子宫。
辰时天马在丑宫，巳时天马在寅宫。
午时天马在卯宫，未时天马在辰宫。
申时天马在巳宫，酉时天马在午宫。
戌时天马在未宫，亥时天马在申宫。

大暑：六月中，胜光亥将加时。
子时天马在戌宫，丑时天马在亥宫。
寅时天马在子宫，卯时天马在丑宫。
辰时天马在寅宫，巳时天马在卯宫。
午时天马在辰宫，未时天马在巳宫。
申时天马在午宫，酉时天马在未宫。
戌时天马在申宫，亥时天马在酉宫。

处暑：七月中，太乙午将加时。
子时天马在亥宫，丑时天马在子宫。
寅时天马在丑宫，卯时天马在寅宫。
辰时天马在卯宫，巳时天马在辰宫。
午时天马在巳宫，未时天马在午宫。
申时天马在未宫，酉时天马在申宫。
戌时天马在酉宫，亥时天马在戌宫。

秋分：八月中，地煞酉将加时。
子时天马在寅宫，丑时天马在卯宫。
寅时天马在辰宫，卯时天马在巳宫。
辰时天马在午宫，巳时天马在未宫。
午时天马在申宫，未时天马在酉宫。
申时天马在戌宫，酉时天马在亥宫。
戌时天马在子宫，亥时天马在丑宫。

霜降：九月中，太冲寅将加时
子时天马在北方，丑时天马正东方。
寅时天马东北方，卯时天马正东方。
辰时天马正南方，巳时天马东南方。
午时天马正南方，未时天马在西方。
申时天马西南方，酉时天马正西方。
戌时天马在北方，亥时天马西北方。

小雪：十月中，功曹辰将加时。

子时天马到西方，丑时天马在戌宫。

寅时天马到亥宫，卯时天马到子宫。

辰时天马到丑宫，巳时天马到寅宫。

午时天马在卯宫，未时天马在辰宫。

申时天马在巳宫，酉时天马在午宫。

戌时天马在未宫，亥时天马在申宫。

冬至：十一月，大吉，辰将加时。

子时天马在卯宫，丑时天马在辰宫。

寅时天马在巳宫，卯时天马在午宫。

辰时天马在未宫，巳时天马在申宫。

午时天马在酉宫，未时天马在戌宫。

申时天马在亥宫，酉时天马在子宫。

戌时天马在丑宫，亥时天马在寅宫。

大寒：十二月中，神君卯将加时。

子时天马在东方，丑时天马到南方。

寅时天马在东南，卯时天马在南方。

辰时天马在西南，巳时天马在西南。

午时天马在西方，未时天马在北方。

申时天马在北方，酉时天马正北方。

戌时天马东南方，亥时天马东北方。

以上十二月位月将以太冲寅将，是天马也，不拘到那地方便分方位是也，即以方位冲兵破阵，大吉。

奇门精粹卷十六

日家奇门（下）

阴遁推八门九宫起例歌诀

甲戊壬子九宫求，丁辛乙卯艮八收。
戊庚甲马兑上坐，癸丁辛鸡向乾游。
丙寅二子巽位立，黑黄二兔震宫收。
壬丙二马坤宫站，青黄鸡飞水上浮。
甲戊壬子居离，丁辛乙卯艮连。
戊庚甲马兑宫，丁癸辛鸡乾面。
赤白鼠游巽位，黑黄兔走东边。
丙壬骑马坤地，乙己鸡飞坎伴。
甲子起逐老母，狗儿戏水腾波。
猿猴马上笑呵呵，甲马艮宫独乐。
龙行兑上寻觅，虎向乾位无那。
太乙九星并排他，此法细推无祸。

推九星八门掌诀歌

<table>
<tr><td>巽四　离九　坤二

震三　中五　兑七

艮八　坎一　乾六</td><td>太阴甲子在乾宫，天乙摄提轩辕从。
天符青龙咸池，顺行九位要飞宫。
一日乙飞一位，便是八门定吉凶。</td></tr>
</table>

推八门总诀歌

休门出入贵人留，欲要潜身向杜游。求索酒食景门上，采猎茔埋死门投。捕盗惊门十得九，买卖经商生上酬。远行嫁娶开门吉，索债伤门十倍收。

推八门吉凶

休门贪狼水星

公求相讲遇休门，吉宿游行见贵人。更得相生无相克，自然出入笑欣欣。

凡休门出入者，宜取和集法，演兵、习阵、求财，万事吉。

生门左辅土星

但凡出入遇其生，吉曜临门百事亨。若有凶星来隔拨，求财成处必无争。

凡出生门者宜求财、见贵人、营谋，百事大吉。

伤门禄存木星

远行伤门见血光，须防暗箭被人伤。求财惊恐多不利，则宜索债不须防。

凡出伤门者，百事不如意，则宜索债，大吉。

杜门文曲木星

若出杜门路不通，只宜逃躲走西东。除邪去鬼皆不利，百事诸凡尽不中。

凡出杜门者，诸事闭塞，只宜隐伏逃躲避难，大吉。

景门右弼火星

若出景门贼盗逢，劝君思想莫停身。恐遇恶人不用去，谒故寻亲方可行。

凡出景门者，远行有阻，或遭盗贼，若谒故寻亲，大吉。

死门巨门土星

若出死门不须论，无灾去外命难存。土居八门最为恶，只宜采猎送妖魂。

凡出死门者，远行必有重厄，道路闭塞，百事不通，只宜采猎、捕捉、葬埋，大吉。

惊门破军金星

若出惊门病缠身，阴谋口舌有灾迍。远行出外伤财宝，百怪灾殃戏弄人。

凡出惊门者，远行有恐惧之灾，官事连绵，只宜捕捉，大吉。

开门武曲金星

若遇开门事吉祥，干求诸事遇贤良。官司论理皆利吉，八门之中最为强。

凡出开门者，远行利见贵人接引，大吉。

推九星总诀歌

青龙乾位兑咸池，震号轩辕坤摄提。坎居太乙离天乙，天符中宫显尊卑。

推九星歌

太乙星

门中太乙星，星曜号贪狼。赌博钱财遂，婚姻大吉昌。远行无阻滞，参谒见贤良。远行三五里，著皂辨阴阳。

凡出太乙星者，行数里，见著皂衣人来求，请进用、婚姻、谒见贤良，大吉。

摄提星

门中见摄提，百事必迟疑。相生犹自可，相克有灾危。远行多不利，耕地损牛犁。死门若相见，老妇哭悲啼。

凡出摄提星者，不吉。二里主逢耕地损牛犁，老妇哭，悲号不吉。

轩辕星

门中见轩辕，做事必牵缠。相生能克主，相克主熬煎。远行途阻滞，赌博自输钱。但行三五里，路逢一官员。

凡出轩辕星者，远行阻滞，求财不利，更防自己灾危，不吉。

招摇星

招摇土木星，当门事不成。远行三五里，阴人口舌迎。怪梦虚惊怕，门鸣户作声。前行数十里，必见二亲人。

凡出招摇星者，主见妇人口舌，怪梦惊恐，邻家釜鸣，不吉。

天符星

五鬼号天符，当门妇人谋。相克无好事，行人阻程途。走失难寻觅，路逢一老姑。前行七八里，可见一亲故。

凡出天符星者，主见妇人谋害，行人阻滞，官非口舌，不利。

青龙星

门中见青龙，求事喜重重。投人逢酒肉，赌博见兴隆。更遇相生位，钱财得不空。前路五六里，医人路上逢。

凡出青龙星者，主见酒食、赌博胜，上官，迁移，求财，百事大吉。

咸池星

星曜号咸池，当门病不宜。远行多不利，相克有灾危。赌博全输尽，求财空手归。神仙真妙诀，愚人莫与知。

凡出咸池星者，主出行求财、赌博空手而回，损失财物，遭病患，提防自己灾厄。

太阴星

门中太阴星，百事并不侵。求财皆成就，知交自己寻。前行七八里，牵牛小子临。机审牢收取，此法值千金。

凡出太阴星者，行七八里逢小儿牵牛而来，求干钱财、成就，吉。

天乙星

门中见天乙，相生百事成。求财皆和顺，茶酒自来迎。前行数十里，路逢带孝人。除佛无不念，灾祸甚分明。

凡出天乙星者，行二三里，主见一妇人著五色衣抱小儿，百事大吉。

推九星吉凶所属金木水火土总诀

一太乙水吉，二摄提土凶，三轩辕木平，四招摇木平，五天符土凶，六青龙金吉，七咸池金凶，八太阴土吉，九天乙火吉。

阴遁九星歌

甲子坤宫作首，甲戌乙坎横行。甲申离上英雄，甲午艮宫不动。甲辰入兑连转，甲寅乾面得生。

推十二神吉凶诀

五符天曹地府星，吉。风伯雨师雷公精，凶。
风云唐符并国印，吉。天关地锁天贼神，凶。
正五九月虎头当，二六十月被猪伤。
三七十一蛇反覆，四八十二在龙江。
有人来往犯此日，必遭罗纲不归乡。

甲子日天恩福德生气宜出西南生门吉

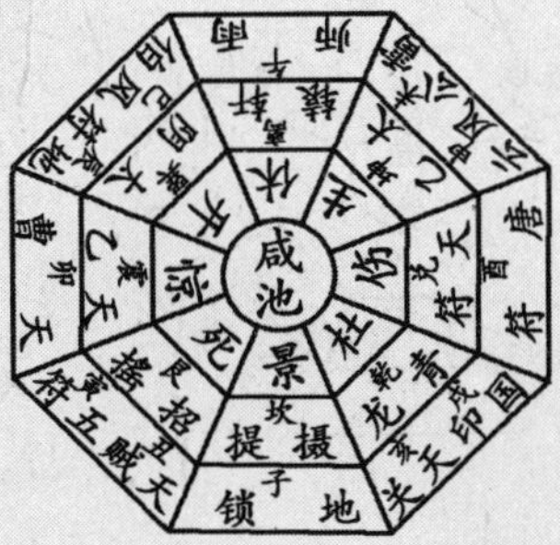

	龙青	命司			匮金
戌	申	午	辰	寅	子
天刑			天牢	白虎	
旬空	堂明			堂玉	德天
亥	酉	未	巳	卯	丑
朱雀		勾陈	元武		

乙丑日天恩福德显星宜坤方生门大利

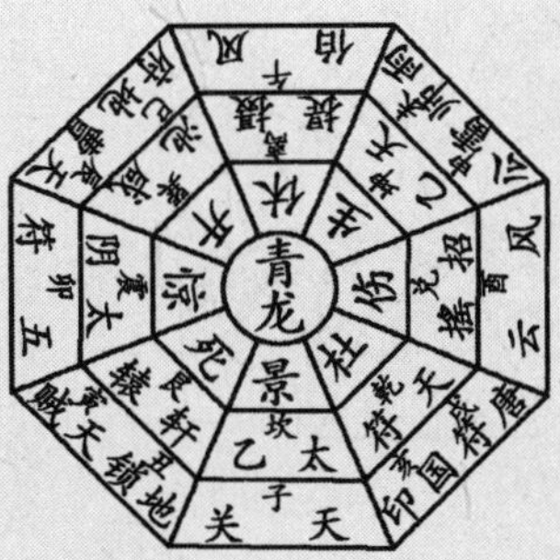

龙青	命司			匮金	
戌	申	午	辰	寅	子
		天牢	白虎		天刑
空 堂明			堂玉	德天	
亥	酉	未	巳	卯	丑
		勾陈	元武		朱雀

丙寅日天蛊死气不宜有急事生门利

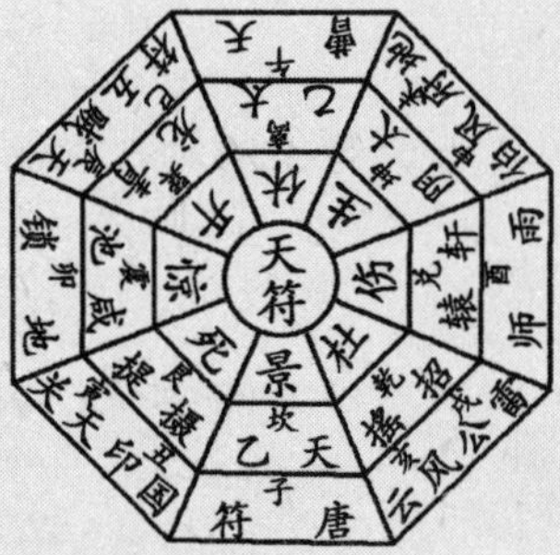

司命			金匮		青龙
戌	申	午	辰	寅	子
	天牢	白虎		天刑	
空					
		玉堂	天德		明堂
亥	酉	未	巳	卯	丑
勾陈	元武			朱雀	

丁卯日火星天害血光不宜急取坎方开门利

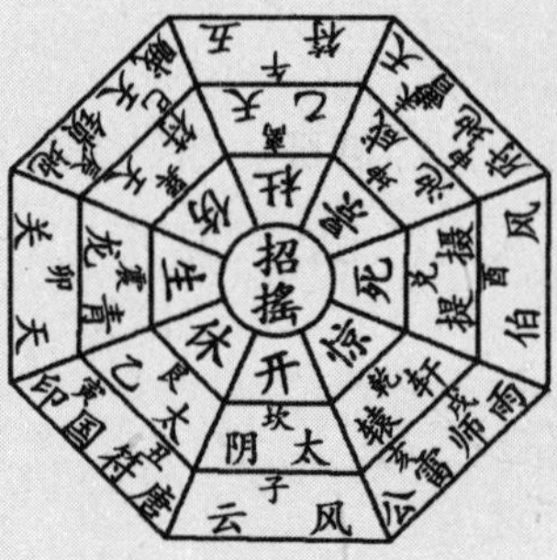

		金匮		青龙	司命
戌	申	午	辰	寅	子
天牢	白虎		天刑		
空					
	玉堂	天德		明堂	
亥	酉	未	巳	卯	丑
元武			朱雀		勾陈

戊辰日天恩玉堂福星宜出艮方休门大利

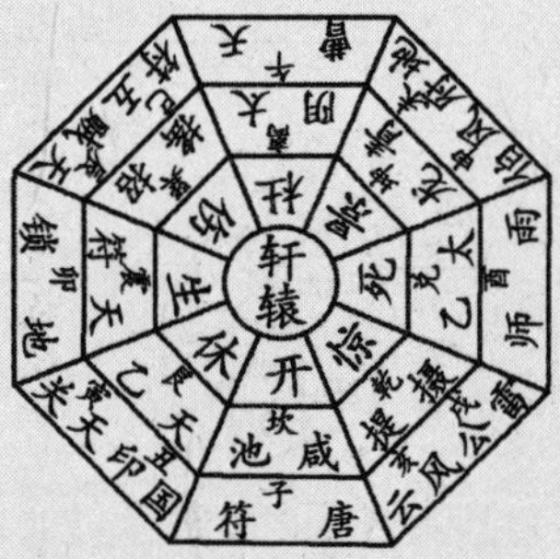

	金匮		青龙	司命	
戌	申	午	辰	寅	子
白虎		天刑			天牢
空					
玉堂	天德		明堂		
亥	酉	未	巳	卯	丑
		朱雀		勾陈	元武

己巳日月德福台生气家出坎方开门大利

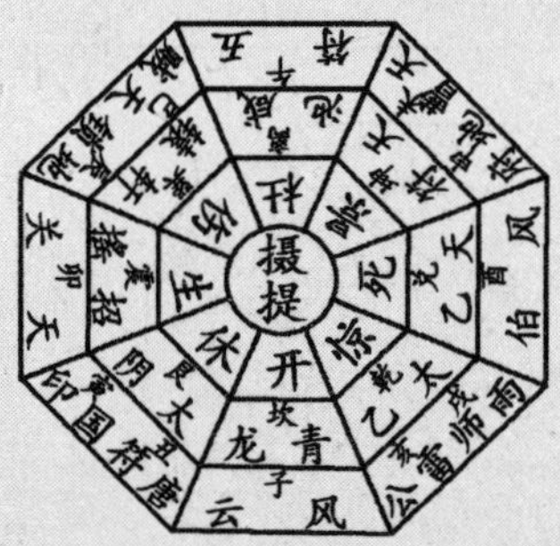

金匮		青龙	司命		
戌	申	午	辰	寅	子
	天刑			天牢	白虎
空					
天德		明堂			玉堂
亥	酉	未	巳	卯	丑
	朱雀		勾陈	元武	

辛未日天福台星宜出乾方生门吉

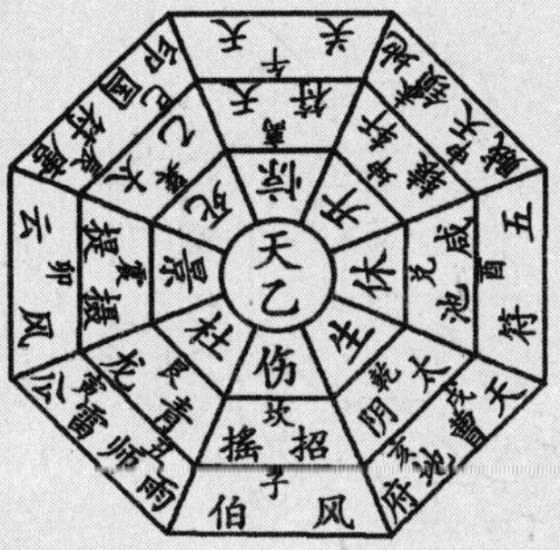

青龙	司命			金匱	
戌	申	午	辰	寅	子
		天牢	白虎		天刑
空					
明堂			玉堂	天德	
亥	酉	未	巳	卯	丑
	勾陈	元武			朱雀

庚午日天休死气伐日刑星不宜急事出休门利

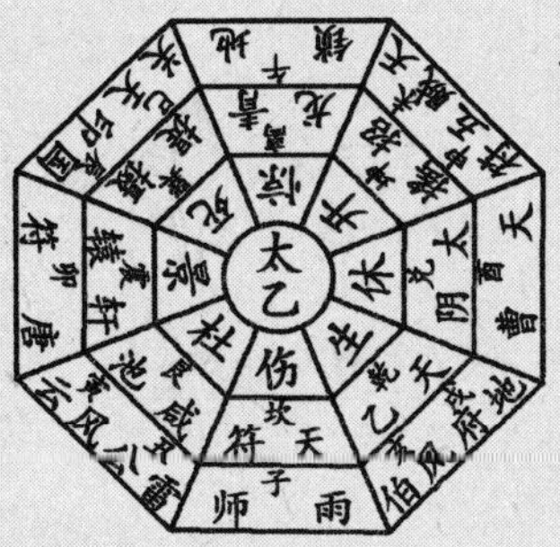

	青龙	司命			金匱
戌	申	午	辰	寅	子
天刑			天牢	白虎	
空					
	明堂			玉堂	天德
亥	酉	未	巳	卯	丑
朱雀		勾陈	元武		

癸酉天火血刃不宜急取休门吉

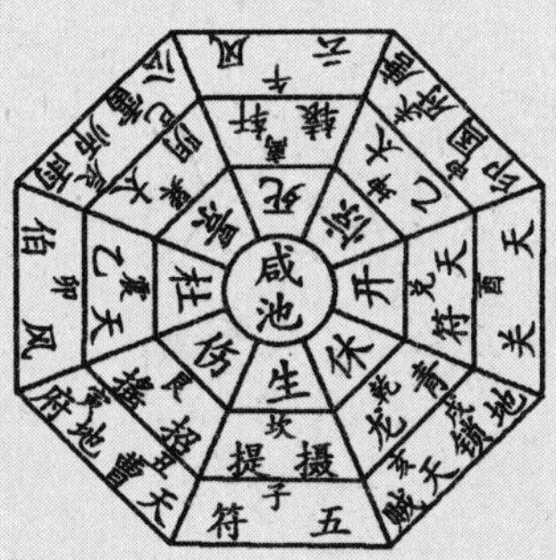

		金匱		青龙	司命
戌	申	午	辰	寅	子
天牢	白虎		天刑		
空					
	玉堂	天德		明堂	
亥	酉	未	巳	卯	丑
元武			朱雀		勾陈

壬申日大败天休不宜急出乾方生门吉

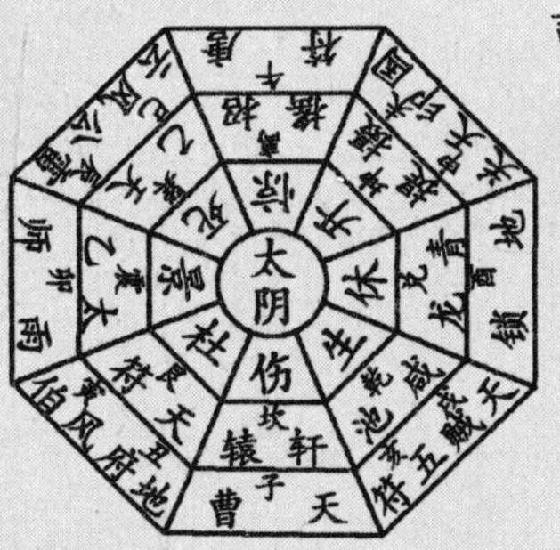

司命			金匱		青龙
戌	申	午	辰	寅	子
	天牢	白虎		天刑	
空					
		玉堂	天德		明堂
亥	酉	未	巳	卯	丑
勾陈	元武			朱雀	

甲戌日显星月合宜坎方生门利

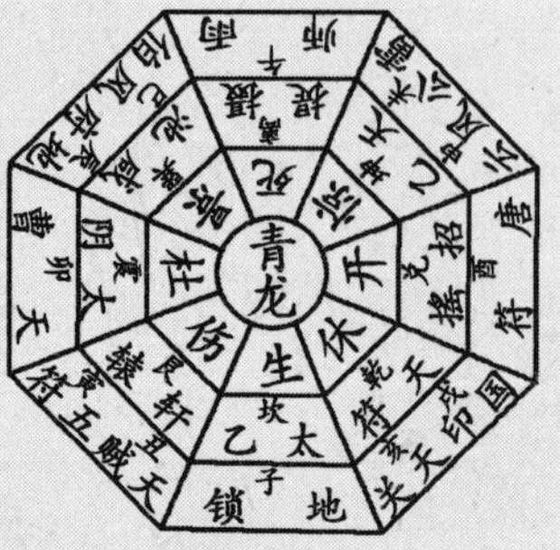

	匮金		龙青	命司	
戌	申	午	辰	寅	子
白虎	句空	天刑			天牢
堂玉	德天		堂明		
亥	酉	未	巳	卯	丑
		朱雀		勾陈	元武

乙亥日玉堂金聖宜出坎方生门吉

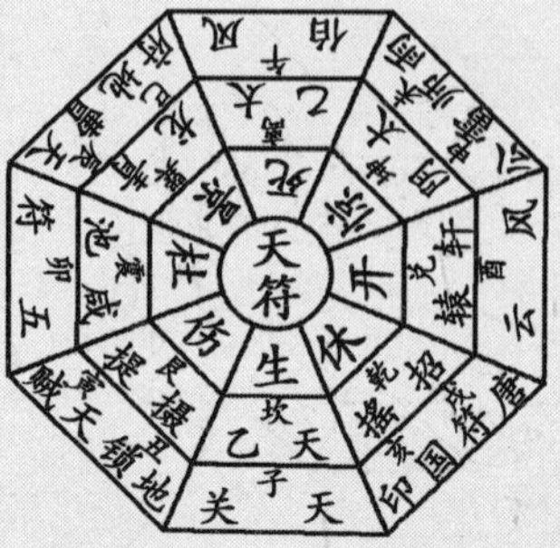

匮金		龙青	命司		
戌	申	午	辰	寅	子
	天刑 空			天牢	白虎
德天		堂明			堂玉
亥	酉	未	巳	卯	丑
	朱雀		勾陈	元武	

丙子受死代日不宜急取离方生门吉

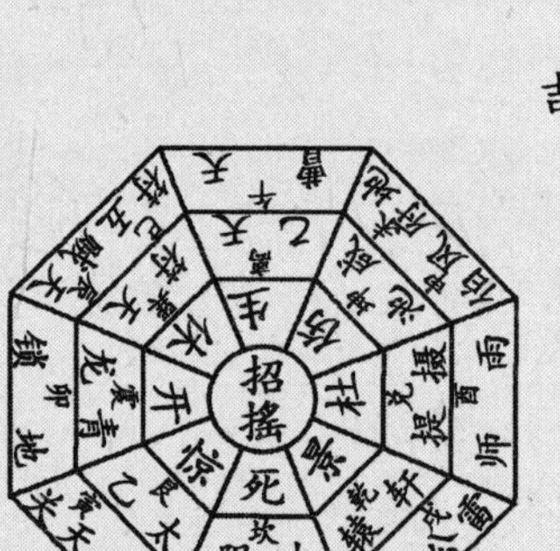

	龙青	命司			匮金
戌	申	午	辰	寅	子
天刑	空		天牢	白虎	
	堂明			堂玉	德天
亥	酉	未	巳	卯	丑
朱雀		勾陈	元武		

丁丑日天上大空死气不宜急取生门吉

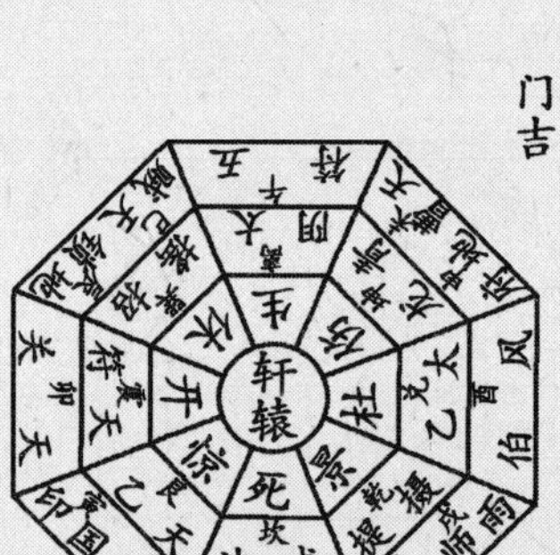

龙青	命司			匮金	
戌	申	午	辰	寅	子
	空	天牢	白虎		天刑
堂明			堂玉	德天	
亥	酉	未	巳	卯	丑
	勾陈	元武			朱雀

戊寅日空亡代日天瑞月合宜出生门吉

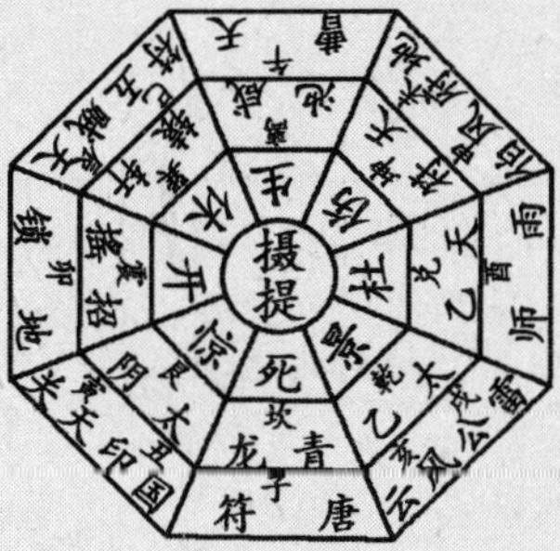

戌	申	午	辰	寅	子
司命		金匮			青龙
戌	申	午	辰	寅	子
	天牢	白虎		天刑	
	空				

亥	酉	未	巳	卯	丑
		玉堂	天德		明堂
亥	酉	未	巳	卯	丑
勾陈	元武			朱雀	

己卯日天恩明星伐日宜出休门吉

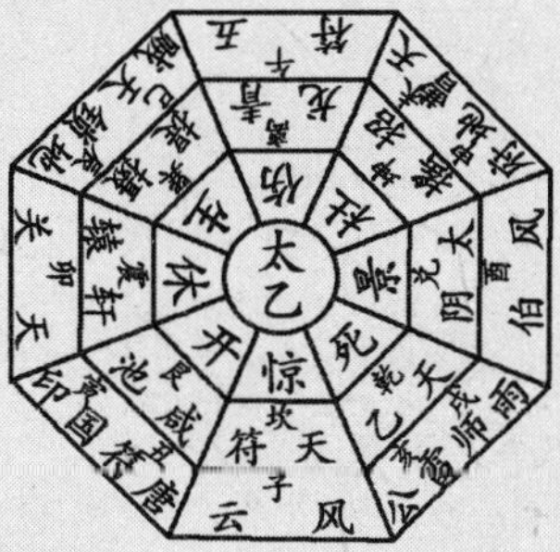

戌	申	午	辰	寅	子
		金匮		青龙	司命
戌	申	午	辰	寅	子
天牢	白虎		天刑		
	空				

亥	酉	未	巳	卯	丑
	玉堂	天德		明堂	
亥	酉	未	巳	卯	丑
元武			朱雀		勾陈

庚辰日大败不宜急取生门吉

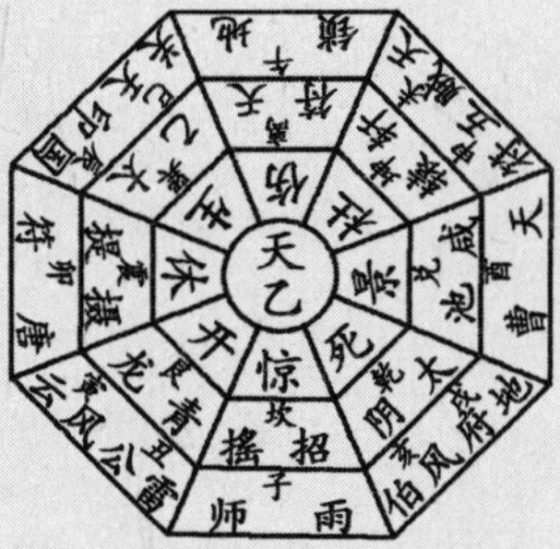

戌	申	午	辰	寅	子
	金匮		青龙	司命	
戌	申	午	辰	寅	子
白虎		天刑			天牢
	空				

亥	酉	未	巳	卯	丑
玉堂	天德		明堂		
亥	酉	未	巳	卯	丑
		朱雀		勾陈	元武

辛巳日大败天牢不宜急取休门吉

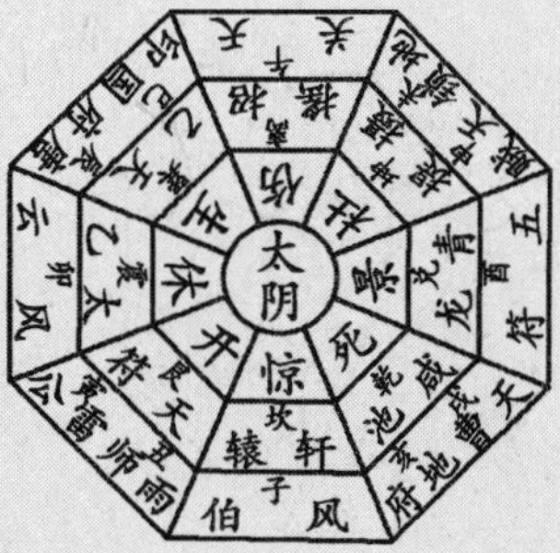

戌	申	午	辰	寅	子
金匮		青龙	司命		
戌	申	午	辰	寅	子
	天刑			天牢	白虎
	空				

亥	酉	未	巳	卯	丑
天德		明堂			玉堂
亥	酉	未	巳	卯	丑
	朱雀		勾陈	元武	

壬午日天恩福德月合宜休门吉

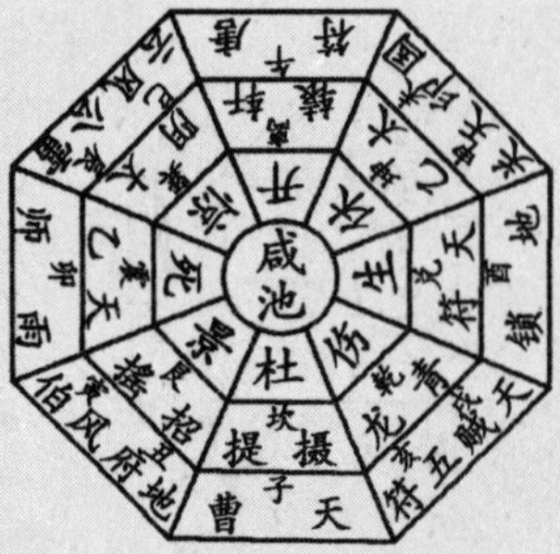

	青龙	司命			金匱
戌	申	午	辰	寅	子
天刑			天牢	白虎	
	空				
	明堂			玉堂	天德
亥	酉	未	巳	卯	丑
朱雀		勾陈	元武		

癸未日天狗伐口不宜急取生门吉

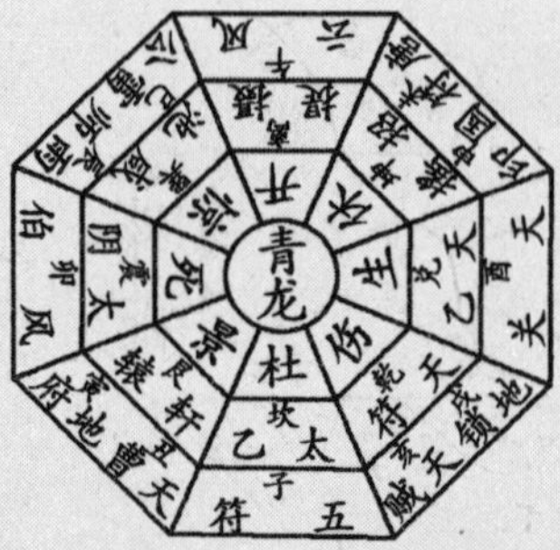

青龙	司命			金匱	
戌	申	午	辰	寅	子
		天牢	白虎		天刑
	空				
明堂			玉堂	天德	
亥	酉	未	巳	卯	丑
	勾陈	元武			朱雀

甲申日天恩福德将星宜开门吉

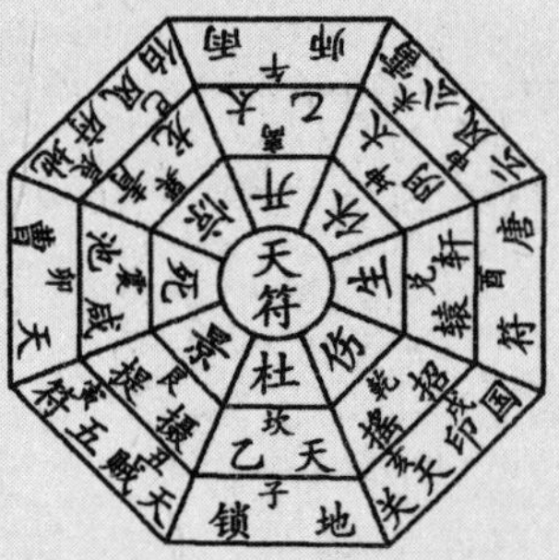

司命			金匱		青龙
戌	申	午	辰	寅	子
	天牢	白虎		天刑	
		空			
		玉堂	天德		明堂
亥	酉	未	巳	卯	丑
勾陈	元武			朱雀	

乙酉日天恩伐日不宜取休门吉

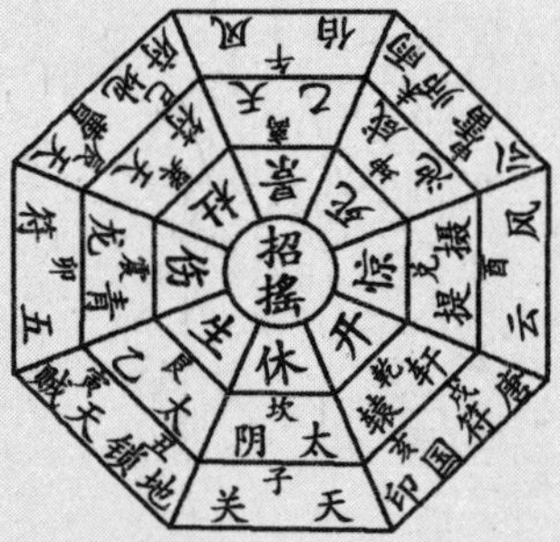

		金匱		青龙	司命
戌	申	午	辰	寅	子
天牢	白虎		天刑		
		空			
	玉堂	天德		明堂	
亥	酉	未	巳	卯	丑
元武			朱雀		勾陈

丙戌日大败不宜急取生门吉

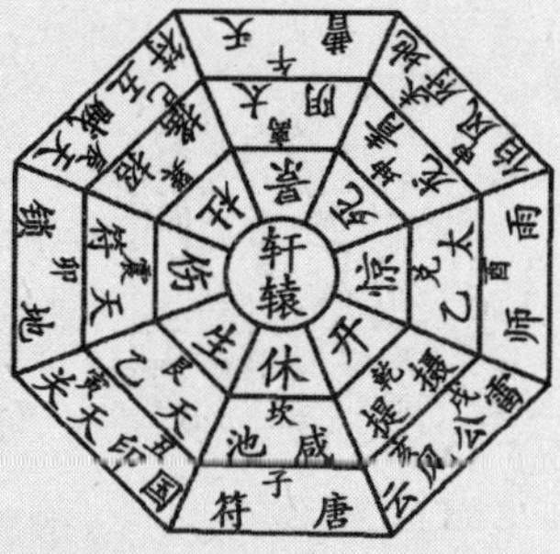

	金匱		青龙	司命	
戊	申	午	辰	寅	子
白虎		天刑 空			天牢
玉堂	天德		明堂		
亥	酉	未	巳	卯	丑
		朱雀		勾陈	元武

丁亥日大败天贼不宜急取休门吉

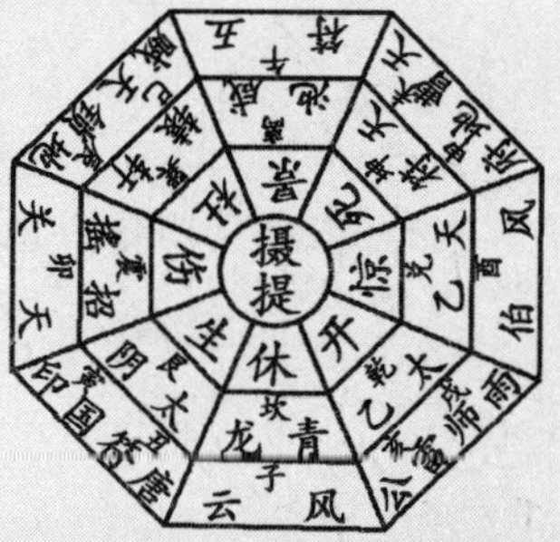

金匱		青龙	司命		
戊	申	午	辰	寅	子
	天刑	空		天牢	白虎
天德		明堂			玉堂
亥	酉	未	巳	卯	丑
	朱雀		勾陈	元武	

戊子日地岸天牢不宜急取休门吉

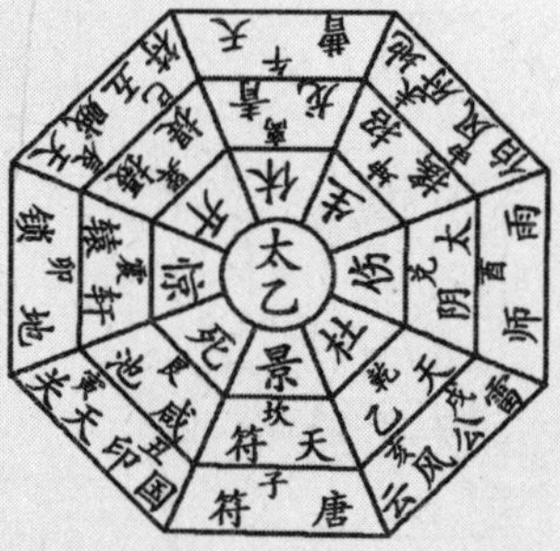

	青龙	司命			金匱
戊	申	午	辰	寅	子
天刑		空	天牢	白虎	
	明堂			玉堂	天德
亥	酉	未	巳	卯	丑
朱雀		勾陈	元武		

己丑日大败不宜急取开门吉

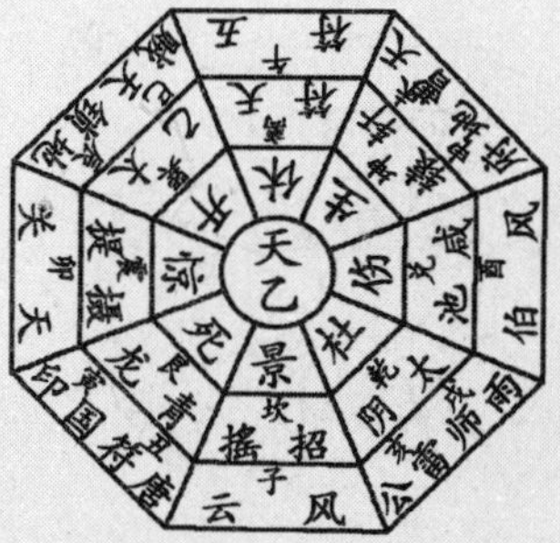

青龙	司命			金匱	
戊	申	午	辰	寅	子
		天牢 空	白虎		天刑
明堂			玉堂	天德	
亥	酉	未	巳	卯	丑
	勾陈	元武			朱雀

庚寅日天福玉堂三合宜开门吉

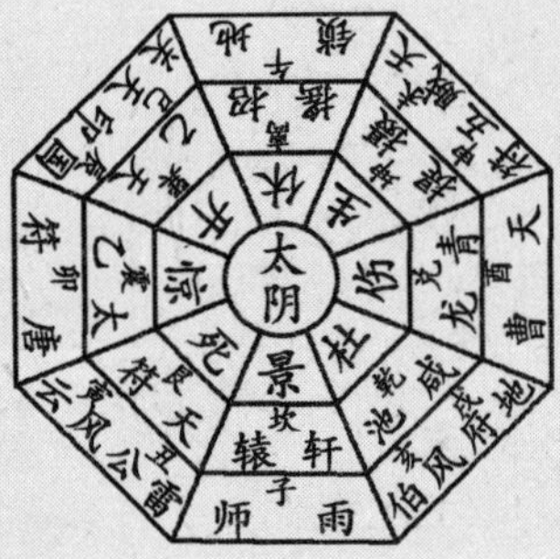

司命			金匮		青龙
戌	申	午	辰	寅	子
	天牢	白虎		天刑	
		空			
		玉堂	天德		明堂
亥	酉	未	巳	卯	丑
勾陈	元武			朱雀	

辛卯日天福聖星六合宜生门吉

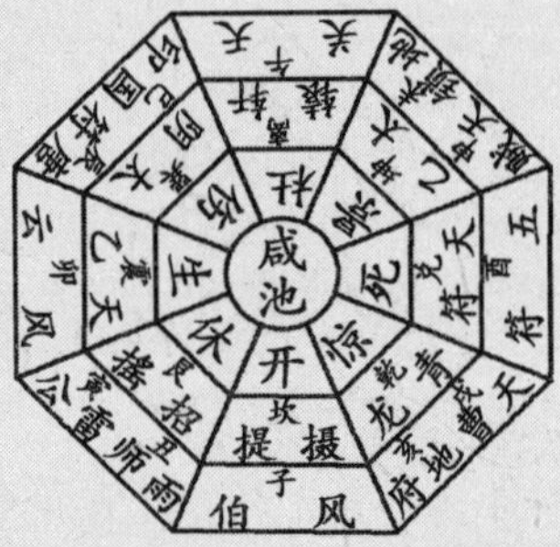

		金匮		青龙	司命
戌	申	午	辰	寅	子
天牢	白虎		天刑		
		空			
	玉堂	天德		明堂	
亥	酉	未	巳	卯	丑
元武			朱雀		勾陈

壬辰日大空九曜不宜急取开门吉

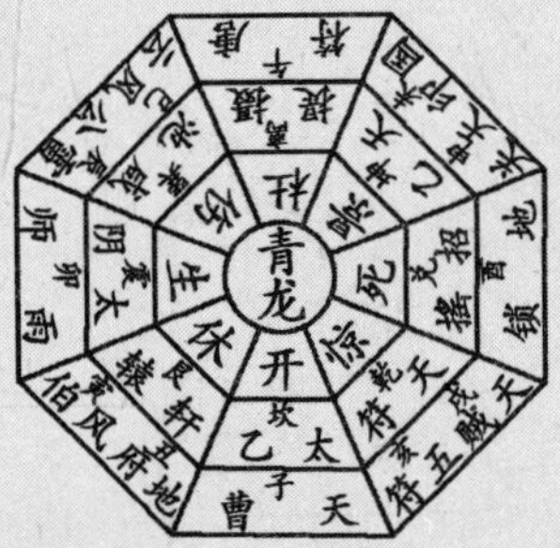

	金匮		青龙	司命	
戌	申	午	辰	寅	子
白虎		天刑			天牢
		空			
玉堂	天德		明堂		
亥	酉	未	巳	卯	丑
		朱雀		勾陈	元武

癸巳日大空夏悲不宜急取坎方开门吉

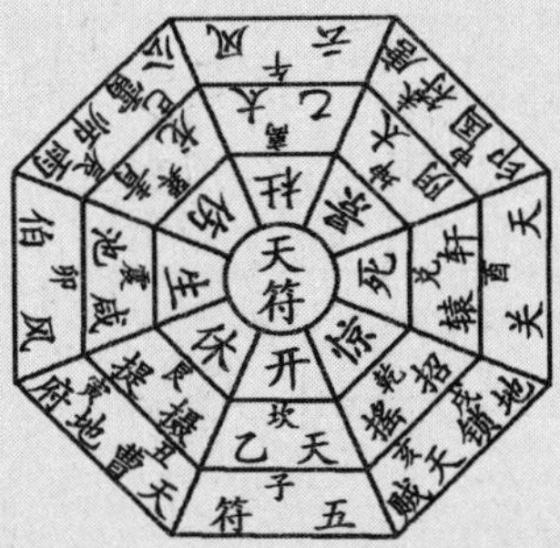

金匮		青龙	司命		
戌	申	午	辰	寅	子
	天刑			天牢	白虎
		空			
天德		明堂			玉堂
亥	酉	未	巳	卯	丑
	朱雀		勾陈	元武	

甲午日天贵将解宜生门吉

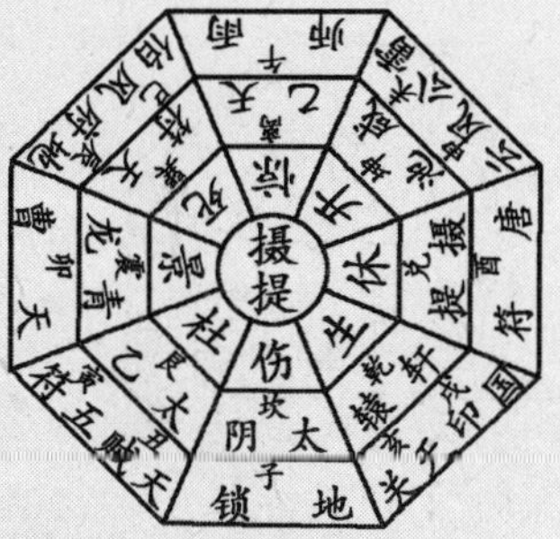

龙青 命司 匮金

戌 申 午 辰 寅 子

天刑 天牢 白虎

旬空

堂明 堂玉 德天

亥 酉 未 巳 卯 丑

朱雀 勾陈 元武

乙未日天喜福德宜兑休门吉

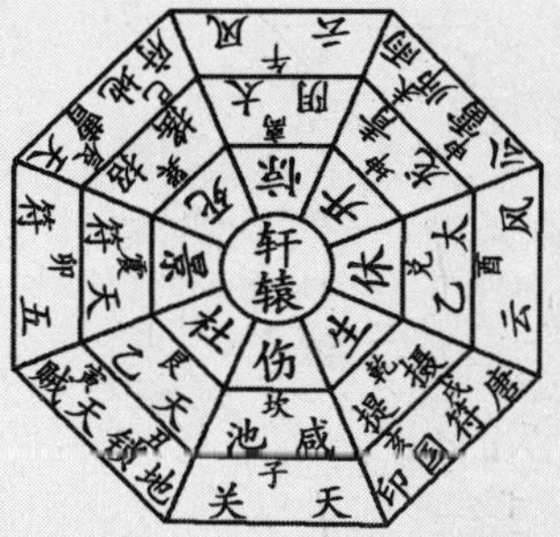

龙青 命司 匮金

戌 申 午 辰 寅 子

天牢 白虎 天刑

空

堂明 堂玉 德天

亥 酉 未 巳 卯 丑

勾陈 元武 朱雀

丙申日大败不宜急取生门吉

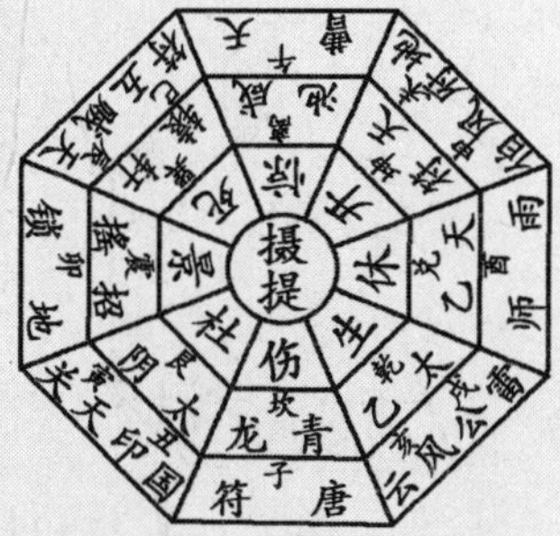

命司 匮金 龙青

戌 申 午 辰 寅 子

天牢 白虎 空 天刑

空

堂玉 德天 堂明

亥 酉 未 巳 卯 丑

勾陈 元武 朱雀

丁酉日天狗地火不宜急取开门吉

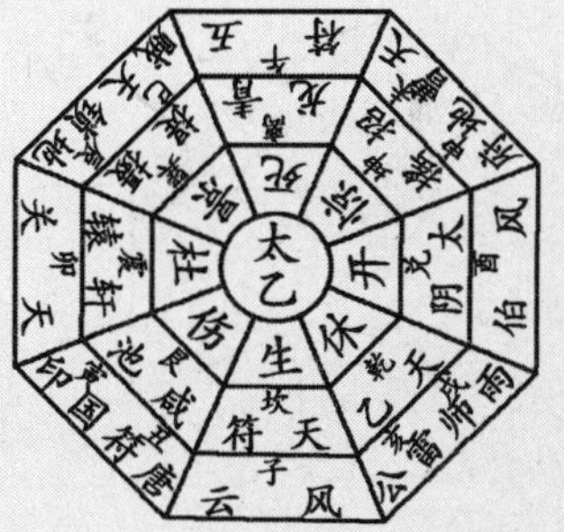

匮金 龙青 命司

戌 申 午 辰 寅 子

天牢 白虎 天刑

空

堂玉 德天 堂明

亥 酉 未 巳 卯 丑

元武 勾陈

己亥日明福太阳生煞宜开门吉

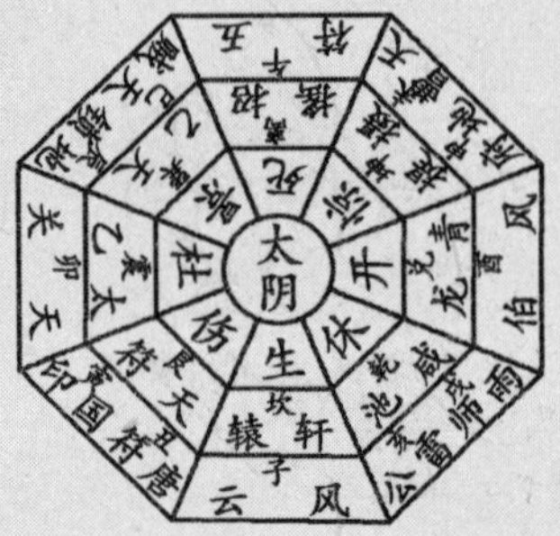

金匮		青龙	司命		
戊	申	午	辰	寅	子
	天刑		空	天牢	白虎

天德		明堂			玉堂
亥	酉	未	巳	卯	丑
	朱雀		勾陈	元武	

戊戌日大败不宜煞急取休门吉

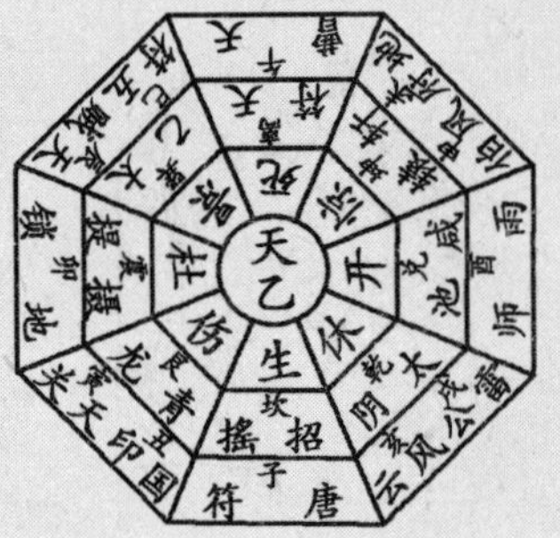

	金匮		青龙	司命	
戊	申	午	辰	寅	子
白虎		天刑	空		天牢

玉堂	天德		明堂		
亥	酉	未	巳	卯	丑
		朱雀		勾陈	元武

辛丑日天福吉曜宜震方开门大利

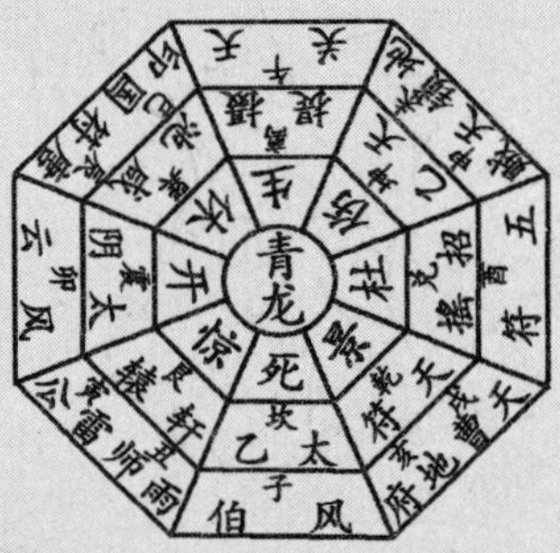

青龙	司命			金匮	
戊	申	午	辰	寅	子
		天牢	白虎 空		天刑

明堂			玉堂	天德	
亥	酉	未	巳	卯	丑
	勾陈	元武			朱雀

庚子日天福月合宜休门利

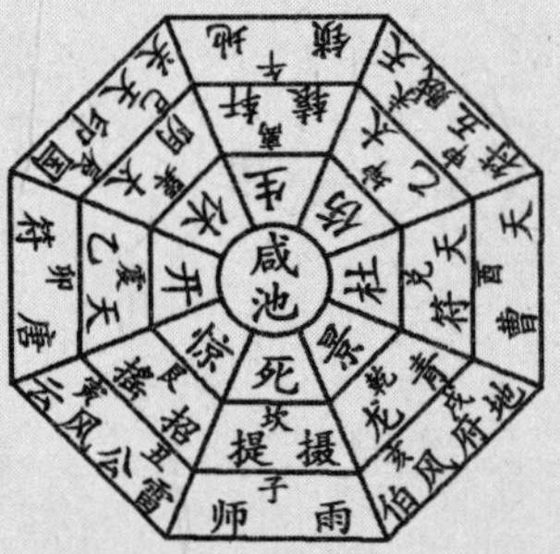

	青龙	司命			金匮
戊	申	午	辰	寅	子
天刑			天牢 空	白虎	

	明堂			玉堂	天德
亥	酉	未	巳	卯	丑
朱雀		勾陈	元武		

壬寅日天地计曜不宜急取休门吉

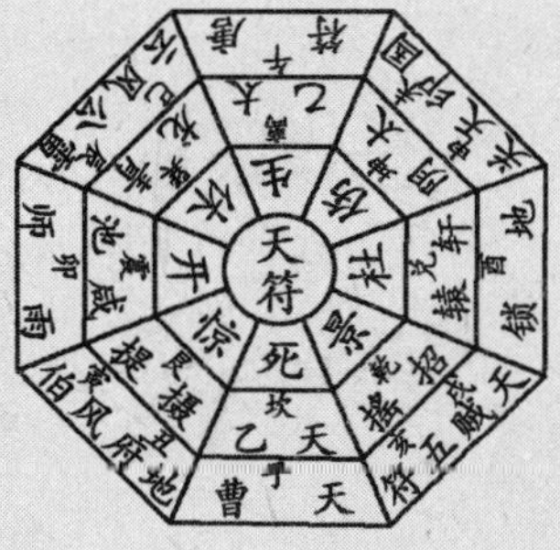

司命			金匮		青龙
戌	申	午	辰	寅	子
	天牢	白虎		天刑	
			空		
		玉堂	天德		明堂
亥	酉	未	巳	卯	丑
勾陈	元武			朱雀	

癸卯日台福六合宜开门吉

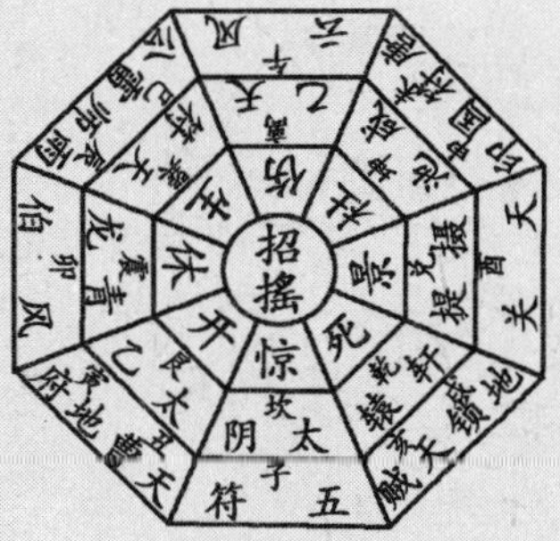

		金匮		青龙	司命
戌	申	午	辰	寅	子
天牢	白虎		天刑		
			空		
	玉堂	天德		明堂	
亥	酉	未	巳	卯	丑
元武			朱雀		勾陈

甲辰日大败鬼神不宜急取开门吉

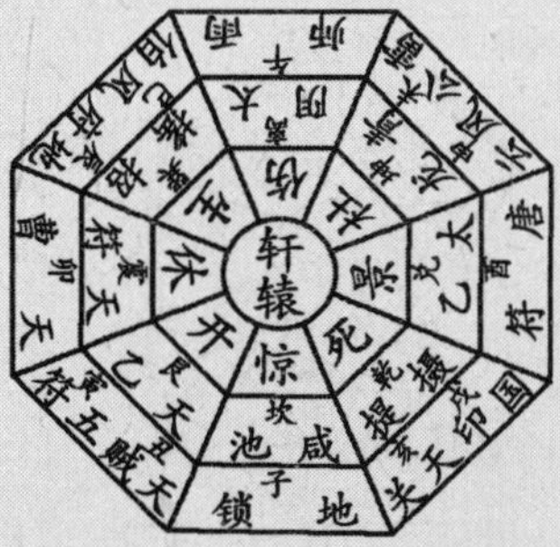

	金匮		青龙	司命	
戌	申	午	辰	寅	子
白虎		天刑			天牢
				旬空	
玉堂	天德		明堂		
亥	酉	未	巳	卯	丑
		朱雀		勾陈	元武

乙巳日大败不宜急取休门吉

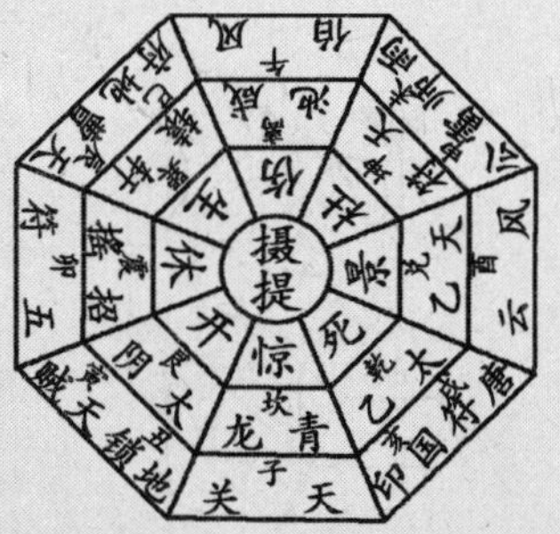

金匮		青龙	司命		
戌	申	午	辰	寅	子
	天刑			天牢	白虎
				空	
天德		明堂			玉堂
亥	酉	未	巳	卯	丑
	朱雀		勾陈	元武	

丙午日地牢不宜急取生门吉

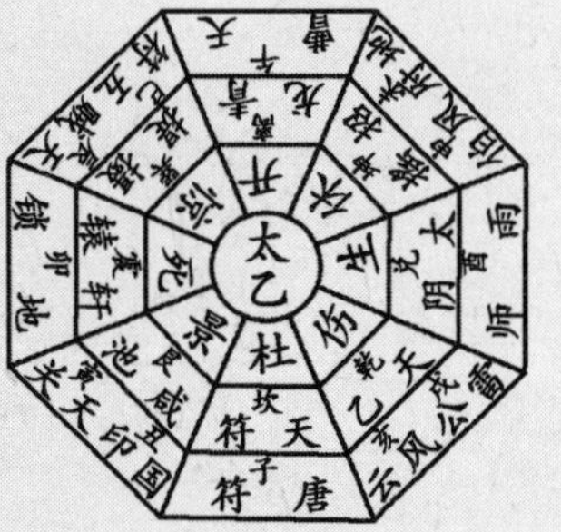

戌	申	午	辰	寅	子
	龙青	命司			匮金
戌	申	午	辰	寅	子
天刑				天牢	白虎 空

亥	酉	未	巳	卯	丑
	堂明			堂玉	德天
亥	酉	未	巳	卯	丑
朱雀		勾陈	元武		

丁未日天上大空不宜急取生门吉

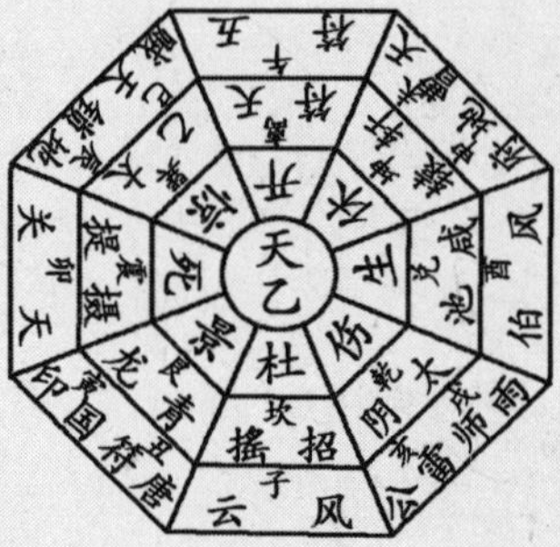

命司	龙青			匮金	
戌	申	午	辰	寅	子
			天牢	白虎 空	天刑
堂明			堂玉	德天	
亥	酉	未	巳	卯	丑
	元武				朱雀

戊申日大空四废不宜急取生门吉

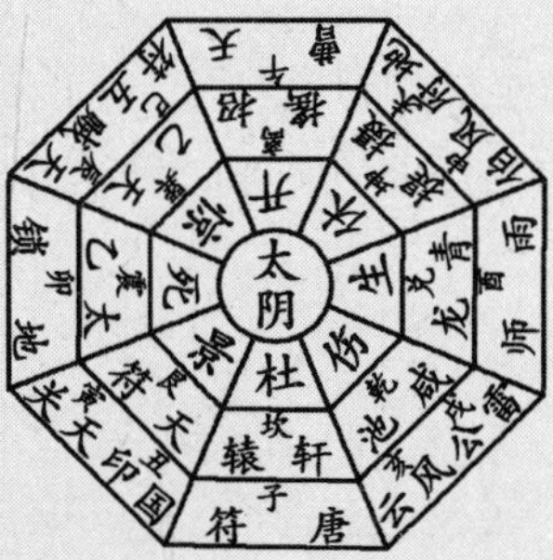

命司			匮金		龙青
戌	申	午	辰	寅	子
	天牢	白虎		天刑 空	
		堂玉	德天		堂明
亥	酉	未	巳	卯	丑
勾陈	元武			朱雀	

巳酉日天地转煞不宜急取开门吉

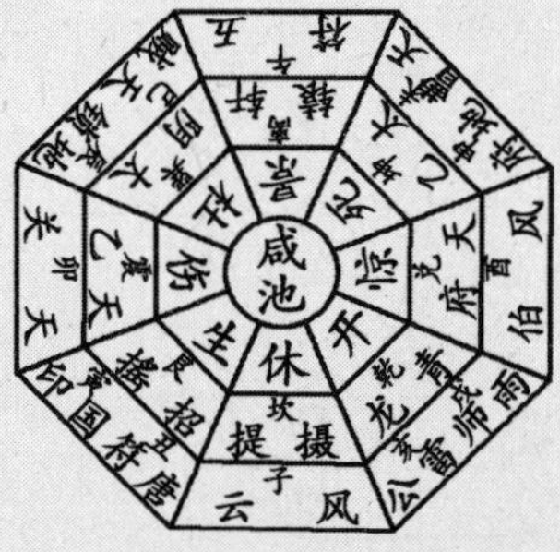

		匮金		龙青	命司
戌	申	午	辰	寅	子
天牢	白虎		天刑	空	
	堂玉	德天		堂明	
亥	酉	未	巳	卯	丑
朱雀			元武		勾陈

庚戌日天福人寿不宜急取休门吉

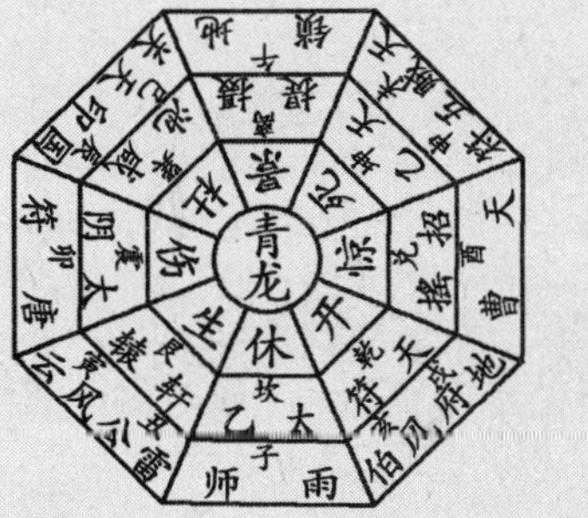

戌	申	午	辰	寅	子
	金匱		青龙	司命	
白虎		天刑		空	天牢

亥	酉	未	巳	卯	丑
玉堂	天德		明堂		
		朱雀		勾陈	元武

辛亥天恩五福显星宜休门吉

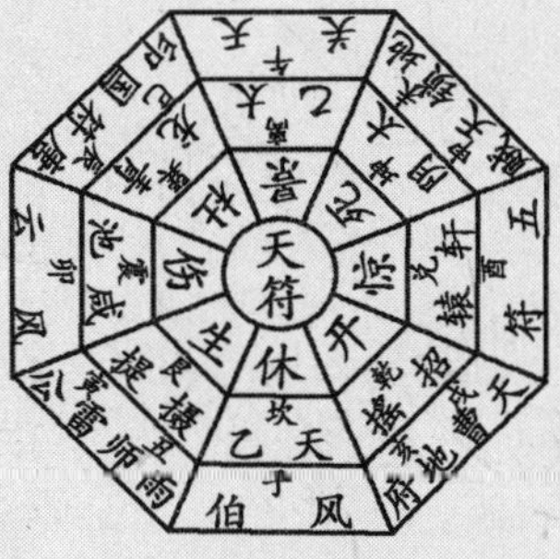

戌	申	午	辰	寅	子
金匱		青龙	司命		
	天刑			天牢 空	白虎

亥	酉	未	巳	卯	丑
天德		明堂			玉堂
	朱雀		勾陈	元武	

壬子日天恩玉堂宜休门吉

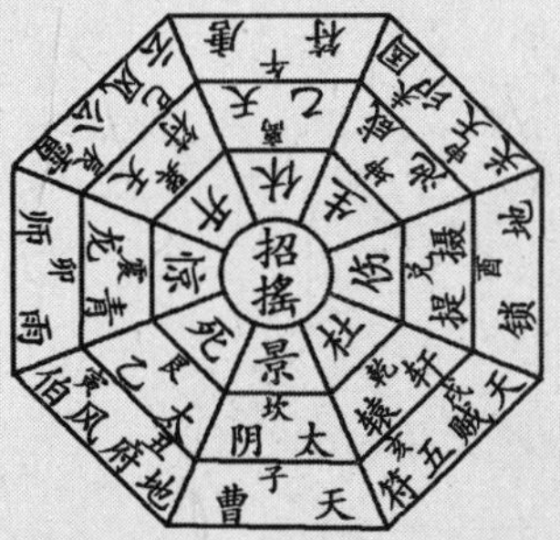

戌	申	午	辰	寅	子
	青龙	司命			金匱
天刑			天牢	白虎 空	

亥	酉	未	巳	卯	丑
	明堂			玉堂	天德
朱雀		勾陈	元武		

癸丑天恩将星宜休门吉

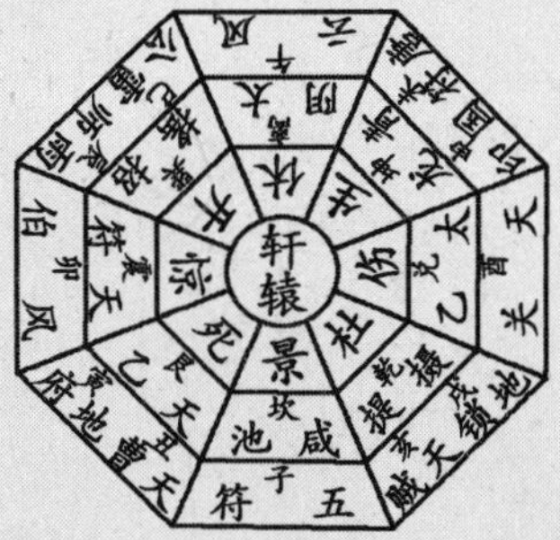

戌	申	午	辰	寅	子
青龙	司命			金匱	
		天牢	白虎	空	天刑

亥	酉	未	巳	卯	丑
明堂			玉堂	天德	
	勾陈	元武			朱雀

甲寅日五福六合宜生门吉

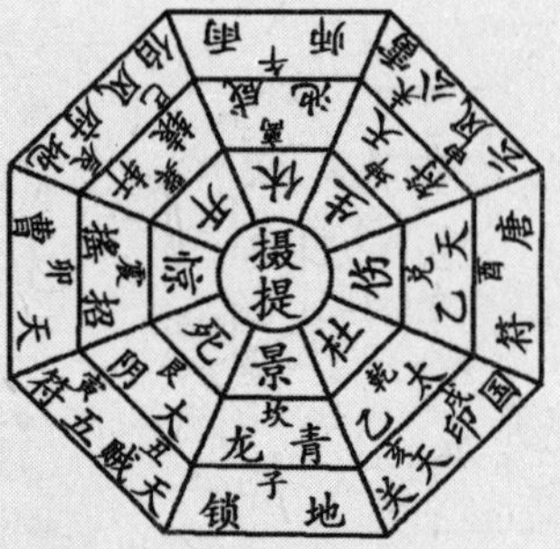

戊	申	午	辰	寅	子
司命			金匮		青龙
戊	申	午	辰	寅	子
	天牢	白虎		天刑	旬空
		玉堂	天德		明堂
亥	酉	未	巳	卯	丑
勾陈	元武			朱雀	

乙卯日大明地曜不家急取生门吉

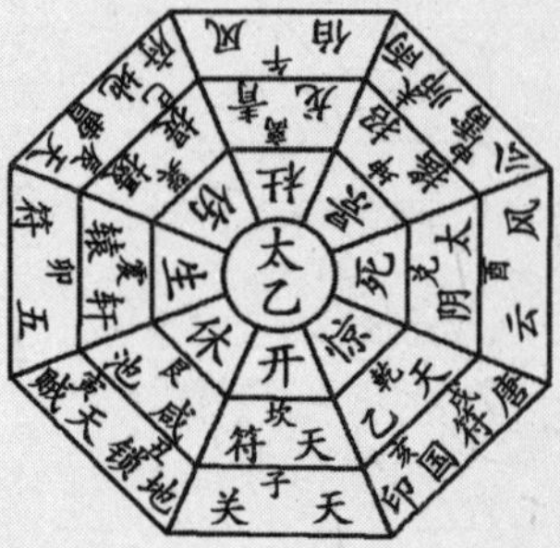

戊	申	午	辰	寅	子
		金匮		青龙	司命
戊	申	午	辰	寅	子
天牢	白虎		天刑		
	玉堂	天德		明堂	
亥	酉	未	巳	卯	丑
元武			朱雀		空 勾陈

丙辰日不宜急取休门吉

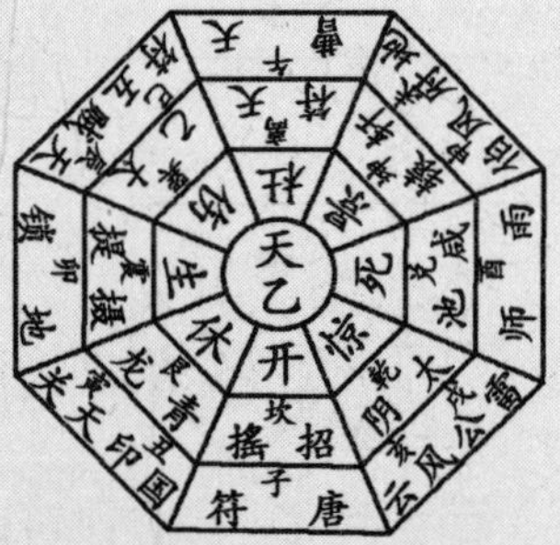

戊	申	午	辰	寅	子
	金匮		青龙	司命	
戊	申	午	辰	寅	子
白虎		天刑			天牢 空
玉堂	天德		明堂		
亥	酉	未	巳	卯	丑
		朱雀		勾陈	元武

丁巳日不宜急取生门吉

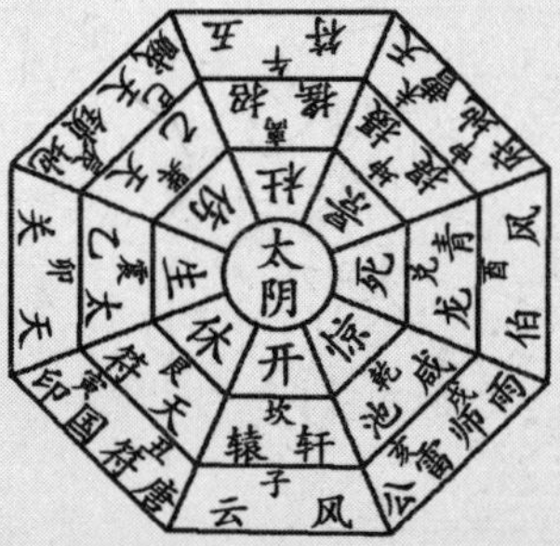

戊	申	午	辰	寅	子
金匮		青龙	司命		
戊	申	午	辰	寅	子
	天刑			天牢	白虎 空
天德		明堂			玉堂
亥	酉	未	巳	卯	丑
	朱雀		勾陈	元武	

戊午日不宜急取生门吉

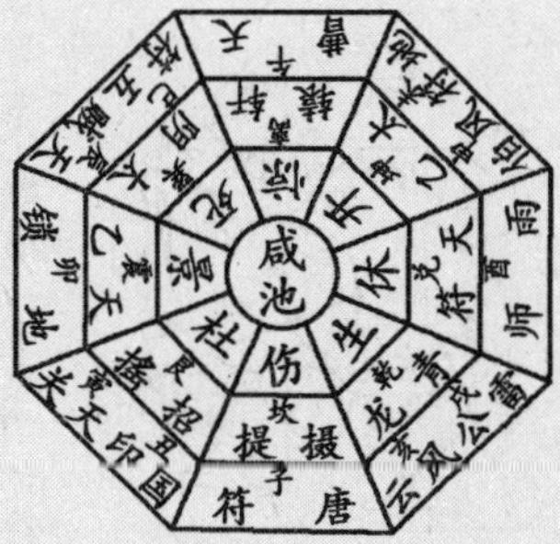

	青龙	司命			金匮
戌	申	午	辰	寅	子
天刑			天牢	白虎	

	明堂			玉堂	空 天德
亥	酉	未	巳	卯	丑
朱雀		勾陈	元武		

己未日不宜急取开门吉

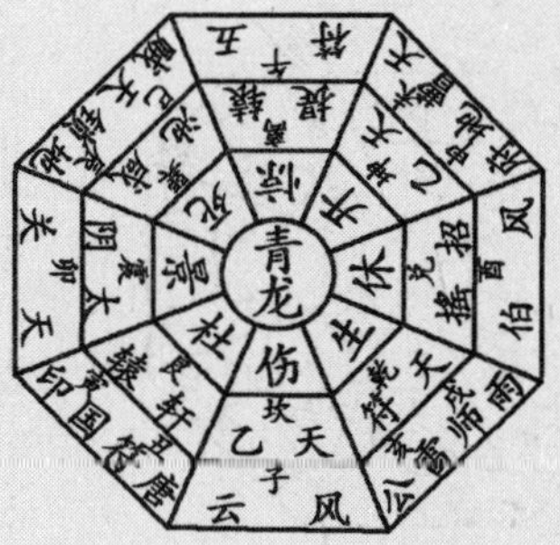

青龙	司命			金匮	
戌	申	午	辰	寅	子
		天牢	白虎		天刑

明堂			玉堂	天德	空
亥	酉	未	巳	卯	丑
	勾陈	元武			朱雀

庚申日天福宜开门吉

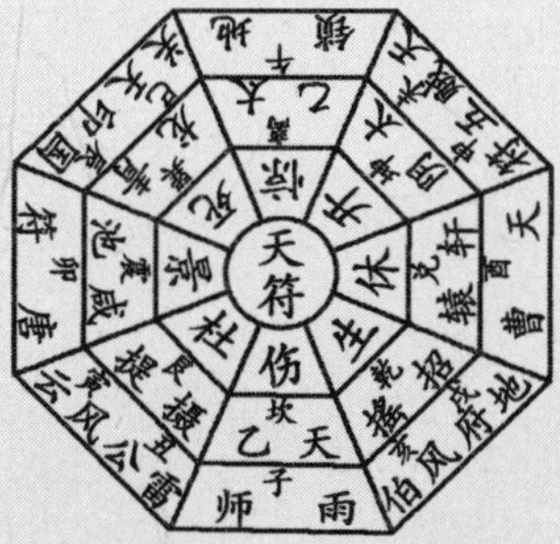

司命			金匮		青龙
戌	申	午	辰	寅	子
	天牢	白虎		天刑	

		玉堂	天德		空 明堂
亥	酉	未	巳	卯	丑
勾陈	元武			朱雀	

辛酉日不宜急取生门吉

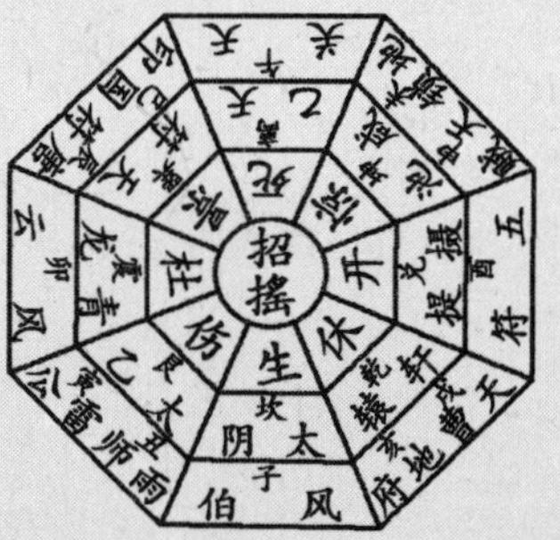

		金匮		青龙	司命
戌	申	午	辰	寅	子
天牢	白虎		天刑		

	玉堂	天德		明堂	空
亥	酉	未	巳	卯	丑
元武			朱雀		勾陈

壬戌日不宜急取开门吉

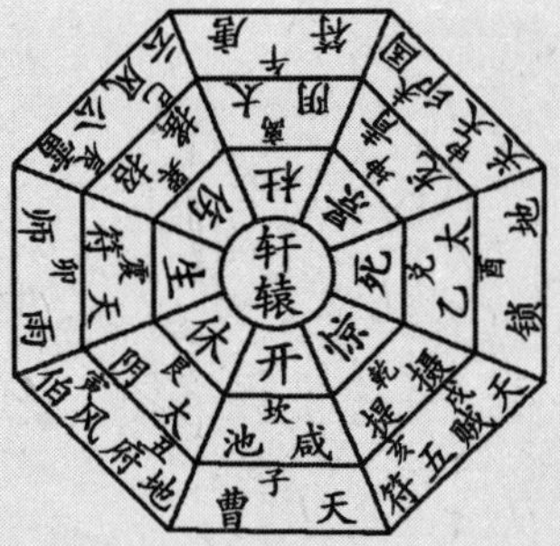

戌	申	午	辰	寅	子
	匮金		龙青	命司	
戌	申	午	辰	寅	子
白虎		天刑			天牢 空

亥	酉	未	巳	卯	丑
堂玉	德天		堂明		
亥	酉	未	巳	卯	丑
		朱雀		勾陈	元武

癸亥日天地贼没不宜急用休门吉

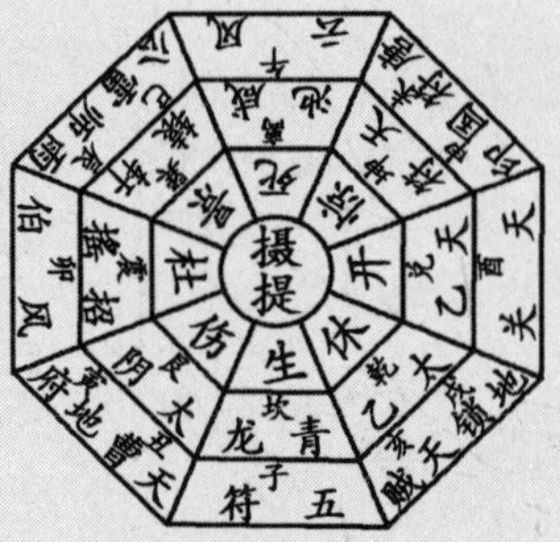

戌	申	午	辰	寅	子
匮金		龙青	命司		
戌	申	午	辰	寅	子
	天刑			天牢	白虎 空

亥	酉	未	巳	卯	丑
德天		堂明			堂玉
亥	酉	未	巳	卯	丑
	朱雀		勾陈	元武	

奇门遁甲卷十七[①]

奇门遁甲元灵经（上）

海昌许松如署

序

遁甲之说，论者谓始于黄帝，删于吕望、张良。汉以前往往散见于他书，至于《隋书·艺文志》始有专书一十三卷，唐益倍之。《后汉·张衡传》郑元既注九宫之说，而《南齐·高帝本纪》云："九宫者，一逢、二内、三冲、四辅、五禽、六心、七柱、八任、九英，皆有太过不及之占。"唐会要元宗三载十月，术士苏嘉庆上言，请于京城，置九宫坛：五数而为中，戴九履一，右七左三，二四为上，六八为下，符于遁甲。武宗会昌二年正月，左仆射王起等奏，按黄帝《九宫经》及萧吉《五行大义》所谓"一宫天蓬卦坎行水方白"者，与今奇门之言星无异。宋仁宗时洗马杨维德纂《奇门符应经》，今亦罕见。明孝成君有《奇门真传》一书，即今所谓《李氏奇门》也。仇鸾门下士有林徵士者，以奇门兵占屡有奇验，锦衣陆炳序其书，谓之林氏奇门。而陶真人《遁甲神书》即以李林二氏之书参以他说而谬紊之者也。近今奇门书所流传者，不下十有余种。而众说纷纭，人树一帜，敝帚千金，无从别白，或诡诞而不正，或荒谬而难凭，或言多隐秘，或法少变通。求其近理而不悖圣贤之论者，鲜矣。是书之刻，言归于正理，取可通其动静、吉凶、生克、制伏，皆足以前民用而辅易道之所未备。而其中一字一义，有两说三说者，均亦存之。至于书符诵咒，似非正道，概从略焉。

光绪九年癸未岁孟冬月　隐溪居士书

① 编者注：卷十七至卷十八为《奇门遁甲元灵经》一书，据清刊本整理。

奇门节气八卦图

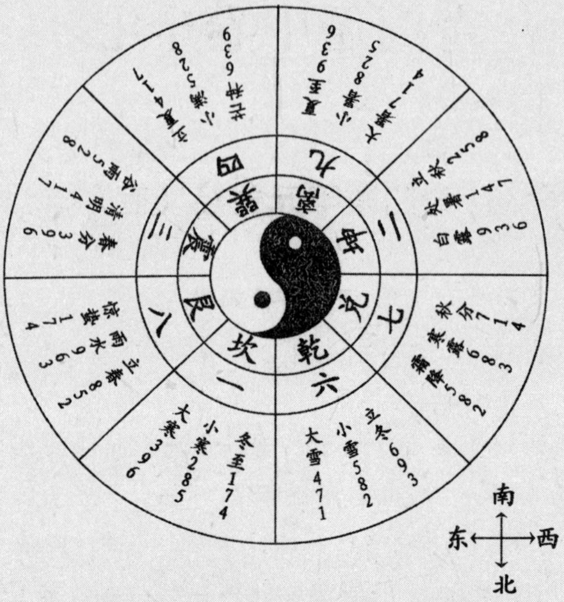

甲子旬头起艮，甲戌飞入离宫。猿猴来入水晶宫，甲午坤中不动。若见龙兴震地，更见虎啸生风。九星殿上显能功，太乙临之发用。太乙求财万事通，摄提门前闹重重。轩辕出入多惊恐，招摇动处血光红。天符正宜打猎吉，青龙动处干财丰。咸池多怕官事起，太阴妇女结婚礼。天乙门中必遇贵，此法千金莫与穷。太乙、青龙、太阴、天乙吉，天符、轩辕中平，摄提、招摇、咸池凶。

奇门起例

其法先分阴阳，次详节气，次察符头，乃以阴阳顺逆分布仪奇，而得地盘。然后以符头加用时干上，如前法分布仪奇，察其符头在何宫，即以何星为值符。又从符头宫起数至用时止，即以何门加于此宫为值使，而得天盘。设例如左。

假如芒种后癸亥日丙辰时，芒种在夏至前、冬至后，为阳遁。癸亥系芒种下元，是阳九局，顺布六仪（甲子戊在离，甲戌己在坎，甲申庚在坤，甲午辛在震，甲辰壬在巽，甲寅癸在中宫），逆布三奇（乙奇在艮，丙奇在兑，丁奇在乾），是为地盘。丙辰系甲寅符头，故以中宫之癸加兑宫丙上为值符，依次顺布。又以天禽加兑，顺布心、柱，亦如上法。又自中宫甲寅顺数至丙辰，亦在兑宫，即借坤宫死门加于兑宫，为值使，是为天盘。又如霜降后甲寅日辛未时，为阴遁八局，逆布六仪（戊在艮，己在兑，庚在乾，辛在中，壬在巽，癸在震），顺布三奇（乙在离，丙在坎，丁在坤），为地盘。辛未系甲子符头，故以艮宫戊加中宫辛为值符，依次逆布，又以天任加中，逆布英、蓬。又自艮宫甲子逆数至辛未，在坎，即以艮宫生门加于坎为值使，是为天盘。

阴阳遁

冬至后用阳遁，夏至后用阴遁。

阴阳各局附一卦管三节

冬至一七四	小寒二八五	大寒三九六	卦属坎
立春八五二	雨水九六三	惊蛰一七四	卦属艮
春分三九六	清明四一七	谷雨五二八	卦属震
立夏四一七	小满五二八	芒种六三九	卦属巽
夏至九三六	小暑八二五	大暑七一四	卦属离
立秋二五八	处暑一四七	白露九三六	卦属坤
秋分七一四	寒露六九三	霜降五八二	卦属兑
立冬六九三	小雪五八二	大雪四七一	卦属乾

三元符头

甲己干加子午卯酉为上元，加寅申巳亥为中元，加辰戌丑未为下元。

三奇

乙为日奇，丙为月奇，丁为星奇。

六仪

甲子戊、甲戌己、甲申庚、甲午辛、甲辰壬、甲寅癸。

九星

一天蓬、二天芮、三天冲、四天辅、五天禽、六天心、七天柱、八天任、九天英。

奇仪顺逆

阳局顺布六仪逆布三奇，阴遁逆布六仪顺布三奇。

值符

察用时系何宫仪所辖，即以何宫之仪及星加时干上，为值符。

值使

察用时系何宫何仪所辖，从何宫数至用时得几宫，即以何宫地盘之门加于几宫，为值使，阳遁顺数，阴遁逆数。

定用神诀

以数少者为先，数多者为后，不必分时先时后。占官以数多者为先，数少者为后。诀曰：身居之宫发动时，时先时后任君推。时先过去宜再运，时后将来应有期。若遇日辰须作主，相逢月建亦同之。年月日时皆有用，事凭远近定相宜。

伏身诀

己占己事即己身，若问他人便有因。与我有因即是我，与我无涉即他身。

一白入中身在六，二黑入中身在七。三碧入中身在八，四绿入中身在九。

五黄入中身在一，依次顺推知其机。但得飞身颠倒诀，未来过去明如月。

惟有酉居坎不同，一白入中身在五。戌亥之时机甚微，今将用法传古今。

五为戊己大煞，常人不用。酉亥戌皆系一白入中，身居五。

先天定六亲诀

青龙发动定求财，田宅明堂父母排。词讼天刑官鬼事，文书朱雀远人回。

天财金匮成交易，天德恩星官禄来。白虎武名主口舌，功名定是玉堂裁。

天牢奴仆同六畜，玄武阴宫妻妾陪。司命子孙为福德，勾陈疾病不须猜。

演数七要

一曰数宫，二曰数主，三曰飞星，四曰入门，五曰直日星，六曰日干，七曰时支。

凡看数，遁至本时之星即为数主。看他落在何宫，最为紧要。又看临到本宫之星善恶如何，门宫吉凶如何，其值日星符并日干、时支俱要细推。

数主吉凶歌诀

演数先将数主看，主居生地事无难。若居难地非容易，得遇和同更喜欢。

假如数在乾宫，黑星为主，遁于离为生，遁于震巽为难，遁于艮坤为和。数官虽好，数主受难则事难成，若数宫虽凶，数主居于吉地，虽凶无害。

日奇门

甲子乙丑丙寅一宫起休。丁卯戊辰己巳二宫起休。庚午辛未壬申三宫起休。癸酉甲戌乙亥四宫起休。丙子丁丑戊寅六宫起休。己卯庚辰辛巳七宫起休。壬午癸未甲申八宫起休。乙酉丙戌丁亥九宫起休。

戊子己丑庚寅又一宫。辛卯壬辰癸巳又二宫。甲午乙未丙申三宫。丁酉戊戌己亥四宫。庚子辛丑壬寅六宫。癸卯甲辰乙巳七宫。丙午丁未戊申八宫。己酉庚戌辛亥九宫。

壬子癸丑甲寅还一宫起休。乙卯丙辰丁巳还二宫。戊午己未庚申还三宫。辛酉壬戌癸亥仍还四宫。

其法亦以本节三元定局作地盘，再以本甲旬头加本日干上论数，视三奇方。本甲旬头即值符也，值符之上星加本日干穿宫数去，阴遁奇直皆逆，星门皆顺。

截路空亡①

甲己申酉空，乙庚午未中。

丙辛辰巳上，丁壬寅卯同。

惟有戊癸日，子丑永无踪。

八卦源流

奇门一宫乃坤，老阴之位。阴气至此而极，阳气至此而生。卦起于子，为阴阳来复之地，天一生水之宫。其卦为坎，其事为陷，占事如在半途。合洛书之一数，故坎一。

二宫乃巽，阴气自下而生，阳极而阴渐长也。卦起于申，为万物致养之时，炎凉相接之位。其象至柔，其卦为坤，占人凡事宜顺。取河图之一数加一倍而补西南，合洛书之二数，故坤二。

三宫乃离，而阳二间一阴，阴阳乃相半也。卦起于卯，为天地鼓动之时，万物发明之会，震雷阴中。其卦为震，占人有谋动之功。天三居东，合洛书之三数，故震三。

四宫乃兑，阳气盛长于内，阴气退消于外。卦起于巳，万物洁齐。已立者生荣，未萌者不长。其象为八，其卦为巽，占事先达后塞。折河图之天七，除四十五而补东南，合洛书之四数，故巽四。

五宫位中，寄生西南，阴寄东北，为阴阳休息之地，天地归宿之方。占事不能伸理，故曰中五。

---

① 此时忌出行。

六宫乃艮，阴气盛长于内，阳气渐退于外，阴多而阳少也。卦起于亥，为天气凛冽之时，万物惕息之会。其象为战，其卦为乾，占人凡事当慎。取河图北方之成数，而补西北，合洛书之六数，故曰乾六。

七宫乃坎，二阴而间一阳，阴阳相半。卦起于酉，为月入之门，万物至此而锐，赏罚至此而断。其象为泽，其卦为兑，占事主口舌、官讼、阴谋外泄。合洛书之七数，故兑七。

八宫乃震，阳气自下生，阴极而阳长。卦起于寅，地气至此而尽，人事至此而兴，为万物成始成终之会。其象为止，其卦为艮，占人进退不离其居。以河图东方之数而补东北，用四倍八，合洛书八数，故艮八。

九宫乃乾，老阳之位，阳气至此而极，阴气至此而生。卦起于午，为地二生火之宫，万物相见之时。其卦为离，其义为丽，占事有不正之义。取天一地二之数，三三而得九，合洛书之九数，故离九。

八门值事

坎为一气始生之地，玄都之宫壬癸旺。水位而成冬，木资之以生，火逢之以灭，土遇之以润，金用之以寒，为正北一白，有休门主之。阳气升布，万物滋生。修造吉，治兵、行军、谋望、远行、谒贵皆为亨道。

阳日出此门得逢阳贵，阴日出此门得逢阴贵，紫碧之衣。旺则见富贵人，休囚则见贫穷人，不然或见交争。若到离宫，是上克其下，谓之大凶迫。

坤受六阴之气，配厚载之德。立秋渐凉，万物将殒。金遇之则生，水遇之则澄，木遇之则藏，火遇之无光。地气下降，为西南二黑，有死门主之。

阴气太盛，只宜刑戮葬吊。远行主病，再逢凶星应必遇患人或哭声。行到坎宫，因财争斗，上克下为宫迫，大凶。如闰四月二十九日癸亥日丙辰时，在芒种下元，甲寅为符头，天禽为值符，死门为值使，皆到七宫，正西坤之神。余自城南向西走至半路，果见殡丧，是应候也。凡遭官讼，大忌出此门。

震居兰台之宫，雷霆发泄之处，春和大布，阳气正通，甲乙正位，盛茂森森。金遇之则伤，水遇之则润，火遇之则焚，土遇之则培。为东方三碧，有伤门主之。

宜出师执擒报仇、讨叛、渔猎，出此门见火光或伐木人则凶，逢盗贼。至坤为宫迫，艮亦凶。如崇祯辛巳四月十八日，大寇数万掠莱芜吐子口安营，众乡绅举义兵拒之，未胜。夜使人问我出兵之策。时癸亥日亥时，在立夏下元，阳七局，是甲寅符头，至亥时得冲伤门为星，宜出东方，果如所言，夜大破之，余党悉平。要知九星各有所宜，不拘伏吟。

巽四为薰风，春夏交接之时。六阳数绝，阴气将泄。金遇则伐，水遇则墓，火遇则炎，土遇则库，木遇则林。万物鼓舞，为东南四碧，有杜门主之。

杜者，塞也，不宜行诛戮，逃亡难追，路逢遇凶人。如隐逃匿迹，有神助，出此门定逢男女并道，或患手足人。若至坤艮，百不遂。

中曰黄庭，为戊己之位，五星齐耀，载接八方，承续四季不正之气，亦死门主之。

乾德天象之体，阴气受尽，百灵成就，闭塞之时也。木遇之则浅，水遇之则清，火遇之则塞，金遇之则刚，土遇之则润。为西北六白，有开门主之。

宜远行、征讨、交迎、酒食，出此门路逢茶酒，或见贵人遇。至震巽主口舌。

兑西泽梁，为庚之体。严金一布，万木焦黄。金遇之则光，木遇之则死，水遇之则涸，火遇之则亡，土遇之则培。为正西七赤，有惊门主之。

宜启闭攻敌，彼败我胜。吉事则危，凶事则贞，强行遭擒。出此门逢患脚疾、眇目人，或闻恐怖交争。若到震巽，祸患立至，天行杀气，甚凶。

艮土山，阴阳回运，生成之功，天道大通。金遇之则朗，木遇之则萌，水遇之则正，火遇之则温，土遇之则精。为东北八白，有生门主之。

凡谋得就，谒见贵人得亲。不宜侵伐，主受天刑。此门下取水灌人，树则死而复生。如出此门，得逢巧艺或皂衣、独行车马、紫黄衣人。若至坎为迫害，有文书官刑事。

离据丙火，丙丁之精，纯阴交结，火炎气升。金遇之则熔，木遇之则化，火遇之则兴，土遇之则燥，水遇之则死。为正南九紫，有景门主之。

宜选兵献策、突阵破围，远行主中道夭亡。出此门必逢人赤须鸟噪追呼，或遇酒食。若至乾兑上，主有乖异事。

九宫值符值使

坎宫休门为值使，天蓬为值符，名子禽，主水，主盗贼。占贼当用

利安迁筑城、屯营建寨、安坟立冢，春夏吉，秋冬凶。此日之时必有黑云至军前，以助兵威。赤云主胜，青白黄云俱不胜。得日奇吉，月奇如常，星奇大吉。若起造、移徙、婚姻，伤；若商贾，远方必遇侵害。

坤宫死门为值使，天芮为值符，名子成，主火土。

宜结交受道，行战伐之事。此日时黑云吉，白青云不利，赤云有贼。月奇乘之可脱厄，星奇可解攻锉武。

震宫伤门值使，天冲值符，名子翘又为雷祖。

能出军雪仇，破围攻敌，威镇八方。若嫁娶不吉，主伤财。上官利武职。春秋不吉，修灶不利。此日之时有猛风激雷，兵可取胜。日奇、星奇吉，月奇武事亨通。

巽宫杜门值使，天辅值符，名子卿。

宜守道安身，修礼设教，扬兵兴师，春夏婚姻、移徙吉，秋冬不利。此日之时有青云吉，黑白云不吉，三奇遇之凡谋皆利。

五中宫，阴（阳）遁借死（生）门值使，天任（天芮）为值符，本宫天禽，名子公。

宜书符、作法、祭祀、战征、移徙、商贾、埋葬，文官上任大吉。秋冬吉，春夏凶。晴朗用兵吉。三奇得使，百谋尤吉。

乾宫开门为值使，天心为值符，名子囊。

宜书符、合药，秋冬吉，春夏凶，得奇大吉。

兑宫惊门值使，天柱值符，名子韦。

宜固守，余不利。如有青云出，军自乱；赤云、黑云妨奸细；黄云有惊恐。日奇隐匿无迹，星奇、月奇凶。

艮宫生门为值使，天任为值符，名子申。

宜行军、嫁娶、上官、谒贵吉，修筑不利。春夏吉，如有微云，八方皆吉，得奇吉。

离宫景门值使，天英值符，名子威。

宜远行、献书，余不利。此日之时有赤云不用。得日奇，雷声应之；月星二奇不吉。若休囚废没，出门当呼其星神从护吉，如出天蓬即呼子禽也。

若欲远行出门者，皆从吉门向方，呼其星之门，而出行六十步，左回太阴中大吉。

十干吉凶宜忌

甲为青龙，为天福神（王文卿）。阳阴二遁，凡事遇之皆为上吉。补遗

远行、谒见贵人、求官、商贾吉，战利客，不宜嫁娶、移徙。阳星吉，阴星不利。伏吟不忌，闻事不实。

乙日奇，天德神（龙文卿）。

宜移徙、上官、交易，不宜行威。此时闻事不实。

丙月奇，天威神（杜仲卿）。

吉星临之，无库墓、无受制可用。此时闻喜实，闻忧虚。

丁星奇，为玉女（天女神季游卿），三奇中最灵者。

宜入市、逃亡、隐匿，不宜用兵。此时闻忧虚，喜实。

戊为天门，为天武神（司马羊）。

利远行、用兵，不宜上官、商贾。此时闻吉实、凶虚。

己为地户，为明堂神（纪游卿）。

宜上官、迁调，利阴私、密图。此时闻吉虚，凶实。

庚为白虎，为天狱神（郭阳之）。

诸事不宜，兵惟固守。

辛为天庭，又为天庖神（高子强）。

行军主胜，上官先吉后凶，诸事不宜，闻忧喜平平。

壬为天牢神（王禄卿）。

诸事不宜，闻忧喜俱虚。

癸为天藏（爰子强），又为天网。

诸事不宜，只宜隐迹埋名、求仙。丁己癸三干临六合宫，宜逃亡；临太阴宫，宜伏藏；临九地，宜屯守。此乃善用癸者，克天网之咎，此时闻事并虚。

九遁吉凶宜忌

天遁生门丙加丁生门六丁临九地，休门三奇临太阴，亦名天遁。

其方若得日禄，合成贵神、天空、天恩、天赦，百事皆吉。若逢日破，诸事不利。得日鬼，万事纠缠。如得天罡、河魁，忌行船、过水。得此遁可使六丁呼风致雨。

地遁开门乙加己六丁休加九地，三奇开门加太阴亦名地遁。

有朱雀，见文书；月破、登明、神后，出军不利；太乙、胜光，逃亡被获；白虎有疟疾之灾；天后、太阴，出门拾金银财物；日鬼临之，有人来寻；神后、魁罡，女人犯奸；青龙、风伯，主有风雨；太常、大吉，主山中出龙；勾陈主兵起。六丁可隐形、修筑，诸事亨通。

人遁太阴合休丁三奇生门加太阴，六乙生门加九地，亦名人遁。

见白虎，过河沉船；勾陈、朱雀，鬼神为祟；大吉、小吉，有风雨；日禄，出门逢贵人；日合，百事吉；风伯、雨师，雷电大作；魁罡同位，灾患有侵。

风遁六丁休加癸在巽乙奇三吉门加辛到巽，辛加三吉门到艮，癸加休到巽。

见朱雀，主讼；天后、六合、功曹，有婚姻之喜；白虎、魁罡，主委靡；天空、登明，凡事中正。得青龙主折伤，螣蛇主沉水，月厌主火灾，天后主妇淫，魁罡加之刑名不利。此遁可以招风助火攻，又云：龙遁亦借丁和景，一跃雷门振羽翰。

乙壬生门同临坎，龙遁之时雨淋漓。生门下临六合，上得天心；乙奇休门加坤方，或开门加九地宫，丁休门加坎方，皆名为龙遁。

有玄武、天后，盗贼奸私之事；风伯、雨师，主霪雨；日破，有大水；日鬼，马宅中有鬼作祟；日禄、日合，诸事有成；日刑冲，一无所遂；螣蛇、朱雀、勾陈，凡事虚缠；青龙、神后，水聚江津；登明、河魁，云雨不深；天罡加孟雨淋淋，利水战。

乙生加艮辛虎遁庚门临兑辛，三吉门加九地艮方，皆虎遁。

得青龙，大不利，有凶；河魁、天空，不见见；白虎，有大风；神后、玄武，出兵大吉；见月厌，不可先动；日禄、日马，主得财；贵人、三煞，大战大功。又云：虎狂位遇丁景制，叱咤风生上将坛。

鬼遁开休丁加乙休门六辛得天辅，丁生门加太阴，丁生门加九地到乾，丁休门到艮，皆为鬼遁。

得朱雀、太冲，宜书符压镇；河魁、螣蛇、天罡、从魁、勾陈，主鬼神妖邪为祟；六合主惊恐怪异事；遇日马，宜祈神还愿；日合，作事有成；日破、日盗，失财物；见白虎，主盗贼事；登明，主口角产业争讼；太乙、太阴，宜修整坟茔；日破，凡事不吉；天鬼作虎有瘟疾伤人，宅中有鬼声惊人。

神遁九天丙火生六己开门上合天心，丙奇生门加九天，乙奇开门得天心，皆神遁。

有大吉、小吉，可驱神遣将；白虎、玄武，有大风；日禄在丙，宜禳福；神后、天后、登明，宜祈祷神明；太乙、太冲、太阴，不可礼神，反有凶灾；从魁、河魁、六合、勾陈，可设坛请神，必降临；传送、朱雀，宜祭祀；劫煞、白虎，有雷伤人；天空、太常、太阴、六合、贵人、功曹，可以求贵求名，再有日合事大利。

凡作事，九遁为上吉，诈假为次吉。三诈五假各宜其用，随事而取之吉。

如三奇加九地为重诈利取财，加太阴为直诈宜行功修道，三奇吉门加六合为休诈宜合药，

景门合乙丙三奇加九地（一说九天）为天诈宜进谒干贵，

杜门合丁己癸临九地或太阴、六合为地假利伏藏逃亡，

六壬合惊门临坤或惊门六合下临九天为人假宜掩捕（一说丁己二星合伤门加于六合是名物假），

丁奇太阴合杜门下临六己或乙奇伤门加六合为物假宜阴私谋密事，

死门朱雀六己到艮方或杜门丁己癸加太阴为鬼假宜埋葬（一说己癸二星合死门加于九地名神假），

六庚伤门到巽宫为神假私行利用间谋之事。

天盘加地盘吉凶

天盘甲加地盘甲：虽曰伏吟，然有青龙出土之象，但吉凶不定，惟看门如何。门吉则吉，门凶则凶，大抵不利求财。

甲加地盘乙：即为青龙入云之格，再得三奇、吉门，嫁娶必生贵子，星干不利徒有虚名。

甲加地盘丙：青龙返首格，动作大利，若门仪不合未作合吉。

甲加地盘丁：青龙耀明格，再得吉门，宜谒贵求官，必有荣光之喜，符使若凶必招讼事。

甲加地盘己：青龙合灵格，得星吉有财，吉事必成。星门不合，事多虚耗。

甲加地盘庚：灾祸生于不测，星吉亦宜守待。

甲加地盘辛：青龙失惊格，得门吉、星吉，作事如意；门星凶，主失财。

甲加地盘壬：青龙入网格，阴人得之主有灾，阳人得之主不和。

甲加地盘癸：青龙华盖格，门合星吉则吉，若伤、死门不美。

天盘乙加地盘甲：阴中反阳，得凶星伤人破财，利阴不利阳。

乙加地盘乙：日奇伏刑格，不利求名，门合稍吉，门逆主凶。

乙加地盘丙：奇仪得顺格，逢吉星迁官之兆，夫问妻主离别之忧。

乙加地盘丁：朱雀入江格，受墓主书迟滞，得吉星免灾。

乙加地盘己：日奇入雾，土木相克，求事不吉，门凶尤甚。

乙加地盘庚：日奇受刑，主争财成讼。

乙加地盘辛：青龙逃走格，主财失逃亡，强为凶甚。

乙加地盘壬：万事皆屯，阳人失财，阴人有病。

乙加地盘癸：日入天网，官事破财，万事破伤。

天盘丙加地盘甲：青龙得光，星符相合，喜庆非常；飞鸟跌穴格，百事吉。

丙加地盘乙：为人遁，升官受禄。

丙加地盘丙：奇中有奇，常人有跷蹊之事，贵人招官禄。

丙加地盘丁：奇日太阴，文书遂望，百事如心。

丙加地盘己：火入勾陈，刑名不利。

丙加地盘庚：织女寻牛郎，奸私冤讼。

丙加地盘辛：朱雀入狱，官人失位，常人受刑。

丙加地盘壬：丁壬化木，进禄之喜，主事和美。

丙加地盘癸：朱雀沉吟，公私不合，两事有伤。

奇门捷径秘法

门中逢一白，天地人皆吉。求名名自成，问利利须得。

死伤莫出兵，休景横逢食。会日咸池星，必然贪酒食。

门中逢二黑，常见云迷日。人怕有灾危，财忧有得失。

若临劫杀宫，夜夜防盗贼。食禄与禄成，逢人擅酒食。

门中遇三碧，舌口常如蜜。问事总迟疑，行兵看缓急。

相逢月白人，男女休相及。伤惊会见时，梦里有悲泣。

门中逢四绿，家里有人哭。震巽起风生，兑乾应动木。

休生死可行，开景书堪读。若遇死伤门，灾来不可赎。

门中逢五黄，事有喜非常。人禀乾坤气，堂开日月光。

武臣侯伯第，文昌状元郎。纵其死伤地，连绵庆泽长。
门中逢六白，百事堪言吉。不作榜头人，也是皇家客。
出阵自然赢，门凶亦莫出。相逢衣白人，酒食财相识。
门中逢七赤，火烛疮疽毒。轰轰雷电声，顷刻为红日。
家中司命人，五灵官显赫。跌仆路途中，争官遭杖责。
门中逢八白，出入皆为吉。阴人甚有情，四海多相识。
出阵与行军，死伤门莫出。男白女玄衣，相逢有喜色。
门中逢九紫，家里应添喜。读书人做官，贫儿亟防死。
将相正当权，僧道无如比。女必是佳人，男必是才子。

九星克应诀

门中见太乙，星曜号贪狼。赌博钱财盛，婚姻大吉昌。
远行无阻滞，参谒见贾良。出行三五里，著皂辨阴阳。
门中见摄提，百事必迟疑。相生犹自可，相克有灾危。
远行多不利，耕种损牛犁。死门若相遇，老幼哭悲啼。
门中见轩辕，作事必牵连。相生能救助，相克受忧煎。
远行逢阻滞，赌博要输钱。出行三五里，遇见一官员。
招摇杜木星，当门事不成。出门三五里，阴人口舌迎。
怪梦虚惊怕，门鸣屋作声。前行十数里，必见二亲人。
五黄号天符，当门妇女诬。相逢无佳事，行人住道途。
逃亡难觅见，道遇一尼姑。前行七八里，亲故见相呼。
门中见青龙，谋事喜冲冲。投人逢酒食，赌博见兴隆。
更遇相生位，钱财不得空。前行七八里，医士道旁逢。
星曜号咸池，当门并不宜。出行多不利，相克有灾危。
赌博金输尽，求财空手归。纵遇相生位，还防是与非。
门中见太阴，百事喜相寻。财禄求皆盛，知交可是亲。
出门七八里，牵手小子临。佳人若相见，一笑值千金。
门中见天乙，百事喜相生。求财皆顺利，茶酒尽来迎。
出门十数里，相见孝衣人。妇穿红紫服，挈抱小儿行。

中宫值日九星歌诀

一白太乙号贪狼，用事求谋大吉昌。身命值之各利顺，贪财好色酒杯长。
巨门二黑主多灾，进退无门病可哀。身命遇之终不利，如从空里梦中来。

禄存三碧主财伤，百事谋为尽渺茫。身命遇之须有患，明伤暗死切须防。
四绿文曲在中宫，出阵谋为并不通。勿论王侯并将相，漫劳心力未成功。
五黄廉贞恐有迎，宁静安居莫出行。妇女小人阴作耗，病宜拜祷谢神明。
六白武曲可求财，出入亨通事事谐。身命遇之当百顺，灾星退散福星来。
七赤破军行不宜，蛇虎横灾最可危。身命数凶防火烛，其间用事要乖离。
八白左辅是太阴，直日无忧坦荡行。身命遇之尤大吉，行兵百事尽亨通。
九紫右弼是贵人，求谋用事自然成。行兵献策无忧虑，时时功名受大恩。

占天时

天地风雨九遁间，端倪朕兆妙难言。吉凶悔吝从生克，索隐钩深理自然。
六仪三奇分顺逆，八门九曜递循环。如能穷此阴阳理，何问天仙与地仙。
二三五八多风雨，四九局中春日阳。一六七防阴滞气，细推凶吉格中藏。
夏日炎天不若春，三四二七恐多惊。不测雨声五六九，局中一八日晖生。
秋来坤艮日光移，乾兑巽宫风雨凄。二三四九弥漫雨，坎若逢之闪电霓。
值符蓬芮不宜冬，霾雾阴云日不红。五六三内多风雪，四七八局好天宫。
一遁乙丙加休门，天开霞彩悦人心。秋有微风能透骨，冬来肃煞雨沉沉。
二遁乙丙在开门，春夕秋时多蔽刑。夏日云霓多霁晴，螣蛇玄武半阴晴。
三遁四遁丙庚休，若逢夏令雨阵行。逢秋掠地风声振，春日秋冬朗朗晴。
五遁丁癸加休门，春夏飞沙日渐昏。冬景倏然成雨雪，秋虹电霰后开云。
六遁丙戊加乾宫，夏雨秋风春日红。再逢惊柱临冬节，狂风飒飒雪飞空。
七遁辛加乙上艮，揭地掀天春夏中。风雨互加秋令集，冬天开雾暖融融。
八九雪宫互六七，风雨龙虎一般同。细详微理分凶吉，不遇门符应勿从。
天蓬飞入艮宫来，东北乌云一朵栽。休使加临天任上，东方黄气满楼台。
生任加临在坎宫，黄云北上起穹窿。苍云东北真华丽，禽芮加之分任同。
冲伤加艮在巽生，东北乌云带紫黄。直北云霓皆缥缈，东南西方尽光芒。
艮宫杜辅值符临，烟雾腾腾紫气生。东北方生云障腻，北方又有一轻清。
英景加临乾位上，西北云霞彩映红。东白北黄青在此，值符克应量无穷。
芮禽若也到休门，北起红黄东淡云。坤宫上有青蓝气，西北烟尘紫雾生。
惊柱值符临震地，霓云白上又加青。夏天四下浮云起，骤雨狂风布阵惊。
心开巽上加值符，四处生云气障魔。北雾南乌西紫霓，坤艮黄云上不多。
休蓬离上值符迫，黑色迷南气渐回。西有青云冬淹水，北方红紫共徘徊。
值符震位加惊门，碧绿从西云翳青。东白向云浑四散，巧应云在北方生。
坤艮宫中遇杜辅，蓝云翠绿四方多。淡红在兑黄在巽，点点斑斑良不差。

景加英兑起红光，白气淹淹东北方。巽上浅黄加绿色，如逢生旺月华岗。

芮禽入震在冲伤，东起黄云兼白光。南岭素缟带红色，西南西方黑苍苍。

惊居天辅素罗云，南有红光白带轻。乾上青云常聚散，坤方黯淡雾沉沉。

相生相克观明色，旺相休囚辨得真。

占晴雨

此时遇阳门阳星飞临阳宫，又有火土星同宫，必定久晴。如阴星阴门合水金星及壬癸休门飞临阴宫，二局并合相生沐浴者，主大雨如注。若遇景门土宿飞临者，主雨时有时无，或日中下雨。如阴星阳门入于阴宫，或阴星阴门加于阳宫，主半阴半晴。若壬癸及甲子辰日时，天蓬、休门亦主有雨。若遇火土星，不逢水日时并沐浴者，无雨。若遇水星冲合，当有大雨。若论风、雷、雨、雪、闪电、星、月、云雾，详交节日时而可知也，内有口诀。

占晴

占晴以天辅、天英为主，盖天辅为风伯，天英为火神也。云雨以风为散，以火为晴。如天辅、天英乘旺相，落于离九宫，或克日时二干，主晴。如天英乘旺相，落于三四宫，或克日时干者，亦主晴。玄武、白虎主雨风，以顶盘八贵神兼看，无不准验。其日期亦以火神、风伯所落宫分系何干定之。

占雨

占雨以天柱为雨师，天芮为闪电，天辅为风伯，天冲为雷祖，天蓬为水神、为云雾，壬癸二干亦水神也。天蓬游于坎兑震，乘壬癸游于坎兑震，或柱天冲乘壬癸二干游于坎兑震三宫，皆主雨也。又天辅、天英所落天上宫克地下宫，必然雷雨交作。又看天柱等所落宫得何干支，以定其日期。与值符近则雨速，远则雨迟。游于坤二宫主密云不雨，即游坎兑震不乘水神亦无雨也。

如未日子时天冲为值符，甲辰壬在二宫，上乘六壬，下临地盘天冲，亦有壬字，上下皆水木之神，壬子时干天柱七宫为值符主当日雨。

如秋分兑上起甲，次第数到壬，七宫故曰天兑，为兑坤值符相连，故当日雨。

占雪

雪者，凝阴也，水而有寒气，乾兑二宫主之。或天心乘壬癸二干到兑，或柱乘壬癸二干到乾，皆主雪，各以落宫所得之干以定其期。

占岁时丰歉年逼中宫一星

一白居中半多雨雪霜露，五谷丰登，人民无灾，国泰民安。

二黑年交阴雨风烟雾，人口有灾，国家有患物，西南方主荒。

三碧年多风雷，物歉，东南熟，西北荒，民有风寒之灾，多盗贼。

四绿之年有雨水，江南熟，江北荒，人民有小灾。

五黄之年雨阳不时，人多瘟疫，荒熟各地不均。

六白年雨阳时若，国泰民安。

七赤年民遭旱焊，五谷不熟，西方荒，北方安，江南不利。

八白年雨水多，五谷熟，八方宁静，国泰民安。

九紫年风调雨顺，国泰民安，江南小旱。

若三白在巽、离、坤，南方熟；在乾、坎、艮，北方丰；在震、兑、中宫，天下俱美。

占岁内丰歉

立春日某时交春，看九宫以分九州，见九州有何星、奇，即知之。坎一冀州，晋魏分；艮八兖州，韩郑分；震三青州，齐分；巽四徐州，鲁分；离九梁州，吴越分；坤二荆州，楚分；兑七梁益州，卫分；乾六雍州，秦分；中五豫州，宋分。

天蓬所临之方，主瘟瘴春作，百姓流离；夏水漂没。奇、神救之减半。

天芮所临之方，奇、神加之人不为灾，七分收成。若加凶宿，人瘟物死，五谷不登。

天冲所临之方吉，奇加之五谷半丰，惟宜果实。春夏人物灾伤。

天辅所临之方，在吉处五谷大成，人民安乐。若加凶宿，主大风溢损伤。

天禽所临之方，在吉处者，主五谷大丰，人物蕃盛。若加凶宿，主长吏不宁，贵人移动，夏初瘟灾。

天心所临之方，有吉宿者，主秋禾熟，长吏贵人频受恩喜。凶星加之，春种离多，夏秋水涝。

天柱所临之方，在吉处半熟，人民瘟瘴。加凶宿，有蝗虎流火为灾，秋冬尤甚。若有三奇德有余庆。

天任所临之方，大有吉庆，奇神加之主生芝草祥瑞，及贵人在位。加凶处，五谷半熟，人离灾而无死。

天英所临之方，亦有祥瑞，得生旺地五谷熟，人民安庆。在克处或凶宿加临，主旱涸灾殃，春种夏枯。凡天乙所在之处，其岁事吉。

占田禾

凡占田禾，以休门合于木土之上为吉，更得三奇及干见合则有利。年景丰啬专看天任，如天任落艮震宫主年丰，再得青龙、六合、功曹、太冲，主四民乐业；若天任不落艮震二宫，主歉收，再以贵神月将分旱涝。天任所在有传送、天后主涝。又生门主麦，伤门主谷。看三奇、太常、功曹、贵人在生门宫则收麦，在伤门宫则收谷。占栽植死生，以天冲为花草，天辅为树木，各看所落之宫。旺相主生，休囚主死；生为生，克为死；吉格为生，凶格为死。旺相吉格生，草木茂盛；休囚凶格克，草木焦枯。吉凶相半，先后荣枯。壬癸戊己来生者为活，不生者死，又三为生五为死也。

又法占田禾

此时合生、休二门与乙丙丁，并六仪临长生、旺、禄之乡而合吉格，其年大熟。如合景、英、心、开，加于土木之宫，或门克宫，或上干克下干，必然无收。如木星克宫，多虫并风灾；如火星、金星克宫，多旱灾，或金风所伤；如水星多壬癸，或日时皆水，或阴星、阴门加于阴宫，必多雨水，连绵水灾；如诸星克制或生死二门宫者，其年未熟；如门克宫，或逢庚辛相制，虽收必有贼盗；若合凶格于命宫，如墓绝或朱雀者，因田生非破财官事。

占蝗蝻

死、惊、杜、伤临日干则来，非此则不至。

占蚕利

此时得吉星，干支、门、宫相生，加临金木之宫而合吉格，下不克上者，有十分之利。若遇凶格、门迫加于金木宫，上下相克，是必无利。如合凶格得门生宫，或合吉格得门克宫，只有五分之利。

又法占蚕利

三奇、吉门、吉宿全于金木之宫为吉，须要不克上宫及门为良。若吉门、星、奇皆不至金木宫，更克正宫星与门，收获寡。

占地理法

地理有形皆有法，分门定局预能明。相生圆活并长厚，相克浅斜尖狭轻。
天蓬方满带奇刑，天任高冈驿路深。得遇奇门园径在，相逢凶格拟坟墩。

天冲树木多丛杂，天辅三义近阁亭。天英窑灶兼枯涩，庙宇溪沟在芮禽。
天柱桥梁并曲径，园林寺观合天心。休门淹水井泉多，道路桥梁生上过。
伤门闹市兼亭院，杜上斜沟曲涧波。景上绵绣直罕见，四园土阜有山窝。
死门山野兼林木，葬有长堤对酒炉。惊门灰堑兼污秽，开处通衢入画图。
时池高底多短长，且使符使总端详。时旺相得加倍算，休囚失令照寻常。
门迫受伤因减半，路逢远近有规方。辎铢瓦砾穿物色，更把天星合地详。
伤冲大小水兼三，四杜辅中五六纤。休蓬一六数为先，生任排来七八间。
惟有景英三九数，芮禽死使二三连。惊柱数中应二七，开心六九勿虚言。
休囚旺相从心豁，虽得千金莫浪传。符加丙，生穿地，黄玄物色自新鲜。
加休土块深青紫，开若逢之见水津。加惊壕堑疑坚石，加死多年骸骨深。
加景微尘兼灰土，杜门击瓮饬刑伤。伤上一宫殊物异，远年朽木地煤坑。
丙加符甲在开门，地色红黄雾气腾。休门有水多漂白，生上顽砖及古坟。
伤门枯木兼藤蔓，杜上禽毛气赤青。景门板龟泥枯壑，死门布帛烂衣襟。
惊上锁匙尘铁索，傍边兼有石灰瓶。丙丁如加天任宫，土中沙起色黄红。
冲星若也来相遇，蒲包草席有形踪。辅星绳索有连钞，英上加之器是钞。
芮禽穿下多文墨，更有车辕与草茸。天柱临之有贵物，非丝非帛拟钱筒。
天心奇物投嫌墓，堕坏钱财未落空。天蓬沙石泥无实，如掘渊泉水溢冲。
丙己加生土色黄，如加伤位色如糖。杜门碧绿还兼紫，景亦斑斑点血苍。
死门乱石兼磁器，土色玄红不是良。惊门如镜有明亮，轻浮白色时开方。
休门色若污泥黑，再看天星辨隐藏。丙加庚兮荧入白，八位移来有吉凶。
休门不可利言凶，蓬宫之宫非吉得。如生怪石势嵯峨，加震穿寻多发积。
杜门铁索与香炉，加尸棺材有污骨。惊门灰炉飞又沙，玩器巾杯开上集。
庚加丙上白入荧，开门加之不一同。簪头器皿并钮扣，土色穿来定赤红。
休加土色如牲血，毁筋残杯在艮宫。伤门狸洞兼蚯蚓，杜上青森亦草虫。
景门干燥如螺蚌，死上丝罗不尚空。惊门枯井堆砖砾，此格由来多咎凶。
青龙逃走乙加辛，开遇乘龙拟宝珍。休门吐血藏牲骨，生艮黔啄是羽鳞。
伤门遇遁多清洁，果核桃李在杜门。景上蛤蜊兼骨梗，死门旺相小尸灵。
羊角如难惊上得，更兼蛋壳应如神。辛加乙上号猖狂，生杜宫中仔细详。
七八局中如合此，回凶转吉不寻常。辛加伤上土色青，地中蛇穴洞何深。
景门桥木并盔甲，黄土沙泥在死门。惊门铁瓮多白色，刀柄枪头开位临。
休门驼物兼色骨，生杜门中地可钦。癸加丁上蛇夭娇，若遇休门气渐消。
开门物贵形如朽，惊上川流水自滔。死门畜骨兼牛角，景得奇门有滔滔。
杜门乐气兼古鼎，伤门有木鱼不敲。生上一宫无外物，木梳毁折破磁稍。

朱雀投江丁加癸，如加死上古坟基。惊和加水无泥溢，开上穿来旧石灰。

休门疑有头枯骨，生遇蓬之死犬猫。伤门堕板无丁钉，杜有山林古石碑。

景门锦雉直文彩，土色红黄地穴奇。

占安葬迁改补遗

此时日合贵人、禄马，合山头神龙，生旺有气为主。如某龙旺于某季，在春夏秋冬二十四气之内，按阴阳二遁取用日时。合太阳照临向坐，若太阴、太阳映照更美。其乙、丙、丁、六仪不临墓绝之时，合于吉格，与亡命祭主山运分金，补泄得宜，水口相生相合，并门宫有奇，得死、景、生门到坐，余门到向相生，乃万全之吉也。

造宅三白占家宅歌

飞符入于鬼乡，看其休囚之类。

虎入门兮人散，雀带刑兮吏追。

勾刑门兮宅祸，虎害干兮人灾。

腾附蓬星为直战，小口惊忧；

武会任宿而当权，奸人邪孽。

六合天柱子女怨尤，太阴景英宠婢窃位。

九地庚辛为伏两，若遇惊伤而带刑害，暗中有损；

九天丙丁为飞牒，若乘甲乙而逢克战，鬼怪须防。

朱雀再附丙丁，喧争聒耳；

玄武更加壬癸，宵小跳梁。

庚辛白虎得地而凶势愈张，

戊己勾陈刑冲而破败立见。

烧身之虎，先凶后吉；

入土之蛇，蛰后须伤。

返首兮画栋雕梁，跌穴兮藏龙聚气。

九遁则知拱获有情，得挟定然堂构森列。

守门在家清吉，游仪出外更良。

乙加辛门廊有损，辛加乙虎首房强。

癸加丁厨厕不利，丁加癸祟魅为殃。

伏干人宅俱不顺，飞干基址招殃。

伏宫人宅皆妨害，飞宫祸起萧墙。

大格小格邻家有冲射，刑格悖格眷属不安康。

白入荧防有怪异，荧入白火烛惊惶。

五不遇兮人有损，网罗布兮事怪张。

六仪击刑凶灾叠见，三奇入墓暗室幽房。

返吟不吉，伏吟不祥。

占家宅

此时遇门生宫，上干生合下支，乙丙丁、六仪临旺禄生宫，主宅舍清宁，人口平安，进益田产。如生门生宫有田产、布帛、五谷进益之利，如开门生宫有金玉、宝珍、财物贵人之益。详入门生克，推之若凶星、门克宫，地盘临衰墓而又受伤者，口舌、灾厄、狱病、小人、忧惊不免。如阳星被伤则阳人灾非，如阴星受克必阴口灾病。如阴阳皆被克则生阴人男子之忧。如乾为父、坤为母、震为长男之例，若其人本命在墓绝之宫，又被冲克，其灾非病命绝，若有比和逢生为难中有救。

占起造

此时门生宫，合吉格，三奇六仪加临禄旺、长生之宫，或日时遇贵人拱照，宅主与坐向相合，或天禽坐镇中宫，或太阳照映坐向，乃为完全吉庆，发禄非常。若有诸家恶星反为我制，则为我之用神，百无忌也。

占修宅舍

凡修宅，以生门为主，必得全吉日辰。地基上有又得生门为上，宜修造。如生门为天禽，此时在中宫，亦吉。若修方生门在其宫，忌宫门犯迫。阴宅同此。

占迁移以九星论之，以九宫分方向定可否

看迁移方上一宫，有三奇、吉门再得天禽星，四季皆吉；天辅星春夏大吉；天心星秋冬大吉；其余星皆不利。各以其来时占之，以定天乙也，即以所占时看何星为天乙定之亦同。

占分居①

坎离两宫为阴阳分位之始。自十一月至四月为阳，以坎艮震巽为内，离坤兑乾为外；自五月至十一月为阴，以乾兑离坤为内，以坎艮震巽为外。又以年为父母，月兄弟，日为己身，时为子息，按本局中支干推之。欲分兄弟，照日月支干看宫分内外。支干如在内外两处，为分居；一处为不分居。欲分子息，看日时支干可类推也。再以旺相休囚定吉凶。

---

① 以宫分支干照月定日期。

占功名

若提学来临本府，以官为客，诸生为主；若学道坐于所考地方，以官为主，诸生为客。此时如主克客，是诸生为主则名或无阻；若官为主克客者，求名有阻难成。如主客相生、比合干支同契而合吉格，求名易成，文章合机；若生生官，求名虽成，必先图谋而利。若官克诸生合凶格，在于本命行年宫，或本命坐于死绝之宫，因求名招非灾祸，或因名破财。

又法占科名

三奇、吉门、吉星加于本人年干之上，不可犯奇墓、门克、刑迫可得，反此不得。

占岁考等第

凡占岁考等第高下，以天辅为文宗，日干为士子，六丁为文章。如六丁得旺方，兼天辅宫来生日干，又得三奇及开休生景四吉门，取为一等文章。旺，文宗生日干，不得三奇、吉门者，为二等文章。虽旺，而文宗不生日干，或文宗生日干而文章不旺，仅为三等文章。不旺，而文宗来克，幸有三奇、吉门者，为四等文章。不旺，文宗又来克日干，又在休囚宫，又无三奇、吉门者，定为五等。得死门及诸凶格者，定为六等不吉。

假如大暑中元阴遁一局，戊癸日辛酉时，天辅在二宫，六戊在八宫，星奇为文章在七宫乘旺气又与日干比，定是二等。又如秋分中元阴遁一局，丁亥日乙巳时，天辅六丁俱在八宫，文宗克日干，为三等。

占文宗按临日期

以天辅为文宗。冬至自坎至巽为内，自离至乾为外；立夏自离至乾为内，自坎至巽为外。冬至后至四月为上半年，夏至后至十月为下半年。文星在内主上半年，在外主下半年。更以落的宫分并分野，以定日期，再详时事，以十二支配八卦法决之。

占科举会试中式①

凡科举会试占，以日干（宫）为士子真才，值符（宫）为总裁，天乙为房师，六丁为文章。天乙宫克日干宫，房师不荐；六丁宫克日干宫，或日干宫克六丁宫，休囚废没，俱主题目大难，不能得意。如值符、天乙来生日干，六丁又得旺相，必中无疑，缺一不可。凡考童仝。

假如立秋上元阴遁二局，六庚日丙子时，日干在三宫，天蓬值符在四宫，与日干

① 值符宫克日干宫坐主不取，小考同看。

宫相比，六丁临八宫得生气，文章必不得意，座师虽受刑克，必力荐中矣。

占殿试甲第

凡占殿试，以太岁为主。太岁者，天子也。以月建为主考，日干为举子，景门为策论。如景门落在旺相宫，又得三奇并太岁来生日干者，为鼎甲。景门不得三奇，而得太岁、月建来生日干者，为二甲。不生日干，又无三奇者，为三甲。

假如六戊年正月立春日丙辛乙未时，阳遁八局，天芮为值符加七宫，死门为值使加三宫。丙为日干在六宫，戊为太岁在四宫，月建甲戌为主考，但不生日干，在三甲后矣。

又如戊年正月雨水上元阳遁九局六己日丁卯时，景门到三宫为旺方，上得星奇。己日日干在一宫，月建在乙宫生日干，但太岁不来生，仅得二甲。

占武举

甲申庚落宫、甲午辛的宫，或相冲，为箭中的。再看景门，得旺相又与值符相生，中缺一不当。看武艺以值符为主考，时干为举子，甲申庚为箭，甲午辛为的，景门为策论，专以甲可。

占投武

投兵应选以天冲为武士，以值符为帅主。值符宫生天冲宫，天冲宫生值符宫，一见即投合。彼此相克，定不收录。天冲即作值符，一去即得部长，后必大用。遇伏吟空回，返吟反覆不定。

占纳粟

以甲子戊为部司职，六丁为文书，时干为求名之人。必要六丁旺相来生时干，甲子戊生六丁则成而速。如甲子戊克时干宫，部司不准；克六丁宫，文书迟滞；时干克甲子戊，亦不成；克六丁，犯朱雀投江，亦主文书遗失。宫、门、星格吉易成，凶不成。

占升迁

凡占升迁，以开门决之。因开门为官，掌法印也。又看太岁、月建相生，如开门加生旺宫，再有三奇得生合吉门、吉格，必定升转。再遇太岁、月建乘吉神来相生，定然高擢帝庭。或有吉格而无旺相，有旺相而无吉格，或有旺相吉格而太岁、月建不来相生，亦不能升也。选亦同。

假如六己年大寒上元阳遁三局丙申日乙未时，开门在七宫。开门本属金，兑七亦属金，同类助我为相，又上有奇日合之，又六己太岁乘天辅在离九宫来生兑七，主升无疑。又有看太岁落在何（原作卯）干，即以其干为所升之年月也。或以值符落宫占之，不用太岁者亦可。盖铨部升宫为值符之神也。

又如立春中元阳五局乙庚日丁巳时，开门到九宫，火来克之，为囚于鬼也，定升迁，并值符在坤有生金之象，本宫不旺亦无益也。

占上任吉凶

凡占上任后之吉凶，以上任之时所向之方为断。如衙门坐西朝东，即看东方所得之宫神断之；如向西即看西方所得之宫神断之；南北亦然。总看所得向之吉格，得格吉终于升迁；如不成吉格而星旺，主降谪；若休囚及废没者，主罢黜。若有凶格者，主有拿问；如返吟、伏吟、五不遇时及入墓、悖格、飞伏等格，不看方向，而知其不吉也。

假如阳遁一局丁壬日丙午时上任，衙门坐北朝南，此局六癸加地盘九宫杜门，无吉格，主降调。

又如阳遁四局丁壬日癸卯时上任，衙门坐南朝北，天任加地盘丁合休门催官，白虎临向，主升迁。

占新任地方何如

当以天禽落宫为京师，其余为外地，以各宫六仪、三奇为分野。若遇甲戊同宫，阳日用甲，阴日用戊。如天蓬落宫上有开门，主有贼盗；有六庚主兵乱；如主旱涝不犯者，平安。各以本邦分野无任所分野定远近。

占历任归结

以本宫年干地盘为主，看天盘星门得吉格者，荣归；得吉格而别犯刑击飞伏悖格及本干宫有劫煞丧门刑克，主卒于官，不得善终。不成格而得奇星，主荣归；无奇星，主罢黜；有凶格主拿问。

占官员有故降罚

如开到鬼废休囚之方，或带击刑、入墓、迫制，为大不利。逢太岁伤之事于朝廷；月建伤之事起僚属；天乙伤之事谏臣；值使伤之事起御史；值符伤之事起抚镇。遇天网定被锁拿；天盘受下克，地盘受制，前后遇迫，定有按治。如得气，仅罚降；失令恐伤命。

占征召

凡山林隐逸及废黜已久，欲求征召者，太岁为皇恩，月建为铨部，日干为自己。要太岁、月建之星同生日干所乘之宫，又要日干所落之宫得好格局，主起官，反此不能。

占应差

进衙门应差，以开门为官长，以值使为己身。如开门宫生值使宫，又得三奇及旺相星，大吉。与长官宫相克，主凶。休囚亦为不吉。

占请假

以值符为尊长，天乙为卑小。值符落宫克天乙宫，天乙宫生值符宫，俱不准。假如值符生天乙宫，天乙克值符宫，定准假。两宫相比不准。

占领文迟速

以六丁与值使宫相生则速，如相克则迟。又看六丁在何宫相生，即以本宫支干定其日期。

占婚姻

凡占婚姻，以乙为女，以庚为夫。如二家落宫相生合，说之则成；相刑克，则不成矣。又以顶盘六合为媒人。六合宫生乙宫，向女家；生庚宫，向男家。庚宫克乙宫，女家畏而不嫁；乙宫克庚宫，男家嫌而不娶；乙宫带击刑，主女性凶恶者；生合，主女性温良。庚宫带凶神，主夫性暴烈；带生合，主夫性温良。

又法占婚姻

如男家问婚姻，此时即以地盘诸星为男家。逢门生宫，或上干生下干合吉格，而干支日时逢生合，其婚必成。若门克宫，或上干克下干，或门迫相冲，必不能成。又如比和相，善言之即成。凡九星、六仪、三奇、八门在旺禄之时，主富贵之家；若衰墓逢生为渐发之家；旺而受克为时退之家。若论女相貌、人品，以八门、九星、地将推之。若逢生主人品清奇；逢克为不正或醮妇残婚之类。若女家问就以女为主，照前法反而推之。

占招赘

看合星，专以乙庚论之。如女求夫，谓之坐山招夫，当用天盘六庚宫来生地盘六乙宫。庚上得吉星，主夫性温良；得凶星主欺骗财物，或心性奸险。如男求女，谓之到踏门，宜地盘六乙宫生天盘六庚宫，亦主成。

占胎孕

以坤宫为孕母，以宫上所得之门为胎，坤宫之天盘为产室。如天盘克门，子不存；

坤宫克门，胎不安；门克坤宫，孕母长病；天盘克地盘，孕母不安。门属阳，男胎；属阴女胎。逢伏吟，子恋母腹，胎虽稳而难生。见白虎为血光神，其产应速。如伤杜门到宫，为入墓，必是死胎。或天盘为门宫二者之墓，不吉；为坤宫之墓，不利母；为门之墓，不利子。若有三奇，必得好子。

占生产

此时以宫奇仪为母，以天盘奇仪入门为子。天盘地干支临旺禄之宫，逢生者，子母全安。若上干及门克地盘奇仪，虑其子母有所亏。若地盘奇仪在得令之宫，虽则受克，亦且无害。如母克子，其产容易；子克母，产难。若子母无气而又受伤者，则子母难全。若子母比和，易产平安。若合吉格，产子极贵寿长；合凶格，寿夭难养。要知何日将产，即看相冲生旺日时决之。阳星多产男，阴星众生女；阴阳相并而当双生。天下生人，同此一时，贵贱不同，详此时吉格、奇门在方向，宜对吉凶之格，则生此子贵贱可知，或再加父年庚多少，共算当生日时，遁演奇门，则知富贵修短矣。

占疾病

以天芮为病神，以生死二门看。再审病者本命年干落宫，得生门不死，死门难愈。若年干休囚废没，再有凶星、凶格，大凶。即得其余六门，亦主缠绵。再以天芮废没之月为愈。斯如占父母病，或儿女同类病，得本月日干入墓者大凶。又凶星、凶门加病人地盘年庚无救神亦凶。若凶星加奇门，上下二干相救，可死中求活；或三奇、吉门、吉格，更上下二干有合，虽不服药亦可愈。

占患眼疾

以离宫主之，离为目，看九宫得何吉星、吉格，则愈速；而凶则痊迟。若吉凶不分，则缠绵，亦不重。

占寿数

凡占寿数修短，以天冲、死门决之。盖天冲乃三宫之神，为生气也；又五为死气也。又以九十岁为率九宫，每宫十年，看天冲所落之宫远近以定其数。如天冲带旺相，一生无患；若休囚废没，一生常有坎坷。占者自天冲落宫数起，阳遁顺行九宫，阴遁逆行九宫，数至死门落宫止。将自己经过寿数除讫，以所得余岁论断。如年至三旬而得四数，则除三十尚有十年之寿，余仿此。

奇门遁甲卷十八

奇门遁甲元灵经（下）

占词讼

凡争讼，有心中不平而先告人者，有被人告而求伸理者，须以开门为问官，值符为原告，天乙为被告，惊门为讼神。如开惊二门俱被克，被告败；俱克，原告败；一克原告，一克被告，则两家俱败。总以落宫决之。

又开门生原告，惊门克原告，或开克原告、惊生原告。如被告得生克者，亦然。以值符、天乙之旺相为胜，休囚为败，亦以落宫决之。

占兴讼并呈状

以丁为状，朱雀为讼师，丁为朱雀。如朱雀落阳干之宫，或落宫与天狱庚相冲，又乘景门，其讼必兴。若朱雀落阴干之宫，其讼大起；临囚休废没之宫，讼即结而不兴。呈状以开门为官，景门为文状，开门宫生景门宫为吉，景门宫生开门宫不准，景克开准，克景不准。又景门落旺相宫则准，落休囚废没宫则不准。如旺相而生开门，可准；休囚废没克开门，不准。

占官事催提缓急

值符为官长，六丁为公文，值使为公差。如值符宫克天乙宫，六丁临于内地，其提缓。值符克天乙宫，值使临于内地，其提急。再有击刑则来意恶，有三奇则来意善。若相生则公差与官长见喜，相克则见怒。又看六庚为天狱，落休废易结；落旺相难结。一说六丁临外地缓，值使临外地急。

占刑狱重轻

以本人年命与日干落宫，星旺、门吉有三奇吉格者，官员降调，庚人罪轻。星不旺相、有三奇、吉门者，或三奇吉门得星旺相并吉门、吉格者，俱主罪轻，法及本身。如有三奇吉格、不得吉门与星旺相者，或星旺相而不得吉门、三奇，俱主罪轻。若星不旺相、门不吉、无三奇、格局凶者，主大凶。与日干年命再犯击刑者，有刑罚之苦。

占罪轻重

以开门为问官，以六辛为罪人，以六甲旬中六壬为天牢。如开门宫克地辛宫，辛上又有六壬临之，防有牢狱之灾；二者缺一，无害。再壬为天牢，甲辰旬中壬戌时，戌为天牢；甲子旬中壬申时，即申为天牢。余仿此。若天盘上所克六壬之支，再得开生二门者吉。

占罪人开释

以地盘六辛为罪人，看得星何干，旺不旺。如上乘吉星、吉门、吉格，或克开门落宫，与开门宫相生相合者，其开释必速。不备者，少迟。若开门落宫克地六辛宫，再得休囚者，主牵缠又网低，则不开释；网高则开释。

占出狱

壬为牢狱，看所加地盘之干为罪人。必地盘之干克六壬所得之支，又得休开生三门者，即得出，以受克之支为日期。必得六丁时，或六丁落宫非罪人宫，干支又得三奇者，方出狱。

占官事牵连

以本日日干为有事之人，以庚为天狱，以辛为天庭，以壬为天牢。本人日干以地盘为主，庚辛壬三凶煞以天盘定之。如犯一煞，与地盘日干同宫，定有牵连；再逢刑击，定有刑罚。得天网，有枷锁临身，再有凶格等凶煞，连累甚重。若有三奇、吉门并吉格、吉星者，无碍，虽有牵连，不能成凶。若不犯庚辛壬，定不牵连。

占口舌官讼

此时遇门生宫合吉格，或上干生下干，或干在于得令之宫而克上干，或宫克门，因非讼而得理，有官贵人扶，得财。若地盘奇仪临衰墓宫，逢上干克下干，及门克宫而合凶格，则口非重，至财破忧惊。若逢心开生宫，贵人相扶。若逢英景生宫，有文书之力。若遇生死门生宫，田地房产之益。如前人门生宫，克宫之内推之。若诸星比和，或上生下、下生上，当宜和美。若逢死绝而被冲克，因讼破家陷命。

占被访吉凶

凡官吏、土豪被访，吉凶何如，单看本人年命日干本宫上有何星门临之。如星旺门吉，并有三奇吉格者，官民无恙。如不旺相而有三奇吉门并诸吉格者，或无三奇吉格而得吉门、星旺相者，或无吉门而星旺相临三奇、吉格者，官民俱主赃少罪轻。有三奇而门不吉、星不旺者，星旺而不得吉门、三奇及吉格者，或得三奇吉格而星不旺、门不吉者，罪重赃多，累及妻子。星不相、门不吉、格又凶、又无三奇，俱主伤门。若本命日干再犯击刑，必受刑罚。

占和事

以庚丙为两家相构之人，以甲为主和之人，盖以甲为天福又系十干之首，为两家福星。又必以甲子戊始可算，余甲不用。看甲所落宫，或同生两家，或同克两家，方为处事公平，则和成。若生一宫克一宫，必有偏向，不能和。又当看甲在旺相宫，而庚丙在休囚宫，彼亦不得不和。

占出行期

占行期，或有牵缠不能摆脱，或有节制不能自由，或本人犹豫不定，以时干为起行之人，日干为牵缠、节制之人，以开门为起行之期。如日干克时干，不能行；时干克日干，即行；日干宫上下皆来克日干，彼自受制无暇制我者，即行。若本人自犹豫不能决者，看时干宫在外为去，在内为不去。俱看开门落宫下得何干，以定其期。

占道途吉凶

以时干所落前一宫看之。如得天蓬为贼盗，乃时干所落宫前一宫，阳顺阴逆。即得天蓬，为贼盗，如无者不遇。再看时干所加本宫，得生旺相并得三奇吉门吉格者不妨。

占同伴善恶

凡途中遇人同伴，占以地盘时干为己身，看何星临之。如得禽心冲辅任为善人，得蓬芮英柱为恶人，再得旺相，而时干又居废没之地，主有侵害。时干旺相，凶星废没，亦不能害。如凶星有害，时干而得生休开及三奇吉门吉格，主被害中有救。若时干旺相而得刑格并一切凶格，虽有侵害亦无妨。

占店主善恶[①]

看时干，若遇蓬芮（二大凶）英柱（二小凶）凶星，俱主恶人；遇辅禽心冲任吉

① 看时干加宫所落之宫得何星宿以定善恶。

星，俱主善人。如落宫克时干，主有侵害。若时干落宫有三奇、吉门、吉格者，虽有恶亦不敢害。如无吉格，但乘旺相，亦无害。如时干得休废没并凶星格者，当有侵害。

占出行

此时出行，欲得三奇六仪临于旺禄之宫，或行年合吉格而上下相生本日时，官贵禄马俱临，此时而去，逢贵人接引，财帛广进，求名亨达，且为皆顺。如本命行年并此时合凶格，门克宫，必多虚惊。如开门克宫，为贵人见贵之类。如逢凶格相冲相干墓之乡，出则不归。若遇壬癸，恐有水厄之忧。如遇辰戌，虑有牢狱之苦。

占未出先定归期

看天蓬星落宫。如阳局，天蓬在内四宫，上半年回；在外四宫，下半年回。阴局亦然。冬至后自坎至巽为内，自离至乾为外；阴遁夏至后自离至乾为内，自坎至巽为外。又看所落何宫，即以本宫所得十二支位以定其期。

占登舟

以震三宫为船，以天盘所得之星为船户之善恶，得辅禽心三星上吉，任冲二星为中吉，芮英柱蓬为大凶，其船不可登。凡占水，看休门之下，见申酉为江河，见小吉为井，太冲为池塘。

占水陆[①]

以坎为水路，艮为陆路，看值使落宫。如水陆二路有一生则吉，被克则不吉。又看休生二门所落之方，亦可出行。

如惊蛰中元阳七局甲己日丁卯时，惊门值使加坎宫，休门到震，生门到巽，为水木相生。

占行人

以行人年命，看合当时局中干支为行人，以支宫为宅舍，以左右宫为来之迟速。如占东方之人，得西方即来，得北方不来，得南方在路。其归期以地方远近、旺相决之。如行人是甲子生，往南方，若遇以坎，即归；遇坤、兑、乾三方，将至；遇艮、震、巽三方，又向他方去了。遇克我之卦，必半路有阻，再看吉凶神煞、克我之宫以定安危。余类推。

---

① 以值使定之，不取坤宫者，死门也。

又天蓬、天芮二星俱主行人，千里外者看天蓬，千里内者看天芮。得蓬芮者为来。又以时干为来期，伏吟不来，返吟为来。三奇合吉门于行人本命年干之上，即到。凶星凶门，其人必有妨碍。又年格年来，月格月来，日格日来，时格时来。一云各以落宫干支定其来期，又格则不来。

又法占行人

此时伏吟，行人身未动；返吟而且来速。若上干克下干，或门生宫克宫或庚加日干，行人即至。若上被克，或宫克门，行人不来。若日干加庚，行人不来。如上干在墓、衰宫，或门宫相克，行人来迟缓。若上干遇壬癸，临旺禄宫，又逢日时相生合吉之格，主有酒席相阻，或隔住无舟，或船水虚惊，或口舌、喜悦相阻。或上干在死绝之宫，或被克制及日时相犯，永为不来。切忌干支相冲在行人之行年干上者，或则死亡，或则囚禁。

占远信

以六丁落宫为信，以时干落宫分内外来信之迟速。临内信速，外迟。六丁受制、休囚，轻则信迟，重则无信。夭娇信速，投江无信。六丁带三奇合得有喜信，带击刑有凶信。庚格无信，投江在内亦无信。又景门临于木人所居之地信来甚速。如人在北方，占南方之信，一宫得景门，信即到。如人在南方，占北方之信，九宫得景门，信即到。余仿此。

在外占家中平安否

以日干为主，日干长生为处家。如甲日干则甲木长生在亥，亥寄于乾，看乾宫地盘中无凶星、凶格，主家中平安；有凶星、凶门、凶格者，主凶。须看克宫是何干，以日干六亲决之。年为父母，月为兄弟，时为妻子，即各以本宫所得论之。

占外人安否

先定方向，看其上下盘。得有三奇、吉门及诸吉格，外人平安。反此不安。

占回本乡

凡人久在他乡，难回故里。占人本以天盘年命落宫，看其在内在外定之。如已在内界，即主回；落在外界，虽回心终得牵缠。如得吉星、吉门，回家平安；得凶星、凶门，回家有事。以地盘年命支干定其日期。

占求财

凡占求财，其说不一。分体用以生门主之，以生门所落之宫向为体，以生门天盘所乘之星为用。用生体则吉，体生用则不吉。用旺体衰，体难克用，不为大吉。体旺用衰，用难克体，亦无大害。大抵专看生门所落之宫，分再看上下二盘格局吉凶何如，吉格吉星，所求如意，有一不吉，所求仅半。休囚不吉，所求全无。

假如惊蛰中元阳七局丁壬日壬寅时，生门到坤二宫，属土为体；天蓬星亦到坤二，属水为用。体来克用，宜乎得财。但卧在惊蛰，坤二宫为囚，且坤宫中六辛加壬为蛇入刑狱格，安得为吉乎？虽休克所得亦微。得财之说是我所本有之财，或应有之财，但未知何日到手。占法须分内外，以时干在地盘者为主，以甲子戊为财星，盖甲为青龙，青龙为财星焉。时干在内地，甲子戊亦在内地，此为财将到手之期甚速，又以本宫所得何支定其日月之期。若时干、青龙俱在外，半年得。返吟、伏吟主反覆不得。如甲子戊、时干俱合吉门，得财甚速。又如立秋上元阴遁二局甲己日壬申时，时干在地盘七宫，为内。甲子戊青龙、生门亦在七宫，又七宫为兑，干支为酉子月，为八，主八月到手也，甚验甚速。

占求财谋望

此时遇奇仪门生宫合吉格，或干相合、比和者，求谋得意，一切无阻。如门克宫，下克上，合凶格，凡求不遇，或因求谋破财。如主星在衰墓宫，又逢上干克下干，或门克宫，因求谋招非。

又占谋望须看三奇、吉门、吉星加于本人年干之上，不犯奇墓门迫及五不遇，可成。

占放债

以天乙为取财之人，以值符为财主，以生门为财神，各以生克旺相论。如值符宫克天乙宫为吉，天乙宫克值符宫为凶。天乙宫生值符宫为吉，反是为凶。如生门宫与天乙宫同克值符宫，其财尽失；同生值符宫，子母俱全。或生门与天乙有一生一克，本利不全而迟。如天乙、生门得休囚气，虽生值符，终不能全得，且必迟滞。天乙者，乃天盘上一宫。

占索债

以伤门为索债人，如伤门宫克天乙宫，去人必实心去索；天乙宫克伤门宫，彼必争闹不服；伤门与天乙同来生值符宫，子母全获；全克值符宫，不还。伤门、值符宫克天乙，必还；生天乙，克值符，不还。天乙旺相克伤门，虽有钱不还；天乙休囚生伤门，有心无力，不全或迟，终必还。若天乙乘庚辛来克值符，必有经官之事，或值符克天乙乘六丁。或景门加三四宫，亦有经官之事。如甲子戊符会开门加内地时干，其还速至。经官获利与否，乃以伤门、天乙、值符之生克断之。

占借贷财物

以值符为物主，以天乙为往借之人，各以所落宫分生克论之。值符生天乙，天乙克值符，借贷必遂。如值符克天乙，天乙生值符，借贷不遂。

占赊取给否

亦以值符为物主，天乙为取物之人，各看所落之宫。相生则得，相克则不得，相比亦不得。

占嘱托求人

以天乙宫为求托之人，值符为所求之人，值使为受托之人。如值符生值使，其言必信；值符克值使，不信其言。值使克值符，彼必不悦；值符克值使而生天乙，虽践其言，不甚快利；值使生值符而克天乙，彼不肯尽力。必值使、值符俱生天乙，或俱克天乙，所生其事方有济，有一不生亦不济，各以所落宫分定之。

占事成否

凡人来求我，以他为客，我为主；如我去求他，以我为客，他为主。宜主客相生、比和，求而自成；星、仪、门迫，求而难成，费力。若主客相伤，合凶格，因求事而生非，或反耗财物。只宜他生我为顺，易图；我生他为逆，难图。

占贸易

看生门落宫旺相，再得吉星及三奇、飞鸟跌穴等格，主买卖兴隆；如不全者，平常；若落空休囚，凶星，再有庚加己等凶格，主大不利。凡得天冲，宜于春夏得；天禽，宜于秋冬；余星不利。

又法占贸易

以值符为买物之人，以生门为所卖之物，以生门落宫为物主。如门来生值符，其物得买，有利益；如门与本落宫相生，为物主相恋，其物难买；相克则双方难以成交。如值符得旺相来生生门宫，利卖者；或生门宫来生值符宫，利买者。凡欲买物，看卖主之方得吉格者有利，得凶格者其物不堪。看买主之方，得吉格者相安，得凶格者尚有烦恼。

占合伙

以生门（地盘）为财主，以天乙（天盘生门）落宫为伙计。地盘克天盘，天盘克地盘，及天盘生地盘，俱不利。地盘生天盘方，其益利。此看生门宫天盘、地盘也。一说生门为地盘，天乙为天盘。

一云如地盘合天盘，主合不成；天盘合地盘，彼必陷我财，彼此不善经营，以致消耗；他来生我，彼此大利。

占生意兴隆否

看生门所落宫定之。其宫旺相，再有吉星及三奇、飞鸟跌穴等吉格，主兴隆。

占贸易利息

看生门所临之宫旺相何如。旺则利多，相则利平，休囚则利微。如休囚又有凶格，则折本。若生门居旺相，再看甲子戊上乘何干，以决其利数多少。

占赎物产

以值符、天乙、值使论之。值符主动，天乙主静，值使为中人。如我向人回赎，我为值符，彼为天乙；若人向我回赎，彼为值符，我为天乙，再看生克旺相休囚决之。如值符生天乙及天乙生值符，定准赎回；值符克天乙，虽可赎，其中不美；天乙克值符，不准赎。如值使生两家，得；克两家，不得。若内有朱雀同宫，必有争竞；勾陈同同，定主经官。如人向我赎，我为天乙，彼值符，其生克旺相休囚同前论。如我为物主，望人来回赎，以生我则赎，克我则不赎。若不欲人来赎，克我为来赎，生我为不赎。

占走失

凡占走失人口奴婢头畜头应向何方，我寻未知得与不得，以时干为失主，六合为走失之物，但以落宫论之。以六合与时干所落之宫，分内外以远近为断。时干、六合俱在内四宫，为易寻；俱在外四宫，为难寻；若时干在外，六合在内，犹可寻。以六合所在之宫为方向，如得旺相之星，又得景死惊伤四门者，可得也。得九地、太阴，有人潜藏；得九天，应远走去；得玄武，被人盗去；得螣蛇，有人盘诘羁縻；得朱雀，即有信；得勾陈，有内人相勾引而去。又看六庚年月日时。

假如大寒中元阳九局乙庚日庚辰时，时干在震三宫，六合在坎一宫，为俱在内，又六合为坎宫，有人潜藏，主不失。

占失物

凡占失物金银财帛等件，以甲子戊为财物。如见玄武，被人盗去；不见玄武，自己遗失。若玄武宫克青龙，青龙宫生玄武宫，定被盗去。又以六丙旬中空亡看之。如甲子戊落宫空亡，或自己遗失，或贼人盗去，俱不可复得。欲问失落何处，以甲子戊落宫方向定之。如在内四宫，为在宅中；在外四宫，主失落甚远。又以落宫卦位方向、体象断之。如艮为山，为少男，为东北；震宫为木，为长男、正东；巽宫为木，为长女，为东南；离宫为文，为中女，为正南；坤为地，为老母，为西南；兑为泽，为少女，为正西；乾为金，为老父，为西北；坎宫为水，为中男，为正北。欲问得期，以宫地盘决之、支干决之。如见玄武有盗者，以玄武落方定贼所在之方。阳星为男，阴星为女。又以玄武所落天盘、地盘支干决贼人衣包。

假如大暑中元阴遁一局戊癸日壬戌时，甲子戊到三宫，不见玄武，还是自己遗失，应东方。又不见空亡，以震卦体象找寻，逢卯日得之。但甲子戊到三宫为击刑，亦伤损也。一云玄武克青龙，及青龙克玄武，主自遗失。

又法占失物

此时天盘奇仪与地盘生合，或门生宫，失则必见，或自遗亡，或被亲友所藏。若门宫相克，上下相冲，物必难寻。如合凶格，或因失物而反招非破财。如门生宫合凶格，客又墓衰宫而相合，乃为自己家人所盗。如宫生门，干支相冲，乃外人所偷。如阳星相犯为男，阴星相犯为女，阴阳相并必男女知情。若阳星临墓宫，为女偷男藏；若阴墓为男偷女藏。逢旺气为少年人，逢衰气为老年人。寅为公门人，卯为犯过人，辰戌为兵卒人或好勇人，巳为手艺人或炉冶人，午为商旅人，申为邻近之人或知己人，未为同类人，酉为虚花人或多嘴人，亥子为江湖人或渔人、插冰人、或漂流人。又于天上干逢生为有根基人，逢克无根人，或上下相合为亲眷人。若逢门克宫或干支逢庚相克，再忌贼来。

占捕亡人口逃走

凡占缉捕，以六合为逃人，以伤门为捕者。如六合宫生伤门宫，自归；克伤门宫，不获。伤门宫克六合宫，易获；生六合宫，不肯实心，必得贿赂；伤门与六合同宫，必有通，同欺蔽之意。又六癸为天网，在一二三四宫可获；五六七八九宫不可获。阴时可获，阳时不可获。又太白入荧同宫必获，又云值年月日时则可获。

占官差拿人获否补遗

以开门为官府，值使为差人，有事之人论年命。值使落宫空亡者，不得；加临本人年命者，其获速；其一内一外者，其获迟；值空亡不获。如甲子旬空戌亥，地盘得甲戌己或六宫也。

占捕捉逃走

此时六癸加于一二三四五宫，急赶必见；如临六七八九宫，或上干克下干，或门克宫，逃则无追。要知逃往何方，须从天上六癸所加之处追赶。如临一宫，往北方一里、十里或百里；二宫往西南方二里、二十里或二百里，余仿此。天上六癸为贼，为逃人，若加于旺方，为里一百；逢衰墓为十里；逢衰墓而受克者，为一里。若逢旺气、逢生，逃必难追。如此时宫地盘克六癸或六癸宫生此时宫，易见；若六癸与时宫比和，必易见；若六癸克时宫，或时宫克六癸宫，亦定难寻。

占捕盗补遗

捕盗有二义：大盗、窃盗。大盗天蓬主之，窃盗玄武主之。以伤门宫为捕人，时干宫为主人。伤门宫克玄武宫，易寻；时干宫克玄武宫，易捕。若伤门宫生玄武宫，不肯实心捕之；玄武来克时干，有伤主人之意；克伤门，有伤捕人之象。若伤门与天蓬同，再有时干克之，捕无不获。又以六庚与玄武同宫为大盗者；伤门与玄武同，虽有时干克之，亦主不获。盖捕者与窃盗均有通同之意。大抵六庚为敌、为盗，玄武为窃盗。如被盗，当以贼大小看天蓬、玄武宫占之。

占逃难

凡有危难，逃避他向，当看杜门、六丁、六己、六癸，或六合、天上天冲及生门所临之方。又生本时时干落方得一件即吉，或遇星吉、三奇大吉，反此不利。凡避兵看六庚，避贼看天蓬，避官讼看六辛，以时干为本身。如庚加时干，不在内地，不必避；在内地，不克时干，不必避；加时干、克时干，又在内地，急宜避也。看天蓬、六辛宫此。

占逃避

凡避兵难者，看六庚；避盗贼者，看天蓬；避官司者，看六辛。时干为自己，必克时干又临内地，及加时干者，则当避。克时干而加时干者，亦不避。凡避仇家，其法则宜看其祸之由。先动者为客、为阳，六丙主之；后动者为主、为阴，六庚主之。

如客占应避与否，当以六庚落宫克六丙落宫，又临内地，当避之。若六庚乘于休囚之星而加丙，不必避。乘旺相之宿而加丙，则当避。

凡占逃避，须看六丙亦然，但下临六庚，凡事将退，总不必避矣。

占小贼盗

此时遇下干克上干，宫克门，地盘在生旺宫，纵有小人盗贼，不敢来犯。若上庚干日克时干，门克宫而合凶格，主星临于失令宫，小人盗贼，谨慎或被大害。不宜上下干支比和相生，俱为不吉，宜相冲、我克贼不敢来犯。

占人谋害

看庚甲二字。盖奇门尊甲避庚，以庚为仇人，以甲为本身，看落宫为主。庚金落宫克甲宫，有谋害；甲落宫克庚宫，不谋害。甲宫受击刑，有害；若旺相，虽击刑，不为害。庚害，上下二盘之星皆来克庚，及甲申庚作值符，俱不为害，彼自有急，不暇害人也。

占寻师访友

以天芮为明师，时干为自己。如所往之方上得天芮，可遇明师；来生门干，传道无疑；若来克时干，必不投合。又时干克天芮，亦主无用。必天芮方上有三奇、吉门及诸吉格者，方为明师。否则亦非明师也。

占访友

访友看所访之方，以地盘一宫为主，以天盘为客。要相生合，再得吉门，去必相遇；若相克又无吉门，则不遇。逢庚加年月日时格，亦不遇。

占访人

如所访人在东北，则看八宫。所得地盘原主之星生对冲宫所乘之星，及受对冲宫所乘星之克，皆主相遇。如东北、西南方中一有吉格者，所求皆遂；凶则不遂；格则相拒而不纳；丙则相见而不相得。

占见贵人

以休生为主，与三奇合则吉；与日干相合，则贵人喜悦而有酒食财物；开门亦利于求见。余门不取。

干谒以休门宫为所见之人，时干为所住之人。休门宫生时干宫，而时干再临三奇，必遂意。若三奇相克，不得见，干求亦不如意。又要彼此旺相则吉，一处休囚不吉。

占谒见

此时干支相生，门宫亦然而合吉格在于生气之宫，则见而有益。若求我之人生我者，则称意美满；如我生彼，见则艰难，因求而反退财帛；如逢克我又合凶格者，因求而招非或自取辱。

占请人远近来否

占法当分方向，看本宫地盘得何干，必上克天盘干，又要地盘干转到内界则来。如下不克上，及上克下，地盘仍在本宫，主不来。

占远客来意

以值符为主，以天乙为远客，各看落宫。相生者无关系，克值符者有求，克天乙者求不遂，相比者求可遂及。甲落阳干为求财之事，丁落阳干为嘱托之事，景门落阳干为文书之事。阳甲乙丙丁戊，阴己庚辛壬癸也。

占期约

看系何人，年为尊长，月为同类，时为卑幼，日为自己。在值符前者，先至；在值符后者，后至。所落宫相比生，至；相克者，不至。如值符伏吟，虽有阳星加之，亦主不至。五不遇及悖格，皆同此也。

占访馆

以天辅为己身，值符为馆主，天芮为子弟。若值符生天辅宫，再看三奇、吉门及诸吉格者，成；其余俱不能成，各以落宫论之。又看天芮在旺相之宫，子弟多；在休囚，子弟少。如有所往而谋者，又当以所往之方占之。如得三奇、吉门及诸吉格者，有馆；无吉格、吉门，无馆。

占烧丹成否

其法以坎水为真铅，休门主之；以震为真汞，伤门主之；离为真砂，景门主之；兑为真金，惊门主之。其余艮土、巽木为杂气。又以将加本时子为真铅，午为真砂，卯为真汞，酉为真金，其寅申巳亥为杂气。贵神以六合为真铅，朱雀为真砂，太阴为真金，玄武为真汞，其余天后、白虎、螣蛇、青龙为杂气。又天蓬为真铅，天冲为真汞，天英为真砂，天柱为真金，其余心任辅英俱为杂气。凡此俱会中五宫，单看地盘，得丙丁二火，天盘得壬癸之水，水火既济，定可成丹。推得真金铅砂汞者，成；内杂气者不成。

占祷祀

当看天禽所得在下，得风、云、龙、鬼、神五遁方得效验。

占饮食

此时天上奇仪门牛合地下星，或比和而得旺气，饮食极丰；诸星门若克宫，主饮食不丰；逢衰气主见而不得食；若地盘星仪克天盘，亦无。若水星休门生宫，有饮食酒肴；又如土星生宫，有饭并饼果亦不定；如金门生宫，有饮食重重；如火星生宫，饮食如常。若遇水星生宫，应鱼蟹海味、水中之味、羹汤羹味；如火星生宫，主带壳梗物，苦味或煎炒雉鸡、腌饼、酥馒头、尖物；如木星生宫，有新味、佳味、时果、腥酸美味；如金星生宫，主多骨之味、豕犬鹅鸭鸡鸟肺蹄之物；如土星生宫，有野兽，或虎、山羊、牛肉、山药、土物味甘、肚子；如火土乘旺气，主鹿獐野兽之物。大抵旺气之主饮食多餐，衰而逢克食必艰难。若逢凶格、门迫，因门生非；若主逢旺，口舌自散；若衰墓，遭伤惊非不免。

占牛羊马骡牲畜

以天芮为病神，以艮八宫为牛，丑者牛也；坤二宫为羊，未者羊也；离九宫为马，午者马也，骡驴亦九宫主之。六畜等类，各以其方占之。如牛病看艮八宫，得生门者生，遇死门又凶格及天盘星宿来克者，必死。即得他门，而有凶格被克，亦主缠绵甚重，尚不致死。以天芮休囚之月为愈为期，以内之干为日期而定之。

占渔猎

以伤门主之。甲戌己为犬，甲午辛为鹰，甲寅癸为网。如天盘星克伤门宫，得物；伤门克天盘星，不得物；天盘生伤门宫，得物走脱；伤门宫生天盘星，易得。上盘有甲戌，用犬；见甲午，用鹰；见甲寅，用网。若地盘休囚，天盘生旺，获物必多，反此不获。捕鱼用甲寅癸，落宫克伤门则亦易得。

又法占渔猎

此时遇伤、惊、死门，合乙、丙、丁、六仪加临生旺有气之宫，如地盘逢墓衰宫，或上克下干、门克宫，必获多兽；若天盘诸星或在墓绝，宫克门，兽难见而必不得；若门克宫或宫生门，或干支相合、相比，则无所得。若下干克上干，宫见门星加于死绝之宫，必被兽所伤，切不可出猎。所得之兽被主克者，如所克寅为虎、亥猪、戌犬、丑牛、未羊牛獐鹿、酉鸡之类。

占鸦鸣

凡见鸦鸣，急看景门。值符前一急迫来临，前二口舌，前三婚姻或急讲门庭，前四斗殴、财利相争。值符后一事涉女，后二之位期蔽奸淫，后三之位亡失衣物。更寻六丙下值何神：河魁在下，细细推寻，贵人有灾，六畜有伤；从魁在下，寡妇藏音，上有吉将，酒食邀迎；传送在下，人来觅物；小吉在下，妇人喜成；胜光在下，征召欢欣；太乙在下，大吏相寻；天罡在下，争斗讼亡；太冲在下，亲戚得遇；神后在下，事主奸淫；功曹在下，庆贺维吉；登明在下，索吏公文。听声遏何方隅，吉门在吉，凶门在凶，宜出入远行、宴乐，不宜嫁娶、出兵、移徙、入官、商贾，寻室凶。

占雀噪

看朱雀所临方得何门、奇以决之。得开门又得奇，主亲朋至，或行人远来，或酒食；得休门又得奇，主喜事、喜信及婚姻事；得生门又得奇，主田宅、财物、畜事。不得三奇、吉门，及门迫、奇墓，俱主无所关系。更看景门临宫，有吉格有喜信，凶格凶信。

占犬吠、釜鸣、火笑、牝鸡鸣等类

当以时干所加下得何门星决之。如得三奇、吉星门、吉格者，为平安；如无奇、无门兼星凶、格凶者，主有祸事。若吉处多，凶处少，有祸无妨；若凶多吉少，定多凶险，终亦无碍。在内者为上半年，在外者为后半年，亦以八卦定期。

如阳二局甲己日庚午时，此六庚在四宫，得杜门，有天英凶星，又六庚加丙为太白入荧，主失亡被祸。又：星、门俱不吉，主有官事。

占梦兆

以时干为主，看上有何星、门加之。门星俱凶，而得三奇吉格，或无三奇吉格而星门俱吉者，其梦吉凶两无。如得星得门又得三奇吉格者，梦吉即吉，梦凶亦吉。不得星门及三奇吉格者，梦凶应凶，梦吉亦凶。若时是六甲旬中空亡，即属幻影，无所虑。

占四体动吉凶①

眼属肝，为木为震；耳属肾，为水为坎；唇属土，为坤；左臂属巽，右臂属坤，左腿属艮，右腿属乾，左肋属巽，右肋属震，背腹属中。如有跳动，以本方上得何奇、门、星格决之，得奇、门吉，不得奇、门平平，有凶格者不吉。

占人物

若占来者是何人，但见值符飞与临。六仪三奇相互换，何宫何地细穿寻。
甲子值符加艮方，天星六丙下来藏。吉格之中龙返首，贵格来时着紫裳。
甲丙居同在巽宫，衙门官吏贵人从。甲丙如居震上长，来者半仙及释翁。
离位景门居甲丙，武官边士论英雄。坤死如逢甲丙者，带孝儒家与医同。
惊门甲丙来相逢，作乐讴歌侮相公。开门如遇甲加丙，高贵绯衣命仆童。
青龙返首加休坎，贵人酒醉解何弘。丙加甲子值符门，贵人骑马见水泮。
飞鸟跌穴居生上，小贵擎拳打老人。伤门丙甲如逢遇，仆执花笺请贵人。
杜门跌穴居于上，长女穿蓝抬轿行。景内丙甲无门迫，华丽衣人暗修兵。
丙甲如遇坤死上，老人乘轿会亲情。惊门丙甲媒人氏，从役相随鼓乐新。
惟有开门加丙甲，马嘶人喊振纷纭。值符甲戌乙奇临，得使之人有吉星。
如在死门为人墓，带孝阴人手捧人。乙己惊门尤不可，蒙童幼女日相争。
开门乙己如临位，贵客长须似道真。乙己休门如遇此，外方来客裹形行。
生门乙己如相遇，未冠童生面带赤。乙己如逢伤位上，负包衣士答乡民。
杜门乙己逢相克，道姑托钵过门庭。景上如逢乙与己，手持花罩是庖人。
甲申值符加丙奇，荧入太白不相宜。休门醉客多狂士，诈侮佯颠近水推。
加艮生门浑不吉，浪子擎拳打小妮。伤门荧白来逢遇，撒发披头硬汉欺。
丙丁临杜死门迫，方外僧人化绵衣。景门此格如来到，破眼渔家卖蚌归。
荧入太白逢坤地，抬轿扛盘是脚儿。兑上相逢庚上丙，卖糖老汉女男咿。
开门荧入来投库，老汉呼童备马骑。六丙符奇甲申随，庚加丙兮不奇门。
纵遇休生非吉兆，主客相争利静人。太白入荧在伤门，屈足跛人路上奔。
杜门庚丙来相遇，寡妇稀毛头若僧。离宫庚丙不宜来，咳嗽心胃不畅怀。
更遇天心玄武集，破衣瞽者莫疑猜。死门庚丙来居上，大腹无文一老呆。
惊门庚丙装库下，好唱优人腹有才。太白荧惑逢开地，老者捶胸欺小孩。
坎休宫中加白荧，丰姿俊雅喜形骸。生门太白入荧惑，裹体村夫东北来。

① 眼跳、耳热、唇蠕、肉跳。

甲午值符乙奇临，逃走青龙非吉星。加在休门为云遁，年迈儒家气象凌。
加艮合生为虎遁，九流高士半虚名。伤门遇此龙逃走，草莽村人顶帽行。
杜门加此为风遁，烧香燃烛一善人。景门龙走不为吉，放泼牙人及众群。
乙辛加在死门上，扒头老者执油瓶。惊兑之中龙生甲，讴歌伎女最娉婷。
开门甲午如逢乙，宰畜屠人衣润身。日奇之上六辛符，白虎猖狂凶事多。
离在艮宫成虎遁，如穿人物象风魔。伤门符到虎猖狂，鼓乐喧喧仔细详。
九天若也相临处，掌里阴阳吉可藏。白虎猖狂加杜门，负拿包裹女逃生。
景门如逢六辛乙，婢女将来探问亲。辛乙加于坤死内，牧羊稚子浅前行。
猖狂发纵居惊上，婢遗小女骇门庭。开门如遇辛加乙，近宫骑马急如星。
坎休白虎猖狂至，将臂猜拳是提人。六癸加丁蛇夭娇，门符虽好不丰饶。
开门近贵兼奴隶，急急忙忙不惮劳。休门六癸加丁上，买酒孩童跌在桥。
螣蛇夭娇生艮上，乞儿卖药负皮毛。伤上癸丁加九地，木土泥水醉酕醄。
六癸加丁杜巽上，弹词女辈甚风骚。景六癸丁如遇此，红眼佳人笑倩娇。
癸加丁在坤方使，老妇簪冠穿道袍。六丁加癸甲寅符，朱雀投江气不苏。
不遇昭明多损失，举动难安莫远途。坎宫丁癸值符休，妇女携儿面带羞。
生门朱雀投江至，外方乞者手牵猴。伤门丁癸来迴化，作伐浑婆弄舌头。
景门丁癸加符使，虾蟹渔娘连舆勾。杜门丁癸投江遇，卖绢丝者是女流。
惊门丁癸私窠妇，满面腌臜粉与油。朱雀投江在开上，换针磨镜两相投。
死门玉女加于癸，污秽肩担过我眸。

又法占人物

大格天庚加地癸，值符须是甲寅中。如在凶门生艮库，文墨之人礼貌恭。
伤门大格多颠险，投吏公差谁向东。庚加六癸东南杜，披发儿童貌不庸。
景门如遇庚加癸，眼目昏花得女从。死门大格来经此，老妇披麻苦与同。
惊门鼓唇摇舌妇，开位长人面带红。休门庚癸来相遇，乐道仙翁手拍筒。
庚如加在甲辰符，上格为灾事莫图。如在杜门庚与使，弄蛇花子打头颅。
景门庚壬若加此，不尴不尬一村夫。坤死如加在上格，补锡钉碗一穷徒。
庚辰如在惊门上，击磬摇铃道者多。开门上格凶为轻，点翠穿花卖货奴。
休上庚辰遇上格，卖盐好汉协强徒。生门如得庚辰遇，弄瓦挑砖樵采哥。
上格如逢伤震位，放鹞擎鹰过我途。乙丙青龙失水蓬，吉不呈祥凶不凶。
如加坤死嫌投库，孝服哀哉是固穷。惊门乙丙遇螣蛇，能画能诗贵近奢。
开六日奇来入墓，皓首穷儒心自嗟。乙丙加休得水龙，风流俊雅在其中。
天星如遇符六合，士女歌声美正浓。乙丙生门亦遇奇，失时君子富流儿。

青龙失水逢伤震，卖卜医家有望儒。杜门乙丙和无迫，花街女子美人痴。
六丙时加地下丁，无刑无迫正奇门。加在开门飞贵格，月奇投库有何欣。
游行虽是宦家子，跃马扬鞭拟失惊。加在休门奇又合，挈盒提拿是贵亲。
生艮门宫遇丙丁，贵家公子谒亲朋。伤门遇此为奇特，繁杂偏多子弟门。
杜门六丙逢丁伴，女女男男赌骰盆。景门武士兼文士，旁遇烧香妖道人。
死上丙丁如门迫，乡愚富宦逊繁文。丙丁惊位如逢著，士女娇姿可悦心。
乙丁丙死奇投墓，丑陋阴人无复新。惊门六丁加乙上，艳妆小女哭过门。
开上乙丁奇吉门，才子佳人会有情。休门玉女加六乙，贵客同来探可人。
乙丁加生奇正得，贵公路遇意何深。伤门六乙加丁上，巧画丹青雕摹生。
杜门如得奇来至，美髯仙家道学精。庚若飞来遇值符，伏干之格事多辜。
此时利客不利主，细详符使亦无讹。加在生门奇不现，拟是挑砖断磨哥。
如在伤门庚在克，补毡箍桶两相磨。杜门遇有庚相犯，钉秤缘绳在路途。
景门庚在非高出，卖纸缝皮打铁夫。死门伏干加非利，修网缦纱负货奴。
惊门庚伏重金器，打锡铜决不差池。开门道吉非为吉，篦头按脉自经过。
休门庚伏穿人物，摸蟹淘沙水面波。天上太白皆若是，伏干飞干差不多。

占来意法

玉女守门得使奇，兼之三奇逢六仪。此利阴私和合事，斯道通明宜秘之。
开休生位六丁来，占者婚姻不许猜。更得阴私多妙事，不然好女自徘徊。
伤上玉女例言凶，衙役求医往向东。妻妾必然是患病，更逢女子带奸雄。
杜门玉女不寻常，婢妾随逃在路旁。走进前来问端的，令往南方是那方。
景门玉女事何明，女附男肩会有情。更兼酒食多欢畅，和合阴私竟有成。
守门玉女在坤方，孀妇攀门望约郎。占事必应妻妾病，一番愁绪一悲伤。
星奇玉女到惊门，口舌相争口舌深。虽有阴亲何乐处，必须布置事多逃。
值符反首符开处，所问行人必定来。惊门知有何音信，逆旅穷途坤死乖。
景上兵戈多斗杀，杜门祈祷福安排。伤门捕猎应寻物，休与生门事事谐。
飞鸟跌穴利修方，移徙迁居其吉昌。伤门死门俱不利，休生门位两修良。
丙奇临戊遇生门，天遁月精能蔽形。国事功名从此数，陆迁天遁任游行。
乙奇临己多开门，地遁日精宜蔽形。田财交易兼坟墓，家宅移来此位亭。
休门临丁号太阴，是为人遁得星精。合伙求财无外意，门遁三刑是病人。
神遁生门与丙奇，九天相合始相宜。消灾保福皆能庇，精炼修丹任所行。
生门九地合丁奇，开门九天乙共之。丙奇加在艮宫内，鬼遁名之吉可推。
迁官纳婿并六甲，其中从此辨高低。龙遁休门合乙奇，如临坎位可施为。

造船应寻真的事，试问来人占验无。虎遁乙奇合庚辛，无凶无吉在休门。
步武投戈应遇验，伤门访察事非轻。休门开位乙奇辛，震上逢之云遁真。
乍雨乍晴天气改，异途事业得维新。休生门同日奇来，巽上逢之风遁排。
招安讨检为决胜，捕捉逃亡彼既乖。三奇会景合九天，天假祥和格自然。
忧处勿忧多喜信，全生避难事无愆。丁已会合杜门中，更得三星天隐宫。
财货不愁连价卖，乃为地假妙无穷。每事问来多得意，失物寻人无隐踪。
六个壬符合九天，惊门人假妙难言。学艺门张皆获吉，如临门迫未为安。
丁已癸合在伤门，九地太阴六合真。诸格遇之尽有益，如占病患不宜侵。
丁已癸合死门来，三隐宫中事可偕。占问求财并合伙，以凶变吉必生财。
休开又与三奇得，临著太阴是真诈。谋望人求获大功，彼此相生主胜吉。
休门开上会三奇，九地临之重诈宜。参奇谒异能进步，行藏出入总无亏。
乙奇加已与加辛，得使三奇可问程。若问奴婢应纳宠，不然换一侧房人。
丙奇甲子甲庚申，吏役公差到我门。继女继男多适意，填室来家喜气盈。
玉女得使骑龙虎，得龙偏房续后人。天乙生门合九天，三胜三宫奇可言。
出门从此多生发，访友寻人遇路间。天辅时藏有吉星，官司宜解罪宜深。
甲已日逢乙庚申，丙辛日下午临支。丁壬从辰戊癸寅，赦有恩泽凶不成。
月将加时取太冲，太冲各处日奇逢。此是机关天马诀，行人迁职竟成功。
有难急逃往此下，如山剑戟总无凶。君家如欲行私情，须究天三地四门。
天三月四加时取，从魁小吉太冲临。地四月建除危定，合此时辰私路亨。
出行并得地私门，并照奇逢百事宁。借问地私何处起，天乙贵人加贵人。
冬至顺行阳顺数，夏至逆数阴逆行。六合太常太阴处，此是地私多吉星。
已上吉格时有八，决人来意细潜心。青龙逃走乙加辛，失脱逃亡问可寻。
白虎猖狂辛加乙，官司户役可藏行。朱雀投江丁问癸，鸡鸣飞怪抑何深。
螣蛇夭矫癸加丁，不门更移是病人。丙加庚兮荧入白，交意之中口舌深。
庚丙太白入荧惑，盗贼蜂攒在那村。庚加日上是伏干，承继招嗣意有成。
庚加天乙为伏宫，更改移居不一同。再临门迫言身病，白手求财总是空。
飞宫之格符加庚，凶险飞来一布惊。庚加六癸为大格，远望行人未转程。
庚加六壬为上格，六甲生男乾坤寻。庚加六已为刑格，加景来人拟吉人。
丙临日干悖格是，新娶妻房是二婚。庚加太岁为岁格，日月时中总忌庚。
天网四张时上癸，举止行藏必昧心。此是奇门人髓诀，克已穷功应若神。

射覆

一白：猪肉、酒食、海味、茨蒜、地栗、有蒂核之物，数目一六，皂白者。

二黑：野味、牛肉、肚子、甘物、五谷、山羊、竹笋、花生、布棉之类，数八、十、五之数，黑黄色者。

三碧：竹笋、花木之物，鱼肉、果豆、菜蔬、酸味、茶叶、檀香、笔扇，数目四、八、三之数，色青蓝、月白。

四绿：禽鸟之类，鸡、虫、蔬果、酸味、木花香、绳纤长细之物，数目四、五、八，青蓝色者。

五黄：五谷、野味、牛肉、肚子，甘物，方物，墨布、棉之类，山药、竹笋、芋、花菇、花生，数目五、十、八，色黄黑者。

六白：马肉、圆物、木果、天鹅、虎豹皮、象、珠玉、金银，数目一、六、九，色白。

七赤：羊肉、鱼、蟹、美味、金银铜废器，有口物，数目二、十、九，色白赤。

八白：狗肉、禽、鼠、瓜果、蚬子、甜物，数目五、一、八，色玄黄。

九紫：鸡肉、烧炙、煎炒之物，龟螺、甲胄、书纸，数目二、七、九，苦味，色红紫者。

占贼盗敌兵来去

凡占贼盗敌兵来去，先分界限。冬至以后，自坎至巽四宫为内，自离至乾四宫为外；夏至以后，自离至乾四宫为内，自坎至巽四宫为外。以六庚为敌人。敌人未至，六庚临外四宫；敌人已至，六庚临内四宫。如六庚所临之宫克六庚者，主敌人安营不稳，自惊而退；如六庚所落之宫再乘玄武、白虎、天蓬之神，主敌人来必大战；顶盘得九天则大张声势，鸣鼓而至；顶盘得九地则偃旗息鼓而来。如贼已入我境，看何日何时去，六庚在内四宫主不去，在外四宫则去。总以六甲所落之地盘干支看岁月日时，为来去之期。如太白入荧，虽去贼仍来，然在外界亦主不来；若荧入白，虽主贼去，总在内限，亦主不去。

占贼来否

此时天上奇仪星门克宫，贼得猖狂；如地盘坐于旺禄得令之宫，贼虽来而我以计胜。若我居失令，逢其相克，谨防所失；如我克他，贼虽见而无害；若上下诸星比和，干支相生，主不进不退，恐贼暗来，宜埋伏之。

又法以月将加正时，看天罡所在孟仲季，则知其来否。月将即正月雨水后登明亥将之类是也。

	临孟	临仲	临季
来不来	不来	半路半来	全来
去不去	尚在	半去	全去
出不去	不出	半出	全出
战不战	来战	已战	欲战
罢不罢	已罢	欲罢	未罢
利不利	主利	两伤	利客
何道近	左道	中道	右道
兵被围	可待	相撞	急去
行不行	未行	欲行	已行

占贼情虚实

凡占两家对敌，当定主客。以值符为主，以六庚为客，以所落之宫生克论虚实。如贼人会战和降等情未知虚实，看主客所落之宫。如庚落宫克值符落宫，则其情虚诈；如相生、相比，定是实情，来意不敢为恶。如伏吟，则以六庚本宫与值符本宫生克看之；如返吟，则来意反覆不定。

占伏兵有无

凡占伏兵，当以干支、值符、值使，用巳申子卯决之。先看值使在何宫分之，又以月将加本时看值使上有子卯巳申，定有伏兵；再看旺相带刑，必有大战。如空亡、休废，虽来不战。如申巳子卯不在值使宫上，必定无伏兵。如值使宫有子卯申巳一字（一云值符）加在本时之干，贼在前；加在本时之支，贼在后。以月将加本时支干，相覆贼当在路之险处邀战。

假如大暑中元阴一局戊癸日戊午时，天禽为值符，死门为值使，俱加一宫，巳申子卯不在符宫上，定无伏兵。

占贼临境城可居否[①]

以值符加时干为动为客，以值使加时支为静为主。如值符落宫克时支宫，再乘六庚、玄武，此地不可居；或值使落宫下克上，亦主不可居（即被本宫地盘克是也）。或值符宫与值使宫相生比和，可居；或相刑克（值符宫受克），敌来不能取胜，亦可居。或值使宫神相生、比和者，可居；犯门迫者不可居。

① 以干支分主客。

占攻城[①]

看六庚乘旺相，得开门加中五宫，其城可克；又看地盘天禽所落之宫，得旺相吉门者，其将守可擒得；休囚废没及凶门者，其守必死。

占守城[②]

看天禽落宫，得生、休、景三门，得旺相又有六丙，其城可守。如无吉门旺相，并再犯天蓬，六庚加中宫，城不可守。

占援兵[③]

凡被攻日久，以六庚开门为敌人，以六丙景门为守者，必天禽、六丙合生门，或在守者左右之宫，必有援兵，近而且速。若离禽宫远则迟。如六丙景门休囚受克制，援兵不至（亦无力援我）。如天蓬乘六庚败气，攻者不克，守者可守（以兵威在天禽故也）。

假如清明上元阳四局乙庚日丙子时，天禽值符加丙在坤，天英作援兵加离生禽，则火生土。六庚在乾六宫，受天英之克，必援兵大张声势，有整兵慎战之意。攻者有缓攻畏敌之意，可守无虞。

占胜败[④]

以值符落宫为主，以六庚落宫为客。如值符宫克庚宫，主胜；庚克值符宫，客胜。又旺相则胜，休囚则败。如值符宫得景门、惊门或二门与值符宫相生，主胜；庚宫得景惊二门，或二门与庚宫相生，客胜。如值符与主客相生，必来讲和；如值符与庚主客俱乘旺相，景门反相刑克，其势相等，两相恐惧，不战而退。若六庚为值符，即为主客同宫，不分胜败。又日干加庚，主胜；庚加日干，客胜。

占闻报虚实[⑤]

看甲乙壬癸四时，闻事皆虚，忧喜俱无；逢戊丙二时，闻忧则虚，闻喜则实；逢丁时，则忧无大忧，喜无大喜；逢己庚二时，闻喜则无，闻忧则实；逢六辛时，忧喜平二。

---

① 以六庚主之，太白兵象也，主攻者，天禽在中为受攻者。

② 以天禽为守，天蓬乘六庚为攻者。

③ 以生我克彼论之。

④ 占阵以景惊二门主之，曰景宜破阵，又曰乱之，要法视惊门。

⑤ 当以时干决其真伪。

六壬以月将加时，看日辰与上神之生克。如相生为实信，相克主虚信。如朱雀、天空临时临辰尤不可信。

占来人善恶

六壬以月将加时，神后落处断之。寅申巳亥良人，子午卯酉商客，辰戌丑未奸恶细作。

占使人探侦

两家对垒，久无动静，使人探其消息，既分主客，又当以值使决之。如值使落宫生主宫，去则得力；克主宫生客宫，去必向彼；若克客宫，必探得的实。主生值符宫，虽泄主气亦吉；客生值使宫，克值使宫，虽泄客气亦主彼吉。值使宫自相克制，必不敢去，或途路有阻，旺则稍可，休囚大凶。

占行间其地

两国兵争，或应间谋行不以法占之，以值使为彼国，丙为自己，庚为所间之人。以月将加本时，看丙与值使所得何支相冲，则动；不冲，则不动。既已冲动，又看庚值使之乘星。庚旺间人无益；庚星克值使之星者，无益；相生者，无益。必值使乘星克庚乘星者，其术得行也。

占诈诱[①]

敌国相攻，兵不厌诈，以六丙为己，以六庚为敌，朱雀为谣言。必朱雀为落宫旺相为地，又要六丙落宫克六庚，或丙生六庚，其诈得行。如庚虽被丙克在旺相之乡，或生六丙不在休囚废没之地，主半疑半信。丙被庚克，或生六庚而不旺相者，其术能行。

如常人争讼私斗类，亦欲行诈诱之法者，日为自己，年为长辈，月为类，时为晚幼，其占法同。

占出兵领饷

出军讨贼，以天辅为饷司，天冲为将领，青龙为饷神。若天辅落宫克天冲宫，有饷不发；天冲克天辅，亦不吉。必两相生比者，发。又看青龙旺相，比、生天冲者，其饷必多；落休囚废没，其饷不足。

① 彼堕计中否。

占行兵无水

欲知何处有水，以休门下定之。见申为江河，小吉为井，太冲为池塘（六壬以月将加时）。

占行兵迷路

凡行兵遇深山大林，暮夜迷路，以三定其去向。因三有生然，又为破军、天马之象，故云：之三避五，八方无阻。或以天罡所落处行百步外自遇大路。

天罡加孟在左，加季向右，加仲中行，自得大路。六壬以月将加时。

释之三避五

假令冬至上元阳一局甲己日夜半为甲子时，至平旦为丙寅时，得此三时为生气，和百事，故曰之三；至食时为戊辰时，此五时为害气，故凶宜避。

甲日丙辰时，丙火乃甲子孙，是日生时干，为生气，又合吉格，大利主；至戊辰时，甲木克戊土，而甲木主为戊土为官克于时，为死气，右上干克下干，门克宫，故大利客兵。

五符造天关①

凡出军、行道、住宅闻鸦鸣鹊噪者，看其从何方来，就占其吉凶而趋避之。

遇五符星方噪酉上癸：主人送信，诸事吉又宜驻兵动众、晋谒、求财。

遇天曹星方噪戌上甲：主行征往来出入吉一说外出平平，若战斗主气力弱。

遇地符星方噪亥上甲：主出征有神助，女人报信吉又主惊虚，三军忧失不宜，征战并罡魁煞入吊客。

遇风伯星方噪子上甲：宜出旧，远出、行兵必中虚诈又主出入忧惶，大风虚惊、暗昧、失物。

遇雷公星方噪丑上乙：不宜兴兵远出，必有二人报信又必有风雨、阴私、计谋、怪梦、惊忧。

遇雨师星方噪寅上丙戊：宜守，水战大吉又路逢阴雨或狂风骤雨。

遇风云星方噪卯上丙戊：主有钱财、吉庆，不宜先动兵又宜唤客迎宾，心不定。

遇唐符星方噪辰上丁己：主人送财伏兵大吉。又人马大胜，一可胜十，凡所营求无不吉利。

---

① 断鸦鹊鸣方吉凶，看此十二神将所主。

遇国印星方噪巳上丁己：主文书报信，出兵大胜又主有迁进、改除之事，无不吉。

遇天关星方噪午上丁己：主门战，行兵大凶又路逢阻滞，因讼遗物，门讼征行凶。

遇地轴星方噪未上壬：主阴人恼乱杀之事又主人马不胜，值囚钱谷散失。

遇天贼星方噪申上壬：主口舌争竞，官司告事凶又路逢盗贼，暴风来处是贼方位。

每日定三门，遇五符、唐符、国印三位大吉，或出入等事不避凶杀，但得三位者，无不吉利，于禄上起五符、二天曹、三地符，照上式顺排至天贼止。

如甲禄在寅，乙卯，丙戊巳（一云戊禄辰），丁己午（一云己禄戌），庚禄申，辛酉，壬亥，癸子。天曹、地符宜守，风伯消息凶，雷公大凶，雨师忧贼至，天关宜追捕，天贼必占贼，遇地轴多逃遁，风云宜避。

周易书斋精品书目

书　　名	作　者	定　价	版别
影印涵芬楼本正统道藏 [典藏宣纸版;全512函1120册]	[明]张宇初编	480000.00	九州
影印涵芬楼本正统道藏 [再造善本;全512函1120册]	[明]张宇初编	280000.00	九州
重刊术藏[全6箱,精装100册]	谢路军郑同主编	68000.00	九州
续修术藏[全6箱,精装100册]	谢路军郑同主编	68000.00	九州
易藏[全6箱,精装60册]	谢路军郑同主编	48000.00	九州
道藏[全6箱,精装60册]	谢路军郑同主编	48000.00	九州
焦循文集[全精装18册]	[清]焦循撰	9800.00	九州
邵子全书[全精装15册]	[宋]邵雍撰	9600.00	九州
子部珍本备要(以下为分函购买价格)		178000.00	九州
001 岣嵝神书	宣纸线装1函1册	280.00	九州
002 地理啖蔗録	宣纸线装1函4册	880.00	九州
003 地理玄珠精选	宣纸线装1函4册	880.00	九州
004 地理琢玉斧峦头歌括	宣纸线装1函4册	880.00	九州
005 金氏地学粹编	宣纸线装3函8册	1840.00	九州
006 风水一书	宣纸线装1函4册	880.00	九州
007 风水二书	宣纸线装1函4册	880.00	九州
008 增注周易神应六亲百章海底眼	宣纸线装1函1册	280.00	九州
009 卜易指南	宣纸线装1函1册	280.00	九州
010 大六壬占验	宣纸线装1函1册	280.00	九州
011 真本六壬神课金口诀	宣纸线装1函3册	680.00	九州
012 太乙指津	宣纸线装1函2册	480.00	九州
013 太乙金钥匙 太乙金钥匙续集	宣纸线装1函1册	280.00	九州
014 奇门遁甲占验天时	宣纸线装1函2册	480.00	九州
015 南阳掌珍遁甲	宣纸线装1函1册	280.00	九州
016 达摩易筋经 易筋经外经图说 八段锦	宣纸线装1函1册	280.00	九州
017 钦天监彩绘真本推背图	宣纸线装1函2册	680.00	九州
018 清抄全本玉函通秘	宣纸线装1函3册	680.00	九州
019 灵棋经	宣纸线装1函1册	280.00	九州
020 道藏灵符秘法	宣纸线装4函9册	2100.00	九州
021 地理青囊玉尺度金针集	宣纸线装1函6册	1280.00	九州
022 奇门秘传九宫纂要	宣纸线装1函1册	280.00	九州

书　　名	作　者	定　价	版别
023 影印清抄耕寸集一真本子平真诠	宣纸线装1函2册	480.00	九州
024 新刊合并官板音义评注渊海子平	宣纸线装1函2册	480.00	九州
025 影抄宋本五行精纪	宣纸线装1函6册	1080.00	九州
026 影印明刻阴阳五要奇书1一郭氏阴阳元经	宣纸线装1函2册	480.00	九州
027 影印明刻阴阳五要奇书2一克择璇玑括要	宣纸线装1函1册	280.00	九州
028 影印明刻阴阳五要奇书3一阳明按索图	宣纸线装1函2册	480.00	九州
029 影印明刻阴阳五要奇书4一佐玄直指	宣纸线装1函2册	480.00	九州
030 影印明刻阴阳五要奇书5一三白宝海钩玄	宣纸线装1函1册	280.00	九州
031 相命图诀许负相法十六篇合刊	宣纸线装1函1册	280.00	九州
032 玉掌神相神相铁关刀合刊	宣纸线装1函1册	280.00	九州
033 古本太乙淘金歌	宣纸线装1函1册	280.00	九州
034 重刊地理葬埋黑通书	宣纸线装1函2册	480.00	九州
035 壬归	宣纸线装1函2册	480.00	九州
036 大六壬苗公鬼撮脚二种合刊	宣纸线装1函1册	280.00	九州
037 大六壬鬼撮脚射覆	宣纸线装1函2册	480.00	九州
038 大六壬金柜经	宣纸线装1函1册	280.00	九州
039 纪氏奇门秘书仕学备余	宣纸线装1函1册	280.00	九州
040 八门九星阴阳二遁全本奇门断	宣纸线装2函18册	3680.00	九州
041 李卫公奇门心法	宣纸线装1函1册	280.00	九州
042 武侯行兵遁甲金函玉镜海底眼	宣纸线装1函1册	280.00	九州
043 诸葛武侯奇门千金诀	宣纸线装1函1册	280.00	九州
044 隔夜神算	宣纸线装1函1册	280.00	九州
045 地理五种秘笈合刊	宣纸线装1函1册	280.00	九州
046 地理雪心赋句解	宣纸线装1函2册	480.00	九州
047 九天玄女青囊经	宣纸线装1函1册	280.00	九州
048 考定撼龙经	宣纸线装1函1册	280.00	九州
049 刘江东家藏善本葬书	宣纸线装1函1册	280.00	九州
050 杨公六段玄机赋杨筠松安门楼玉辇经合刊	宣纸线装1函1册	280.00	九州
051 风水金鉴	宣纸线装1函1册	280.00	九州
052 新镌碎玉剖秘地理不求人	宣纸线装1函2册	480.00	九州
053 阳宅八门金光斗临经	宣纸线装1函1册	280.00	九州
054 新镌徐氏家藏罗经顶门针	宣纸线装1函2册	480.00	九州
055 影印乾隆丙午刻本地理五诀	宣纸线装1函4册	880.00	九州
056 地理诀要雪心赋	宣纸线装1函2册	480.00	九州
057 蒋氏平阶家藏善本插泥剑	宣纸线装1函1册	280.00	九州

书　　名	作　者	定　价	版别
058 蒋大鸿家传地理归厚录	宣纸线装1函1册	280.00	九州
059 蒋大鸿家传三元地理秘书	宣纸线装1函1册	280.00	九州
060 蒋大鸿家传天星选择秘旨	宣纸线装1函1册	280.00	九州
061 撼龙经批注校补	宣纸线装1函4册	880.00	九州
062 疑龙经批注校补一全	宣纸线装1函1册	280.00	九州
063 种筠书屋较订山法诸书	宣纸线装1函2册	480.00	九州
064 堪舆倒杖诀 拨砂经遗篇 合刊	宣纸线装1函1册	280.00	九州
065 认龙天宝经	宣纸线装1函1册	280.00	九州
066 天机望龙经刘氏心法 杨公骑龙穴诗合刊	宣纸线装1函1册	280.00	九州
067 风水一夜仙秘传三种合刊	宣纸线装1函1册	280.00	九州
068 新镌地理八窍	宣纸线装1函2册	480.00	九州
069 地理解醒	宣纸线装1函1册	280.00	九州
070 峦头指迷	宣纸线装1函3册	680.00	九州
071 茅山上清灵符	宣纸线装1函2册	480.00	九州
072 茅山上清镇禳摄制秘法	宣纸线装1函1册	280.00	九州
073 天医祝由科秘抄	宣纸线装1函2册	480.00	九州
074 千镇百镇桃花镇	宣纸线装1函2册	480.00	九州
075 轩辕碑记医学祝由十三科治病奇书合刊	宣纸线装1函1册	280.00	九州
076 清抄真本祝由科秘诀全书	宣纸线装1函3册	680.00	九州
077 增补秘传万法归宗	宣纸线装1函2册	480.00	九州
078 祝由科诸符秘卷祝由科诸符秘旨合刊	宣纸线装1函1册	280.00	九州
079 辰州符咒大全	宣纸线装1函4册	880.00	九州
080 万历初刻三命通会	宣纸线装2函12册	2480.00	九州
081 新编三车一览子平渊源注解	宣纸线装1函3册	680.00	九州
082 命理用神精华	宣纸线装1函3册	680.00	九州
083 命学探骊集	宣纸线装1函1册	280.00	九州
084 相诀摘要	宣纸线装1函2册	480.00	九州
085 相法秘传	宣纸线装1函1册	280.00	九州
086 新编相法五总龟	宣纸线装1函1册	280.00	九州
087 相学统宗心易秘传	宣纸线装1函2册	480.00	九州
088 秘本大清相法	宣纸线装1函2册	480.00	九州
089 相法易知	宣纸线装1函1册	280.00	九州
090 星命风水秘传	宣纸线装1函1册	280.00	九州
091 大六壬隔山照	宣纸线装1函2册	480.00	九州
092 大六壬考正	宣纸线装1函1册	280.00	九州

书　　名	作　者	定　价	版别
093 大六壬类阐	宣纸线装1函2册	480.00	九州
094 六壬心镜集注	宣纸线装1函1册	280.00	九州
095 遁甲吾学编	宣纸线装1函2册	480.00	九州
096 刘明江家藏善本奇门衍象	宣纸线装1函1册	280.00	九州
097 遁甲天书秘文	宣纸线装1函2册	480.00	九州
098 金枢符应秘文	宣纸线装1函2册	480.00	九州
099 秘传金函奇门隐遁丁甲法书	宣纸线装1函2册	480.00	九州
100 六壬行军指南	宣纸线装2函10册	2080.00	九州
101 家藏阴阳二宅秘诀线法	宣纸线装1函2册	480.00	九州
102 阳宅一书阴宅一书合刊	宣纸线装1函1册	280.00	九州
103 地理法门全书	宣纸线装1函1册	280.00	九州
104 四真全书玉钥匙	宣纸线装1函1册	280.00	九州
105 重刊官板玉髓真经	宣纸线装1函4册	880.00	九州
106 明刊阳宅真诀	宣纸线装1函2册	480.00	九州
107 阳宅指南	宣纸线装1函1册	280.00	九州
108 阳宅秘传三书	宣纸线装1函1册	280.00	九州
109 阳宅都天滚盘珠	宣纸线装1函1册	280.00	九州
110 纪氏地理水法要诀	宣纸线装1函1册	280.00	九州
111 李默斋先生地理辟径集	宣纸线装1函2册	480.00	九州
112 李默斋先生辟径集续篇 地理秘缺	宣纸线装1函2册	480.00	九州
113 地理辨正自解	宣纸线装1函1册	280.00	九州
114 形家五要全编	宣纸线装1函4册	880.00	九州
115 地理辨正抉要	宣纸线装1函1册	280.00	九州
116 地理辨正揭隐	宣纸线装1函1册	280.00	九州
117 地学铁骨秘	宣纸线装1函1册	280.00	九州
118 地理辨正发秘初稿	宣纸线装1函1册	280.00	九州
119 三元宅墓图	宣纸线装1函1册	280.00	九州
120 参赞玄机地理仙婆集	宣纸线装2函8册	1680.00	九州
121 幕讲禅师玄空秘旨浅注外七种	宣纸线装1函1册	280.00	九州
122 玄空挨星图诀	宣纸线装1函1册	280.00	九州
123 影印稿本玄空地理筌蹄	宣纸线装1函1册	280.00	九州
124 玄空古义四种通释	宣纸线装1函2册	480.00	九州
125 地理疑义答问	宣纸线装1函1册	280.00	九州
126 王元极地理辨正冒禁录	宣纸线装1函1册	280.00	九州
127 王元极校补天元选择辨正	宣纸线装1函3册	680.00	九州

书　　名	作　者	定　价	版别
128 王元极选择辨真全书	宣纸线装1函1册	280.00	九州
129 王元极增批地理冰海原本地理冰海合刊	宣纸线装1函1册	280.00	九州
130 王元极三元阳宅萃篇	宣纸线装1函2册	480.00	九州
131 尹一勺先生地理精语	宣纸线装1函1册	280.00	九州
132 古本地理元真	宣纸线装1函2册	480.00	九州
133 杨公秘本搜地灵	宣纸线装1函1册	280.00	九州
134 秘藏千里眼	宣纸线装1函1册	280.00	九州
135 道光刊本地理或问	宣纸线装1函1册	280.00	九州
136 影印稿本地理秘诀	宣纸线装1函2册	480.00	九州
137 地理秘诀隔山照 地理括要 合刊	宣纸线装1函1册	280.00	九州
138 地理前后五十段	宣纸线装1函2册	480.00	九州
139 心耕书屋藏本地经图说	宣纸线装1函1册	280.00	九州
140 地理古本道法双谭	宣纸线装1函1册	280.00	九州
141 奇门遁甲元灵经	宣纸线装1函1册	280.00	九州
142 黄帝遁甲归藏大意 白猿真经 合刊	宣纸线装1函1册	280.00	九州
143 遁甲符应经	宣纸线装1函2册	480.00	九州
144 遁甲通明钤	宣纸线装1函1册	280.00	九州
145 景祐奇门秘纂	宣纸线装1函2册	480.00	九州
146 奇门先天要论	宣纸线装1函2册	480.00	九州
147 御定奇门古本	宣纸线装1函2册	480.00	九州
148 奇门吉凶格解	宣纸线装1函1册	280.00	九州
149 御定奇门宝鉴	宣纸线装1函3册	680.00	九州
150 奇门阐易	宣纸线装1函2册	480.00	九州
151 六壬总论	宣纸线装1函1册	280.00	九州
152 稿抄本大六壬翠羽歌	宣纸线装1函1册	280.00	九州
153 都天六壬神课	宣纸线装1函1册	280.00	九州
154 大六壬易简	宣纸线装1函2册	480.00	九州
155 太上六壬明鉴符阴经	宣纸线装1函1册	280.00	九州
156 增补关煞袖里金百中经	宣纸线装1函1册	280.00	九州
157 演禽三世相法	宣纸线装1函2册	480.00	九州
158 合婚便览 和合婚姻咒 合刊	宣纸线装1函1册	280.00	九州
159 神数十种	宣纸线装1函1册	280.00	九州
160 神机灵数一掌经金钱课合刊	宣纸线装1函1册	280.00	九州
161 阴阳二宅易知录	宣纸线装1函2册	480.00	九州
162 阴宅镜	宣纸线装1函2册	480.00	九州
163 阳宅镜	宣纸线装1函1册	280.00	九州

书　名	作　者	定　价	版别
164 清精抄本六圃地学	宣纸线装1函1册	280.00	九州
165 形峦神断书	宣纸线装1函1册	280.00	九州
166 堪舆三昧	宣纸线装1函1册	280.00	九州
167 遁甲奇门捷要	宣纸线装1函1册	280.00	九州
168 奇门遁甲备览	宣纸线装1函1册	280.00	九州
169 原传真本石室藏本圆光真传秘诀合刊	宣纸线装1函1册	280.00	九州
170 明抄全本壬归	宣纸线装1函4册	880.00	九州
171 董德彰水法秘诀水法断诀合刊	宣纸线装1函1册	280.00	九州
172 董德彰先生水法图说	宣纸线装1函1册	280.00	九州
173 董德彰先生泄天机纂要	宣纸线装1函2册	480.00	九州
174 李默斋先生地理秘传	宣纸线装1函2册	480.00	九州
175 新锓希夷陈先生紫微斗数全书	宣纸线装1函3册	680.00	九州
176 海源阁藏明刊麻衣相法全编	宣纸线装1函2册	480.00	九州
177 袁忠彻先生相法秘传	宣纸线装1函3册	680.00	九州
178 火珠林要旨 筮杙	宣纸线装1函2册	480.00	九州
179 火珠林占法秘传 续筮杙	宣纸线装1函1册	280.00	九州
180 六壬类聚	宣纸线装1函4册	880.00	九州
181 新刻麻衣相神异赋	宣纸线装1函1册	280.00	九州
182 诸葛武侯奇门遁甲全书	宣纸线装1函2册	480.00	九州
183 张九仪传地理偶摘	宣纸线装1函1册	280.00	九州
184 张九仪传地理偶注	宣纸线装1函1册	280.00	九州
185 阳宅玄珠	宣纸线装1函1册	280.00	九州
186 阴宅总论	宣纸线装1函1册	280.00	九州
187 新刻杨救贫秘传阴阳二宅便用统宗	宣纸线装1函1册	280.00	九州
188 增补理气图说	宣纸线装1函2册	480.00	九州
189 增补罗经图说	宣纸线装1函1册	280.00	九州
190 重镌官板阳宅大全	宣纸线装1函4册	880.00	九州
191 景祐太乙福应经	宣纸线装1函1册	280.00	九州
192 景祐遁甲符应经	宣纸线装1函1册	280.00	九州
193 景祐六壬神定经	宣纸线装1函1册	280.00	九州
194 御制禽遁符应经	宣纸线装1函2册	480.00	九州
195 秘传匠家鲁班经符法	宣纸线装1函3册	680.00	九州
196 哈佛藏本太史黄际飞注天玉经	宣纸线装1函1册	280.00	九州
197 李三素先生红囊经解	宣纸线装1函1册	280.00	九州
198 杨曾青囊天玉通义	宣纸线装1函1册	280.00	九州
199 重编大清钦天监焦秉贞彩绘历代推背图解	宣纸线装1函2册	680.00	九州

书　　名	作　者	定　价	版别
200 道光初刻相理衡真	宣纸线装1函4册	880.00	九州
201 新刻袁柳庄先生秘传相法	宣纸线装1函3册	680.00	九州
202 袁忠彻相法古今识鉴	宣纸线装1函2册	480.00	九州
203 袁天纲五星三命指南	宣纸线装1函2册	480.00	九州
204 新刻五星玉镜	宣纸线装1函3册	680.00	九州
205 游艺录:筮遁壬行年斗数相宅	宣纸线装1函1册	280.00	九州
206 新订王氏罗经透解	宣纸线装1函2册	480.00	九州
207 堪舆真诠	宣纸线装1函3册	680.00	九州
208 青囊天机奥旨二种	宣纸线装1函1册	280.00	九州
209 张九仪传地理偶录	宣纸线装1函1册	280.00	九州
210 地学形势集	宣纸线装1函8册	1680.00	九州
重刻故宫藏百二汉镜斋秘书四种(一):火珠林	宣纸线装1函1册	300.00	华龄
重刻故宫藏百二汉镜斋秘书四种(二):灵棋经	宣纸线装1函1册	300.00	华龄
重刻故宫藏百二汉镜斋秘书四种(三):滴天髓	宣纸线装1函1册	3000.00	华龄
重刻故宫藏百二汉镜斋秘书四种(四):测字秘牒	宣纸线装1函1册	300.00	华龄
中外戏法图说:鹅幻汇编鹅幻余编合刊	宣纸线装1函3册	780.00	华龄
连山[宣纸线装一函一册]	[清]马国翰辑	280.00	华龄
归藏[宣纸线装一函一册]	[清]马国翰辑	280.00	华龄
周易虞氏义笺订[宣纸线装一函六册]	[清]李翊灼订	1180.00	华龄
周易参同契通真义	宣纸线装1函2册	480.00	华龄
御制周易[宣纸线装一函三册]	武英殿影宋本	680.00	华龄
宋刻周易本义[宣纸线装一函四册]	[宋]朱熹撰	980.00	华龄
易学启蒙[宣纸线装一函二册]	[宋]朱熹撰	480.00	华龄
易余[宣纸线装一函二册]	[明]方以智撰	480.00	九州
奇门鸣法[宣纸线装一函二册]	[清]龙伏山人撰	680.00	华龄
奇门衍象[宣纸线装一函二册]	[清]龙伏山人撰	480.00	华龄
奇门枢要[宣纸线装一函二册]	[清]龙伏山人撰	480.00	华龄
奇门仙机[宣纸线装一函三册]	王力军校订	298.00	华龄
奇门心法秘纂[宣纸线装一函三册]	王力军校订	298.00	华龄
御定奇门秘诀[宣纸线装一函三册]	[清]湖海居士辑	680.00	华龄
宫藏奇门大全[线装五函二十五册]	[清]湖海居士辑	6800.00	影印
遁甲奇门秘传要旨大全[线装二函十册]	[清]范阳耐寒子辑	6200.00	影印
增广神相全编[线装一函四册]	[明]袁珙订正	980.00	影印
龙伏山人存世文稿[宣纸线装五函十册]	[清]矫子阳撰	2800.00	九州
奇门遁甲鸣法[宣纸线装一函二册]	[清]矫子阳撰	680.00	九州
奇门遁甲衍象[宣纸线装一函二册]	[清]矫子阳撰	480.00	九州

书　　名	作　者	定　价	版别
奇门遁甲枢要[宣纸线装一函二册]	[清]矫子阳撰	480.00	九州
遁甲括囊集[宣纸线装一函三册]	[清]矫子阳撰	980.00	九州
增注蒋公古镜歌[宣纸线装一函一册]	[清]矫子阳撰	180.00	九州
明抄真本梅花易数[宣纸线装一函三册]	[宋]邵雍撰	480.00	九州
古本皇极经世书[宣纸线装一函三册]	[宋]邵雍撰	980.00	九州
订正六壬金口诀[宣纸线装一函六册]	[清]巫国匡辑	1280.00	华龄
六壬神课金口诀[宣纸线装一函三册]	[明]适适子撰	298.00	华龄
改良三命通会[宣纸线装一函四册,第二版]	[明]万民英撰	980.00	华龄
增补选择通书玉匣记[宣纸线装一函二册]	[晋]许逊撰	480.00	华龄
阳宅三要	宣纸线装1函3册	298.00	华龄
绘图全本鲁班经匠家镜	宣纸线装1函4册	680.00	华龄
青囊海角经	宣纸线装1函4册	680.00	华龄
菊逸山房天函:地理点穴撼龙经	宣纸线装1函3册	680.00	华龄
菊逸山房地函:秘藏疑龙经大全	宣纸线装1函1册	280.00	华龄
菊逸山房人函:杨公秘本山法备收	宣纸线装1函1册	280.00	华龄
珍本1:校正全本地学答问	宣纸线装1函3册	680.00	华龄
珍本2:赖仙原本催官经	宣纸线装1函1册	280.00	华龄
珍本3:赖仙催官篇注	宣纸线装1函1册	280.00	华龄
珍本4:尹注赖仙催官篇	宣纸线装1函1册	280.00	华龄
珍本5:赖仙心印	宣纸线装1函1册	280.00	华龄
珍本6:新刻赖太素天星催官解	宣纸线装1函2册	480.00	华龄
珍本7:天机秘传青囊内传	宣纸线装1函1册	280.00	华龄
珍本8:阳宅斗首连篇秘授	宣纸线装1函1册	280.00	华龄
珍本9:精刻编集阳宅真传秘诀	宣纸线装1函2册	480.00	华龄
珍本10:秘传全本六壬玉连环	宣纸线装1函2册	480.00	华龄
珍本11:秘传仙授奇门	宣纸线装1函2册	480.00	华龄
珍本12:祝由科诸符秘卷祝由科诸符秘旨合刊	宣纸线装1函2册	480.00	华龄
珍本13:校正古本入地眼图说	宣纸线装1函2册	480.00	华龄
珍本14:校正全本钻地眼图说	宣纸线装1函2册	480.00	华龄
珍本15:赖公七十二葬法	宣纸线装1函2册	480.00	华龄
珍本16:新刻杨筠松秘传开门放水阴阳捷径	宣纸线装1函2册	480.00	华龄
珍本17:校正古本地理五诀	宣纸线装1函2册	480.00	华龄
珍本18:重校古本地理雪心赋	宣纸线装1函2册	480.00	华龄
珍本19:宋国师吴景鸾先天后天理气心印补注	宣纸线装1函1册	280.00	华龄
珍本20:新刊宋国师吴景鸾秘传夹竹梅花院纂	宣纸线装1函2册	480.00	华龄
珍本21:影印原本任铁樵注滴天髓阐微	宣纸线装1函4册	980.00	华龄

书　　名	作　者	定　价	版别
增补四库青乌辑要[宣纸线装全 18 函 59 册]	郑同校	11680.00	九州
第 1 种：宅经[宣纸线装 1 册]	[署]黄帝撰	180.00	九州
第 2 种：葬书[宣纸线装 1 册]	[晋]郭璞撰	220.00	九州
第 3 种：青囊序青囊奥语天玉经[宣纸线装 1 册]	[唐]杨筠松撰	220.00	九州
第 4 种：黄囊经[宣纸线装 1 册]	[唐]杨筠松撰	220.00	九州
第 5 种：黑囊经[宣纸线装 2 册]	[唐]杨筠松撰	380.00	九州
第 6 种：锦囊经[宣纸线装 1 册]	[晋]郭璞撰	200.00	九州
第 7 种：天机贯旨红囊经[宣纸线装 2 册]	[清]李三素撰	380.00	九州
第 8 种：玉函天机素书/至宝经[宣纸线装 1 册]	[明]董德彰撰	200.00	九州
第 9 种：天机一贯[宣纸线装 2 册]	[清]李三素撰辑	380.00	九州
第 10 种：撼龙经[宣纸线装 1 册]	[唐]杨筠松撰	200.00	九州
第 11 种：疑龙经葬法倒杖[宣纸线装 1 册]	[唐]杨筠松撰	220.00	九州
第 12 种：疑龙经辨正[宣纸线装 1 册]	[唐]杨筠松撰	200.00	九州
第 13 种：寻龙记太华经[宣纸线装 1 册]	[唐]曾文辿撰	220.00	九州
第 14 种：宅谱要典[宣纸线装 2 册]	[清]铣溪野人校	380.00	九州
第 15 种：阳宅必用[宣纸线装 2 册]	心灯大师校订	380.00	九州
第 16 种：阳宅撮要[宣纸线装 2 册]	[清]吴鼒撰	380.00	九州
第 17 种：阳宅正宗[宣纸线装 1 册]	[清]姚承舆撰	200.00	九州
第 18 种：阳宅指掌[宣纸线装 2 册]	[清]黄海山人撰	380.00	九州
第 19 种：相宅新编[宣纸线装 1 册]	[清]焦循校刊	240.00	九州
第 20 种：阳宅井明[宣纸线装 2 册]	[清]邓颖出撰	380.00	九州
第 21 种：阴宅井明[宣纸线装 1 册]	[清]邓颖出撰	220.00	九州
第 22 种：灵城精义[宣纸线装 2 册]	[南唐]何溥撰	380.00	九州
第 23 种：龙穴砂水说[宣纸线装 1 册]	清抄秘本	180.00	九州
第 24 种：三元水法秘诀[宣纸线装 2 册]	清抄秘本	380.00	九州
第 25 种：罗经秘传[宣纸线装 2 册]	[清]傅禹辑	380.00	九州
第 26 种：穿山透地真传[宣纸线装 2 册]	[清]张九仪撰	380.00	九州
第 27 种：催官篇发微论[宣纸线装 2 册]	[宋]赖文俊撰	380.00	九州
第 28 种：入地眼神断要诀[宣纸线装 2 册]	清抄秘本	380.00	九州
第 29 种：玄空大卦秘断[宣纸线装 1 册]	清抄秘本	200.00	九州
第 30 种：玄空大五行真传口诀[宣纸线装 1 册]	[明]蒋大鸿等撰	220.00	九州
第 31 种：杨曾九宫颠倒打劫图说[宣纸线装 1 册]	[唐]杨筠松撰	200.00	九州
第 32 种：乌兔经奇验经[宣纸线装 1 册]	[唐]杨筠松撰	180.00	九州
第 33 种：挨星考注[宣纸线装 1 册]	[清]汪董缘订定	260.00	九州
第 34 种：地理挨星说汇要[宣纸线装 1 册]	[明]蒋大鸿撰辑	220.00	九州
第 35 种：地理捷诀[宣纸线装 1 册]	[清]傅禹辑	200.00	九州

书　　名	作　者	定　价	版别
第36种:地理三仙秘旨[宣纸线装1册]	清抄秘本	200.00	九州
第37种:地理三字经[宣纸线装3册]	[清]程思乐撰	580.00	九州
第38种:地理雪心赋注解[宣纸线装2册]	[唐]卜则嵬撰	380.00	九州
第39种:蒋公天元余义[宣纸线装1册]	[明]蒋大鸿等撰	220.00	九州
第40种:地理真传秘旨[宣纸线装3册]	[唐]杨筠松撰	580.00	九州
增补四库未收方术汇刊第一辑(全28函)	线装影印本	11800.00	九州
第一辑01函:火珠林·卜筮正宗	[宋]麻衣道者著	340.00	九州
第一辑02函:全本增删卜易·增删卜易真诠	[清]野鹤老人撰	720.00	九州
第一辑03函:渊海子平音义评注·子平真诠·命理易知	[明]杨淙增校	360.00	九州
第一辑04函:滴天髓:附滴天秘诀·穷通宝鉴:附月谈赋	[宋]京图撰	360.00	九州
第一辑05函:参星秘要诹吉便览·玉函斗首三台通书·精校三元总录	[清]俞荣宽撰	460.00	九州
第一辑06函:陈子性藏书	[清]陈应选撰	580.00	九州
第一辑07函:崇正辟谬永吉通书·选择求真	[清]李奉来辑	500.00	九州
第一辑08函:增补选择通书玉匣记·永宁通书	[晋]许逊撰	400.00	九州
第一辑09函:新增阳宅爱众篇	[清]张觉正撰	480.00	九州
第一辑10函:地理四弹子·地理铅弹子砂水要诀	[清]张九仪注	320.00	九州
第一辑11函:地理五诀	[清]赵九峰著	200.00	九州
第一辑12函:地理直指原真	[清]释如玉撰	280.00	九州
第一辑13函:宫藏真本人地眼全书	[宋]释静道著	680.00	九州
第一辑14函:罗经顶门针·罗经解定·罗经透解	[明]徐之镆撰	360.00	九州
第一辑15函:校正详图青囊经·平砂玉尺经·地理辨正疏	[清]王宗臣著	300.00	九州
第一辑16函:一贯堪舆	[明]唐世友辑	240.00	九州
第一辑17函:阳宅大全·阳宅十书	[明]一壑居士集	600.00	九州
第一辑18函:阳宅大成五种	[清]魏青江撰	600.00	九州
第一辑19函:奇门五总龟·奇门遁甲统宗大全·奇门遁甲元灵经	[明]池纪撰	500.00	九州
第一辑20函:奇门遁甲秘笈全书	[明]刘伯温辑	280.00	九州
第一辑21函:奇门庐中阐秘	[汉]诸葛武侯撰	600.00	九州
第一辑22函:奇门遁甲元机·太乙秘书·六壬大占	[宋]岳珂纂辑	360.00	九州
第一辑23函:性命圭旨	[明]尹真人撰	480.00	九州
第一辑24函:紫微斗数全书	[宋]陈抟撰	200.00	九州
第一辑25函:千镇百镇桃花镇	[清]云石道人校	220.00	九州
第一辑26函:清抄真本祝由科秘诀全书·轩辕碑记医学祝由十三科	[上古]黄帝传	800.00	九州
第一辑27函:增补秘传万法归宗	[唐]李淳风撰	160.00	九州

书　　名	作　者	定　价	版别
第一辑 28 函：神机灵数一掌经金钱课·牙牌神数七种·珍本演禽三世相法	[清]诚文信校	440.00	九州
增补四库未收方术汇刊第二辑(全 36 函)	线装影印本	13800.00	九州
第二辑第 1 函：六爻断易一撮金·卜易秘诀海底眼	[宋]邵雍撰	200.00	九州
第二辑第 2 函：秘传子平渊源	燕山郑同校辑	280.00	九州
第二辑第 3 函：命理探原	[清]袁树珊撰	280.00	九州
第二辑第 4 函：命理正宗	[明]张楠撰集	180.00	九州
第二辑第 5 函：造化玄钥	庄圆校补	220.00	九州
第二辑第 6 函：命理寻源·子平管见	[清]徐乐吾撰	280.00	九州
第二辑第 7 函：京本风鉴相法	[明]回阳子校辑	380.00	九州
第二辑第 8—9 函：钦定协纪辨方书 8 册	[清]允禄编	780.00	九州
第二辑第 10—11 函：鳌头通书 10 册	[明]熊宗立撰辑	880.00	九州
第二辑第 12—13 函：象吉通书	[清]魏明远撰辑	1080.00	九州
第二辑第 14 函：选择宗镜·选择纪要	[朝鲜]南秉吉撰	360.00	九州
第二辑第 15 函：选择正宗	[清]顾宗秀撰辑	480.00	九州
第二辑第 16 函：仪度六壬选日要诀	[清]张九仪撰	680.00	九州
第二辑第 17 函：葬事择日法	郑同校辑	280.00	九州
第二辑第 18 函：地理不求人	[清]吴明初撰辑	240.00	九州
第二辑第 19 函：地理大成一：山法全书	[清]叶九升撰	680.00	九州
第二辑第 20 函：地理大成二：平阳全书	[清]叶九升撰	360.00	九州
第二辑第 21 函：地理大成三：地理六经注·地理大成四：罗经指南拔雾集·地理大成五：理气四诀	[清]叶九升撰	300.00	九州
第二辑第 22 函：地理录要	[明]蒋大鸿撰	480.00	九州
第二辑第 23 函：地理人子须知	[明]徐善继撰	480.00	九州
第二辑第 24 函：地理四秘全书	[清]尹一勺撰	380.00	九州
第二辑第 25—26 函：地理天机会元	[明]顾陵冈辑	1080.00	九州
第二辑第 27 函：地理正宗	[清]蒋宗城校订	280.00	九州
第二辑第 28 函：全图鲁班经	[明]午荣编	280.00	九州
第二辑第 29 函：秘传水龙经	[明]蒋大鸿撰	480.00	九州
第二辑第 30 函：阳宅集成	[清]姚廷銮纂	480.00	九州
第二辑第 31 函：阴宅集要	[清]姚廷銮纂	240.00	九州
第二辑第 32 函：辰州符咒大全	[清]觉玄子辑	480.00	九州
第二辑第 33 函：三元镇宅灵符秘箓·太上洞玄祛病灵符全书	[明]张宇初编	240.00	九州
第二辑第 34 函：太上混元祈福解灾三部神符	[明]张宇初编	360.00	九州
第二辑第 35 函：测字秘牒·先天易数·冲天易数/马前课	[清]程省撰	360.00	九州
第二辑第 36 函：秘传紫微	古朝鲜抄本	240.00	九州

书　　名	作　者	定　价	版别
子平遗书第1辑(甲子至戊辰,全三册)	精装古本影印	980.00	华龄
子平遗书第2辑(庚午至甲戌,全三册)	精装古本影印	980.00	华龄
子平遗书第3辑(乙亥至戊子,全三册)	精装古本影印	980.00	华龄
子平遗书第4辑(庚寅至庚子,全三册)	精装古本影印	980.00	华龄
子平遗书第5辑(辛丑至癸丑,全三册)	精装古本影印	980.00	华龄
子平遗书第6辑(甲寅至辛酉,全三册)	精装古本影印	980.00	华龄
子部善本1:新刊地理玄珠	精装古本影印	380.00	华龄
子部善本2:参赞玄机地理仙婆集	精装古本影印	380.00	华龄
子部善本3:章仲山地理九种(上下)	精装古本影印	760.00	华龄
子部善本4:八门九星阴阳二遁全本奇门断	精装古本影印	760.00	华龄
子部善本5:六壬统宗大全	精装古本影印	380.00	华龄
子部善本6:太乙统宗宝鉴	精装古本影印	380.00	华龄
子部善本7:重刊星海词林(全五册)	精装古本影印	1900.00	华龄
子部善本8:万历初刻三命通会(上下)	精装古本影印	760.00	华龄
子部善本9:增广沈氏玄空学(上下)	精装古本影印	760.00	华龄
子部善本10:江公择日秘稿	精装古本影印	380.00	华龄
子部善本11:刘氏家藏阐微通书(上下)	精装古本影印	760.00	华龄
子部善本12:影印增补高岛易断(上下)	精装古本影印	760.00	华龄
子部善本13:清刻足本铁板神数	精装古本影印	380.00	华龄
子部善本14:增订天官五星集腋(上下)	精装古本影印	760.00	华龄
子部善本15:太乙奇门六壬兵备统宗(上中下)	精装古本影印	1140.00	华龄
子部善本16:御定景祐奇门大全(上下)	精装古本影印	760.00	华龄
子部善本17:地理四秘全书十二种	精装古本影印	380.00	华龄
子部善本18:全本地理统一全书	精装古本影印	380.00	华龄
风水择吉第一书:辨方(精装)	李明清著	168.00	华龄
珞琭子三命消息赋古注通疏(精装上下)	一明注疏	188.00	华龄
增补高岛易断(简体横排精装上下)	(清)王治本编译	198.00	华龄
飞盘奇门:鸣法体系校释(精装上下)	刘金亮撰	198.00	九州
白话高岛易断(上下)	孙正治孙奥麟译	128.00	九州
润德堂丛书全编1:述卜筮星相学	袁树珊著	38.00	华龄
润德堂丛书全编2:命理探原	袁树珊著	38.00	华龄
润德堂丛书全编3:命谱	袁树珊著	68.00	华龄
润德堂丛书全编4:大六壬探原 养生三要	袁树珊著	38.00	华龄
润德堂丛书全编5:中西相人探原	袁树珊著	38.00	华龄
润德堂丛书全编6:选吉探原 八字万年历	袁树珊著	38.00	华龄
润德堂丛书全编7:中国历代卜人传(上中下)	袁树珊著	168.00	华龄

书　名	作　者	定　价	版别
三式汇刊1:大六壬口诀纂	[明]林昌长辑	68.00	华龄
三式汇刊2:大六壬集应钤	[明]黄宾廷撰	198.00	华龄
三式汇刊3:奇门大全秘纂	[清]湖海居士撰	68.00	华龄
三式汇刊4:大六壬总归	[宋]郭子晟撰	58.00	华龄
青囊汇刊1:青囊秘要	[晋]郭璞等撰	48.00	华龄
青囊汇刊2:青囊海角经	[晋]郭璞等撰	48.00	华龄
青囊汇刊3:阳宅十书	[明]王君荣撰	48.00	华龄
青囊汇刊4:秘传水龙经	[明]蒋大鸿撰	68.00	华龄
青囊汇刊5:管氏地理指蒙	[三国]管辂撰	48.00	华龄
青囊汇刊6:地理山洋指迷	[明]周景一撰	32.00	华龄
青囊汇刊7:地学答问	[清]魏清江撰	58.00	华龄
青囊汇刊8:地理铅弹子砂水要诀	[清]张九仪撰	68.00	华龄
子平汇刊1:渊海子平大全	[宋]徐子平撰	48.00	华龄
子平汇刊2:秘本子平真诠	[清]沈孝瞻撰	38.00	华龄
子平汇刊3:命理金鉴	[清]志于道撰	38.00	华龄
子平汇刊4:秘授滴天髓阐微	[清]任铁樵注	48.00	华龄
子平汇刊5:穷通宝鉴评注	[清]徐乐吾注	48.00	华龄
子平汇刊6:神峰通考命理正宗	[明]张楠撰	38.00	华龄
子平汇刊7:新校命理探原	[清]袁树珊撰	48.00	华龄
子平汇刊8:重校绘图袁氏命谱	[清]袁树珊撰	68.00	华龄
子平汇刊9:增广汇校三命通会(全三册)	[明]万民英撰	168.00	华龄
纳甲汇刊1:校正全本增删卜易	郑同点校	68.00	华龄
纳甲汇刊2:校正全本卜筮正宗	郑同点校	48.00	华龄
纳甲汇刊3:校正全本易隐	郑同点校	48.00	华龄
纳甲汇刊4:校正全本易冒	郑同点校	48.00	华龄
纳甲汇刊5:校正全本易林补遗	郑同点校	38.00	华龄
纳甲汇刊6:校正全本卜筮全书	郑同点校	68.00	华龄
古今图书集成术数丛刊:卜筮(全二册)	[清]陈梦雷辑	80.00	华龄
古今图书集成术数丛刊:堪舆(全二册)	[清]陈梦雷辑	120.00	华龄
古今图书集成术数丛刊:相术(全一册)	[清]陈梦雷辑	60.00	华龄
古今图书集成术数丛刊:选择(全一册)	[清]陈梦雷辑	50.00	华龄
古今图书集成术数丛刊:星命(全三册)	[清]陈梦雷辑	180.00	华龄
古今图书集成术数丛刊:术数(全三册)	[清]陈梦雷辑	200.00	华龄
四库全书术数初集(全四册)	郑同点校	200.00	华龄
四库全书术数二集(全三册)	郑同点校	150.00	华龄
四库全书术数三集:钦定协纪辨方书(全二册)	郑同点校	98.00	华龄

书　　名	作　者	定　价	版别
增补鳌头通书大全(全三册)	[明]熊宗立撰辑	180.00	华龄
增补象吉备要通书大全(全三册)	[清]魏明远撰辑	180.00	华龄
增广沈氏玄空学	郑同点校	68.00	华龄
地理点穴撼龙经	郑同点校	32.00	华龄
绘图地理人子须知(上下)	郑同点校	78.00	华龄
玉函通秘	郑同点校	48.00	华龄
绘图入地眼全书	郑同点校	28.00	华龄
绘图地理五诀	郑同点校	48.00	华龄
一本书弄懂风水	郑同著	48.00	华龄
风水罗盘全解	傅洪光著	58.00	华龄
堪舆精论	胡一鸣著	29.80	华龄
堪舆的秘密	宝通著	36.00	华龄
中国风水学初探	曾涌哲	58.00	华龄
全息太乙(修订版)	李德润著	68.00	华龄
时空太乙(修订版)	李德润著	68.00	华龄
故宫珍本六壬三书(上下)	张越点校	128.00	华龄
大六壬通解(全三册)	叶飘然著	168.00	华龄
壬占汇选(精抄历代六壬占验汇选)	肖岱宗点校	48.00	华龄
大六壬指南	郑同点校	28.00	华龄
六壬金口诀指玄	郑同点校	28.00	华龄
大六壬寻源编[全三册]	[清]周螭辑录	180.00	华龄
六壬辨疑　毕法案录	郑同点校	32.00	华龄
时空太乙(修订版)	李德润著	68.00	华龄
全息太乙(修订版)	李德润著	68.00	华龄
大六壬断案疏证	刘科乐著	58.00	华龄
六壬时空	刘科乐著	68.00	华龄
御定奇门宝鉴	郑同点校	58.00	华龄
御定奇门阳遁九局	郑同点校	78.00	华龄
御定奇门阴遁九局	郑同点校	78.00	华龄
奇门秘占合编:奇门庐中阐秘·四季开门	[汉]诸葛亮撰	68.00	华龄
奇门探索录	郑同编订	38.00	华龄
奇门遁甲秘笈大全	郑同点校	48.00	华龄
奇门旨归	郑同点校	48.00	华龄
奇门法窍	[清]锡孟樨撰	48.00	华龄
奇门精粹——奇门遁甲典籍大全	郑同点校	68.00	华龄
御定子平	郑同点校	48.00	华龄